Über dieses Buch

Das Nibelungenlied ist wie wenige andere Texte von deutscher National-Pädagogik zum literarischen »Urbild reiner echter Deutschheit« erhoben worden. Als Hohes Lied der Treue diente es Anfang des 19. Jahrhunderts zur Befriedigung patriotischer Affekte, nach der gescheiterten Revolution von 1848 half es dem Bürgertum, seine Ohnmacht gegenüber dem Staat zu kompensieren, und unter dem Nationalsozialismus wurde es schließlich zur Stützung eines blinden Gefolgschaftskultes verwertet. Helmut Brackert, ordentlicher Professor für deutsche Philologie an der Universität Frankfurt und durch verschiedene Arbeiten als einer der besten Kenner des Nibelungenliedes ausgewiesen, setzt sich im Nachwort und Anhang dieser Ausgabe ideologiekritisch mit der Rezeption des Nibelungenliedes auseinander. Was er als Legitimation für eine neue, um Texttreue bemühte und alle Nachdichtung vermeidende Übersetzung anführt, gibt zugleich Hinweise auf neue Verständnisweisen des Nibelungenliedes: es bietet »als Modell einer Literatur, die noch ganz und gar gesellschaftlich funktional, noch nicht durch eine absolut gesetzte Ästhetik vermittelt ist, die Chance, die Geschichtlichkeit des eigenen Standorts am Gegenbild zu erkennen«. Seinen historischen Aussagewert erhält das Nibelungenlied erst, wenn die Figuren nicht primär als Individuen aufgefaßt werden, sondern als Verkörperungen von Rollen. In ihren Handlungen und Entscheidungen, ihrem Wünschen und Denken, sind sie durch die Position geprägt, die ihnen im Gesamtgefüge des Gesellschaftszustandes um 1200 zukommt.

Ein umfangreicher Anhang mit Anmerkungen, Worterklärungen, bibliographischen Hinweisen etc. ergänzt diese Ausgabe.

Der erste, ebenfalls von Helmut Brackert übersetzte und herausgegebene Teil des Nibelungenliedes folgt den gleichen Editionsprinzipien (Fischer Taschenbuch, Nr. 6038).

Das Nibelungenlied

2. Teil

Mittelhochdeutscher Text
und Übertragung

Herausgegeben, übersetzt
und mit einem Anhang versehen
von Helmut Brackert

Fischer
Taschenbuch
Verlag

Wissenschaftliche Beratung der Reihe
Professor Dr. Peter Wapnewski

Für Peter Ganz

89.–92. Tausend: März 1992

Originalausgabe
Veröffentlicht im Fischer Taschenbuch Verlag GmbH,
Frankfurt am Main, März 1971

Umschlaggestaltung: Jan Buchholz / Reni Hinsch,
unter Verwendung eines Faksimiles aus dem Hundeshagenschen Kodex
Druck und Bindung: Clausen & Bosse, Leck
Printed in Germany
ISBN 3-596-26039-6

Inhalt

20. Âventiure
Wie künec Etzel ze Burgonden nâch Kriemhilde sande

1143 Daz was in einen zîten   dô frou Helchę erstarp   *1083*
    unt daz der künec Etzel   umbę ein ánder frouwen warp.
    dô rieten sîne friunde   in Burgonden lant   *(1166)*
    zę einer stolzen witewen,   diu was frou Kríemhílt genant.

1144 Sît daz erstorben wære   der schœnen Helchen lîp,   *1084*
    si sprâchen: »welt ir immer   gewinnen edel wîp,   *(1167)*
    die hœhsten unt die besten,   die künec ie gewan,
    sô nemt die selben frouwen.   der starke Sîfrit was ir man.«

1145 Dô sprach der künec rîche: »wie möhte daz ergân,   *1085*
    sît ich bin ein heiden   unt des tóufes niht enhân?   *(1168)*
    sô ist diu frouwe kristen: dâ von lobt sis niht.
    ez müese sîn ein wunder,   ob ez ímmér geschiht.«

1146 Dô sprâchen áber die snéllén: »waz ob siz lîhte tuot   *1086*
    durch íuwern námen den hôhen   und iuwer michel guot?
    sô sol manz doch versuochen   an daz vil edel wîp.   *(1169)*
    ir múget vil gérne minnen   den ir vil wǽtlíchen lîp.«

1147 Dô sprach der künec edele: »wem ist nu bekant   *1087*
    under iu bî Rîne   die liutę und ouch daz lant?«   *(1170)*
    dô sprach von Bechelâren   der guote Rüedegêr:
    »ich hân erkant von kinde   díe édelen künege hêr:

1148 Gunther und Gêrnôt,   die edelen ritter guot,   *1088*
    der dritte heizet Gîselher: ir ietslîcher tuot   *(1171)*
    swaz er der besten êren   und tugende mac begân.
    ouch hânt ir alten mâge   dáz sélbé getân.«

1149 Dô sprach aber Etzel: »friunt, du solt mir sagen,   *1089*
    ob si in mînem lande   krône solde tragen.   *(1172)*
    und ist ir lîp sô schœne   als mir ist geseit,
    den mînen besten friunden   soldę ez nimmer werden leit.«

1150 »Si gelíchet sich wól mit schœne   der lieben frouwen mîn,
    Helchen der vil rîchen.   jane kúnde niht gesîn   *1090*
    in dirre werlde schœner   deheines küneges wîp.   *(1173)*
    den si lobt ze friunde,   der mac wol trœsten sînen lîp.«

20. Aventiure
Wie König Etzel Boten ins Burgundenland schickte und um Kriemhild warb

1143 Zu einer Zeit, da Frau Helche gestorben war und der König Etzel um eine andere Gemahlin werben wollte, geschah dies: Da rieten ihm seine Vertrauten, eine stolze Witwe aus Burgundenland zur Gemahlin zu nehmen; die hieß Frau Kriemhild.

1144 Da nun die schöne Helche vom Tode dahingerafft sei, so sagten sie: »Wollt ihr jemals wieder eine edle Gemahlin heimführen, und zwar die höchste und beste, die ein König je heimführte, dann entscheidet Euch für diese Herrin. Der starke Siegfried war ihr Gemahl.«

1145 Da sagte der mächtige König: »Wie könnte das geschehen, da ich doch ein Heide bin und die Weihe der Taufe nicht habe. Die Herrin dagegen ist Christin; deshalb wird sie ihre Zustimmung nicht geben. Es müßte schon ein Wunder sein, wenn es jemals dazu käme.«

1146 Da sagten wiederum die tapferen Männer: »Vielleicht gibt sie Eures hohen Ranges und Eures großen Gutes wegen ihre Zustimmung? Daher soll man es doch zunächst einmal bei der edlen Frau versuchen! Mit Freuden werdet Ihr ihren schönen Leib umfangen.«

1147 Da sagte der edle König: »Wer von Euch kennt denn nun die Leute und das Land am Rhein?« Da sagte der edle Rüdiger von Bechelaren: »Ich kenne die edlen, erhabenen Könige seit ihrer Kindheit:

1148 Gunther und Gernot, die edlen, trefflichen Ritter; der dritte heißt Giselher: Jeder von ihnen legt ein so ehrenvolles und so vollkommenes Verhalten an den Tag, wie er nur immer kann. Auch ihre Vorfahren haben es so gehalten.«

1149 Da sagte wiederum Etzel: »Freund, sage mir doch, ob sie die Richtige ist, in meinem Lande die Krone zu tragen! Und wenn sie wirklich so schön ist, wie mir berichtet wird, dann sollten meine nächsten Verwandten meine Entscheidung niemals zu bereuen haben.«

1150 »An Schönheit gleicht sie meiner teuren Herrin, der mächtigen Helche. Wirklich, keine Gemahlin eines Königs könnte in dieser Welt schöner sein! Wen sie zum Gatten nimmt, der kann wohl glücklich sein.«

1151 Er sprach: »sô wirp ez, Rüedegêr,   als liep als ich dir sî.
     und sol ich Kriemhilde   immer geligen bî,   *1091*
     des wil ich dir lônen   so ich áller beste kan,   *(1174)*
     sô hâstu mînen willen   sô rehte vérré getân.

1152 Ûz mîner kámerén   sô heizę ich dir geben   *1092*
     daz du unt dîne gesellen   vrœlîche múget leben.   *(1175)*
     von rossen und von kleidern   allez daz du wil,
     des heizę ich iu bereiten   zuo der bótschéfte vil.«

1153 Des antwurte Rüedegêr,   der marcgrâve rîch: *1093*
     »gertę ich dînes guotes,   daz wærę unlobelîch.   *(1176)*
     ich wil dîn bote gerne   wesen an den Rîn
     mit mîn selbes guote,   daz ich hân von der hende dîn.«

1154 Dô sprach der künec rîche: »nu wenne welt ir varn   *1094*
     nâch der minneclîchen?   got sol iuch bewarn   *(1177)*
     der reisę an allen êren,   unt ouch die frouwen mîn.
     des helfe mir gelücke,   daz si úns genædec müeze sîn.«

1155 Dô sprach aber Rüedegêr: »ê wir rûmen daz lant,   *1095*
     wir müezen ê bereiten   wâfen unt gewant,   *(1178)*
     alsô daz wirs êre   vor fürsten mügen hân.
     ich wil ze Rîne füeren   fünf hundert wætlîcher man.

1156 Swâ man zen Burgonden   mich unt die mîne sehe,   *1096*
     daz ir ietslîcher   danne dir des jehe,   *(1179)*
     daz nie künec deheiner   alsô manegen man
     sô verre baz gesande   danne dú ze Rîne hâst getân.

1157 Und ob duz, künec rîche,   niht wil dar umbe lân: *1097*
     si was ir edelen minne   Sîfridę undertân,   *(1180)*
     dem Sigemundes kinde,   den hâstu hie gesehen.
     man mohtę im maneger êren   mit rehter wârhéite jehen.«

1158 Dô sprach der künec Etzel: »was si des recken wîp,   *1098*
     sô was wol alsô tiure   des edelen fürsten lîp,   *(1181)*
     daz ich niht versmâhen   die küneginne sol.
     durch ir grôzen schœne   sô gevellet si mir wol.«

1159 Dô sprach der marcgrâve: »sô wil ich iu daz sagen,   *1099*
     daz wir uns heben hinnen   in vier unt zweinzec tagen.
     ich enbíutę ez Gotelinde,   der lieben frouwen mîn,   *(1182)*
     daz ich nâch Kriemhilde   selbe bote welle sîn.«

1151 Er sagte: »Dann übernimm Du die Werbung, Rüdiger, wenn ich Dir etwas bedeute. Und wenn es mir jemals vergönnt sein wird, an der Seite Kriemhilds zu liegen, so will ich Dich dafür so reich belohnen, wie ich nur kann. Denn dann hast Du mir meinen Wunsch wirklich ganz erfüllt.

1152 Aus meiner Schatzkammer lasse ich Dir so viel geben, daß Du und Deine Reisegefährten fröhlich davon leben könnt. Alles, was Du an Pferden und an Kleidern haben willst, das lasse ich Dir für die Botenfahrt reichlich zur Verfügung stellen.«

1153 Darauf antwortete Rüdiger, der mächtige Markgraf: »Es wäre unrühmlich für mich, wenn ich von Deinem Gut etwas haben wollte. Mit meinem eigenen Gut, das ich aus Deinen Händen erhalten habe, will ich gerne am Rhein Dein Bote sein.«

1154 Da sagte der mächtige König: »Wann wollt Ihr Euch zu der lieblichen Frau auf den Weg machen? Gott möge auf dieser Reise Eure Ehre schützen und die Herrin Kriemhild in seine Hut nehmen! Möge mein Glück mir hold sein, so daß sie unserer Bitte gnädiges Gehör gibt!«

1155 Da sagte wiederum Rüdiger: »Bevor wir das Land verlassen, müssen wir vorher unsere Waffen und unsere Ausrüstung so instandsetzen, daß wir vor den Fürsten ehrenvoll bestehen können. Fünfhundert stattliche Gefolgsleute will ich mit mir an den Rhein nehmen:

1156 Wo immer man mich und meine Leute im Burgundenland sieht, kann man Dir dann nachrühmen: niemals habe ein König so viele Leute für eine gleich weite Fahrt besser ausgerüstet, als Du es bei dieser Botschaft an den Rhein getan hast.

1157 Oder willst Du, mächtiger König, es etwa aus folgendem Grunde unterlassen: Kriemhild war ihrem edlen Geliebten, Siegfried, Siegmunds Sohn, den Du hier am Hof gesehen hast, treu ergeben. Jeder, der die volle Wahrheit sagen will, wird ihm nur Ehrenvolles nachrühmen können.«

1158 Da sagte der König Etzel: »War sie die Gemahlin dieses Recken, so war der hohe Fürst wirklich so edel, daß ich die Königin schon deshalb nicht verschmähen darf. Darüberhinaus gefällt sie mir ihrer großen Schönheit wegen.«

1159 Da sagte der Markgraf: »So will ich Euch sagen, daß wir uns in vierundzwanzig Tagen auf den Weg machen. Ich melde es Gotelind, meiner teuren Gemahlin, daß ich persönlich die Botschaft an Kriemhild überbringen werde.«

1160 Hin ze Bechelâren   sande Rüedegêr.
　　dô wart diu marcgrâvinne   trûrec unde hêr.
　　er enbôt ir daz er solde   dem künege werben wîp.
　　si gedâhte minneclîche   an der schœnen Helchen lîp.

1161 Dô diu marcgrâvinne   die botschaft vernam,   1101
　　ein teil was ir leide,   weinens si gezam,   (1184)
　　ob si gewinnen solde   frouwen alsam ê.
　　sô si gedâhtę an Helchen,   daz tet ir inneclîchen wê.

1162 Rüedegêr von Ungern   in siben tagen reit.   1102
　　des was der künec Etzel   vrô únt gemeit.   (1185)
　　dâ ze der stat ze Wiene   bereite man in wât.
　　done móhtę er sîner reise   dô niht langer haben rât.

1163 Dâ ze Bechelâren   im warte Gotelint.   1103
　　diu junge marcgrâvinne,   daz Rüedegêres kint,   (1186)
　　sach ir vater gerne   und die sîne man.
　　dô wart ein liebez bîten   von schœnen kíndén getân.

1164 Ê daz der edel Rüedegêr   ze Bechelâren reit   1104
　　ûz der stat ze Wiene,   dô wâren in ir kleit   (1187)
　　rehte volleclîchen   ûf den soumen komen.
　　die fuoren in der mâze   daz in wart wênec iht genomen.

1165 Dô si ze Bechelâren   kômen in die stat,   1105
　　die sînen reisgesellen   herbergen bat   (1188)
　　der wirt vil minneclîchen   unt schuof in guot gemach.
　　Gotelint diu rîche,   den wirt si gerne komen sach.

1166 Alsam tét sîn liebiu tohter,   diu junge marcgrâvîn;   1106
　　derne kunde nimmer   sîn komen lieber sîn.   (1189)
　　die heldę ûz Hiunen landen,   wie gerne si si sach!
　　mit láchéndem muote   diu edele júncfróuwe sprach:

1167 »Nu sí uns grôze wíllekómen   mîn vater und sîne man!« 1107
　　dô wart ein schœne danken   mit vlîze dâ getân   (1190)
　　der jungen marcgrâvinne   von manegem ritter guot.
　　vil wol wesse Gotelint   des herren Rüedegêres muot.

1168 Dô si des nahtes nâhen   bî Rüedegêre lac,   1108
　　wie güetlîche vrâgen   diu marcgrâvinne pflac,   (1191)
　　war in gesendet hête   der künec von Hiunen lant.
　　er sprach: »mîn frouwe Gotelint,   ich tuon dirz gérné bekant.

1169 Dâ sol ich mînem herren   wérben ein ánder wîp,   1109
　　sît daz ist erstorben   der schœnen Helchen lîp.   (1192)
　　ich wil nâch Kriemhilde   rîten an den Rîn.
　　diu sol hie zen Hiunen   gewaltec küneginne sîn.«

1160 Rüdiger schickte Boten nach Bechelaren. Da wurde die Markgräfin mit Trauer, aber auch mit Stolz erfüllt. Rüdiger meldete ihr, daß er die Aufgabe hätte, für den König um eine Frau zu werben; Gotelind gedachte mit Liebe der schönen Helche.

1161 Als die Markgräfin die Botschaft vernommen hatte, da wurde sie doch sehr betrübt, und sie mußte weinen, als sie sich fragte, ob sie denn wohl eine solche Herrin wieder bekämen, wie sie sie früher gehabt hatten. An Helche zurückzudenken, bereitete ihr tiefen Schmerz.

1162 Nach sieben Tagen ritt Rüdiger von Ungarn fort. Darüber war der König Etzel überaus froh. In der Stadt Wien fertigte man ihnen Kleider an. Da durfte er seiner Reise jedoch keinen längeren Aufschub geben.

1163 Dort in Bechelaren wartete Gotelind auf ihn. Die junge Markgräfin, Rüdigers Tochter, sah ihren Vater und seine Leute mit großer Freude. Da wurden sie von schönen Mädchen aufs freundlichste empfangen.

1164 Bevor der edle Rüdiger von Wien nach Bechelaren geritten war, waren ihre Kleider auf den Saumtieren angekommen, und zwar völlig unversehrt; sie wurden so sicher befördert, daß man ihnen kein einziges davon raubte.

1165 Als sie in die Stadt Bechelaren kamen, ließ der Landesherr seine Reisegefährten freundlich beherbergen und bereitete ihnen bequemes Quartier. Die mächtige Gotelind freute sich sehr, als sie den Landesherrn kommen sah.

1166 Das gleiche galt für seine liebe Tochter, die junge Markgräfin. Über das Kommen ihres Vaters hätte sie sich nicht stärker freuen können. Wie glücklich war sie, als sie die Helden aus dem Hunnenland erblickte! Und lachend sagte die edle Jungfrau:

1167 »Nun sollt Ihr uns herzlich willkommen sein, mein Vater und auch Ihr, seine Leute!« Da zeigten viele edle Ritter ihren Eifer, der jungen Markgräfin in formvollendeten Gesten ihren Dank zu erweisen. Gotelind aber wollte unbedingt wissen, was Herr Rüdiger im Sinne hatte.

1168 Als sie nachts an der Seite Rüdigers lag, begann die Markgräfin ihn sehr freundlich zu fragen, wohin ihn der König des Hunnenlandes gesendet hätte. Er sagte: »Liebe Frau Gotelind, ich erzähle es Dir gerne!

1169 Da die schöne Helche tot ist, soll ich für meinen Herrn um eine andere Frau werben. Ich will zu Kriemhild an den Rhein reiten. Die soll hier bei den Hunnen als mächtige Königin herrschen.«

1170 »Daz wolde got«, sprach Gotelint,   »und möhte daz geschehen!
      sît daz wir ir hœren   sô maneger êren jehen,   1110
      si ęrgaztę uns mîner frouwen   lihtę in alten tagen.   (1193)
      ouch möhten wir si gerne   zen Hiunen krône lâzen tragen.«

1171 Dô sprach der marcgrâve: »triutinne mîn,   1111
      die mit mir sulen rîten   hinnen an den Rîn,   (1194)
      den sult ir minneclîchen   bieten iuwer guot.
      sô helde varent rîche,   sô sint si hôhé gemuot.«

1172 Si sprach: »ez ist deheiner,   der ez gérne von mir nimt,   1112
      ine gébę ir ietslîchem   swaz im wol gezimt,   (1195)
      ê daz ir hinnen scheidet   und ouch iuwer man.«
      dô sprach der marcgrâve: »daz ist mir líebé getân.«

1173 Hey waz man rîcher pfellel   von ir kamer truoc!   1113
      der wart den edelen recken   ze teile dô genuoc,   (1196)
      erfüllet vlîzeclîchen   von halsę unz ûf den sporn.
      die im dar zuo gevielen,   die het im Rüedegêr erkorn.

1174 An dem sibenden morgen   von Bechelâren reit   1114
      der wirt mit sînen recken.   wâfen unde kleit   (1197)
      fuorten si den vollen   durch der Beier lant.
      si wurden ûf der strâzen   durch rouben selten an gerant.

1175 Inner tagen zwelfen   si kômen an den Rîn.   1115
      done kunden disiu mære   niht verholn sîn.   (1199)
      man sagetez dem künege   und ouch sînen man,
      dâ kœmen vremde geste.   der wirt dô vrâgén began,

1176 Ob iemen si bekande,   daz manz im solde sagen.   1116
      man sach ir soumære   sô rehte swære tragen.   (1200)
      daz si vil rîche wâren,   daz wart dâ wol bekant.
      man schuof in herberge   in der wîten stat zehant.

1177 Dô die vil unkunden   wâren in bekomen,   1117
      dô wart der selben herren   vaste war genomen.   (1201)
      si wúnderte wánnen füeren   die recken an den Rîn.
      der wirt nâch Hagene sande,   ob si im kündec möhten sîn.

1178 Dô sprach der helt von Tronege: »Ine hắn ir niht gesehen.
      als wir si nu geschouwen,   ich kan iu wol verjehen,   1118
      von swánnén si rîten   her in ditze lant.   (1202)
      si sulen sîn vil vremde,   ine habe si schíeré bekant.«

12

1170 »Wolle Gott«, sagte Gotelind, »daß das geschieht! Da wir ihr so
viel Ehrenvolles nachrühmen hören, könnte sie uns später ein-
mal unsere liebe Herrin Helche ersetzen. Auch ist es unser
Wunsch, daß sie im Hunnenland die Herrscherkrone tragen
möge!«

1171 Da sagte der Markgraf: »Liebste Frau, seid so gut und verteilt
an meine Reisegefährten, die mit mir an den Rhein reiten, Euer
Gut. Wenn nämlich Helden in reicher Ausstattung ausziehen,
dann sind sie in hochgemuter Stimmung.«

1172 Sie sagte: »Bevor Ihr und Eure Leute fortzieht, will ich jedem,
der gerne etwas von mir annimmt, geben, was ihm zusteht.«
Da sagte der Markgraf: »Darüber freue ich mich sehr.«

1173 Ach, wie viele prächtige Seidenstoffe man da aus ihrer Vorrats-
kammer heraustrug! Davon erhielten die edlen Recken sehr
viele Kleidungsstücke, die vom Hals bis hinunter zu den Sporen
dicht mit Pelz gefüttert waren. Rüdiger hatte sich die Männer
ausgesucht, die ihm für die Reise geeignet schienen.

1174 Am siebten Morgen ritt der Landesherr mit seinen Recken aus
Bechelaren fort. Waffen und Kleider führten sie in reicher Fülle
mit sich durch das Land der Bayern, doch wurden sie auf den
Straßen niemals in räuberischer Absicht angegriffen.

1175 Innerhalb von zwölf Tagen gelangten sie an den Rhein. Da
konnte diese Kunde nicht verborgen bleiben: Man meldete
dem König und seinen Leuten, daß unbekannte Gäste ange-
kommen seien. Der Landesherr fragte daraufhin,

1176 ob sie irgend jemandem bekannt seien; denn dann solle man es
ihm sagen. Man konnte sehen, daß ihre Saumpferde sehr
schwer zu tragen hatten und erkannte daran, daß es mächtige
Herren waren. Sogleich bereitete man ihnen in der großen
Stadt eine Herberge.

1177 Als die fremden Herren untergebracht waren, da wurden sie
sehr genau in Augenschein genommen. Denn die Burgunden
wollten gerne wissen, woher die Recken an den Rhein kämen.
Der Landesherr sandte nach Hagen, ob sie ihm vielleicht be-
kannt wären.

1178 Da sagte der Held von Tronje: »Ich habe noch nichts von ihnen
gesehen. Wenn wir sie uns anschauen, kann ich Euch sicher
sagen, woher sie in dieses Land geritten sind. Sie müßten schon
sehr fremd sein, wenn ich sie nicht sogleich erkennen sollte.«

1179 Den gesten herberge   wâren nu genomen.   *1119*
     in vil rîchiu kleider   was der bote komen   *(1203)*
     und sîne hergesellen.   ze hove si dô riten.
     si fuorten guotiu kleider   vil harte spǽhé gesniten.

1180 Dô sprach der snelle Hagene: »als ich mich kan verstân,
     wandę ich den herren lange   niht gesehen hân,   *1120*
     si varent wol dem gelîche   sam ez sî Rüedegêr,   *(1204)*
     von hiunischen landen   der degen küenę únde hêr.«

1181 »Wie sol ich daz gelouben«,   sprach der künec zehant,   *1121*
     »daz der von Bechelâren   kœmę ín ditz lant?«   *(1205)*
     als der künec Gunther   die rede vól sprách,
     Hagene der küene   den guoten Rüedegêren sach.

1182 Er unt sîne friunde   liefen alle dan.   *1122*
     dô sach man von den rossen   fünfhundert ritter stân.   *(1206)*
     dô wurden wol empfangen   die von Hiunen lant.
     boten nie getruogen   alsô hêrlîch gewant.

1183 Dô sprach harte lûte   von Tronege Hagene: *1123*
     »nu sîn gôte willekomen   dise degene,   *(1207)*
     der voget von Bechelâren   unt alle sîne man!«
     der antpfanc wart mit êren   den snellen Híunén getân.

1184 Des küneges næchsten mâge   die giengen dâ mans sach.
     Ortwîn von Metze   zę Rüedegêren sprach: *1124*
     »wir haben in aller wîle   mêre nie gesehen   *(1208)*
     geste hie sô gerne,   des wil ich wǽrlíche jehen.«

1185 Des gruozes si dô dancten   den recken über al.   *1125*
     mit den hergesinden   si giengen in den sal,   *(1209)*
     dâ si den künec funden   bî manegem küenen man.
     der herre stuont von sedele.   daz was durch grôze zuht getân.

1186 Wie rehte zühteclîchen   er zuo den boten gie!   *1126*
     Gunther und Gêrnôt   vil vlîzeclîch empfie   *(1210)*
     den gast mit sînen mannen,   als im wol gezam.
     den guoten Rüedegêren   er bî der héndé genam.

1187 Er brâhte in zuo dem sedele   dâ er selbe saz.   *1127*
     den gesten hiez man schenken   (vil gerne tet man daz)   *(1211)*
     mét dén vil guoten   unt den besten wîn
     den man kunde vinden   in dem landę al umb den Rîn.

1188 Gîselher und Gêre,   die wâren beide komen;   *1128*
     Dancwart und Volkêr,   die heten ouch vernomen   *(1212)*
     umb dise geste;   si wâren vrô gemuot.
     si ępfiengen vor dem künege   die ritter edel unde guot.

1179 Die Gäste hatten nun Unterkunft gefunden. Der Bote und seine Gefährten hatten äußerst prächtige Kleider angelegt. Jetzt ritten sie zu Hofe. Sie trugen edle Kleider, von erlesenem Schnitt.

1180 Da sagte der tapfere Hagen: »Soweit ich mich noch darauf verstehe – denn immerhin habe ich den Herren lange nicht gesehen – kommen sie so daher, als ob es Rüdiger aus dem Hunnenlande wäre, der tapfere, erlesene Held.«

1181 »Wie könnte ich das glauben«, sagte sogleich der König, »daß der von Bechelaren in dieses Land kommen sollte?« Als der König Gunther diese Frage ganz ausgesprochen hatte, da erkannte der tapfere Hagen den edlen Rüdiger.

1182 Er und seine Freunde liefen allesamt aus dem Saal. Da sah man fünfhundert Ritter von den Pferden absitzen. Da wurden die Gäste aus dem Hunnenland ehrenvoll empfangen. Niemals vorher trugen Boten so herrliche Gewänder.

1183 Da sagte Hagen von Tronje mit sehr lauter Stimme: »Gott zum Gruß, Ihr Helden, Vogt von Bechelaren und alle Eure Gefolgsleute!« Die tapferen Hunnen wurden mit großen Ehren empfangen.

1184 Die nächsten Verwandten des Königs gingen den Hunnen entgegen. Ortwin von Metz sagte zu Rüdiger: »In der ganzen letzten Zeit haben wir niemals mit solcher Freude Gäste bei uns gesehen: Das könnt Ihr mir wirklich glauben!«

1185 Überall sagten sie den Recken ihren Dank für den Willkommensgruß. Mit den Gefolgschaften gingen sie nun in den Saal, wo sie den König im Kreise vieler tapferer Männer antrafen. Der Landesherr erhob sich von seinem Thron: Das war er seiner höfischen Erziehung schuldig.

1186 In welch vorbildlicher Haltung er auf die Boten zutrat! Gunther und Gernot empfingen den Gast und seine Leute, wie es Rüdiger auch zukam, äußerst zuvorkommend. Der König nahm den edlen Rüdiger bei der Hand.

1187 Er geleitete ihn zu dem Thronsessel, auf dem er selbst gesessen hatte. Nun ließ man den Gästen – und man tat es mit großer Freude – den schmackhaften Met einschenken und den besten Wein, den man in der Gegend um den Rhein überhaupt finden konnte.

1188 Giselher und Gere waren beide gekommen; Dankwart und Volker hatten auch von diesen Gästen gehört; sie freuten sich alle sehr und begrüßten die edlen, trefflichen Ritter in Gegenwart des Königs.

1189 Dô sprach ze sînem herren   von Tronege Hagene: *1129*
»ez solden immer dienen   dise degene   *(1213)*
daz uns der marcgrâve   ze liebe hât getân:
des solde lôn empfâhen   der schœnen Gotelinde man.«

1190 Dô sprach der künec Gunther: »ine kán daz niht verdagen:
wie sich gehaben beide,   daz sult ir mir sagen,   *1130*
Etzel und Helche   ûzer Hiunen lant.«   *(1214)*
dô sprach der marcgrâve: »ich túon ez iu gérné bekant.«

1191 Dô stuont er von dem sedele   mit allen sînen man.   *1131*
er sprach zuo dem künege: »und mac daz sîn getân,   *(1215)*
daz ir mir, fürstę, erloubet,   sone wíl ich niht verdagen
diu mære diu ich bringe   sol ich iu willeclîchen sagen.«

1192 Er sprach:»swaz man uns mære   bî iu enboten hât,   *1132*
die ęrloubę ich iu ze sagene   âne friunde rât.   *(1216)*
ir sult si lâzen hœren   mich unt mîne man,
wandę ich iu aller êren   hie ze wérbénne gan.«

1193 Dô sprach der bote bíderbe: »iu ęnbiutet an den Rîn   *1133*
getriuwelîchen dienest   der grôze voget mîn,   *(1217)*
dar zuo allen friunden,   die ir müget hân.
ouch ist disiu botschaft   mit grôzen tríuwén getân.

1194 Iu bat der künec edele   klagen sîne nôt.   *1134*
sîn volc ist âne freude,   mîn frouwe diu ist tôt,   *(1218)*
Helche diu vil rîche,   mînes herren wîp,
an der nu ist verweiset   vil maneger júncfróuwen lîp,

1195 Kint der edeln fürsten,   diu si gezogen hât,   *1135*
dâ von ez ime lande   vil jâmerlîche stât.   *(1219)*
dien hânt nu leider niemen,   der ir mit triuwen pflege.
des wænę ouch sich vil seine   des küneges sórgé gelege.«

1196 »Nu lônę im got«, sprach Gunther,   »daz er den dienest sîn
sô willeclîch enbiutet   mir unt den friunden mîn.   *1136*
den sînen gruoz ich gerne   hie vernomen hân.   *(1220)*
daz sulen gerne dienen   beide mâgę und mîne man.«

1197 Dô sprach von Burgonden   der recke Gêrnôt: *1137*
»die werlt mac immer riuwen   der schœnen Helchen tôt
durch ir vil manege tugende,   der sie dâ kunde pflegen.«   *(1221)*
der rede gestuont im Hagene,   dar zuo vil manec ander degen.

16

1189 Da sagte Hagen von Tronje zu seinem Herrn: »Es sollte diesen Helden zugute kommen, was der Markgraf für uns getan hat. Doch auch der Gemahl der schönen Gotelind sollte reichlichen Lohn erhalten.«

1190 Da sagte der König Gunther: »Ich kann die Frage nicht länger zurückhalten: Sagt mir doch, wie geht es Etzel und Helche aus dem Lande der Hunnen?« Da sagte der Markgraf: »Ich gebe Euch gern darauf eine Antwort.«

1191 Da erhob er sich von seinem Sitz und mit ihm alle seine Leute. Er sagte zum König: »Wenn Ihr, Fürst, es mir erlaubt, dann will ich die Botschaft, die ich Euch überbringe, nicht verschweigen, sondern sie bereitwillig vortragen.«

1192 Er sagte: »Was für eine Botschaft man Euch auch im Hunnenland aufgetragen hat, ohne vorherige Beratung mit meinen Vertrauten gestatte ich Euch, sie zu verkünden. Ihr sollt sie mir und meinen Leuten vortragen; denn ich wünsche, daß Ihr hier möglichst viel Ehre erlangt.«

1193 Da sagte der kühne Bote: »Mein hoher Lehnsherr entbietet Euch an den Rhein seinen aufrichtigen Gruß, Euch und allen Euren Freunden. Diese Botschaft sendet er Euch in großer Treue.

1194 Der edle König läßt Euch seine Not klagen: Sein Volk lebt in Trauer, denn meine Herrin, die mächtige Helche, die Gemahlin meines Herrn, ist tot, und mit ihrem Dahinscheiden sind viele Jungfrauen verwaist,

1195 Töchter edler Fürsten, die sie erzogen hat. Daher herrscht großer Jammer im ganzen Lande. Zu ihrem Schmerz haben sie nun niemanden mehr, der treu für sie sorgt. Deshalb, so glaube ich, läßt sich auch der Kummer des Königs nicht aus der Welt schaffen.«

1196 »Nun möge Gott es ihm lohnen«, sagte Gunther, »daß er mir und meinen Freunden seinen Dienst so bereitwillig entbietet. Seinen Gruß habe ich hier mit Freuden vernommen: Meine Verwandten und meine Gefolgsleute werden gerne zu Gegendiensten bereit sein.«

1197 Da sagte der Recke Gernot von Burgunden: »Alle Welt wird immer um den Tod der schönen Helche trauern, da sie ein Inbegriff so vieler Tugenden war, die sie zu üben wußte.« Hagen und viele andere Helden pflichteten seinen Worten bei.

1198 Dô sprach aber Rüedegêr,   der edel bote hêr: *1138*
»sît ir mir, künec, erloubet,   ich sol iu sagen mêr   *(1222)*
waz iu mîn lieber herre   her enboten hât,
sît im sîn dinc nâch Helchen   sô rehte kumberlîchen stât.

1199 Man sagte mînem herren,   Kriemhilt sî âne man,   *1139*
her Sîfrit sî erstorben.   und ist daz sô getân,   *(1223)*
welt ir ir des gunnen,   sô sol si krône tragen
vor Étzélen recken,   daz hiez ir mîn herre sagen.«

1200 Dô sprach der künec rîche   (wol gezógen was sîn muot):
»si hœret mînen willen,   ob siz gerne tuot.   *1140*
den wil ich iu künden   in disen drîen tagen.   *(1224)*
ê ich ez an ir erfunde,   zwiu soldé ich Étzéln versagen?«

1201 Die wîle man den gesten   hiez schaffen guot gemach.   *1141*
in wart dâ sô gedienet,   daz Rüedegêr des jach,   *(1225)*
daz er dâ friunde hête   under Gúnthéres man.
Hagenę im diente gerne;   er hetę im ê alsam getân.

1202 Alsus beleip dô Rüedegêr   unz an den dritten tac.   *1142*
der künec nâch râte sande   (vil wîslîch er pflac),   *(1226)*
ob ez sîne mâge   dûhte guot getân,
daz Kriemhilt nemen solde   den künec Étzéln ze man.

1203 Si rietenz al gemeine   niwan Hagene;   *1143*
dér sprách ze Gunther   dém dégene: *(1227)*
»habt ir rehte sinne,   sô wirt ez wol behuot,
ob sis volgen wolde,   daz irz nímmér getuot.«

1204 »War umbe« sprach dô Gunther,   »soldę ichs volgen niht?
swaz der küneginne   líebés geschiht,   *1144*
des sol ich ir wol gunnen: si ist diu swester mîn.   *(1228)*
wir soltenz selbe werben,   ob ez ir êre möhte sîn.«

1205 Dô sprach aber Hagene: »nu lât die rede stân!   *1145*
het ir Etzeln künde,   als ich sîn künde hân!   *(1229)*
sol si in danne minnen,   als ich iuch hœre jehen,
sô ist iu aller êrste   von schulden sórgén geschehen.«

1206 »War umbe?« sprach dô Gunther.   »ich behűete vil wol daz,
daz ich im kome sô nâhen   daz ich deheinen haz   *1146*
von im dulden müese,   und wurde si sîn wîp.«   *(1230)*
dô sprach aber Hagene: »ez gerǽtet nímmér mîn lip.«

1198 Da sagte wiederum Rüdiger, der edle, erhabene Bote: »Da Ihr, König, es mir erlaubt, werde ich fortfahren und berichten, was Euch mein lieber Herr, da seine Lage nach Helches Tod tief bedrückend für ihn geworden ist, in Euer Land melden läßt.

1199 Man erzählte meinem Herrn, Kriemhild sei ohne Gemahl, Herr Siegfried sei gestorben. Wenn es sich so verhält und Ihr es ihr gestattet, so soll sie vor Etzels Recken die Krone tragen: Das ließ mein Herr ihr sagen.«

1200 Da sagte der mächtige König – und er wußte, was sich geziemte –: »Wenn sie selbst bereitwillig darauf eingeht, wird sie auch erfahren, was ich möchte. Im Verlauf der nächsten drei Tage werde ich Euch meine Entscheidung verkünden. Weshalb sollte ich Etzel etwas abschlagen, ehe ich ihre Meinung erkundet habe?«

1201 Unterdessen ließ man den Gästen gute Herberge bereiten. Man war ihnen so zu Diensten, daß Rüdiger bekannte, er habe wahre Freunde unter Gunthers Leuten. Auch Hagen diente ihm mit Freuden: Früher hatte sich Rüdiger ihm gegenüber genauso verhalten.

1202 So blieb denn Rüdiger bis zum dritten Tag. Der König ließ unterdessen seinen Rat zusammenrufen – er handelte darin sehr weise – und fragte, ob es seine Verwandten richtig dünke, daß Kriemhild den König Etzel zum Gemahl nehme.

1203 Alle rieten ihm zu, nur Hagen nicht; der sagte zu Gunther, dem Helden: »Wenn Ihr vernünftig seid, so unterbleibt es. Wenn Kriemhild dem zustimmen sollte, dürft wenigstens Ihr niemals darauf eingehen.«

1204 »Weshalb«, sagte da Gunther, »sollte ich nicht meine Zustimmung geben? Was der Königin an Glück widerfährt, das werde ich ihr gerne gewähren. Immerhin ist sie meine Schwester. Wir sollten es sogar selbst betreiben, wenn es für sie eine Ehre sein könnte.«

1205 Da sagte wiederum Hagen: »Hört auf mit dieser Rede! Kenntet Ihr Etzel doch so, wie ich ihn kenne! Wenn Kriemhild, wie ich Euch sagen höre, ihn heiraten wird, so habt in erster Linie Ihr Grund, Euch vor Gefahren zu fürchten.«

1206 »Weshalb?« sagte da Gunther. »Ich werde es schon vermeiden können, ihm so nahe zu kommen, daß ich irgendeine Feindschaft von ihm erdulden müßte, wenn sie seine Gemahlin würde.« Da sagte wiederum Hagen: »Niemals stimme ich dem zu.«

1207 Man hiez nâch Gêrnôten   und Gîselheren gân,   *1147*
     ob die herren beide   dûhte guot getân   *(1231)*
     daz Kriemhilt sólde némen   den rîchen künec hêr.
     noch widerreitez Hagene   únde ander nieman mêr.

1208 Dô sprach von Burgonden   Gîselher der degen: *1148*
     »nu muget ir, friunt Hagene,   noch der triuwen pflegen.
     ergetzet si der leide   und ir ir habet getân.   *(1232)*
     an swiu ir wol gelunge,   daz soldet ir úngevêhet lân.

1209 Jâ habet ir mîner swester   getân sô manegiu leit«,   *1149*
     sô sprach aber Gîselher,   der recke vil gemeit,   *(1233)*
     »daz si des hete schulde,   ob si iu wære gram.
     nie man deheiner frouwen   noch mêre fréudén benam.«

1210 »Daz ich dâ wol bekenne,   daz tuon ich iu kunt.   *1150*
     sol si nemen Etzel,   gelebt si an die stunt,   *(1234)*
     si getúot uns noch vil leide,   swie siz getraget an.
     jâ wirt ir díenénde   vil manec wǽtlîcher man.«

1211 Des antwurte Hagenen   der küene Gêrnôt: *1151*
     »ez mac alsô belîben   unz an ir beider tôt,   *(1235)*
     daz wir gerîten nimmer   in Etzelen lant.
     wir suln ir sîn getriuwe,   daz ist zen êren uns gewant.«

1212 Dô sprach aber Hagene: »mir mac niemen widersagen:
     und sol diu edele Kriemhilt   Helchen krone tragen,   *1152*
     si getuot uns leide,   swie si gefüege daz.   *(1236)*
     ir sult ez lân belîben: daz zimt iu recken michel baz.«

1213 Mit zorne sprach dô Gîselher,   der schœnen Uoten sun:
     »wir suln doch niht alle   meinlîchen tuon.   *1153*
     swaz êren ir geschæhe,   vrô solten wir des sîn.   *(1237)*
     swaz ir geredet, Hagene,   ich diene ir durch die triuwe mîn.«

1214 Dô daz gehôrte Hagene,   dô wart er ungemuot.   *1154*
     Gêrnôt und Gîselher,   die stolzen ritter guot,   *(1238)*
     und Gunther der rîche   ze jungest reiten daz,
     ob ez lobete Kriemhilt,   si woltenz lâzen âne haz.

1215 Dô sprach der fürste Gêre: »ich wilz der frouwen sagen,
     daz si ir den künec Etzel   lâze wol behagen.   *1155*
     dem ist sô manec recke   mit vorhten undertân.   *(1239)*
     er mac si wol ergetzen   swaz si leides ie gewan.«

1216 Dô gie der snelle recke   da er Kriemhilde sach.   *1156*
     si empfie in güetlîche.   wie balde er dô sprach: *(1240)*
     »ir muget mich gerne grüezen   und geben botenbrôt.
     iuch wil gelücke scheiden   vil schiere ûz aller iuwer nôt.

1207 Man ließ Gernot und Giselher herbeiholen und fragen, ob die beiden Herren es für richtig hielten, daß Kriemhild den mächtigen, erhabenen König heiraten sollte. Immer noch sprach Hagen dagegen und außer ihm niemand.

1208 Da sagte Giselher von Burgunden, der Held: »Freund Hagen, nun könnt doch auch Ihr einmal Treue üben. Laßt sie doch den Schmerz vergessen, den Ihr ihr zugefügt habt. Wodurch sie glücklich werden kann, dem solltet Ihr Euch nicht widersetzen.«

1209 »Ihr habt meiner Schwester wirklich so viel Leid zugefügt«, sagte wiederum Giselher, der stolze Recke, »daß sie allen Grund hätte, Euch zu hassen. Niemand hat einer Frau ein größeres Glück zerstört.«

1210 »Ich mache Euch ja auch nur mit dem bekannt, was ich voraussehe. Wenn sie Etzel heiratet und weiterhin am Leben bleibt, wird sie uns noch viel Leid zufügen, wie immer sie das erreichen kann. Immerhin werden ihr unzählige tapfere Männer unterstellt.«

1211 Daraufhin gab der tapfere Gernot Hagen zur Antwort: »Es wird wohl dabei bleiben, daß wir bis zu beider Tod niemals in das Land Etzels reiten. Doch wir sollten uns ihr gegenüber treu verhalten; das ist auch für uns ehrenvoll.«

1212 Da sagte wiederum Hagen: »Niemand kann mir ernsthaft widersprechen: Wenn die edle Kriemhild die Krone Helches tragen wird, dann wird sie uns Leid zufügen, wie sie das auch immer erreicht. Ihr solltet es unterlassen: Das ziemt sich viel besser für Euch, Ihr Recken.«

1213 Zornig sagte da Giselher, der Sohn der schönen Ute: »Wir brauchen doch nicht alle verräterisch zu handeln. Über die Ehren, die ihr zuteil werden könnten, sollten wir froh sein. Was immer Ihr auch redet, Hagen, ich will mich in Treue auf ihre Seite stellen.«

1214 Als Hagen das hörte, da wurde er unwillig. Gernot und Giselher, die stolzen, edlen Ritter, und der mächtige Gunther kamen zuletzt darin überein, daß sie nichts dagegen unternehmen wollten, wenn Kriemhild ihre Zusage gäbe.

1215 Da sagte der Fürst Gere: »Ich will der Herrin melden, daß sie sich über Etzels Werbung freuen soll: Ihm sind viele Recken in Furcht und Gehorsam untertan. Er kann ihr sicherlich über jeden Schmerz, den sie je erlitt, hinweghelfen.«

1216 Da ging der tapfere Recke zu Kriemhild. Sie empfing ihn freundlich. Sogleich sagte er: »Ihr könnt mich mit Freuden begrüßen und mir meine Botengeschenke geben. Ein gutes Geschick will Euch schon bald von aller Eurer Not erlösen.

1217 Ez hât durch iuwer minne,   frouwe, her gesant   *1157*
    ein der aller beste,   der ie küneges lant   *(1241)*
    gewan mit vollen êren   oder krône solde tragen.
    ez werbent ritter edele: daz hiez iu iuwer bruoder sagen.«

1218 Dô sprach diu jâmers rîche: »iu sol verbieten got   *1158*
    und allen mînen friunden,   daz si deheinen spot   *(1242)*
    an mir armer üeben.   waz soldę ich einem man,
    der ie herzeliebe   von guotem wîbé gewan?«

1219 Si widerreitę ez sêre.   dô kômen aber sint   *1159*
    Gêrnôt ir bruoder   unt Gîselher daz kint;   *(1243)*
    die bâten minneclîche   trœsten si ir muot:
    ob si den künec genæme,   ez wærę ir wærlîchen guot.

1220 Überwinden kunde   niemen dô daz wîp,   *1160*
    daz si minnen wolde   deheines mannes lîp.   *(1244)*
    dô bâten si die degene: »nu lâzet doch geschehen,
    ob ir anders niht getuot,   daz ir den boten ruochet sehen.«

1221 »Daz enwíl ich niht versprechen«,   sprach daz edel wîp,   *1161*
    »ich ensehe gerne   den Rüedegêres lîp   *(1245)*
    durch sîne manege tugende.   wærę ér niht her gesant,
    swerz ander boten wære,   dem wærę ich immer umbekant.«

1222 Si sprach: »ir sult in morgen   heizen hér gân   *1162*
    zuo mîner kemenâten.   ich wil in hœren lân   *(1246)*
    vil gar den mînen willen   sol ich im selbe sagen.«
    ir wart eriteniuwet   daz ir vil grœzlîchez klagen.

1223 Dô gértę óuch niht ánders   der edel Rücdegêr   *1163*
    wan daz er gesæhe   die küneginne hêr.   *(1247)*
    er weste sich sô wîsen,   ob ez immer soldę ergân,
    daz si sich den recken   überreden müese lân.

1224 Dés ándern mórgens frúo,   dô man die messe sanc,   *1164*
    die edeln boten kômen;   dô wart dâ grôz gedranc.   *(1248)*
    die mit Rüedegêre   ze hove wolten gân,
    der sach man dâ gekleidet   vil manegen hérlîchen man.

1225 Kríemhílt diu hêre   und vil trŭréc gemuot,   *1165*
    si warte Rüedegêre,   dem edeln boten guot.   *(1249)*
    der vant si in der wæte,   die si álle tage truoc;
    dâ bî truoc ir gesinde   rîcher kléidér genuoc.

1226 Si gienc im engegene   zuo der tür dan   *1166*
    und empfîe vil güetlîche   den Étzélen man.   *(1250)*
    niwan selbe zwelfter   er dar în zuo ir gie.
    man bôt im grôzen dienest;   in kômen hôher boten nie.

1217 Herrin, der beste König, der jemals mit vollen herrscherlichen
Ehren ein Königreich besaß oder eine Königskrone trug, hat
hierher eine Botschaft gesandt, um Eure Minne zu erlangen:
Edle Ritter überbringen sie. Das ließ Euch Euer Bruder sagen.«

1218 Da sagte die vom Schmerz gebeugte Frau: »Gott sollte Euch
und allen meinen Freunden untersagen, mit mir elenden Frau
Scherz zu treiben. Was könnte ich einem Mann bedeuten, der
jemals Glück durch eine edle Frau erfuhr?«

1219 Mit Heftigkeit wies sie die Werbung zurück. Da kamen aber spä-
ter ihr Bruder Gernot und der junge Giselher hinzu; die baten
sie liebevoll, doch darauf zu vertrauen: Wenn sie den König zum
Gemahl nähme, dann wäre das wirklich zu ihrem Besten.

1220 Da konnte jedoch niemand die Frau dazu überreden, noch ein
zweites Mal zu heiraten. Da baten die Helden sie sehr ein-
dringlich: »Wenn Ihr auch nichts anderes tut, so geruht doch
wenigstens, den Boten zu empfangen.«

1221 »Ich will es nicht ablehnen«, sagte die edle Frau, »Rüdiger zu
empfangen, den ich um seiner mannigfachen Vorzüge willen
mit Freuden sehe. Wäre nicht er hierhergeschickt worden –
jedem anderen Boten hätte ich einen Empfang versagt.«

1222 Sie sagte: »Laßt ihn morgen zu meiner Kemenate kommen.
Er soll von mir hören, was ich wünsche. Ich werde es ihm
selbst sagen.« Voll Schmerz begann sie erneut zu klagen.

1223 Auch der edle Rüdiger wünschte nichts sehnlicher, als die er-
habene Königin zu sehen: Er hielt sich für klug genug, sie zur
Heirat mit dem Recken, wenn dafür überhaupt eine Möglich-
keit vorhanden war, zu überreden.

1224 Früh am anderen Morgen, als man die Messe gesungen hatte,
kamen die edlen Boten. Es entstand ein großes Gedränge. Viele
herrliche Ritter, die mit Rüdiger zu Hofe gehen wollten, sah
man schön gekleidet einherschreiten.

1225 Die erhabene, trauernde Kriemhild erwartete Rüdiger, den
edlen, trefflichen Boten. Er erblickte sie in der Kleidung, die
sie jetzt alle Tage trug; dagegen trug ihr Hofstaat die aller-
prächtigsten Gewänder.

1226 Bis zur Tür ging sie ihm entgegen und empfing den Gefolgs-
mann Etzels sehr freundlich. In Begleitung von nur elf anderen
war Rüdiger gekommen. Man gab ihm ein freundliches Will-
kommen: Niemals vorher waren edlere Boten bei ihnen ein-
gekehrt.

1227 Man hiez den herren sitzen   únd síne man.   1167
     die zwêne marcgrâven   die sach man vor ir stân,   (1251)
     Eckewart und Gêre,   die edeln recken guot.
     durch die hûsfrouwen   si sâhen niemen wol gemuot.

1228 Si sâhen vor ir sitzen   vil manec schœne wîp.   1168
     dô pflac niwan jâmers   der Kríemhílde líp.   (1252)
     ir wât was vor den brüsten   von heizen trähen naz.
     der edel marcgrâve   wol sách an Kríemhílde daz.

1229 Dô sprach der bote hêre: »vil edeles küneges kint,   1169
     mir unt mînen gesellen,   die mit mir komen sint,   (1253)
     sult ir daz erlouben,   daz wir vor iu stân
     und iu sagen diu mære,   war nâch wir her geriten hân.«

1230 »Nu sî iu erloubet«,   sprach diu künegin.   1170
     »swaz ir reden wellet,   alsô stât mîn sin,   (1254)
     daz ich ez gerne hœre;   ir sît ein bote guot.«
     die andern dô wol hôrten   ír unwíllégen muot.

1231 Dô sprach von Bechelâren   der fürste Rüedegêr: 1171
     »mit triuwen grôze liebe   Étzel ein künec hêr   (1255)
     hât iu enboten, frouwe,   her in ditze lant.
     er hât nâch iuwer minne   vil guote recken her gesant.

1232 Er enbíutet iu mínneclîche   minnę âne leit.   1172
     stæter friuntschefte   der sî er iu bereit,   (1256)
     als er ê tet froun Helchen,   diu im ze herzen lac.
     jâ hât er nâch ir tugenden   vil dickę unvrœlíchen tac.«

1233 Dô sprach diu küneginne: »márcgrâve Rüedegêr,   1173
     wærę iemen der bekande   mîniu scharpfen sêr,   (1257)
     der bæte mich niht triuten   noch deheinen man.
     jâ verlôs ich ein den besten,   den ie fróuwé gewan.«

1234 »Waz mac ergetzen leides«,   sprach der vil küene man,   1174
     »wan friuntlîche liebe,   swer die kan begân,   (1258)
     unt der dan einen kiuset   der im ze rehte kumt?
     vor herzenlîcher leide   niht sô grœzlíchen frumt.

1235 Und gerúochet ir ze minnen   den edeln herren mîn,   1175
     zwelf vil rîcher krône   sult ir gewaltec sîn.   (1259)
     dar zuo gît iu mîn herre   wol drîzec fürsten lant,
     diu elliu hât betwungeņ   sîn vil ellenthaftiu hant.

1236 Ir sult ouch werden frouwe   über mánegen werden man,
     die mîner frouwen Helchen   wâren undertân,   1176
     und über manege frouwen,   der si het gewalt,   (1260)
     von hôher fürsten künne«,   sprach der küene degen balt.

24

1227 Man forderte den Herrn und seine Leute auf, sich zu setzen. Die beiden Markgrafen Eckewart und Gere, die edlen, trefflichen Recken, standen vor der Königin. Aus Rücksicht auf die Herrin, so sahen die Boten, war niemand fröhlich.

1228 Sie sahen viele schöne Damen vor ihr sitzen. Da hörte man von Kriemhild nichts als Jammer. Ihre Kleidung war an der Brust naß von heißen Tränen. Der edle Markgraf konnte das deutlich erkennen an Kriemhild.

1229 Da sagte der hohe Bote: »Edle Königstochter, Ihr sollt es mir und meinen Gefährten, die zusammen mit mir gekommen sind, gestatten, vor Euch zu treten und Euch die Botschaft zu melden, deretwegen wir hierher geritten sind.«

1230 »Es sei Euch gestattet«, sagte die Königin. »Was immer Ihr vortragen wollt, ich werde es bereitwillig anhören: Denn Ihr seid ein edler Bote.« Da hörten aber die anderen deutlich heraus, wie unwillig sie eigentlich war.

1231 Da sagte der Fürst Rüdiger von Bechelaren: »Herrin, der erhabene König Etzel läßt Euch getreulich in dieses Land seine freundlichsten Grüße übermitteln: Um Eure Hand zu erlangen, hat er edle Recken hierher geschickt.

1232 Liebevoll verspricht er Euch eine glückliche Minne und eine beständige Ehegemeinschaft, wie sie ihn früher mit Frau Helche, die er sehr geliebt hat, verband. Wirklich, nachdem Helche, Inbegriff aller Vorzüge, gestorben ist, verlebt er nur noch freudlose Tage.«

1233 Da sagte die Königin: »Markgraf Rüdiger, kennte jemand meinen tiefen Schmerz, dann bäte er mich nicht darum, noch einen anderen Mann zu lieben. Ich habe den besten Mann verloren, den jemals eine Frau besaß.«

1234 »Was kann Leid besser vergessen lassen«, sagte der tapfere Mann, »als wahre Liebe: wenn einer die zu üben weiß und sich dann jemanden erwählt, der zu ihm paßt? Nichts hilft besser gegen tiefen Schmerz.

1235 Und wenn Ihr geruht, meinen edlen Herrn zu heiraten, dann werdet Ihr die Macht über zwölf mächtige Kronen haben. Überdies gibt Euch mein Herr die Länder dreier Fürsten, die er alle mit tapferer Hand bezwungen hat.

1236 Auch werdet Ihr über viele edle Männer herrschen, die meiner Herrin Helche untertan waren. Desgleichen über viele Damen aus dem Geschlecht hoher Fürsten, die unter ihrem Gebot standen«, so sagte der tapfere, mutige Held.

1237 »Dar zuo gît iu mîn herre,   daz heizet er iu sagen,   *1177*
     ob ir geruochet krône   bî dem künege tragen,   *(1261)*
     gewalt den aller hœchsten,   den Helche ie gewan,
     den sult ír gewalteclîchen   háben vor Étzélen man.«

1238 Dô sprach diu küneginne: »wie möhte mînen lîp   *1178*
     immer des gelusten,   daz ich wúrde heldes wîp?   *(1262)*
     mir hât der tôt an einem   sô rehte leit getân,
     des ich unz an mîn ende   muoz unvrœlîche stân.«

1239 Dô sprâchen aber die Hiunen: »küneginne rîch,   *1179*
     iuwer lében wirt bî Etzel   sô rehte lobelîch,   *(1263)*
     daz ez iuch immer wunnet,   ist daz ez ergât,
     want der künec rîche   vil manegen zieren degen hât.

1240 Helchen juncfrouwen   unt iuwer magedîn,   *1180*
     sólten die bî ein ander   éin gesinde sîn,   *(1264)*
     dâ bî möhten recken   werden wol gemuot.
     lât ez iu, frouwe, râten!   ez wirt iu wǽrlîchen guot.«

1241 Si sprach in ir zühten: »nu lât die rede stân   *1181*
     unze morgen fruo,   sô sult ir hér gân!   *(1265)*
     ich wil iu antwurten   des ir dâ habet muot.«
     des muosen dô gevolgen   die recken kǘenę únde guot.

1242 Dô si zen herbergen   alle kômen dan,   *1182*
     dô hiez diu edel frouwe   nâch Gîselheren gân,   *(1266)*
     und ouch nâch ir muoter.   den beiden sagtę si daz,
     daz si gezæme weinen   und niht ándérs baz.

1243 Dô sprach ir bruoder Gîselher: »swéster, mir ist geseit,   *1183*
     und wilz ouch wol gelouben,   daz elliu dîniu leit   *(1267)*
     der künec Etzel swende,   und nímstu in zę éinem man.
     swaz ander iemen râte,   sô dunket ez mich guot getân.«

1244 »Er mac dich wol ergetzen«,   sprach aber Gîselher.   *1184*
     »von dem Róten zuo dem Rîne,   von der Élbe unz an daz mer,
     sô ist künec deheiner   sô gewaltec niht.   *(1268)*
     du maht dich freun balde,   sô er dîn ze konen giht.«

1245 Si sprach: »lieber bruoder,   zwiu rætestu mir daz?   *1185*
     klagen unde weinen   mir immer zæme baz.   *(1269)*
     wie soldę ich vor recken   dâ ze hove gân?
     wart mîn lîp ie schœne,   des bin ich ãné getân.«

1246 Dô sprach diu frouwe Uote   ir lieben tochter zuo: *1186*
     »swaz dîne bruoder râten,   liebez kint, daz tuo!   *(1270)*
     volge dînen friunden!   sô mac dir wol geschehen.
     ich hân dich doch sô lange   mit grôzem jâmér gesehen.«

1237 »Überdies gibt Euch mein Herr – das läßt er Euch melden –, falls Ihr geruht, in seinem Lande die Krone zu tragen, die allerhöchste Gewalt, die Helche je ausübte. Die sollt Ihr als Herrscherin über alle Gefolgsleute Etzels besitzen.«

1238 Da sagte die Königin: »Wie könnte mich jemals danach verlangen, die Frau eines Helden zu werden? Der Tod des einen hat mir so heftigen Schmerz bereitet, daß ich bis an mein Ende Trauer tragen muß.«

1239 Da sagten wiederum die Hunnen: »Mächtige Königin, Euer Leben an Etzels Seite wird so ruhmvoll werden, daß es Euch immer Freude bringen wird, wenn es dazu kommt: Denn der mächtige König hat so viele stattliche Helden.

1240 Wenn die Jungfrauen Helches und Eure Mädchen zusammen ein Gefolge bilden, dürfte das den Recken frohe Stimmung wecken. Herrin, laßt es Euch doch raten! Es wird wirklich zu Eurem Besten sein.«

1241 Sie sagte in edlem Anstand: »Nun laßt uns die Entscheidung bis morgen früh vertagen. Dann sollt Ihr wieder herkommen! Auf das, was Euch am Herzen liegt, will ich dann antworten.« Die tapferen, trefflichen Recken mußten sich darein fügen.

1242 Als sie alle wieder in ihre Herberge zurückgekehrt waren, da ließ die edle Herrin Giselher und ihre Mutter holen. Den beiden sagte sie, sie halte es für ihre einzige Pflicht, um Siegfried zu weinen und sonst nichts.

1243 Da sagte ihr Bruder Giselher: »Schwester, man hat mir gesagt, und ich will glauben, daß es richtig ist, daß der König Etzel Dein ganzes Leid vertreiben kann, wenn Du ihn zum Gemahl nimmst. Was auch andere raten mögen, mir scheint, Du tätest gut daran.«

1244 »Er kann Dich für all Dein Leid entschädigen«, sagte wiederum Giselher. »Von der Rhone bis zum Rhein, von der Elbe bis zum Meer ist kein König gewaltiger. Du kannst Dich sehr darüber freuen, wenn er Dich zu seiner Gemahlin erwählt.«

1245 Sie sagte: »Lieber Bruder, weshalb rätst Du mir das? Es wäre besser für mich, allezeit zu weinen und zu klagen. Wie könnte ich dort an der Spitze der Recken zu Hofe schreiten? Wenn ich jemals Schönheit besaß, die habe ich seit langem nicht mehr.«

1246 Da sagte die Herrin Ute zu ihrer lieben Tochter: »Liebes Kind, tu doch, was Deine Brüder Dir raten! Folge Deinen Freunden! Dann wird es Dir wohl ergehen. Ich habe Dich doch nun schon so lange in tiefem Kummer gesehen.«

1247 Dô bat si got vil dicke   füegen ir den rât,   *1187*
    daz si ze gebene hête   golt silber unde wât,   *(1271)*
    sam ê bî ir manne,   dô er noch was gesunt.
    si gelébte doch nímmer mêre   sît sô vrœlîche stunt.

1248 Si gedâhtẹ in ir sinne: »und sol ich mînen lîp   *1188*
    geben einem heiden   (ich bin ein kristen wîp),   *(1272)*
    des muoz ich zer werlde   immer schande hân.
    gæbẹ er mir elliu rîche,   ez ist von mir vil ungetân.«

1249 Dâ mit siz lie belîben.   die naht unz an den tac   *1189*
    diu frouwe an ir bette   mit vil gedanken lac.   *(1273)*
    diu ir vil liehten ougen   getrúckénten nie,
    unz daz si aber den morgen   hin ze méttíne gie.

1250 Ze rehter messezîte   die künege wâren komen.   *1190*
    si heten aber ir swester   únder hénde genomen.   *(1274)*
    jâ rieten sị ir ze minnen   den künec von Hiunen lant.
    die frouwen ir deheiner   lützel vrœlîche vant.

1251 Dô hiez man dar gewinnen   die Étzélen man,   *1191*
    die nu mit urloube   gerne wæren dan,   *(1275)*
    geworben oder gescheiden,   swie ez dô möhte sîn.
    ze hove kom dô Rüedegêr.   die helde reiten under in,

1252 Daz man rehtẹ erfüere   des edeln fürsten muot,   *1192*
    und tæten daz bezîte.   daz diuhtes alle guot.
    ir wege wæren verre   wider in ir lant.
    man brâhte Rüedegêren   dâ er Kríemhílde vant.

1253 Vil minneclîche bitten   der recke dô began   *1193*
    die edeln küneginne,   si soldẹ in hœren lân
    waz si enbieten wolde   in Étzélen lant.
    er wænẹ an ir niht anders   niwan lóugénen vant,

1254 Daz si nímmer minnen wolde   mêr deheinen man.   *1194*
    dô sprach der marcgrâve: »daz wære missetân.   *(1276)*
    zwiu woldet ir verderben   einen álsô schœnen lîp?
    ir muget noch mit êren   werden guotes mannes wîp.«

1255 Niht half daz si gebâten,   unz daz Rüedegêr   *1195*
    gesprach in heimlîche   die küneginne hêr,   *(1277)*
    er wolde si ergetzen   swaz ir ie geschach.
    ein teil begundẹ ir senften   dô ir vil grôzer ungemach.

1256 Er sprach zer küneginne: »lât iuwer weinen sîn.   *1196*
    ob ir zen Hiunen hêtet   niemen danne mîn,   *(1278)*
    getriuwer mîner mâge   und ouch der mînen man,
    er müeses sêrẹ engelten,   unt het iu iemen iht getân.«

1247 Da bat sie Gott in häufigen Gebeten, es doch so zu fügen, daß sie wieder Gold, Silber und Kleidung zu ihrer Verfügung hätte, wie vordem, als ihr Mann noch am Leben war. Doch erlebte sie später niemals wieder eine so fröhliche Zeit.

1248 Sie dachte bei sich: »Soll ich mich nun einem Heiden vermählen – ich bin doch schließlich eine Christin –, so werde ich dafür vor aller Welt geschmäht werden. Wenn er mir auch alle Reiche gäbe, ich kann doch auf gar keinen Fall darauf eingehen!«

1249 Damit ließ sie die Sache auf sich beruhen. Die ganze Nacht hindurch bis zum nächsten Morgen lag die Herrin mit unruhigen Gedanken in ihrem Bett. Ihre strahlenden Augen wurden nicht trocken, bis sie in der Frühe wiederum zur Messe schritt.

1250 Zur Zeit des Gottesdienstes waren auch die Könige gekommen. Sie hatten erneut auf ihre Schwester eingewirkt: Wirklich, sie rieten ihr, den König des Hunnenlandes zum Gemahl zu nehmen. Keinem von ihnen gelang es, die Herrin auch nur ein klein wenig fröhlicher zu stimmen.

1251 Da ließ man die Leute Etzels herbeiholen, die mit der Erlaubnis des Hofes gerne aufgebrochen wären: Wie es auch immer sein mochte, erfolgreich oder erfolglos. Da kam Rüdiger zu Hofe. Die Helden beredeten untereinander,

1252 daß man den Willen des edlen Königs noch zu erfahren habe und daß man es rechtzeitig tun sollte. Das erschiene ihnen allen richtig. Denn es waren weite Wege bis zurück in ihr Heimatland. Man führte Rüdiger zu Kriemhild.

1253 Der Recke begann die edle Königin freundlich zu bitten, sie solle ihm doch sagen, was sie in das Land Etzels zu entbieten habe. Ich glaube, er stieß bei ihr auf die heftigste Ablehnung:

1254 Daß sie nämlich niemals mehr einen Mann heiraten wollte. Da sagte der Markgraf: »Das wäre falsch gehandelt! Weshalb wolltet Ihr Eure Schönheit so nutzlos zugrunde richten? In großem Ansehen könnt Ihr noch die Gemahlin eines edlen Mannes werden.«

1255 Es half ihnen nicht, daß sie weiter in sie drangen, bis dann Rüdiger die erhabene Königin unter vier Augen sprach: Er wolle sie für alles entschädigen, was ihr je geschehen war. Da wurde ihr großes Leid schon beträchtlich vermindert.

1256 Er sagte zur Königin: »Laßt Euer Weinen! Selbst wenn Ihr bei den Hunnen niemanden außer mir, meinen getreuen Verwandten und meinen Gefolgsleuten hättet, so müßte es doch jeder schwer büßen, wenn er Euch irgend etwas zuleide getan hätte.«

1257 Dâ von wart wol geringet   dô der frouwen muot.   *1197*
    si sprach:»sô swert mir eide,   swaz mir íemén getuot, *(1279)*
    daz ir sît der næchste,   der büeze mîniu leit.«
    dô sprach der marcgrâve: »des bin ich, fróuwé, bereit.«

1258 Mit allen sînen mannen   swuor ir dô Rüedegêr   *1198*
    mit triuwen immer dienen,   unt daz die recken hêr *(1280)*
    ir nimmer niht versageten   ûz Etzelen lant,
    des si ȇre haben solde: des sichertę ir Rüedegêres hant.

1259 Do gedâhte diu getriuwe: »sît ich friunde hân   *1199*
    alsô vil gewunnen,   sô sol ich reden lân *(1281)*
    die liute swaz si wellen,   ich jâmerhaftez wîp.
    waz ob noch wirt errochen   des mînen lieben mannes lîp?«

1260 Si gedâhte:»sît daz Etzel   der recken hât sô vil,   *1200*
    sol ich den gebieten,   sô tuon ich swaz ich wil. *(1282)*
    er ist ouch wol sô rîche,   daz ich ze gebene hân.
    mich hât der leide Hagene   mînes gúotes ȃné getân.«

1261 Si sprach ze Rüedegêre: »het ich daz vernomen,   *1201*
    daz er niht wærę ein heiden,   sô woldę ich gerne komen
    swar er hete willen,   und næmę in zę einem man.« *(1283)*
    dô sprach der marcgrâve: »die rede sult ir, frouwe, lân.

1262 Er hât sô vil der recken   in kristenlîcher ê,   *1202*
    daz iu bî dem künege   nímmer wirdet wê. *(1285)*
    waz ob ir daz verdienet,   daz er tóufet sînen lîp?
    des muget ir gerne werden   des künec Étzélen wîp.«

1263 Dô sprâchen aber ir bruoder: »nu lobt ez, swester mîn.
    iuwer ungemüete   daz sult ir lâzen sîn.«   *1203*
    si bâtens alsô lange   unz doch ir trûrec lîp *(1286)*
    lobte vor den helden,   si würde Étzélen wîp.

1264 Si sprach:»ich wil iu volgen,   ich armiu künegîn,   *1204*
    daz ich var zuo den Hiunen,   sô daz nu mac gesîn, *(1287)*
    swenne ich hân die friunde,   die mich füeren in sîn lant.«
    des bôt dô vor den helden   diu schœne Kríemhílt ir hant.

1265 Dô sprach der marcgrâve: »habt ir zwêne man,   *1205*
    dar zuo hân ich ir mêre.   ez wirdet wol getân *(1288)*
    daz wir iuch wol nâch êren   bringen über Rîn.
    ir sult niht, frouwe, langer   hie zen Búrgónden sîn.

1266 Ich hân fünfhundert manne   und ouch der mâge mîn,   *1206*
    die suln iu hie dienen,   unt dâ heime sîn, *(1289)*
    frouwe, swie ir gebietet.   ich tuon iu selbę alsam,
    swennę ir mich mant der mære,   daz ích michs nímmér
                                     gescham.

1257 Da minderte sich der Schmerz der Herrin. Sie sagte: »So schwört mir Eide, daß Ihr, was immer mir jemand zufügt, der erste seid, der Kränkungen meiner Person rächt.« Da sagte der Markgraf: »Herrin, dazu bin ich bereit.«

1258 Zusammen mit allen seinen Gefolgsleuten schwur ihr da Rüdiger, ihr immer treu zu dienen; und er schwur, daß die erlesenen Recken aus dem Lande Etzels ihr niemals etwas versagen wollten, wodurch sie Ehre erlangen könnte: All dies sicherte ihr Rüdiger mit seiner Hand zu.

1259 Da dachte die Getreue: »Da ich nun so viele Verbündete gewonnen habe, werde ich freudlose Frau die Leute reden lassen, was immer sie wollen. Vielleicht wird die Ermordung meines lieben Mannes doch noch gerächt!«

1260 Sie dachte: »Da Etzel so viele Recken hat, kann ich tun, was ich will, wenn ich über die gebiete. Außerdem ist er so reich, daß ich genug zu verschenken habe: Der verruchte Hagen hat mir mein ganzes Gut geraubt.«

1261 Sie sagte zu Rüdiger: »Wenn ich wüßte, daß er kein Heide wäre, dann würde ich mit Freuden kommen, wohin immer er es wünschte, und ihn auch zum Gemahl nehmen.« Da sagte der Markgraf: »Herrin, Ihr solltet es unterlassen, so zu reden.

1262 Er hat so viele Recken christlichen Glaubens, daß Ihr niemals bei dem König Heimweh empfinden werdet. Vielleicht erreicht Ihr es sogar, daß er sich taufen läßt? Ihr könnt also ohne Bedenken die Gemahlin des Königs Etzel werden.«

1263 Da sagten wiederum ihre Brüder: »Nun willigt ein, Schwester! Euren Kummer sollt Ihr jetzt begraben.« Sie baten so lange darum, bis die trauervolle Frau schließlich doch in Gegenwart der Helden versprach, Etzels Gemahlin zu werden.

1264 Sie sagte: »Ich arme Königin will Euch folgen und ziehe zu den Hunnen. Das kann aber erst geschehen, sobald ich die Gefolgsleute weiß, die mich in Etzels Land bringen.« Darauf gab die schöne Kriemhild in Gegenwart der Helden ihre Hand.

1265 Da sagte der Markgraf: »Habt Ihr zwei Gefolgsleute, so habe ich noch viel mehr. Es wird so eingerichtet, daß wir Euch Eurer Stellung gemäß über den Rhein bringen. Herrin, Ihr sollt nicht länger hier bei den Burgunden verweilen!

1266 Ich habe fünfhundert Gefolgsleute und dazu noch Verwandte bei mir: die werden Euch hier dienen und auch zu Hause, Herrin, zu Eurem Gebot stehen. Ich selbst verhalte mich genauso. Ihr braucht mich nur an unsere Abmachungen zu erinnern, vorausgesetzt natürlich, daß ich nicht meiner Ehre zuwider handele.

1267 Nu heizet iu bereiten   iuwer pfertkleit!   *1207*
     die Rüedegêres ræte   iu nimmer werdent leit;   *(1290)*
     und saget ez iuwern magedîn,   die ir dâ füeren welt.
     jâ kumt uns ûf der strâze   vil manec ûz erwelter helt.«

1268 Si heten noch gesmîde   daz man dâ vor reit   *1208*
     bî Sîfrides zîten,   daz si vil manege meit   *(1291)*
     mit êren mohte füeren,   swenne si wolde dan.
     heí waz man guoter sätele   den schœnen fróuwén gewan!

1269 Ob si ê ie getruogen   deheiniu rîchiu kleit,   *1209*
     der wart zuo zir verte   vil manegez nu bereit,   *(1292)*
     wan in von dem künege   sô vil gesaget wart.
     si sluzzen ûf die kisten,   die ê stuonden wol bespart.

1270 Si wâren vil unmüezec   wol fünftehalben tac,   *1210*
     si suochten ûz der valden   des vil dar inne lac.   *(1293)*
     Kríemhilt dô ir kamere   entslíezén began.
     si wolde machen rîche   alle Rüedegêres man.

1271 Si hete noch des goldes   von Nibelunge lant   *1211*
     (si wândę ez zen Hiunen   teilen soldę ir hant),   *(1294)*
     daz ez wol hundert mœre   ninder kunden tragen.
     diu mære hôrte Hagene   dô von Kríemhílde sagen.

1272 Er sprach: »sît mir frou Kriemhilt   nimmer wirdet holt,
     sô muoz ouch hie belîben   daz Sîfrides golt.   *1212*
     zwiu soldę ich mînen fienden   lân sô michel guot?   *(1295)*
     ich weiz vil wol waz Kriemhilt   mit disem schátzé getuot.

1273 Ob sį in bræhte hinnen,   ich wil gelouben daz,   *1213*
     er wurde doch zerteilet   ûf den mînen haz.   *(1296)*
     sin habent ouch niht der rosse,   die in solden tragen.
     in wil behalten Hagene,   daz sol man Kríemhílde sagen.«

1274 Dô si gehôrtę diu mære,   dô was ir grimme leit.   *1214*
     ez wart ouch den künegen   allen drîn geseit.   *(1297)*
     si woltenz gerne wenden.   dô des niht geschach,
     Rüedegêr der edele   harte vrœlîche sprach:

1275 »Rîchiu küneginne,   zwiu klagt ir daz golt?   *1215*
     iu ist der künec Etzel   sô grœzlîchen holt,   *(1298)*
     gesêhent iuch sîniu ougen,   er gît iu alsô vil
     daz irz verswendet nimmer: des ich iu, frouwe, sweren wil.«

1267 Nun laßt das Geschirr für Euer Pferd fertigmachen. Ihr werdet es nie bereuen, Rüdigers Ratschlägen gefolgt zu sein. Und sagt Euren Mädchen, die Ihr mitnehmen wollt, Bescheid. Viele erlesene Helden werden auf der Straße zu unserem Zug hinzustoßen.«

1268 Sie besaßen noch kostbares Sattelzeug, das man schon zu Siegfrieds Zeiten benutzt hatte, so daß sie viele Jungfrauen in ehrenvollem Zuge mit sich führen konnte, wenn sie nun von dannen ziehen wollte. Ach, wie viele gute Sättel machte man für die schönen Damen bereit!

1269 Ob sie nun früher schon kostbare Kleider getragen hatten, für die Reise wurden solche Kleider auf jeden Fall in Mengen bereitgelegt; man hatte ihnen nämlich von Etzel und seiner Pracht schon viel erzählt. So schlossen sie denn die Truhen auf, die bis dahin verschlossen gestanden hatten.

1270 Viereinhalb Tage lang waren sie sehr geschäftig und suchten aus den Kleiderbeuteln, was nur darin war. Da schloß Kriemhild ihre Schatzkammer auf, denn sie wollte alle Gefolgsleute Rüdigers reich beschenken.

1271 Sie besaß noch so viel vom Gold aus dem Nibelungenland (sie wollte es bei den Hunnen mit freigebiger Hand verteilen), daß einhundert Pferde es nicht hätten forttragen können. Da hörte Hagen, daß man dies von Kriemhild berichtete.

1272 Er sagte: »Da mir Frau Kriemhild doch niemals wieder gewogen wird, so muß auch das Gold Siegfrieds hierbleiben. Weshalb sollte ich solch riesiges Gut in der Hand meiner Feinde lassen? Denn ich weiß genau, was Frau Kriemhild mit diesem Schatz vorhat.

1273 Wenn sie ihn von hier fortbrächte, so weiß ich mit Sicherheit, dann würde er doch nur verteilt, um Feindschaft gegen mich zu wecken. Sie haben ja auch gar nicht so viele Pferde, die ihn tragen könnten. Man soll es Kriemhild melden, daß Hagen den Schatz hier behalten will.«

1274 Als sie davon erfuhr, da war sie aufs äußerste empört. Es wurde übrigens auch allen drei Königen gemeldet. Die wollten es gerne verhindern. Als aber nichts daraus wurde, da sagte der edle Rüdiger in froher Unbekümmertheit:

1275 »Mächtige Königin, weshalb beklagt Ihr den Verlust des Goldes? Wenn der König Etzel Euch erst einmal mit eigenen Augen sieht, wird er Euch innig zugetan sein; er wird Euch so viel Gold schenken, daß Ihr es Euer Lebtag nicht aufbrauchen könnt: Herrin, das schwöre ich Euch!«

1276 Dô sprach diu küneginne: »vil edel Rüedegêr,   *1216*
      ez gewán küneges tochter   nie rîchéite mêr   *(1299)*
      danne der mich Hagene   âne hât getân.«
      dô kom ir bruoder Gêrnôt   hin zir kameren gegân.

1277 Mit gewált des kúneges den slúzzel   stiez er an die tür.
      golt daz Kriemhilde   reichte man dar für,   *1217*
      ze drîzec tûsent marken   oder dannoch baz.   *(1300)*
      er hiez ez nemen die geste;   liep was Gúnthére daz.

1278 Dô sprach von Bechelâren   der Gotelinde man: *1218*
      »ob ez mîn frouwe Kriemhilt   allez möhte hân,   *(1301)*
      swaz sîn ie wart gefüeret   von Nibelunge lant,
      sîn solde lützel rüeren   mîn oder der küneginne hant.

1279 Nu heizet ez behalten,   wandę ich sîn niht enwil.   *1219*
      jâ fúortę ích von lande   des mînen alsô vil   *(1302)*
      daz wirs ûf der strâze   haben guoten rât
      und unser koste hinnen   harte hérlíchen stât.«

1280 Dâ vor in aller wîle   gefüllet zwelf schrîn   *1220*
      des aller besten goldes,   daz inder mohte sîn   *(1303)*
      heten die ir mägede.   daz fuorte man von dan
      und gezîerde vil der frouwen,   daz si zer verte solden hân.

1281 Gewalt des grimmen Hagenen   dûhte si ze starc.   *1221*
      si het ir opfergoldes   noch wol tûsent marc.   *(1304)*
      si teiltez sîner sêle,   ir vil lieben man.
      daz dûhte Rüedegêren   mit grôzen tríuwén getân.

1282 Dô sprach diu klagende frouwe: »wâ sint die friunde mîn,
      die durch mîne liebe   wellent éllénde sîn?   *1222*
      die suln mit mir rîten   in der Hiunen lant.   *(1305)*
      die nemen schaz den mînen   und koufen ros unt ouch gewant.«

1283 Dô sprach zer küneġinne   der marcgrâvę Eckewart: *1223*
      »sît daz ich aller êrste   iuwer gesinde wart,   *(1306)*
      sô hân ich iu mit triuwen   gedienet«, sprach der degen,
      »und wil unz an mîn ende   des selben immer bî iu pflegen.

1284 Ich wil ouch mit mir füeren   fünf hundert mîner man,
      der ich iu ze dienste   mit rehten triuwen gan.   *1224*
      wir sîn vil ungescheiden,   ez entúo dán der tôt.«   *(1307)*
      der rede neic im Kriemhilt: des gie ir wǽrlíche nôt.

1285 Dô zôch man dar die mœre,   si wolden varn dan.   *1225*
      dâ wart vil michel weinen   von fríundén getân.   *(1308)*
      Uote diu vil rîche   und manec schœne meit,
      die zeigeten daz in wære   nâch froun Kríemhílde leit.

34

1276 Da sagte die Königin:»Edler Rüdiger, niemals hat eine Königstochter größeren Reichtum besessen als den, den Hagen mir geraubt hat.« Da kam ihr Bruder Gernot zur Schatzkammer.

1277 Aus herrscherlicher Machtvollkommenheit stieß er den Schlüssel ins Schloß. Das Gold Kriemhilds reichte man wieder heraus, wohl dreißigtausend Mark oder sogar noch mehr. Gernot ließ es an die Gäste austeilen. Darüber freute sich Gunther.

1278 Da sagte der von Bechelaren, Gotelindes Mann:»Und wenn nun meine Herrin Kriemhild auch alles wiederbekäme, was jemals aus dem Land der Nibelungen hierher nach Worms gebracht wurde, die Königin oder ich würden doch nicht Hand daran legen.

1279 Nun laßt es wieder aufbewahren, denn ich will es nicht annehmen. Ich habe aus meinem Lande so viel mitgebracht, daß wir auf unserer Fahrt gut auf Kriemhilds Gold verzichten können und unsere Reisekosten völlig gedeckt sind.«

1280 Unterdessen hatten vorher bereits ihre Mägde zwölf Truhen mit dem allerbesten Gold, das es überhaupt irgendwo geben konnte, gefüllt. Das nahm man mit und außerdem noch zahlreiche Geschmeide für die Frauen, die sie auf der Fahrt tragen sollten.

1281 Die Entschlossenheit des finsteren Hagen schien ihnen zu gefährlich. Für Opfergaben blieben ihr noch etwa tausend Mark. Das gab sie alles für das Seelenheil ihres teuren Mannes. Daran konnte Rüdiger erkennen, wie treu sie war.

1282 Da sagte die klagende Frau:»Wo sind meine Freunde? Wer mir zuliebe in ein fremdes Land ziehen will, der soll mit mir in das Land der Hunnen reiten, von meinem Schatz nehmen und sich ein Pferd und eine Ausrüstung beschaffen.«

1283 Da sagte der Markgraf Eckewart zur Königin:»Seitdem ich überhaupt in Eure Gefolgschaft trat, habe ich Euch in Treue gedient«, so sagte der Held, »und will Euch bis an meinen Tod treu ergeben sein.

1284 Ich will auch fünfhundert von meinen Gefolgsleuten mit mir nehmen, die Euch treu zu Diensten sein werden. Nichts außer dem Tod kann uns von Euch trennen.« Kriemhild neigte sich vor ihm zum Dank für diese Worte; sie hatte auch allen Grund dazu.

1285 Da brachte man die Pferde, denn sie wollten nun aufbrechen. Da begannen die Freunde heftig zu weinen. Die mächtige Ute und viele schöne Jungfrauen ließen erkennen, daß ihnen der Abschied von der Herrin Kriemhild schwer wurde.

1286 Hundert rîcher mägede   fuortę si mit ir dan;   *1226*
     die wurden sô gekleidet   als in daz wol gezam.   *(1309)*
     dô vielen in die trehene von liehten ougen nider.
     si gelébte vil der freuden ouch bî Étzélen sider.

1287 Dô kom der herre Gîselher   und ouch Gêrnôt   *1227*
     mít ír gesínde,   als in ir zuht gebôt.   *(1310)*
     dô wolden si beleiten   ir liebe swester dan.
     dô fuorten si ir recken   wol tûsent wǽtlícher man.

1288 Dô kom der snelle Gêre   und ouch Ortwîn.   *1228*
     Rûmolt der kuchenmeister   dâ mite muose sîn.   *(1311)*
     si schúofen die náhtsélde   unz an Túonóuwe stat.
     dô reit niht fürbaz Gunther   wan ein lützel für die stat.

1289 Ê si von Rîne füeren,   si heten für gesant   *1229*
     ir boten harte snelle   in der Hiunen lant,   *(1313)*
     die dem künege sageten   daz im Rüedegêr
     ze wîbe hetę erworben   die edeln küneginne hêr.

21. Âventiure
Wie Kriemhilt zuo den Hiunen fuor

1290 Die boten lâzen rîten: wir suln iu tuon bekant   *1230*
     wie diu küneginne   füere durch diu lant,   *(1316)*
     oder wâ von ir schieden   Gîselher und Gêrnôt.
     si heten ir gedienet   als in ir triuwe daz gebôt.

1291 Unz an die Tuonouwe   ze Vergen si dô riten.   *1231*
     si begúnden urloubes   die küneginne biten,   *(1317)*
     wan si wider wolden   rîten an den Rîn.
     done móhtez âne weinen   von guoten friunden niht gesîn.

1292 Gîselher der snelle   sprach zer swester sîn: *1232*
     »swenne daz du, frouwe,   bedurfen wellest mîn,   *(1318)*
     ob dir iht gewerre,   daz tuo du mir bekant,
     sô rîtę ich dir ze dienste   in daz Étzélen lant.«

1293 Die ir mâge wâren,   kustes an den munt.   *1233*
     vil minneclîche scheiden   sach man an der stunt   *(1319)*
     die snellen Burgonden   von Rüedegêres man.
     dô fuortę diu küneginne   vil manege méit wól getân,

1294 Hundert unde viere,   die truogen rîchiu kleit   *1234*
     von gemâlet rîchen pfellen.   vil der schilde breit   *(1320)*
     fuortę man bî den frouwen   nâhen ûf den wegen.
     dô kêrte von ir dannen   vil manec hérlícher degen.

36

1286 Hundert edle Jungfrauen nahm sie mit sich; die wurden gekleidet, wie es sich für sie geziemte. Da rannen ihnen die Tränen aus den strahlenden Augen. Auch bei Etzel verbrachten sie später manch glückliche Stunde.

1287 Da kamen, wie es ihre höfische Erziehung von ihnen forderte, Herr Giselher und auch Gernot mit ihrem Gefolge. Da wollten sie ihrer lieben Schwester das Geleit geben. Da hatten sie wohl tausend ihrer stattlichen Recken bei sich.

1288 Da kam der tapfere Gere und auch Ortwin. Rumold, der Küchenmeister, durfte auch nicht fehlen. Das erste Nachtquartier hielten sie an der Donau. Da ritt aber Gunther nur ein kleines Stück mit ihnen, eben bis vor die Tore der Stadt.

1289 Bevor sie vom Rhein aufgebrochen waren, hatten sie treffliche Boten in das Land der Hunnen vorausgeschickt, die dem König melden sollten, daß ihm Rüdiger die edle, erhabene Königin zur Gemahlin gewonnen hatte.

21. Aventiure
Wie Kriemhild zu den Hunnen zog

1290 Lassen wir doch die Boten vorausreiten! Wir werden Euch nun berichten, wie die Königin durchs Land zog und wo Giselher und Gernot von ihr Abschied nahmen. Sie hatten ihr ihren Dienst erwiesen, so wie es brüderliche Treue von ihnen forderte.

1291 Da ritten sie bis Pföring an der Donau. Dort baten sie die Königin, Abschied nehmen zu dürfen, denn sie wollten wieder an den Rhein zurückkreiten. Das ging zwischen den lieben Verwandten nicht ohne Tränen ab.

1292 Der tapfere Giselher sagte zu seiner Schwester: »Herrin, wenn Dir irgendetwas Kummer macht und Du mich einmal brauchst, dann melde es mir. Dann reite ich Dir zu Diensten in das Land Etzels.«

1293 Ihre Verwandten küßte sie auf den Mund. Freundlich sah man da die tapferen Burgunden von den Gefolgsleuten Rüdigers Abschied nehmen. Da nahm die Königin viele schöne Mädchen,

1294 hundertundvier an der Zahl, mit auf ihre Reise: die trugen alle kostbare Kleider aus buntverzierten, erlesenen Seidenstoffen. Viele breite Schilde hielt man nahe auf den Wegen zum Schutz der Damen bereit. Da kehrten zahlreiche strahlende Helden wieder um nach Worms.

1295 Si zogeten dannen balde   níder durch Béyer lant.   *1235*
     dô sagte man diu mære,   dâ wæren für gerant   *(1321)*
     vil unkunder geste,   dâ noch ein klôster stât
     unt dâ daz In mit fluzze   in die Túonóuwe gât.

1296 In der stát ze Pazzouwe   saz ein bischof.   *1236*
     die hérberge wúrden lære   unt ouch des fürsten hof. *(1322)*
     si îlten gegen den gesten   ûf in Beyer lant,
     dâ der bischof Pilgrîm   die schœnen Kríemhílden vant.

1297 Den recken von dem lande   was dô niht ze leit,   *1237*
     dô si ir volgen sâhen   sô manege schœne meit.   *(1323)*
     dâ trûte man mit ougen   der edeln ritter kint.
     guote herberge   gáp mán den gesten sint.

1298 Der bischof mit sîner nifteln   ze Pazzouwe reit.   *1238*
     dô daz den burgæren   von der stát wárt geseit,   *(1325)*
     daz dar kœme Kriemhilt,   des fürsten swester kint,
     diu wart wol empfangen   von den kóuflíuten sint.

1299 Daz si belîben solden,   der bischof hetȩ des wân.   *1239*
     dô sprach der herre Eckewart: »ez ist ungetân.   *(1326)*
     wir müezen várn nídere   in Rüedegêres lant.
     uns wartet vil der degene,   wan ez íst in allen wol bekant.«

1300 Diu mære nu wol wesse   diu schœne Gotelint.   *1240*
     si berîte sich mit vlîze   und ir vil edel kint.   *(1327)*
     ir hetȩ enboten Rüedegêr   daz in daz diuhte guot,
     daz si der küneginne   dâ mite trôsté den muot,

1301 Daz si ir ritȩ engegene   mit den sînen man   *1241*
     ûf zúo der Ense.   dô daz wart getân,   *(1328)*
     dô sach man allenthalben   die wegȩ unmüezec stên.
     si begúnden gegen den gesten   beidiu rîten unde gên.

1302 Nu was diu küneginne   zȩ Everdingen komen.   *1242*
     genuoge ûz Beyer lande,   sólden si hân genomen   *(1329)*
     den róup ûf der strâzen   nâch ir gewonheit,
     so heten sie den gesten   dâ getân vil lîhte leit.

1303 Daz was wol understanden   von dem marcgrâven hêr.
     er fuortȩ tûsent ritter   unde dannoch mêr.   *1243*
     dô was ouch komen Gotelint,   Rüedegêres wîp;   *(1330)*
     mit ir kom hêrlîche   vil maneges edeln recken lîp.

1304 Dô si úber die Trûne kômen   bî Ensé ûf daz velt,   *1244*
     dô sach man ûf gespannen   hütten unt gezelt,   *(1331)*
     dâ die geste solden   die nahtselde hân.
     diu koste was den gesten   dâ von Rüedegêr getân.

1295 Rasch bewegte sich der Zug durch das Land der Bayern. Dorthin, wo noch ein Kloster steht und wo sich der Inn mit großem Schäumen in die Donau ergießt, brachte man die Botschaft, daß viele unbekannte Gäste nahten.

1296 In der Stadt Passau herrschte ein Bischof. Die Herbergen leerten sich und auch der Hof des Fürsten; denn alle eilten hinauf nach Bayern den Gästen entgegen. Dort traf der Bischof Pilgrim die schöne Kriemhild.

1297 Die Recken des Bistums verdroß es keineswegs, als sie so viele schöne Jungfrauen im Gefolge Kriemhilds erblickten, und sie warfen den edlen, ritterlichen Mädchen verliebte Blicke zu. Den Gästen wies man gute Unterkunft an.

1298 Der Bischof ritt mit seiner Nichte nach Passau. Als den Bürgern der Stadt gemeldet wurde, daß Kriemhild, die Nichte des Fürsten, dorthin käme, da wurde sie von den Kaufleuten gebührend empfangen.

1299 Der Bischof machte sich Hoffnungen, daß sie länger bleiben könnten. Da sagte der Herr Eckewart: »Das ist unmöglich! Wir müssen hinunterziehen in Rüdigers Land. Viele Helden warten schon auf uns; denn unser Kommen ist ihnen bekannt.«

1300 Auch die schöne Gotelind kannte nun die Botschaft. Mit Eifer bereitete sie sich und ihre Edelfräulein auf den Empfang vor. Rüdiger hatte ihr mitgeteilt, es erschiene ihm richtig, daß sie die Königin dadurch aufheitere,

1301 daß sie ihr mit seinen Leuten bis an die Enns entgegenritte. Als sie das tat, da sah man überall auf den Wegen geschäftiges Hasten: man ritt und ging den Gästen entgegen.

1302 Nun war die Königin bis nach Efferding gelangt. Und hätten die Bayern, wie es bei vielen von ihnen Brauch ist, auf der Straße einen Raubüberfall unternommen, dann hätten sie den Fremden vielleicht sogar Schaden zugefügt.

1303 Doch das wurde von dem edlen Markgrafen verhütet. Immerhin hatte er tausend oder sogar noch mehr Ritter bei sich. Da war nun auch Gotelind, Rüdigers Gemahlin, eingetroffen, und mit ihr kamen in prächtigem Zug viele edle Recken.

1304 Als sie die Traun überschritten hatten und auf die Ebene an der Enns gekommen waren, da sah man, daß überall kleine und große Zelte aufgespannt waren, in denen die Gäste ihre Nachtruhe halten sollten. Die Bewirtung der Gäste ging auf Rüdigers Kosten.

1305 Gotelint diu schœne   die herberge lie   *1245*
    hinder ir belîben.   ûf den wegen gie   *(1332)*
    mit klíngénden zoumen   manec pfért wól getân.
    der antpfanc wart vil schœne: liep was ez Rüedegêr getân.

1306 Die in ze beiden sîten   kômen ûf den wegen,   *1246*
    die riten lobelîche;   der was vil manec degen.   *(1333)*
    si pflâgen ritterschefte,   daz sach vil manec meit.
    ouch was der ritter dienest   niht der küneginne leit.

1307 Dô zuo den gesten kômen   die Rüedegêres man,   *1247*
    víl der trúnzûne   sach man ze berge gân   *(1334)*
    von der recken hende   mit ritterlîchen siten.
    dâ wart wol ze prîse   vor den frouwen dô geriten.

1308 Daz liezen si belîben.   dô gruozte manec man   *1248*
    vil güetlîche ein ander.   dô fuorten si von dan   *(1335)*
    die schœnen Gotelinden   dâ si Kríemhílde sach.
    die frouwen dienen kunden,   die heten kléinén gemach.

1309 Der voget von Bechelâren   ze sînem wîbe reit.   *1249*
    der edeln marcgrâvinne   was daz niht ze leit,   *(1336)*
    daz er sô wol gesunder   was von Rîne komen;
    ir was ein teil ir swære   mit grôzen fréudén benomen.

1310 Dô si in hetę empfangen,   er hiez si ûf daz gras   *1250*
    erbeizen mit den frouwen,   swaz ir dâ mit ir was.   *(1337)*
    dâ wart vil unmüezec   manec edel man.
    dâ wart frouwen dienest   mit grôzem vlîzé getân.

1311 Dô sach diu frouwe Kriemhilt   die marcgrâvinne stên   *1251*
    mít ír gesínde: sine líe niht nâher gên.   *(1338)*
    daz pfert mit dem zoume   zucken si began,
    und bat sich snelleclîchen   heben von dem satel dan.

1312 Den bischof sach man wîsen   sîner swester kint   *1252*
    (in und Eckewarten)   zuo Gotelinde sint.   *(1339)*
    dâ wart vil michel wîchen   an der selben stunt.
    dô kustę diu éllénde   án Gótelinden munt.

1313 Dô sprach vil minneclîchen   daz Rüedegêres wîp: *1253*
    »nu wol mich, liebiu frouwe,   daz ich íuwern schœnen lîp
    hân in disen landen   mit ougen mîn gesehen.   *(1340)*
    mir enkúndę an disen zîten   nimmer líebér geschehen.«

1314 »Nu lônę iu got«, sprach Kriemhilt,   »vil edeliu Gotelint.
    sol ich gesunt belîben   und Botelunges kint,   *1254*
    ez mac iu komen ze liebe   daz ir mich habt gesehen.« *(1341)*
    in beiden was unkúnde   daz sider múosé geschehen.

1305 Die schöne Gotelind verließ nun ihre Unterkunft. Viele edle Pferde kamen auf den Wegen mit klingendem Zaumzeug herbei. Der Empfang war äußerst prächtig, und Rüdiger freute sich sehr darüber.

1306 Die Ritter, die auf beiden Seiten zu dem Zug hinzustießen, ritten kunstvoll. Es waren nicht wenige Helden. Viele Frauen sahen ihnen zu, wie sie ihre ritterlichen Spiele trieben, und auch der Königin bereitete ihr Ritterdienst keineswegs Verdruß.

1307 Als nun Rüdigers Leute auf die Gäste trafen, da flogen, wie es bei ritterlichen Kämpfen der Brauch, die Lanzen den Recken splitternd aus den Händen, hoch in die Luft. Vor den Augen der Damen wurde zu allgemeinem Beifall ein Turnier geritten.

1308 Damit hörten sie dann auf. Da entboten viele Ritter einander einen freundlichen Gruß. Da geleiteten sie die schöne Gotelind zu Kriemhild, um sie ihr vorzustellen. Wer sich darauf verstand, den Damen zu dienen, der fand an diesem Tag keine Ruhe.

1309 Der Vogt von Bechelaren ritt zu seiner Gemahlin. Die edle Markgräfin war darüber sehr erfreut, daß er wohlbehalten vom Rhein zurückgekommen war; ihre frühere Besorgnis war durch die große Freude jetzt völlig aufgehoben.

1310 Als sie ihn begrüßt hatte, da ließ er sie zusammen mit allen Damen, die sie bei sich hatte, auf den grünen Rasen absitzen. Viele edle Männer wurden da sehr geschäftig: mit großem Eifer diente man da den Damen.

1311 Da sah die Herrin Kriemhild die Markgräfin und ihr Gefolge stehen. Sie ließ nicht näher heranreiten, sondern parierte das Pferd mit dem Zügel und wünschte, man möge sie schnell aus dem Sattel heben.

1312 Man sah, wie der Bischof (er und Eckewart) seine Nichte zu Gotelind führte. Sofort machte man überall Platz. Da küßte die heimatlose Kriemhild Gotelind auf den Mund.

1313 Da sagte Rüdigers Gemahlin sehr liebevoll: »Wie glücklich bin ich, teure Herrin, daß ich Eure schöne Erscheinung hier in diesem Lande mit meinen eigenen Augen habe sehen dürfen. Mir hätte gegenwärtig überhaupt nichts Schöneres widerfahren können.«

1314 »Gott möge es Euch lohnen, edle Gotelind!« sagte Kriemhild. »Wenn ich und Botelunges Sohn am Leben bleiben, dann soll es Euch zugute kommen, daß Ihr mich hier empfangen habt.« Ihnen beiden war noch unbekannt, was später geschehen sollte.

1315 Mit zühten zuo zẹ ein ander   gie vil manec meit.   *1255*
　　dô wâren in die recken   mit dienste vil bereit.   *(1342)*
　　si sâzen nâch dem gruoze   nider ûf den klê.
　　si gewúnnen maneger künde   die in vil vremede wâren ê.

1316 Man hiez den frouwen schenken,   ez was wol mitter tac.
　　daz edel ingesinde   dâ niht lenger lac.   *1256*
　　si riten dâ si funden   manege hütten breit.   *(1343)*
　　dâ was den edeln gesten   vil michel díenést bereit.

1317 Die naht si heten ruowe   unz an den morgen fruo.   *1257*
　　die von Bechelâren   bereiten sich dar zuo   *(1344)*
　　wie si behalten solden   vil manegen werden gast.
　　wol hete gehandelt Rüedegêr   daz in dâ wênec iht gebrast.

1318 Diu venster an den mûren   sach man offen stân;   *1258*
　　diu burc ze Bechelâren   diu was ûf getân.   *(1345)*
　　dô ríten dar ín die geste,   die man vil gerne sach.
　　den hiez der wirt vil edele   schaffen gúotẹn gemach.

1319 Diu Rüedegêres tohter   mit ir gesinde gie   *1259*
　　dâ si die küneginne   vil minneclîch empfie.   *(1346)*
　　dâ was ouch ir muoter,   des marcgrâven wîp.
　　mit liebe wart gegrüezet   vil maneger júncfróuwen lîp.

1320 Si viengen sich behanden   unde giengen dan   *1260*
　　in einen palas wîten,   der was vil wol getân,   *(1347)*
　　dâ diu Tuonouwe   under hin vlôz.
　　si sâzen gegen dem lufte   unde héten kúrzwíle grôz.

1321 Wes si dâ mêre pflægen,   des enkán ich niht gesagen.   *1261*
　　daz in dô übele zogete,   daz hôrte man dô klagen   *(1348)*
　　die Kriemhilde recken,   wan ez was in leit.
　　hei waz dô guoter degene   mit ir von Bechelâren reit!

1322 Vil minneclîchen dienest   Rüedegêr in bôt.   *1262*
　　dô gap diu küneginne   zwelf ármbóuge rôt   *(1349)*
　　der Gotelinde tohter   unt alsô guot gewant
　　daz si niht bezzers brâhte   in daz Étzélen lant.

1323 Swie ir genomen wære   der Nibelunge golt,   *1263*
　　alle die si gesâhen,   die machte si ir holt   *(1350)*
　　noch mit dem kleinen guote,   daz si dâ mohte hân.
　　des wirtes ingesinde   dem wart grôziu gâbé getân.

1324 Dâ wider bôt dô êre   diu frouwe Gotelint   *1264*
　　den gesten von dem Rîne   sô güetlîche sint,   *(1351)*
　　dáz mán der vremden   harte wênec vant,
　　si trüegen ir gesteine   oder ír vil hêrlîch gewant.

1315 Viele Jungfrauen traten jetzt züchtig aufeinander zu. Da waren die Recken bereit, ihnen zu Diensten zu sein. Nach der Begrüßung setzten sich alle in das Gras, und die, die einander vorher sehr fremd gewesen waren, wurden jetzt miteinander bekannt.

1316 Man ließ den Damen einschenken. Es war etwa gegen Mittag. Das edle Gefolge lagerte sich da nicht länger. Sie ritten jetzt zu den vielen, geräumigen Zelten. Dort diente man den edlen Gästen auf mannigfache Weise.

1317 Die Nacht über bis zum frühen Morgen ruhten sie. Die Bechelarer rüsteten sich darauf, viele edle Gäste bei sich aufzunehmen. Rüdiger hatte gut vorgesorgt, so daß es ihnen an nichts fehlte.

1318 Man sah die Fenster in den Mauern geöffnet; die ganze Burg von Bechelaren stand offen. Da ritten die Gäste, die man mit Freuden aufnahm, nun hinein. Der edle Burgherr ließ ihnen bequeme Quartiere bereiten.

1319 Die Tochter Rüdigers ging mit ihrem Gefolge zur Königin, wo sie liebevoll empfangen wurde. Da war auch ihre Mutter, die Gemahlin des Markgrafen, zugegen. Freundlich wurden viele Jungfrauen begrüßt.

1320 Sie faßten sich bei der Hand und begaben sich in einen geräumigen Palas, der sehr prächtig war. Tief unten floß die Donau. Sie saßen an den offenen Fenstern und hatten gesellige Unterhaltung.

1321 Was sie da sonst noch taten, darüber weiß ich nichts zu berichten. Da hörte man die Recken der Kriemhild darüber klagen, daß man auf der Fahrt so langsam vorankäme: Es war ihnen nämlich verdrießlich. Wieviele treffliche Helden da mit ihr aus Bechelaren fortritten!

1322 Rüdiger erwies ihnen seine liebevollen Dienste. Da schenkte die Königin der Tochter Gotelinds zwölf rotgoldene Armreife und das schönste Gewand, das sie in das Land Etzels gebracht hatte.

1323 Wenn ihr der Hort der Nibelungen auch geraubt war, so machte sie sich doch alle, die sie begrüßten, selbst mit dem geringen Gut, das noch in ihrem Besitz geblieben war, gewogen. Dem Gesinde Rüdigers wurde ein großes Geschenk gemacht.

1324 Die Herrin Gotelind bot den Gästen vom Rhein so freundlich ehrenvolle Gegengaben, daß man kaum einen der Fremden traf, der nicht Geschmeide oder herrliche Gewänder trug, die er von ihr bekommen hatte.

1325 Dô si enbizzen wâren   unt daz si solden dan,   *1265*
     von der hûsfrouwen   wart geboten an   *(1352)*
     getriuwelîcher dienest   daz Etzelen wîp.
     dâ wart vil getriutet   der schœnen júncfróuwen lîp.

1326 Si sprach zer küneginne: »swennę iuch nu dunket guot,
     ich weiz wol daz ez gerne   mîn lieber vater tuot,   *1266*
     daz er mich zuo ziu sendet   in der Hiunen lant.«   *(1353)*
     daz sị ir getriuwe wære,   vil wol daz Kríemhílt ervant.

1327 Diu ross bereitet wâren   unt für Béchelâren komen.   *1267*
     dô hete diu edel künegin   urloup nu genomen   *(1354)*
     von Rüedegêres wîbe   unt der tochter sîn.
     dô schiet ouch sich mit gruoze   vil manec schœne magedîn.

1328 Ein ander si vil selten   gesâhen nâch den tagen.   *1268*
     ûzer Medelicke   ûf handen wart getragen   *(1355)*
     vil manec goltvaz rîche,   dar inne brâhte man wîn
     den gesten zuo der strâze: si muosen willekomen sîn.

1329 Ein wirt was dâ gesezzen,   Ástolt was dér genant: *1269*
     der wîste si die strâze   in daz Ôsterlant   *(1356)*
     gegen Mûtâren   die Tuonouwe nider.
     dâ wart vil wol gedienet   der rîchen küneginne sider.

1330 Der bischof minneclîche   von sîner nifteln schiet.   *1270*
     daz si sich wol gehabete,   wie vastę er ir daz riet,   *(1357)*
     unt daz sị ir êre koufte   als Helche hete getân.
     hei waz si grôzer êren   sît zen Híunén gewan!

1331 Zuo der Treisem brâhte   man die geste dan.   *1271*
     ir pflâgen vlîzeclîche   die Rüedegêres man,   *(1358)*
     unze daz die Hiunen   riten über lant.
     dô wart der küneginne   vil michel êré bekant.

1332 Bî der Treisem hête   der künec von Hiunen lant   *1272*
     eine burc vil rîche,   diu was vil wol bekant,   *(1359)*
     geheizen Zeizenmûre: frou Helche saz dâ ê
     unt pflac sô grôzer tugende   daz wætlîch nimmer mêr ergê,

1333 Ez entrǽte danne Kriemhilt,   diu alsô kunde geben: *1273*
     si mohte nâch ir leide   daz liep vil wol geleben   *(1360)*
     daz ir ouch jâhen êre   die Etzelen man,
     der si sît grôzen vollen   bî den héldén gewan.

1334 Diu Etzelen hêrschaft   was so wît erkant,   *1274*
     daz man zę allen zîten   in sînem hove vant   *(1361)*
     die kűenésten recken,   von den ie wart vernomen
     under krísten und únder heiden: die wâren mit im alle komen.

1325 Als sie gegessen hatten und nun fortreiten sollten, da entbot
die Burgherrin der Gemahlin Etzels noch einmal ihre treuen
Dienste. Von Kriemhild aber wurde die schöne junge Gotelind
zärtlich liebkost.

1326 Sie sagte zur Königin: »Ich weiß wohl, daß mein lieber Vater
mich gerne zu Euch in das Hunnenland schickt, wenn Ihr nur
Eure Zustimmung gebt!« Da erkannte Kriemhild, daß sie ihr
treu ergeben war.

1327 Die Pferde waren nun gesattelt und vor die Burg gebracht
worden. Da hatte nun die Königin von Rüdigers Gemahlin
und seiner Tochter Abschied genommen. Da gingen auch viele
schöne Mädchen mit einem Gruß auseinander.

1328 Niemals sahen sie einander nach dieser Zeit wieder. Viele
Goldgefäße, in denen Wein war, trug man auf den Händen
aus Mölk heraus an die Straße: sie wurden mit einem Will-
kommenstrunk begrüßt.

1329 Ein Burgherr wohnte dort, der hieß Astolt. Der zeigte ihnen
die Straße donauwärts nach Mautern in das Ostland. Dort
erwies man der mächtigen Königin später gute Dienste.

1330 Der Bischof verabschiedete sich nun liebevoll von seiner
Nichte. Er wünschte ihr von Herzen, sie möge es sich wohl er-
gehen lassen und soviel Ehre erwerben wie früher Helche. In
welch reichem Maße sie später bei den Hunnen Ehre erlangte!

1331 Man brachte die Gäste bis zur Traisen. Die Leute Rüdigers
gaben ihnen sehr aufmerksam den Geleitschutz, bis dann die
Hunnen übers Land geritten kamen. Da erwies man der Köni-
gin große Ehren.

1332 An der Traisen hatte der König des Hunnenlandes eine mäch-
tige Burg, die war sehr bekannt und hieß Treismauer. Da hatte
Frau Helche vormals residiert und ein so vorbildliches Leben
geführt, wie es kaum jemand jemals wieder so führen könnte,

1333 es sei denn Kriemhild, die so reichlich zu schenken wußte, daß
sie nach der langen Zeit ihres Schmerzes nun auch die Freude
erleben durfte, daß die Leute Etzels ihre Ehre rühmten, die
ihr später bei den Helden im vollen Maße zuteil wurde.

1334 Etzels Herrschaft war so weithin berühmt, daß man zu jeder
Zeit an seinem Hofe die tapfersten Helden traf, von denen
unter Christen oder Heiden je berichtet wurde. Die waren alle
in seiner Begleitung.

1335 Bî im was zẹ allen zîten,   (daz wætlîch mêr ergê)   1275
     kristenlîcher orden   unt ouch der heiden ê.   (1362)
     in swie getânem lebene   sich ietslîcher truoc,
     daz schuof des küneges milte,   daz man in allen gap genuoc.

22. Âventiure
Wie Kriemhilt von Etzel empfangen wart

1336 Si was ze Zeizenmûre   unz an den vierden tac.   1276
     diu molte ûf der strâze   die wîle nie gelac,   (1363)
     sine stûbẹ alsam ez brünne   allenthalben dan.
     dâ rîten durch Ôsterrîche   des künec Étzélen man.

1337 Dô was ouch dem künege   vil rehte nu geseit,   1277
     (des im von gedanken   swunden sîniu leit)   (1364)
     wie hêrlîchen Kriemhilt   dâ kœme durch diu lant.
     der künec begunde gâhen   da er die wolgetânen vant.

1338 Von vil maneger sprâche   sach man ûf den wegen   1278
     vor Etzelen rîten   manegen küenen degen,   (1365)
     von kristen und von heiden   vil manege wîte schar.
     dâ si die frouwen funden,   si kômen hérlîchen dar.

1339 Von Riuzen und von Kriechen   reit dâ vil manec man.
     den Pœlân unt den Wálachen   sach man swinde gân   1279
     ir ross diu vil guoten,   dâ sie mit kreften riten.   (1366)
     swaz si site hêten,   der wart vil wênéc vermiten.

1340 Von dem lande ze Kiewen   reit dâ vil manec degen   1280
     unt die wîlden Petschenære.   dâ wart vil gepflegen   (1367)
     mit dem bogen schiezen   zen vogeln die dâ flugen.
     die pfîle si vil sêre   zuo den wenden vaste zugen.

1341 Ein stat bî Tuonouwe   lît in Ôsterlant,   1281
     diu ist geheizen Tulne: dâ wart ir bekant   (1368)
     vil manec site vremede,   den si ê nie gesach.
     si ẹmpfiengen dâ genuoge,   den sît leit von ir geschach.

1342 Vor Étzéln dem künege   ein ingesinde reit,   1282
     vrô únd vil rîche,   hövesch unt gemeit,   (1369)
     wol vier und zweinzec fürsten,   rîch unde hêr.
     daz si ir frouwen sâhen,   dâ von engerten si niht mêr.

1335 Man fand – das gibt es sicherlich niemals wieder – zu allen
      Zeiten in seiner Umgebung sowohl Leute, die nach den christ-
      lichen Geboten als auch solche, die nach heidnischem Gesetz
      lebten. Für welche Art von Lebensführung sich einer auch
      entschied, der König war so freigebig, daß ein jeder reichlich
      beschenkt wurde.

22. Aventiure
Wie Kriemhild von Etzel empfangen wurde

1336 Bis zum vierten Tag blieb sie in Treismauer. Die Staubwolke
      auf der Straße legte sich die ganze Zeit über nicht, und überall
      stob der Staub auf, als ob ein Feuer ausgebrochen wäre: Da
      ritten die Leute König Etzels durch Österreich.

1337 Unterdessen war auch genaue Nachricht an den König ge-
      langt – die freudige Vorerwartung ließ seine frühere Betrübnis
      schwinden –, in welch herrlichem Zug Kriemhild durch das
      Land käme. Der König machte sich eilends dorthin auf den
      Weg, wo er die schöne Frau zu treffen gedachte.

1338 Viele tapfere Helden aus mannigfachen Ländern, viele riesige
      Scharen von Christen und Heiden, sah man vor Etzel auf den
      Straßen einherreiten. Sie kamen in herrlichem Zuge dorthin,
      wo sie die Herrin trafen.

1339 Da ritten viele Gefolgsleute aus Rußland und aus Griechen-
      land. Die Polen und die Walachen sah man auf edlen Pferden
      schnell und kräftig vorbeigaloppieren. Sie verhielten sich ge-
      nauso, wie es bei ihnen Brauch war.

1340 Viele Helden aus dem Kiewer Lande ritten da und die wilden
      Petschenaren. Da schoß man immer wieder Vögel, die in der
      Luft flogen, mit dem Bogen herab. Bis aufs Äußerste zogen
      sie die Pfeile aus.

1341 Eine Stadt liegt in Österreich an der Donau, die heißt Tuln.
      Dort lernte Kriemhild manchen fremden Brauch kennen, den
      sie vorher noch nie gesehen hatte. Viele kamen da zu ihrem
      Empfang, denen später großes Leid durch sie geschah.

1342 Fröhlich und mächtig, höfisch und stolz ritt vor dem König
      Etzel das Gefolge einher: zunächst vierundzwanzig mächtige,
      erhabene Fürsten. Die hatten keinen sehnlicheren Wunsch, als
      ihre Herrin zu begrüßen.

1343 Der herzoge Râmunc   ûzer Wálachen lant,   *1283*
     mit siben hundert mannen   kom er fûr si gerant.   *(1370)*
     sam vlíegénde vogele   sách mán si varn.
     dô kom der fürste Gibeche   mit vil hérlíchen scharn.

1344 Hornboge der snelle   wol mit tûsent man   *1284*
     kêrte von dem künege   gegen sîner frouwen dan.   *(1371)*
     vil lûte wart geschallet   nâch des landes siten.
     von der Hiunen mâgen   wart ouch dâ sêré geriten.

1345 Dô kom von Tenemarken   der küene Hâwart   *1285*
     und Írinc der vil snelle,   vor valsche wol bewart,   *(1372)*
     unt Irnfrit von Düringen,   ein wætlîcher man.
     si empfiengen Kriemhilde   daz sis êre muosen hân,

1346 Mit zwelf hundert mannen,   die fuorten si in ir schar.   *1286*
     dô kom der herre Blœdelîn   mit drîn tusent dar,   *(1373)*
     der Etzelen bruoder   ûzer Hiunen lant.
     der kom vil hêrlîche   da er die küneginne vant.

1347 Dô kom der künec Etzel   und ouch her Dietrîch   *1287*
     mit allen sînen gesellen.   dâ was vil lobelîch   *(1374)*
     manec ritter edele,   bíderbę unde guot.
     des wart dô froun Kriemhilde   vil wol gehœhét der muot.

1348 Dô sprach zer küneginne   der herre Rüedegêr: *1288*
     »frouwę, iuch wil empfâhen   hie der künec hêr.   *(1375)*
     swen ich iuch heize küssen,   daz sol sîn getân:
     jane múget ir niht gelîche   grűezen álle Étzelen man.«

1349 Dô huop man von dem mœre   die küneginne hêr.   *1289*
     Etzel der vil rîche   enbeitę dô niht mêr.   *(1376)*
     er stuont von sînem rosse   mit manegem küenem man.
     man sach in vrœlîche   gegen Kríemhílde gân.

1350 Zwêne fürsten rîche,   als uns daz ist geseit,   *1290*
     bî der frouwen gênde   truogen ir diu kleit,   *(1377)*
     dâ ir der künec Etzel   hin engegen gie,
     dâ si den fürsten edele   mit kusse gűetlích empfie.

1351 Ûf ruhte si ir gebende: ir varwe wol getân   *1291*
     diu lûhtę ir ûz dem golde.   dâ was vil manec man,   *(1378)*
     die jâhen daz frou Helche   niht schœner kunde sîn.
     dâ bî sô stuont vil nâhen   des küneges bruoder Blœdelîn.

1352 Den hiez si küssen Rüedegêr,   der marcgrâve rîch,   *1292*
     unt den künec Gibechen.   dâ stuont ouch Dietrîch.   *(1379)*
     der recken kuste zwelve   daz Etzelen wîp.
     do empfie si sus mit gruoze   víl máneges ritters líp.

48

1343 Der Herzog Ramung aus dem Land der Walachen preschte mit siebenhundert Gefolgsleuten heran: wie Vögel im Fluge sah man sie übers Feld schießen. Da kam der Fürst Gibeche mit glänzenden Reiterscharen.

1344 Der tapfere Hornboge wendete vom König aus mit tausend Mann seinen Ritt zu seiner Herrin. Je nach dem Brauch des jeweiligen Landes erhob sich dabei großer Lärm. Die Verwandten der Hunnen übten sich da eifrig im Turnier.

1345 Da kam der tapfere Hawart von Dänemark herbei und der kühne Iring, der keinen Arg kannte, und Irmfried von Thüringen, ein stattlicher Held. Sie empfingen Kriemhild so, daß auch sie selbst ihr Ansehen dadurch vermehrten:

1346 mit zwölfhundert Gefolgsleuten, die sie in ihrer Schar hatten. Da kam der Herr Blödel aus dem Land der Hunnen, der Bruder Etzels, mit dreitausend Leuten in herrlichem Zug zu Kriemhild.

1347 Da kam der König Etzel und auch Herr Dietrich mit allen seinen Gefährten. Da waren viele edle, tüchtige und treffliche Ritter rühmlich zu sehen. Der Anblick ließ der Herrin Kriemhild das Herz höher schlagen.

1348 Da sagte der Markgraf Rüdiger zur Königin: »Herrin, der erhabene König will Euch jetzt hier empfangen! Doch nur wen ich Euch zu küssen auffordere, dem sollt Ihr einen Kuß geben. Denn Ihr könnt nicht alle Gefolgsleute Etzels auf dieselbe Weise ehren.«

1349 Da hob man die erhabene Königin vom Pferd herab. Der mächtige Etzel wartete da nicht länger. Mit vielen tapferen Gefolgsleuten stieg er aus dem Sattel. Freudig sah man ihn auf Kriemhild zuschreiten.

1350 Wie man uns berichtet hat, trugen zwei mächtige Fürsten, die die Herrin geleiteten, ihre Schleppe, als ihr der König Etzel entgegenschritt und sie den edlen Fürsten freundlich mit einem Kuß begrüßte.

1351 Sie schob das Gebände höher: aus der goldenen Umrahmung leuchtete ihr schönes Antlitz hervor. Da waren viele Helden, die behaupteten, daß Frau Helche nicht schöner gewesen sei. Sehr dicht in ihrer Nähe stand Blödel, des Königs Bruder.

1352 Rüdiger, der mächtige Markgraf, forderte sie auf, ihn zu küssen. Zwölf von den Recken zeichnete die Gemahlin Etzels durch einen Kuß aus. Dann empfing sie viele andere Ritter mit einfachem Gruß.

1353 Al die wîle und Etzel   bî Kriemhilde stuont,   1293
      dô tâten dâ die tumben   als noch die liute tuont.   (1380)
      vil manegen puneiz rîchen   sach man dâ geriten.
      daz tâten kristen helde   und ouch die heiden nâch ir siten.

1354 Wie rehte ritterlîche   die Dietrîches man   1294
      die schefte liezen vliegen   mit trunzûnen dan   (1381)
      hôhe über schilde,   von guoter ritter hant!
      von den tiuschen gesten   wart dürkel manec schildes rant.

1355 Dâ wart von schefte brechen   vil michel dôz vernomen.
      dô wâren von dem lande   die recken alle komen   1295
      unt ouch des küneges geste,   vil manec edel man.   (1382)
      dô gie der künec rîche   mit froun Krîemhílde dan.

1356 Si sâhen bî in stênde   ein vil hêrlîch gezelt.   1296
      von hütten was erfüllet   al úmbé daz velt,   (1383)
      dâ si solden ruowen   nâch ir arbeit.
      von helden wart gewîset   dar under manec schœniu meit

1357 Mit der küneginne   dâ si sît gesaz   1297
      ûf rîche stuolgewæte.   der marcgrâve daz   (1384)
      hete wol geschaffen,   daz man ez vant vil guot,
      daz gesídele Krîemhílde.   des freute sich Étzélen muot.

1358 Waz dô redete Etzel,   daz ist mir umbekant.   1298
      in der sînen zeswen   lac ir wîziu hant.   (1385)
      si gesâzen minneclîche   dâ Rüedegêr der degen
      den künec niht wolde lâzen   Kriemhilde héimlîche pflegen.

1359 Dô hiez man lân belîben   den bûhurt über al.   1299
      mit êren wart verendet   dâ der grôze schal.   (1386)
      dô giengen zuo den hütten   die Etzelen man.
      man gap in herberge   vil wîten allenthalben dan.

1360 Der tac der hete nu ende.   si schuofen ir gemach,   1300
      unz man den liehten morgen   aber schînen sach.   (1387)
      dô was zuo den rossen   komen manec man.
      hei waz man kurzwîle   dem künege zę êrén began!

1361 Der künec ez nâch den êren   die Hiunen schaffen bat.   1301
      dô riten si von Tulne   ze Wiene zuo der stat.   (1388)
      dâ funden si gezieret   vil maneger frouwen lip.
      si empfîengen wol mit êren   des künec Étzélen wîp.

1362 Mit harte grôzem vollen   sô was in bereit   1302
      swaz si haben solden.   vil manec helt gemeit   (1389)
      sich freute gegen dem schalle.   hérbergen mán began:
      des küneges hôchgezîte   diu huop sich vrœlîchen an.

1353 Die ganze Zeit, während Etzel bei Kriemhild stand, verhielten
sich die jungen Ritter so, wie sie es auch heute noch tun: man
sah sie manchen prächtigen Puneis reiten. Beide, die Helden
der Christen wie auch die der Heiden, verfuhren dabei nach
ihrem Brauch.

1354 Wie ritterlich die Gefolgsleute Dietrichs die Lanzenschäfte in
Splittern hoch über die Schilde fliegen ließen! Durch die Kraft
edler Ritter, durch die deutschen Gäste wurde mancher Schild
durchstoßen.

1355 Da entstand ein großes Getöse vom Brechen der Lanzen. Da
waren alle Recken aus dem Land und die Gäste des Königs,
viele edle Gefolgsleute, gekommen. Da ging der mächtige
König zusammen mit der Herrin Kriemhild fort.

1356 In der Nähe sahen sie ein prächtiges Zelt stehen. Das ganze
Gefilde war übersät von kleineren Zelten, in denen sie nach
den Anstrengungen der Reise ruhen sollten. Viele schöne Mäd-
chen wurden von den Helden in das Zelt geleitet,

1357 zusammen mit der Königin, wo diese dann später auf kostbaren
Stuhldecken thronte. Der Markgraf hatte es so eingerichtet,
daß der Thronsitz Kriemhilds allgemeinen Beifall fand: dar-
über freute sich Etzel sehr.

1358 Was Etzel da mit Kriemhild sprach, das weiß ich nicht. In
seiner Rechten lag ihre weiße Hand. Sie saßen liebevoll bei-
einander. Rüdiger, der Held, ließ es nicht zu, daß der König
dort schon vertraulichen Umgang mit Kriemhild hatte.

1359 Da ließ man den Buhurt überall zum Abschluß bringen. Unter
großen Ehren endete das lärmende Treiben. Da gingen Etzels
Leute zu den Zelten: man wies ihnen überall im weiten Um-
kreis Quartiere an.

1360 Der Tag ging nun zur Neige. Sie betteten sich bequem, bis man
den hellen Morgen von neuem heraufscheinen sah. Da waren
schon wieder viele Ritter bei den Pferden. Wie eifrig man dem
König zu Ehren mit neuer ritterlicher Kurzweil begann!

1361 Der König trug den Hunnen auf, ihm alle Ehre zu machen. Da
ritten sie von Tuln aus zur Stadt Wien. Dort trafen sie viele
festlich geschmückte Damen an: die Gemahlin des König
Etzel wurde ehrenvoll von ihnen empfangen.

1362 Was sie brauchten, stand ihnen in Hülle und Fülle zur Verfü-
gung. Viele stolze Helden freuten sich über das laute Treiben.
Man begann Quartier zu machen: Das Fest des Königs nahm
seinen fröhlichen Anfang.

1363 Sine móhten gehérbérgen   niht alle in der stat.   *1303*
     die niht geste wâren,   Rüedegêr die bat   *(1390)*
     daz si herberge   næmen in daz lant.
     ich wæne man alle zîte   bî froun Kríemhílde vant

1364 Den herren Dietrîchen   und ander manegen degen.   *1304*
     si heten sich der ruowe   mit arbeit bewegen,   *(1391)*
     durch daz si den gesten   trôsten wol den muot.
     Rüedegêr und sîne friunde   heten kúrzwîle guot.

1365 Diu hôchzît was gevallen   an einen pfinxtac,   *1305*
     dâ der künec Etzel   bî Kríemhilde lac   *(1392)*
     in der stat ze Wiene.   si wæne sô manegen man
     bî ir êrsten manne   nie ze díensté gewan.

1366 Si kunte sich mit gâbe   dem der si nie gesach.   *1306*
     vil maneger dar under   zuo den gesten sprach: *(1393)*
     »wir wânden daz frou Kriemhilt   niht guotes möhte hân:
     nu ist hie mit ir gâbe   vil manec wúndér getân.«

1367 Diu hôchzît diu werte   sibenzehen tage.   *1307*
     ich wæne man von deheinem   künege mêre sage,   *(1394)*
     des hôchzît grœzer wære,   daz ist uns gar verdeit.
     alle die dâ wâren,   die truogen iteniuwe kleit.

1368 Si wæne in Niderlande   dâ vor niene gesaz   *1308*
     mit sô manegem recken.   dâ bî geloubę ich daz,   *(1395)*
     was Sîfrit rîch des guotes,   daz er nie gewan
     sô manegen recken edele   sô si sách vor Etzelen stân.

1369 Ouch gap nie deheiner   zuo sîn sélbes hôchgezît   *1309*
     sô manegen rîchen mantel,   tief unde wît,   *(1396)*
     noch sô guoter kleider,   der si móhten vîl hân,
     sô si durch Kriemhilde   heten állé getân.

1370 Ir friundę unt ouch die geste   die heten einen muot,   *1310*
     daz si dâ niht ensparten   deheiner slahte guot.   *(1397)*
     swes iemen an si gerte,   daz gâben si bereit.
     des gestúont dâ vil der degene   von milte blóz áne kleit.

1371 Wie si ze Rîne sæze,   si gedâhtę ane daz,   *1311*
     bî ir edelen manne.   ir ougen wurden naz.   *(1398)*
     si hetes vaste hæle,   daz ez íemen kunde sehen.
     ir was nâch manegem leide   sô vil der êrén geschehen.

1372 Swaz iemen tet mit milte,   daz was gar ein wint   *1312*
     unz an Dietrîchen.   swaz Botelunges kint   *(1399)*
     im gegeben hête,   daz was nu gar verswant.
     ouch begíe dâ michel wunder   des milten Rüedegêres hant.

1363 Sie konnten nicht alle in der Stadt Quartier finden. Rüdiger bat diejenigen, die keine Gäste waren, in der ländlichen Umgebung Unterkunft zu nehmen. Ich glaube, an der Seite der Herrin Kriemhild konnte man allezeit

1364 den Herrn Dietrich und viele andere Helden erblicken. Ohne Unterbrechung verwendeten sie alle Mühe darauf, die Gäste angenehm zu unterhalten. Rüdiger und seine Freunde hatten keine Langeweile miteinander.

1365 Das Fest, auf dem Etzel mit Kriemhild in der Stadt Wien Hochzeit hielt, war auf einen Pfingsttag gefallen. Ich glaube, sie hatte bei ihrem ersten Gemahl nicht so viele Helden zu ihren Diensten.

1366 Wer sie noch nie gesehen hatte, dem machte sie sich durch ein Geschenk bekannt. Viele von ihnen sagten zu den Gästen: »Wir waren der Meinung, daß die Herrin Kriemhild nichts mehr von ihrem Hort besaß; nun hat sie aber mit ihren Geschenken wahre Wunder an Freigebigkeit vollbracht.«

1367 Das Fest dauerte siebzehn Tage. Ich glaube, man kann von keinem anderen König sagen, daß sein Fest größer gewesen wäre. Jedenfalls hat man uns davon nichts erzählt. Alle, die auf dem Fest zugegen waren, trugen nachher ganz neue Kleider.

1368 Ich glaube, in den Niederlanden hatte sie vormals nicht über so viele Recken geherrscht. Wenn auch Siegfried mächtig und reich gewesen war, so glaube ich dennoch, daß er niemals so viele edle Recken hatte, wie sie sie unter Etzels Gebot stehen sah.

1369 Auch verschenkte niemals irgend jemand auf seinem Fest so viele kostbare lange und weite Mäntel, noch so treffliche Kleider (sie hatten ja auch genug davon), wie es Etzel und die Seinen Kriemhild zuliebe taten.

1370 Ihre Freunde und auch die Gäste waren darin einig, daß sie ihren Besitz in keiner Weise schonten. Was immer jemand von ihnen zu haben wünschte, das gaben sie bereitwillig fort. Daher blieb vielen Helden schließlich vor Freigebigkeit nicht einmal das eigene Kleid.

1371 Sie dachte zurück, wie sie an der Seite ihres Mannes am Rhein geherrscht hatte, und ihre Augen füllten sich mit Tränen. Doch sie verbarg es, damit niemand es sah. Nach einer langen Zeit des Schmerzes wurde sie auf einmal mit Ehren überschüttet.

1372 Wie freigebig sich jemand auch verhalten mochte – verglichen mit Dietrich war er ein Knauser. Was immer Botelunges Sohn ihm geschenkt hatte, das war nun alles wieder fort. Auch Rüdiger übte da mit offenen Händen Wunder an Freigebigkeit.

1373 Ûzer Ungerlande   der fürste Blœdelîn   *1313*
     der hiez dâ lære machen   vil manec leitschrîn   *(1400)*
     von silber und von golde :   daz wart gar hin gegeben.
     man gesách des küneges helde   sô rehte vrœlîche leben.

1374 Wärbel unde Swemmelîn,   des küneges spílmán,   *1314*
     ich wæne ir ieslîcher   zer hôchgezît gewan   *(1401)*
     wol ze tûsent marken   oder dannoch baz,
     da diu schœne Kriemhilt   bî Etzel under krône saz.

1375 An dcm áhtzéhenden morgen   von Wiene si dô riten.   *1315*
     dâ wart in ritterschefte   schilde vil versniten   *(1402)*
     von spern die dâ fuorten   die recken an der hant.
     sus kom der künec Etzel   unz in daz híunísche lant.

1376 Ze Heimburc der alten   si wâren über naht.   *1316*
     done kúnde niemen wizzen   wol des volkes aht,   *(1403)*
     mit wie getâner krefte   si riten über lant.
     hei waz man schœner frouwen   in sîner héiműete vant!

1377 Ze Misenburc der rîchen   dâ schiften si sich an.   *1317*
     daz wazzer wart verdecket   von ross und ouch von man
     alsam ez erde wære,   swaz man sîn vliezen sach.   *(1404)*
     die wegemüeden frouwen   die heten senftę und ouch gemach.

1378 Zesamene was geslozzen   manec schif vil guot,   *1318*
     daz in niht enschadete   die ünde noch diu fluot.   *(1405)*
     dar über was gespannen   manec guot gezelt,
     sam ob si noch hêten   beidiu lánt únde velt.

1379 Dô kômen disiu mære   ze Etzelnburc von dan.   *1319*
     dô freuten sich dar inne   wíp unde man.   *(1406)*
     daz Helchen ingesinde   des ê diu frouwe pflac
     gelebte sît bî Kriemhílde   vil manegen vrœlíchen tac.

1380 Dô stuont dâ wárténde   vil manec edel meit,   *1320*
     die von Helchen tôde   heten manegiu leit.   *(1407)*
     siben künege tochter   Kriemhilt noch dâ vant,
     von den was gezieret   wol allez Étzélen lant.

1381 Diu juncfrouwe Herrât   noch des gesindes pflac,   *1321*
     diu Helchen swester tochter,   an der vil tugende lac,   *(1408)*
     diu gemáhele Díetríches,   eins edeln küneges kint,
     diu tohter Näntwînes,   diu hete vil der êren sint.

1382 Gegen der geste kümfte   freute sich ir muot.   *1322*
     ouch was dar zuo bereitet   vil kreftegez guot.   *(1409)*
     wer kundę iu daz bescheiden,   wie sît der künec saz?
     si gelébten dâ zen Hiunen   nie mit küneginne baz.

1373 Der Fürst Blödel aus dem Ungarland ließ manche Truhe von Silber und Gold leer machen: alles wurde da verschenkt. Man sah die Helden des Königs in fröhlicher Stimmung.

1374 Ich glaube, Wärbel und Swemmel, jeder der beiden Spielleute des Königs, erhielten tausend Mark oder sogar noch mehr auf diesem Fest, auf dem die schöne Kriemhild an der Seite Etzels im Herrscherornat thronte.

1375 Am achtzehnten Tage ritten sie von Wien ab. Da wurden in ritterlicher Übung mit Speeren, die die Recken in kraftvoller Hand führten, unzählige Schilde durchstochen. Unter solchen Spielen kam der König Etzel bis in das hunnische Land.

1376 In der alten Stadt Heimburg blieben sie über Nacht. Da konnte niemand auch nur ungefähr schätzen, wie groß die Schar war, mit der sie über Land ritten. Welche Unzahl von schönen Frauen es in der Heimat des Königs gab!

1377 In der mächtigen Stadt Meisenburg bestiegen sie die Schiffe. Als ob es Land wäre, war das Wasser, soweit man nur blicken konnte, völlig mit Pferden und Leuten bedeckt. Die von der Fahrt müden Damen fanden jetzt etwas Ruhe und Bequemlichkeit.

1378 Viele tüchtige Schiffe waren miteinander vertäut worden, so daß ihnen die Flut nichts anhaben konnte. Viele treffliche Zelte waren über die Schiffe gespannt, als ob die Reisenden noch festes Land und Feld unter den Füßen hätten.

1379 Da gelangten die Botschaften schon im voraus zur Burg Etzels. Da freuten sich alle Männer und Frauen, die in ihr lebten. Das Gefolge Helches, für das die Herrin früher selbst gesorgt hatte, erlebte später unter Kriemhild viele fröhliche Tage.

1380 Da standen viele edle Jungfrauen, denen der Tod Helches großen Schmerz bereitet hatte, und hielten Ausschau. Sieben Königstöchter traf Kriemhild da noch an. Die waren eine Zierde für das ganze Land Etzels.

1381 Die Jungfrau Herrat, Tochter der Schwester Helches, tugendreiche Verlobte Dietrichs und Tochter Näntwins, eines edlen Königs, die hatte unterdessen die Obhut über das Gefolge übernommen und sich dabei große Ehre erworben.

1382 Über die nahe Ankunft der Gäste freuten sich alle. Viel Geld war für die Vorbereitung des Empfanges ausgegeben worden. Wer könnte Euch genau berichten, wie der König später herrschte? Niemals jedenfalls lebten sie im Hunnenland mit einer Königin besser.

1383 Do der künec mit sînem wîbe   von dem stade reit,   *1323*
      wer ieslîchiu wære,   daz wart dô wol geseit   *(1410)*
      der édelen Kríemhilde: si gruoztes deste baz.
      hei wie gewalteclîche   si sît an Helchen stat gesaz!

1384 Getriuwelîcher dienste   wart ir vil bekant.   *1324*
      dô teilte diu küneginne   golt unt ouch gewant,   *(1411)*
      silber unt gesteine.   swaz si des über Rîn
      mit ir zen Hiunen brâhte,   daz muose gar zergeben sîn.

1385 Ouch wurden ir mit dienste   sider undertân   *1325*
      alle des küneges mâge   unt alle sîne man,   *(1412)*
      daz nie diu frouwe Helche   so gewálteclîch gebôt,
      sô si nu muosen dienen   unz an den Kríemhílde tôt.

1386 Dô stuont mit solhen êren   der hof unt ouch daz lant,   *1326*
      daz man dâ ze allen zîten   die kurzwîle vant,   *(1413)*
      swar nâch ieslîchem   daz herze truoc den muot,
      durch des küneges liebe   unt der küneginne guot.

23. Âventiure
Wie Kriemhilt warp, daz ir bruoder zuo der hôchzit kômen

1387 Mit vil grôzen êren,   daz ist álwǎr,   *1327*
      wónten si mít ein ander   unz an daz sibende jâr.   *(1414)*
      die zît diu küneginne   eines súns wás genesen.
      des kundę der künec Etzel   nimmer vrœlícher wesen.

1388 Sine wólde niht erwinden,   sine würbe sint   *1328*
      daz getoufet würde   daz Étzélen kint   *(1415)*
      nâch kristenlîchem rehte: ez wart Órtlíep genant.
      des wart vil michel freude   über élliu Etzelen lant.

1389 Swaz ie guoter tugende   an froun Helchen lac,   *1329*
      des vleiz sich nu frou Kriemhilt   dar nâch vil manegen tac.
      die site si lêrte Herrât,   diu ellende meit.   *(1416)*
      diu hete tougenlîchen   nâch Hélchen grôziu leit.

1390 Den vremden unt den kunden   was si vil wol bekant.   *1330*
      die jâhen daz nie frouwe   besæzę ein küneges lant   *(1417)*
      bezzer unde milter,   daz heten si für wâr.
      daz lop si truoc zen Hiunen   unz an daz drîuzéhende jâr.

1383 Als der König mit seiner Gemahlin vom Gestade heranritt,
da wurde der edlen Kriemhild genau gesagt, wer jedes Mäd-
chen sei: Um so freundlicher konnte sie sie begrüßen. In welch
herrscherlicher Machtvollkommenheit nahm sie später Hel-
ches Platz ein!

1384 Man erwies ihr manchen treuen Dienst. Da verteilte die Köni-
gin Gold und Kleider, Silber und Edelgestein. Was sie an sol-
chen Schätzen mit sich über den Rhein zu den Hunnen gebracht
hatte, das wollte sie auch bis zum letzten Stück verschenken.

1385 Alle Verwandten des Königs und alle seine Gefolgsleute wur-
den ihr seitdem dienstbar, so daß die Herrin Helche niemals so
mächtig geherrscht hatte: bis zu Kriemhilds Tod mußten sie
der neuen Herrscherin dienen.

1386 Da erlebte der Hof und auch das Land eine solche Blüte des
Ansehens, daß da ein jeder zu aller Zeit die Unterhaltung
fand, wonach ihm Herz und Sinn stand: das kam durch die
Gunst des Königs und das Gut der Königin.

23. Aventiure
Wie Kriemhild es erreichte, daß ihre Brüder auf das Fest
kamen

1387 Und wahrlich, in sehr großen Ehren lebten sie bis an das siebte
Jahr zusammen. In dieser Zeit war die Königin mit einem Sohn
niedergekommen. Über nichts hätte sich der König Etzel mehr
freuen können.

1388 Sie wollte nicht ablassen, darauf zu drängen, daß der Sohn
Etzels nach christlichem Bekenntnis getauft würde: er wurde
Ortlieb genannt. Über alle Länder Etzels breitete sich die
Freude aus.

1389 Was die Herrin Helche auch jemals an Vorzügen besessen hatte,
immer eiferte ihr die Herrin Kriemhild nach. Herrat, die hei-
matlose Jungfrau, belehrte sie über die fremden Bräuche. Die
empfand heimlich immer noch großen Schmerz um Helche.

1390 Fremde und Bekannte kannten Kriemhild und mußten geste-
hen, daß niemals eine Herrin ein Königreich besessen hatte,
die besser und freigebiger war. Darauf schworen sie. Diesen
Ruhm hatte sie im Hunnenland bis zum dreizehnten Jahr.

1391 Nu het si wol erkunnen   daz ir níemen widerstuont,   *1331*
     alsô noch fürsten wîbe   küneges recken tuont,   *(1418)*
     unt daz si alle zîte   zwelf künege vor ir sach.
     si gedâhtẹ ouch maneger leide,   der ir dâ héimé geschach.

1392 Si gedâhtẹ ouch maneger êren   von Nibelunge lant,   *1332*
     der si dâ was gewaltec   unt die ir Hagenen hant   *(1419)*
     mit Sîfrides tôde   hete gar benomen,
     ob im daz noch immer   von ir ze leide möhte komen.

1393 »Daz geschǽhẹ ob ich in möhte   bringen in ditz lant.«   *1333*
     ir troumte daz ir gienge   vil dickẹ an der hant   *(1420)*
     Gîselher ir bruoder.   si kustẹ in zẹ aller stunt
     vil oftẹ in senftem slâfe: sît wart in arbeiten kunt.

1394 Ich wǽne der übel vâlant   Kriemhílde daz geriet,   *1334*
     daz si sích mit friuntschefte   von Gunthere schiet,   *(1421)*
     den si durch suone kuste   in Burgonden lant.
     do begúndẹ ir aber salwen   von heizen trehen ir gewant.

1395 Ez lac ir an dem herzen   spâtẹ únde fruo,   *1335*
     wie man si âne schulde   brǽhté dar zuo   *(1422)*
     daz si muose minnen   einen héidenischen man.
     die nôt die het ir Hagene   unde Gúnthér getân.

1396 Des willen in ir herzen   kom si vil selten abe.   *1336*
     si gedâhtẹ: »ich bin sô rîche   unt hân sô grôze habe   *(1423)*
     daz ich mînen vîenden   gefüege noch ein leit.
     des wǽrẹ et ich von Tronege   Hagenen gérné bereit.

1397 Nâch den getriuwen jâmert   dickẹ daz hérze mîn.   *1337*
     die mir dâ leide tâten,   möhte ich bî den sin,   *(1424)*
     sô würde wol errochen   mînes friundes lîp,
     des ich kûmẹ erbeite«,   sprach daz Étzélen wîp.

1398 Ze liebe si dô hêten   álle des kúneges man,   *1338*
     die Kriemhilde recken;   daz was vil wol getân.   *(1425)*
     der kámeren dér pflac Eckewart,   dâ von er friunt gewan.
     den Kriemhilde willen   kunde niemen understân.

1399 Si dâhte zẹ allen zîten: »ich wil den künec biten«,   *1339*
     daz er ir des gunde   mit güetlîchen siten,   *(1426)*
     daz man ir friunde brǽhte   in der Hiunen lant.
     den argen willen niemen   an der küneginnẹ ervant.

1391 Nun wußte sie aus Erfahrung, daß niemand ihr Widerstand entgegensetzte – wie sich auch heute noch die Recken eines Königs der Gemahlin des Fürsten gegenüber verhalten – und daß allezeit zwölf Könige vor ihr zu ihren Diensten standen. Sie dachte an manche Kränkung zurück, die sie daheim hatte hinnehmen müssen.

1392 Sie dachte auch an die mannigfachen Ehren, die sie im Lande der Nibelungen besessen und die ihr Hagen durch die Ermordung Siegfrieds genommen hatte. Sie dachte, ob sie sich wohl jemals an ihm für die erlittene Not rächen könnte.

1393 »Das könnte nur geschehen, wenn ich ihn in dies Land brächte!« Ihr träumte, daß ihr Bruder Giselher des öfteren an ihrer Hand ginge. Sie küßte ihn immer wieder in ihrem süßen Schlaf: Später widerfuhr ihnen ein schlimmes Geschick.

1394 Ich glaube, der Teufel aus der Hölle riet es Kriemhild, daß sie in Freundschaft von Gunther schied, den sie zur Versöhnung im Burgundenland geküßt hatte. Da wurde ihr Gewand wieder naß von heißen Tränen.

1395 Von früh bis spät quälte sie der Gedanke, wie man sie ohne ihr Verschulden dazu veranlaßt hatte, einen heidnischen Mann zu heiraten. Hagen und Gunther hatten ihr dieses Unrecht angetan.

1396 Ihren Plan bewegte sie von nun an unablässig in ihrem Herzen. Sie dachte: »Ich bin so mächtig und habe so großen Reichtum, daß ich meinen Feinden noch etwas Schlimmes antun kann. Mit Freuden würde ich mir Hagen von Tronje zum Opfer nehmen.

1397 Nach den getreuen Brüdern sehnt sich mein klagendes Herz zwar oft. Wäre ich jedoch mit denen zusammen, die mich so tief verletzt haben, dann würde der Tod meines geliebten Mannes bitter gerächt. Ich kann kaum darauf warten!« sagte die Gemahlin Etzels.

1398 Die Recken Kriemhilds, alle Leute des Königs, waren der Herrscherin in Zuneigung ergeben. So war es auch recht. Die Schatzkammer verwaltete Eckewart, der deshalb auch viele Freunde hatte. Niemanden gab es, der sich Kriemhilds Wünschen hätte widersetzen wollen.

1399 Zu allen Zeiten dachte sie: »Ich will den König bitten«, so freundlich zu sein und ihr zu erlauben, daß man ihre Verwandten einlüde, in das Hunnenland zu kommen. Niemand durchschaute die schlimmen Wünsche der Königin.

1400 Dô si eines nahtes   bî dem künege lac,   *1340*
     (mit armen umbevangen   het er si, als er pflac   *(1427)*
     die edeln frouwen triuten;   si was im als sîn lîp),
     dô gedâhte̜ ir vîende   daz vil hérlîche wîp.

1401 Si sprach zuo dem künege: »vil lieber herre mîn,   *1341*
     ich wolde̜ iuch bitten gerne,   möhte̜ ez mit hulden sîn,
     daz ir mich sehen liezet,   ob ich daz het versolt,   *(1428)*
     ob ir den mînen friunden   wæret inneclîchen holt.«

1402 Dô sprach der künec rîche,   getriuwe was sîn muot: *1342*
     »ich bringe̜ iuch des wol innen,   swâ liep unde guot   *(1429)*
     den recken widerfüere,   des müese̜ ich freude hân,
     wande̜ ích von wîbes minne   nie bezzer fríunde̜ gewan.«

1403 Dô sprach diu küneginne: »iu ist daz wol geseit,   *1343*
     ich hân vil hôher mâge.   dar umbe̜ ist mir sô leit   *(1430)*
     daz mich die sô selten . ruochent hie gesehen.
     ich hœre mîn die liute   níwan für éllénde jehen.«

1404 Dô sprach der künec Etzel: »vil liebiu frouwe mîn,   *1344*
     diuhte̜ ez si niht ze verre,   sô lüede̜ ich über Rîn   *(1431)*
     swelhe̜ ír dâ gerne sæhet   her in mîniu lant.«
     des freute sich diu frouwe,   dô si den willen sîn ervant.

1405 Si sprach: »welt ir mir triuwe   leisten, herre mîn,   *1345*
     sô sult ir boten senden   ze Wormez über Rîn.   *(1432)*
     so e̜nbiute̜ ich mînen friunden   des ich dâ habe muot,
     sô kumt uns her ze lande   vil manec edel ritter guot.«

1406 Er sprach: »swenne̜ ir gebietet,   sô lâzet ez geschehen. *1346*
     ir enkundet iuwer friunde   sô gerne niht gesehen   *(1433)*
     als ich si gesæhe,   der edeln Uoten kint.
     mich müet daz harte sêre,   daz si úns sô lange vremde sint.

1407 Ob ez dir wol gevalle,   vil liebiu frouwe mîn,   *1347*
     sô wolde̜ ich gerne senden   nâch den friunden dîn   *(1434)*
     die mînen videlære   in Burgonden lant.«
     die guoten videlære   hiez er bringen sâ zehant.

1408 Si îlten harte balde   dâ der künec saz   *1348*
     bî der küneginne.   er sagete̜ in beiden daz,   *(1435)*
     si solden boten werden   in Burgonden lant.
     dô hiez er in bereiten   harte hérlîch gewant.

1409 Vier und zweinzec recken   bereite man diu kleit.   *1349*
     ouch wart in von dem künege   diu boteschaft geseit,   *(1436)*
     wie si dar laden solden   Gúnther und sîne man.
     Kríemhílt diu frouwe   si sunder spréchén began.

1400 Als sie eines Nachts bei dem König lag (er hatte die edle Herrin mit seinen Armen umfangen, wie er zu tun pflegte, wenn er sich mit ihr in inniger Liebe vereinigte; er liebte sie wie sein Leben), da dachte die herrliche Frau an ihre Feinde.

1401 Sie sagte zum König: »Lieber Herr und Gemahl, wenn Ihr es gestattet, so wollte ich Euch gerne um etwas bitten: Wenn ich es verdient habe, so laßt mich doch sehen, ob Ihr meinen Verwandten wirklich von Herzen zugetan seid.«

1402 Da sagte der mächtige König (er war ohne jeden Argwohn): »Ich werde es Euch schon zeigen, daß es mich freut, wenn immer den Recken etwas Angenehmes und etwas Günstiges widerfährt; denn niemals hat mir eine Heirat bessere Verwandte beschert.«

1403 Da sagte die Königin: »Ihr wißt doch ganz genau, daß ich eine Menge hochgestellter Verwandten habe. Nun schmerzt es mich, daß mir die niemals hier einen Besuch abstatten. Ich höre, daß die Leute von mir nur als von der ›Heimatlosen‹ reden.«

1404 Da sagte der König Etzel: »Liebe Herrin, wenn es ihnen nicht zu weit ist, dann würde ich alle, die Ihr gerne bei Euch seht, vom Rhein her zu uns einladen.« Da freute sich die Herrin, als sie merkte, daß auch er es wünschte.

1405 Sie sagte: »Mein Gemahl, wenn Ihr mir eine Gunst erweisen wollt, so sollt Ihr nach Worms über den Rhein Boten schicken. Dann lasse ich meinen Verwandten ausrichten, was ich gerne möchte: So werden viele edle, treffliche Ritter in unser Land kommen.«

1406 Er sagte: »Wenn Ihr es befehlt, so soll es geschehen. Ihr könnt Eure Verwandten nicht mit solcher Freude sehen wollen, wie ich die Söhne der edlen Ute. Es hat mich schon sehr bekümmert, daß sie so lange Zeit fern von uns sind.

1407 Wenn es Dir recht ist, liebe Frau, dann würde ich gerne meine beiden Spielleute in das Burgundenland zu Deinen Verwandten schicken.« Die trefflichen Spielleute ließ der König sogleich herbeiholen.

1408 Eilig kamen sie dahin, wo der König mit der Königin saß. Er sagte ihnen beiden, daß sie als Boten in das Burgundenland sollten. Da ließ er ihnen herrliche Gewänder anfertigen.

1409 Für vierundzwanzig Recken fertigte man Kleider an. Auch wurde ihnen vom König genau erklärt, wie sie Gunther und seine Gefolgsleute ins Hunnenland einladen sollten. Die Herrin Kriemhild sprach noch einmal heimlich mit ihnen.

1410 Dô sprach der künec rîche: »ich sage iu wie ir tuot.   *1350*
     ich enbíute mînen friunden   liep und allez guot,   *(1437)*
     daz si geruochen rîten   her in mîniu lant.
     ich hân sô lieber geste   harte wênec noch bekant.

1411 Und ob si mînes willen   wellen iht begân,   *1351*
     die Kriemhilde mâge,   daz si des niht enlân,   *(1438)*
     sine kómen an disem sumere   zuo mîner hôchgezît,
     wande vil der mînen wünne   an mînen konemâgen lît.«

1412 Dô sprach der videlære,   der stolze Swemmelîn: *1352*
     »wénne sol iuwer hôchzît   in disen landen sîn?   *(1439)*
     daz wir daz iuwern friunden   künnen dort gesagen.«
     dô sprach der künec Etzel: »zen næchsten sunewenden tagen.«

1413 »Wir tuon swaz ir gebietet«,   sprach dô Wärbelîn.   *1353*
     in ir kemenâten   bat si diu künegîn   *(1441)*
     bringen tougenlîche   dâ si die boten sprach.
     dâ von vil manegem degene   sît wênec líebés geschach.

1414 Si sprach zen boten beiden: »nu dienet michel guot,   *1354*
     daz ir mînen willen   vil güetlîchen tuot,   *(1442)*
     und ságet swaz ích enbiete   heim in unser lant:
     ich mache iuch guotes rîche   unt gibe iu hérlích gewant. ·

1415 Und swaz ir mîner friunde   immer muget gesehen   *1355*
     ze Wormez bî dem Rîne,   den sult ir niht verjehen   *(1443)*
     daz ir noch ie gesæhet   betrüebet mînen muot.
     unt saget mînen dienest   den helden kűene únde guot.

1416 Bittet daz si leisten   daz in der künec enbôt,   *1356*
     unt mich dâ mite scheiden   von aller mîner nôt.   *(1444)*
     die Hiunen wellent wænen   daz ich âne friunde sî.
     ob ich ein ritter wære,   ich kœme in étwénne bî.

1417 Unde sagt ouch Gêrnôt,   dem edelen bruoder mîn,   *1357*
     daz im zer werlde niemen   holder müge gesîn.   *(1445)*
     bíttet daz ér mir bringe   hér ín diz lant
     unser besten friunde,   daz ez úns zen êren sî gewant.

1418 Sô sagt ouch Gîselhêre   daz er wól gedénke dar an,   *1358*
     daz ich von sînen schulden   nie leides niht gewan.   *(1446)*
     des sæhen in vil gerne   hie diu ougen mîn.
     ich hete in hie vil gerne   durch die grôzen triuwe sîn.

1419 Sagt ouch mîner muoter   die êre die ich hân.   *1359*
     und ob von Tronege Hagene   welle dort bestân,   *(1447)*
     wer si danne solde   wîsen durch diu lant?
     dem sint die wege von kinde   her zen Hiunen wol bekant.«

1410 Da sagte der mächtige König: »Ich sage Euch, wie Ihr Euch verhaltet: Ich lasse meinen Verwandten Glück und alles Gute wünschen und ihnen ausrichten, sie möchten doch hierher zu mir in meine Länder reiten: Ich habe noch niemals liebere Gäste bei mir gesehen.

1411 Und wenn die Verwandten Kriemhilds meinem Wunsch nachkommen wollen, daß sie dann auf jeden Fall noch in diesem Sommer zu meinem Fest kommen. Denn ein großer Teil meiner Freude hängt von den Verwandten meiner Frau ab.«

1412 Da sagte der Spielmann, der stolze Swemmel: »Wann soll denn Euer Fest in diesen Landen stattfinden? Damit wir das Euren Verwandten mitteilen können.« Da sagte der König Etzel: »An der nächsten Sonnenwende.«

1413 »Wir führen aus, was Ihr befehlt!« sagte da Wärbel. Heimlich ließ die Königin die Boten in ihre Kemenate holen und sprach mit ihnen. Dadurch entstand vielen Helden bitteres Leid.

1414 Sie sagte zu den beiden Boten: »Nun verdient Euch reichliche Belohnung, erfüllt meine Wünsche bereitwillig und meldet, was ich zu Hause in unserem Land ausrichten lasse: Ich mache Euch reich an Gut und schenke Euch herrliche Kleider.

1415 Wen immer Ihr von meinen Verwandten in Worms am Rhein seht, auf keinen Fall sollt Ihr ihnen sagen, daß Ihr mich noch jemals betrübt gesehen habt. Und richtet den tapferen, hervorragenden Helden meine aufrichtigen Grüße aus.

1416 Bittet Sie, dem Wunsch des Königs Folge zu leisten und mich dadurch von aller meiner Not zu befreien. Denn die Hunnen glauben allmählich, daß ich gar keine Verwandten habe. Wenn ich ein Ritter wäre, dann käme ich irgendwann einmal zu ihnen.

1417 Und sagt auch Gernot, meinem edlen Bruder, daß ihm niemand auf dieser Welt gewogener sein könne als ich. Bittet ihn, so viele von unseren vertrautesten Freunden in dieses Land zu bringen, daß es auch für uns ehrenvoll ist.

1418 So sagt auch Giselher, er möge daran denken, daß mir von ihm nie Leid widerfuhr. Deshalb würde ich ihn hier mit Freuden begrüßen. Ich hätte ihn gerne hier bei mir, weil er mir immer treu gewesen ist.

1419 Berichtet auch meiner Mutter von der ehrenvollen Stellung, die ich hier einnehme und fragt, falls etwa Hagen von Tronje dort in Worms bleiben will, wer sie dann durch die Länder führen sollte; denn ihm sind die Wege hierher ins Hunnenland noch von seiner Kindheit her bekannt.«

1420 Die boten nine wessen   wâ von daz was getân,   *1360*
     daz si von Tronege Hagenen   níht sólden lân   *(1448)*
     belîben bî dem Rîne.   ez wart in sider leit.
     mit im was manegem degene   zem grimmen tôde widerseit.

1421 Brievę unde botschaft   was in nu gegeben.   *1361*
     si fuoren guotes rîche   und mohten schône leben.   *(1449)*
     urloup gap in Etzel   und ouch sîn schœne wîp.
     in was von guoter wæte   wol gezíerét der lîp.

24. Âventiure
Wie Wärbel unt Swemmel ir herren boteschaft wurben

1422 Dô Etzel zuo dem Rîne   sîne boten sande,   *1362*
     dô flugen disiu mære   von lande ze lande.   *(1450)*
     mit boten harte snellen   er bat und ouch gebôt
     zuo sîner hôchzîte: des holte maneger dâ den tôt.

1423 Die boten dannen fuoren   ûzer Hiunen lant   *1363*
     zuo den Burgonden.   dar wâren si gesant   *(1451)*
     nâch drîn édeln künegen   und ouch nâch ir man.
     si solden komen Etzele.   des man dô gâhén began.

1424 Hin ze Bechelâren   kômen si geriten.   *1364*
     dâ diente man in gerne,   daz enwárt dâ niht vermiten.*(1452)*
     Rüedegêr sînen dienest   enbôt und Gotelint
     bî in hin ze Rîne,   und ouch ir beider liebez kint.

1425 Sine líezens âne gâbe   von in niht scheiden dan,   *1365*
     daz ḑeste baz gefüeren   die Etzelen man.   *(1453)*
     Uoten und ir kinden   enbôt dô Rüedegêr,
     sine héten in sô wæge   deheinen márcgrâven mêr.

1426 Si enbúten ouch Prünhilde   dienest unde guot,   *1366*
     stæteclîche triuwe   und wíllégen muot.   *(1454)*
     dô si die rede vernâmen,   die boten wolden varn.
     si bat diu marcgrâvinne   got von himele bewarn.

1427 Ê daz die boten kœmen   vol durch Beyer lant,   *1367*
     Wärbel der vil snelle   den guoten bischof vant.   *(1455)*
     waz der dô sînen friunden   hin ze Rînę enbôt,
     daz ist mir niht gewizzen;   niwan sîn gólt álsô rôt

1420 Die Boten wußten nicht, weshalb es so wichtig war, daß sie
Hagen von Tronje nicht am Rhein lassen sollten. Später wurde
es ihnen zum Verhängnis: mit Hagen zusammen sollten viele
Helden den bitteren Tod erleiden.

1421 Brief und Botschaft hatten die Spielleute nun in Händen. Reich
versorgt mit Gold und Gut zogen sie los und konnten auf-
wendig leben. Etzel und seine schöne Gemahlin erlaubten ihnen
aufzubrechen. Mit guter Kleidung waren sie geschmückt.

24. Aventiure
Wie Wärbel und Swemmel die Botschaft ihres Herrn
ausrichteten

1422 Als Etzel seine Boten an den Rhein schickte, da flog die Kunde
davon von Land zu Land. Durch schnelle Boten lud er ein
und gebot, zu seinem Fest zu kommen. Dort holte mancher
sich den Tod.

1423 Die Boten zogen aus dem Hunnenland zu den Burgunden.
Dorthin, zu drei edlen Königen und zu ihren Gefolgsleuten,
waren sie geschickt worden: sie sollten zu Etzel kommen.
Daher vollzog sich alles in großer Eile.

1424 Sie kamen nach Bechelaren geritten. Da freute man sich, ihnen
behilflich zu sein. Rüdiger und Gotelind und auch ihre liebe
Tochter unterließen es nicht, durch sie Grüße an den Rhein zu
entrichten.

1425 Sie ließen die beiden Boten Etzels nicht ohne Geschenke fort,
damit sie umso besser reisen könnten. Ute und ihren Söhnen
ließ Rüdiger ausrichten, es gäbe keinen Markgrafen, der ihnen
so gewogen sei wie er.

1426 Auch Brünhild richteten sie ihre Dienstbereitschaft und alle
guten Wünsche, beständige Treue und freundliche Gesinnung
aus. Als sie die Aufträge vernommen hatten, da wollten die
Boten von dannen ziehen. Die Markgräfin rief den himmli-
schen Gott an, sie auf ihrer Reise zu behüten.

1427 Bevor die Boten ganz durch Bayern gekommen waren, be-
suchte der schnelle Wärbel noch den edlen Bischof. Was der
seinen Verwandten am Rhein ausrichten ließ, das ist mir unbe-
kannt; ich weiß nur, daß er rotes Gold

1428 Gap er den boten ze minne;   rîten er si lie.   *1368*
     dô sprach der bischof Pilgrîm: »und sóldę ich si séhen hie,
     mir wære wol ze muote,   die swester süne min,   *(1456)*
     wandę ich mac vil selten   zuo zę in komen an den Rîn.«

1429 Welche wege si füeren   ze Rîne durch diu lant,   *1369*
     des kan ich niht bescheiden.   ir silber unt gewant   *(1457)*
     dáz nám in niemen: man vorhtę ir herren zorn.
     jâ was vil gewaltec   der edele künec wol geborn.

1430 Inner tagen zwelfen   kômens an den Rîn,   *1370*
     ze Wormez zuo dem lande,   Wärbel und Swémmelîn.
     dô sagte man diu mære   den künegen und ir man,   *(1458)*
     dâ kœmen boten vremde.   Gúnther dô vrâgén began.

1431 Dô sprach der vogt von Rîne: »wer tuot uns daz bekant,
     von wannen dise vremden   rîten in daz lant?«   *1371*
     daz enwesse niemen   unze daz si sach   *(1459)*
     Hagene von Tronege   dô ze Gúnthéren sprach:

1432 »Uns koment niuwemære,   des wil ich iu verjehen.   *1372*
     die Etzeln videlære   die hân ich hie gesehen.   *(1460)*
     si hât iuwer swester   gesendet an den Rîn.
     si suln uns durch ir herren   grôze willekomen sin!«

1433 Si riten al bereite   für den palas dan.   *1373*
     ez gefúoren nie hêrlîcher   fürsten spileman.   *(1461)*
     des küneges ingesinde   empfie si sâ zehant.
     man gap in herberge   unt hiez behalten ir gewant.

1434 Ir reisekleider wâren   rîch und sô wól getân,   *1374*
     jâ mohten si mit êren   für den künec gân.   *(1462)*
     der enwólden si niht mêre   dâ ze hove tragen.
     ob ir iemen ruochte,   die boten híezén daz sagen.

1435 In der selben mâze   man ouch liute vant   *1375*
     die ęz vil gerne nâmen.   den wart ez gesant.   *(1463)*
     dô leiten an die geste   verre bezzer wât,
     als ez boten küneges   ze tragen hêrlîche stât.

1436 Dô gie mit urloube   dâ der künec saz   *1376*
     daz Etzeln gesinde: gerne sach man daz.   *(1464)*
     Hagene zühteclîche   gegen den boten spranc
     unt empfîe si minneclîche.   des sageten im die knappen danc.

1437 Durch diu kunden mære   vrâgen er began,   *1377*
     wíe sich Étzel gehábete   únd sîne man.   *(1465)*
     dô sprach der videlære: »daz lant gestuont nie baz,
     noch sô vrô die liute: nu wizzet endelîche daz!«

1428 den Boten aus Zuneigung schenkte und sie dann erst reiten ließ. Da sagte der Bischof Pilgrim: »Wenn ich die Söhne meiner Schwester hier bei mir sehen könnte, dann würde ich mich freuen. Denn ich komme niemals zu ihnen an den Rhein.«

1429 Ich kann nicht genau sagen, auf welchen Wegen sie durch die Länder zum Rhein zogen. Niemand raubte ihnen ihr Silber und ihre Kleider; denn man fürchtete sich vor dem Zorn Etzels, ihres Herren. Ja, der edle, hochgeborne König war wirklich sehr mächtig.

1430 Innerhalb von zwölf Tagen gelangten Wärbel und Swemmel an den Rhein in das Land der Burgunden nach Worms. Da brachte man den Königen und ihren Gefolgsleuten diese Nachricht: Fremde Boten seien gekommen. Gunther begann da herumzufragen.

1431 Da sagte der Vogt vom Rhein: »Wer kann uns sagen, von woher diese Fremden in unser Land reiten?« Niemand wußte es, bis Hagen von Tronje sie sah und zu Gunther sagte:

1432 »Wir hören neue Kunde, das kann ich Euch versprechen; denn ich habe Etzels Spielleute hier gesehen. Eure Schwester hat sie zu uns an den Rhein geschickt. Um ihres Herren willen sollen sie uns herzlich willkommen sein!«

1433 Sie kamen gerade auf ihren Pferden vor dem Palas an. Niemals kamen Spielleute eines Fürsten prächtiger daher. Die Dienerschaft des Königs empfing sie sogleich: man wies ihnen Quartier an und ließ ihnen ihre Kleider aufbewahren.

1434 Ihre Reisekleider waren kostbar und so schön, daß sie ehrenvoll damit hätten vor den König treten können. Doch wollten sie keins von ihnen mehr am Hofe tragen. Deshalb ließen die Boten fragen, ob irgendjemand sie haben wollte.

1435 Bald fanden sich auch Leute, die sie mit Freuden nahmen. Denen wurden sie geschickt. Da legten die Gäste noch viel bessere Kleidung an, wie es den Boten eines Königs wohl ansteht.

1436 Da erhielten die Diener Etzels die Erlaubnis, vor den König zu treten. Man sah sie beide gern. Hagen war so aufmerksam, den Boten entgegenzueilen und empfing sie freundlich. Dafür sagten ihnen die beiden Knappen ihren Dank.

1437 Um sich zu erkundigen, fragte er, wie es Etzel und seinen Leuten denn ginge. Da sagte der Spielmann: »Noch niemals stand es im Lande besser, und nie waren die Leute fröhlicher: Glaubt es uns, es ist genauso, wie wir sagen!«

1438 Si giengen zuo dem wirte: der palas der was vol.   *1378*
     do ẹmpfie man die geste   sô man von rehte sol   *(1466)*
     gǘetlíchen grüezen   in ander künege lant.
     Wärbel vil der recken   dâ bî Gúnthéren vant.

1439 Der künec gezogenlíche   grüezen si began: *1379*
     »sît willekomen beide,   ir Hiunen spilman,   *(1467)*
     und iuwer hergesellen!   hât iuch her gesant
     Etzel der vil rîche   zuo der Búrgónden lant?«

1440 Si nígen dém künege.   dô sprach Wärbelîn: *1380*
     »dir enbíutet holden dienest   der liebe herre mîn *(1468)*
     und Kriemhilt dîn swester   her in ditze lant.
     si habent uns iu recken   ûf guote tríuwé gesant.«

1441 Dô sprach der fürste rîche: »der mære bin ich vrô. *1381*
     wie gehabt sich Etzel«   sô vrâgetẹ der degen dô   *(1469)*
     »und Kriemhilt mîn swester   ûzer Hiunen lant?«
     dô sprach der videlære: »diu mære tuon ich iu bekant,

1442 Daz sich noch nie gehabten   deheine liute baz   *1382*
     danne sí sich gehábent beide,   ir sult wol wizzen daz, *(1470)*
     und allez ir gedigene,   die mâge und ouch ir man.
     si freuten sich der verte,   dô wir schíedén von dan.«

1443 »Genâde sîner dieneste,   die er mír enboten hât, *1383*
     unde mîner swester,   sît ez alsô stât,   *(1471)*
     daz si lebent mit freuden,   der künec und sîne man,
     wandẹ ich doch der mære   gevrâget sórgénde hân.«

1444 Die zwêne junge künege   die wâren ouch nu komen.   *1384*
     si heten disiu mære   alrêrst dô vernomen.   *(1472)*
     durch sîner swester liebe   die boten gerne sach
     Gîselher der junge   zuo zẹ in dô minneclîchen sprach:

1445 »Ir boten solt uns grôze   willekomen sîn!   *1385*
     ob ir dicker woldet   her rîten an den Rín,   *(1473)*
     ir fündet hie die friunde,   die ir gérne möhtet sehen.
     iu solde hie ze lande   vil wênec léidés geschehen.«

1446 »Wir trûwen iu áller êren«,   sprach dô Swemmelîn. *1386*
     »ine könde iu niht bediuten   mit den sinnen mîn,   *(1474)*
     wie rehte minneclîchen   iu Étzel enbóten hât
     unt iuwer edel swester,   der dinc in hôhen êren stât.

1438 Sie traten auf den Landesherrn zu. Der Palas war voll von Menschen. Da empfing man die Gäste so, wie man im Lande eines anderen Königs von Rechts wegen einen freundlichen Empfang ausrichten soll. Wärbel sah viele Recken in der Umgebung Gunthers.

1439 In seiner höflichen Art begrüßte sie der König: »Ihr hunnischen Spielleute und Eure Reisegefährten, seid willkommen! Hat Euch der mächtige Etzel in das Land der Burgunden geschickt?«

1440 Sie verneigten sich vor dem König. Da sagte Wärbel: »Mein teurer Herr und Kriemhild, Deine Schwester, lassen Dir hierher in dieses Land ihren freundlichen und ergebenen Gruß ausrichten! Sie haben uns aus treuer Anhänglichkeit zu Euch Recken gesandt.«

1441 Da sagte der mächtige Fürst: »Ich bin froh, das zu hören. Wie geht es Etzel?« so fragte da der Held. »Und Kriemhild, meiner Schwester aus dem Hunnenland?« Da sagte der Spielmann: »Das sage ich Euch ganz genau:

1442 Daß es noch niemals irgendwem besser ging als ihnen beiden (das sollt Ihr wissen!) und allen ihren Helden, ihren Verwandten und ihren Gefolgsleuten. Als wir aufbrachen, freuten sie sich darüber, daß wir hierher führen.«

1443 »Dank für die Grüße, die er mir entboten hat, und Dank auch meiner Schwester, da es sich so verhält, daß der König und seine Leute in Freuden leben: denn ich hatte aus Besorgnis danach gefragt.«

1444 Die beiden jungen Könige waren nun auch gekommen. Sie hatten gerade erst die Botschaft vernommen. Aus Liebe zu seiner Schwester freute sich der junge Giselher, die Boten zu sehen und sagte freundlich zu ihnen:

1445 »Seid uns herzlich willkommen, Ihr Boten! Wenn Ihr häufiger hierher an den Rhein geritten kämt, dann fändet Ihr hier Freunde, die zu sehen Ihr Euch freut. Es wird Euch in diesem Land nicht das geringste geschehen.«

1446 »Wir verlassen uns darauf, daß Ihr uns mit allen Ehren behandelt«, sagte da Swemmel. »Mein Verstand reicht nicht aus, Euch einen richtigen Begriff davon zu geben, wie liebevoll Euch Etzel und Eure Schwester grüßen lassen. Beide stehen auf dem Höhepunkt ihrer Macht.

1447 Genâde unde triuwe   mant iuch des küneges wîp,   *1387*
     unt daz ir ie was wæge   iuwer hérze unt iuwer lîp.   *(1475)*
     und ze vórdérst dem künege   sîn wir her gesant,
     daz ir geruochet rîten   in daz Étzélen lant.

1448 Daz wir iuch des bæten,   vil vaste uns daz gebôt   *1388*
     Etzel der rîche   iu allen daz enbôt,   *(1476)*
     ob ir iuch iuwer swester   niht sehen woldet lân,
     sô wólde er doch gérne wizzen   waz ér iu hếté getân,

1449 Daz ir in alsô vremdet   und ouch sîniu lant.   *1389*
     ob iu diu küneginne   wære nie bekant,   *(1477)*
     sô möhte er doch verdienen   daz ir in ruochet sehen.
     swenne daz ergienge,   sô wære im líebé geschehen.«

1450 Dô sprach der künec Gunther: »über díse siben naht   *1390*
     sô künde ich iu diu mære,   wes ich mich hân bedâht   *(1478)*
     mit den mînen friunden.   die wîle sult ir gân
     in iuwer herberge   und sult vil guote ruowe hân.«

1451 Dô sprach aber Wärbelîn: »unt möhte daz geschehen,
     daz wir mîne frouwen   könden ê gesehen,
     Uoten die vil rîchen,   ê wir schúefen uns gemach?«   *1391*
     Gîselher der edele   dô vil zühteclîchen sprach: *(1479)*

1452 »Daz sol iu niemen wenden,   welt ir für si gân: *1392*
     ir habet mîner muoter   willen gar getân.   *(1480)*
     wan si sihet iuch gerne   durch die swester mîn,
     froun Kriemhilden.   ir sult ir willekomen sîn!«

1453 Gîselher si brâhte   da er die frouwen vant.   *1393*
     die boten sach si gerne   von der Hiunen lant.   *(1481)*
     si gruoztes minneclîche   durch ir tugende muot.
     dô sagten ir diu mære   die boten hốvesch únde guot.

1454 »Ja enbiutet iu mîn frouwe«,   sô sprach Swemmelîn,   *1394*
     »dienest unde triuwe.   möhte daz gesîn,   *(1482)*
     daz si iuch dicke sæhe,   ir sult gelouben daz,
     sô wære ir in der werlde   mit deheinen freuden baz.«

1455 Dô sprach diu küneginne: »des enmác níht gesîn.   *1395*
     swie gerne ich dicke sæhe   die lieben tochter mîn,   *(1483)*
     so ist leider mir ze verre   des edeln küneges wîp.
     nu sî immer sælec   ir und Étzélen lîp.

1456 Ir sult mich lâzen wizzen,   ê irz gerûmet hie,   *1396*
     wenne ir wider wellet.   ine gesách sô gerne nie   *(1484)*
     boten in langen zîten   denne ich iuch hân gesehen.«
     die knappen ir dô lobeten   daz si daz líezén geschehen.

1447 Des Königs Gemahlin erinnert Euch an Eure Huld und Treue
und daran, daß Ihr ihr immer von ganzem Herzen gewogen
wart. In erster Linie sind wir jedoch zum König selbst geschickt
worden mit der Bitte, daß Ihr doch in das Land Etzels reiten
möchtet.

1448 Der mächtige Etzel hat uns strikt aufgetragen, Euch darum
zu bitten, und er läßt Euch allen ausrichten: wenn Ihr Euch
nicht bei Eurer Schwester sehen lassen wollt, so würde er doch
gerne wissen, was er Euch zuleide getan hat,

1449 daß Ihr ihn und sein Land auf diese Weise meidet. Selbst wenn
Euch die Königin gar nicht bekannt wäre, so dürfte doch auch
er verdient haben, daß Ihr ihn besucht. Wenn es dazu kommen
könnte, dann wäre ihm eine große Freude bereitet.«

1450 Da sagte der König Gunther: »Heute in einer Woche sage ich
Euch, was ich mir mit meinen Vertrauten überlegt habe.
Unterdessen sollt Ihr in Eure Herberge gehn und Euch gut
ausruhen.«

1451 Da sagte wiederum Wärbel: »Wäre es wohl möglich, daß wir
die Herrin noch sehen könnten, die mächtige Ute, bevor wir
es uns bequem machen.« Der edle Giselher sagte da in edlem
Anstand:

1452 »Davon wird Euch niemand abhalten! Wenn Ihr sie besuchen
wollt, dann erfüllt Ihr ganz und gar den Wunsch meiner Mut-
ter, denn um meiner Schwester, Frau Kriemhilds, willen emp-
fängt sie Euch mit Freuden. Ihr werdet ihr willkommen sein!«

1453 Giselher brachte sie zur Herrin Ute. Sie sah die Boten aus dem
Hunnenland mit Freuden und grüßte sie in ihrer edlen Gesin-
nung sehr liebevoll. Da sagten ihr die beiden höfischen, treff-
lichen Boten die Botschaft.

1454 »Meine Herrin«, so sagte Swemmel, »entbietet Euch ihre Erge-
benheit und ihre Treue. Wenn es sein könnte, daß sie Euch
öfter sähe, sie würde sich – und das sollt Ihr ihr glauben – über
nichts in dieser Welt mehr freuen.«

1455 Da sagte die Königin: »Das geht leider nicht. Wie gerne ich
meine liebe Tochter auch öfter besuchen würde, die Gemahlin
des edlen Königs wohnt zu weit von mir entfernt. Sie und
Etzel mögen immer unter der Hut des Höchsten stehen!

1456 Laßt mich, bevor Ihr hier wieder aufbrecht, doch wissen, wann
Ihr wieder fort wollt. Seit langer Zeit habe ich keine Boten
mehr mit solcher Freude gesehen wie Euch.« Die Knappen
versprachen, daß sie das tun wollten.

1457 Zen herbergen fuoren   die von Hiunen lant.   *1397*
   dô het der künec rîche   nâch friunden sîn gesant.   *(1485)*
   Gunther der edele   vrâgte sîne man,
   wie in diu rede geviele.   vil maneger sprechen dô began,

1458 Daz er wol möhte rîten   in Etzelen lant.   *1398*
   daz rieten im die besten,   die er dar under vant,   *(1486)*
   âne Hagenę eine.   dem was ez grimme leit.
   er sprach zem künege tougen: »ir habt iu selben widerseit.

1459 Nu ist iu doch gewizzen   waz wir haben getân.   *1399*
   wir mugen immer sorge   zuo Kriemhilde hân,   *(1487)*
   wandę ich sluoc ze tôde   ir man mit mîner hant.
   wie getórste wir gerîten   in daz Étzélen lant?«

1460 Dô sprach der künec rîche: »mîn swester lie den zorn.
   mit kusse minneclîche   si hât ûf uns verkorn   *1400*
   daz wir ir ie getâten,   ê si von hinnen reit: *(1488)*
   ez ensî et, Hagene, danne   íu éinem widerseit.«

1461 »Nu lât iuch niht betriegen«,   sprach Hágene, »swés si jehen,
   die boten von den Hiunen.   welt ir Kríemhílde sehen,   *1401*
   ir muget dâ wol verliesen   die êrę und ouch den lîp: *(1489)*
   ez ist vil lancræche   des künec Étzélen wîp.«

1462 Dô sprach zuo dem râte   der fürste Gêrnôt: *1402*
   »sît daz ir von schulden   fürchtet dâ den tôt   *(1490)*
   in hiunischen rîchen,   solde wírz dar umbe lân
   wir ensæhen unser swester?   daz wære vil übele getân.«

1463 Dô sprach der fürste Gíselher   zuo dem degene: *1403*
   »sît ir iuch schuldec wizzet,   fríunt Hágene,   *(1491)*
   sô sult ir hie belîben   unt iuch wol bewarn,
   und lâzet, die getürren,   zuo mîner swester mit uns varn.«

1464 Dô begunde zürnen   von Tronege der degen: *1404*
   »ine wíl daz ir iemen   füeret ûf den wegen,   *(1492)*
   der getürre rîten   mit iu ze hove baz.
   sît ir niht welt erwinden,   ich sol iu wol erzeigen daz.«

1465 Dô sprach der kuchenmeister,   Rûmolt der degen: *1405*
   »der vremden unt der kunden   möht ir wol heizen pflegen
   nâch iuwer selbes willen,   wandę ir hábet vollen rât.   *(1493)*
   ich wæne niht daz Hagene   iuch noch vergísélet hât.

1466 Welt ir niht volgen Hagene,   iu rætet Rûmolt,   *1406*
   wandę ich iu bin mit triuwen   dienestlîchen holt,   *(1494)*
   daz ir sult hie belîben   durch den willen mîn,
   und lât den künec Etzel   dort bî Kríemhílde sîn.

1457 Die Boten aus dem Hunnenland begaben sich in ihre Quartiere. Da hatte der mächtige König bereits nach seinen Vertrauten geschickt. Der edle Gunther fragte seine Gefolgsleute, was sie von der Einladung hielten. Da sagten viele,

1458 er solle ruhig in das Land Etzels reiten. Die Besten unter seinen Leuten rieten ihm zu, nur Hagen nicht. Den erfüllte es mit grimmigem Verdruß. Heimlich sagte er zum König: »Ihr rennt in Euer eigenes Verderben!

1459 Ihr wißt doch ganz genau, was wir getan haben. Von Kriemhilds Seite werden wir immer mit Gefahren zu rechnen haben. Denn ich habe ihren Mann mit eigener Hand erschlagen. Wie könnten wir es wagen, in das Land Etzels zu reiten?«

1460 Da sagte der mächtige König: »Meine Schwester hat ihren Zorn aufgegeben. Mit liebevollem Kuß hat sie uns, bevor sie fortritt, alles verziehen, was wir ihr jemals angetan haben. Es sei denn, Euch allein, Hagen, sei das Verderben bereitet.«

1461 »Laßt Euch doch nicht durch das täuschen«, sagte Hagen, »was die Boten aus dem Hunnenland sagen. Wenn Ihr Kriemhild besuchen wollt, dann könnt Ihr dabei Ehre und Leben verlieren. Die Gemahlin des Königs Etzel verfolgt ihre Rache auf lange Sicht.«

1462 Da sagte der Fürst Gernot in der Beratung: »Weil Ihr mit Recht in den hunnischen Reichen den Tod fürchtet, deshalb sollten wir es uns versagen, unsere Schwester zu besuchen? Wir würden uns dann doch wohl sehr falsch verhalten.«

1463 Da sagte der Fürst Giselher zu dem Helden: »Da Ihr Euch schuldig wißt, Freund Hagen, so solltet Ihr hier in Sicherheit bleiben. Laßt aber doch die, die es wagen, mit uns zu meiner Schwester reisen!«

1464 Da wurde der Held von Tronje von Zorn ergriffen: »Ich lasse es nicht zu, daß Ihr jemanden mit auf Eure Reise nehmt, der mutiger mit Euch zu Hofe reitet als ich! Da Ihr nun nicht von Eurem Vorhaben ablassen wollt, werde ich Euch das beweisen!«

1465 Da sagte der Küchenmeister, der Held Rumold: »Ihr könnt die Gäste wie die Hofgenossen so versorgen, wie Ihr selbst es wünscht; denn Ihr habt reiche Vorratskammern. Ich glaube nicht, daß Hagen Euch schon einmal mit seinem Rat einen Schaden zugefügt hat.

1466 Wenn Ihr schon Hagens Rat nicht folgen wollt, dann rät Euch Rumold – ich bin Euch nämlich treu zu Diensten –, daß Ihr mir zuliebe hier bleibt und den König Etzel dort bei Kriemhild laßt.

1467 Wie kundẹ iu in der werlde   immer sanfter wesen?   *1407*
     ir muget vor iuwern vîenden   harte wol genesen.   *(1495)*
     ir sult mit guoten kleidern   zieren wol den lîp:
     trinket wîn den besten   unt minnet wǽtlîchiu wîp!

1468 Dar zuo gît man iu spîse,   die bésten die íe gewan   *1408*
     in der wérlte künec deheiner.   ob des niht möhtẹ ergân,
     ir soldet noch belîben   durch iuwer schœne wîp,   *(1496)*
     ê ir sô kintlîche   soldet wǎgén den lîp.

1469 Des râtẹ ich iu belîben.   rîch sint iuwer lant.   *1409*
     man mac iu baz erlœsen   hie héimé diu pfant   *(1499)*
     danne dâ zen Hiunen.   wer weiz wie ez dâ gestât?
     ir sult belîben, herren!   daz ist der Rǘmóldes rât.«

1470 »Wir wellen niht belîben«,   sprach dô Gêrnôt,   *1410*
     »sît daz uns mîn swester   sô friuntlîch enbôt   *(1500)*
     unt Étzél der rîche.   zwiu solde wir daz lân?
     der dar niht gerne welle,   der mac hie héimé bestân.«

1471 Des antwurte Hagene: »lât iuch unbilden niht   *1411*
     mîne rede dar umbe,   swie halt iu geschiht.   *(1504)*
     ich râtẹ iu an den triuwen: welt ir iuch bewarn,
     sô sult ir zuo den Hiunen   vil gewérlîche varn.

1472 Sît ir niht welt erwinden,   so beséndet iuwer man,   *1412*
     die besten die ir vindet   oder índer müget hân.   *(1505)*
     sô wel ich ûz in allen   tûsent ritter guot,
     sone mác iu niht gewerren   der argen Kríemhílde muot.«

1473 »Des wil ich gerne volgen«,   sprach der künec zehant.   *1413*
     dô hiez er boten rîten   wîten in sîniu lant.   *(1506)*
     dô brâhte man der helde   driu tûsent oder mêr.
     si wânden niht zẹ erwerben   alsô grœzlîchiu sêr.

1474 Si riten vrœlîche   in Guntheres lant.   *1414*
     mán híez in állen gében   ross unt ouch gewant,   *(1507)*
     die dâ varen solden   von Burgonden dan.
     der künec mit guotem willen   der vil manegen gewan.

1475 Dô hiez von Tronege Hagene   Dáncwart den brúoder sìn
     ir beider recken ahzec   fúeren an den Rîn.   *1415*
     die kômen ritterlîche.   harnasch unt gewant   *(1508)*
     fuorten die vil snellen   in daz Gúnthéres lant.

1467 Wie in aller Welt könnte es Euch besser gehen. Ihr könnt hier, ohne von Feinden bedroht zu sein, in Sicherheit überleben. Ihr sollt Euch mit schönen Kleidern schmücken: trinkt den besten Wein und genießt die Minne schöner Frauen!

1468 Überdies bereitet man Euch die beste Speise, die jemals einem König bereitet wurde. Wenn nun das nicht angehen mag, dann solltet Ihr doch Euren schönen Frauen zuliebe hier bleiben, bevor Ihr auf eine so kindische Weise Euer Leben aufs Spiel setzt.

1469 Deshalb rate ich Euch hierzubleiben. Eure Länder sind mächtig. Besser als im Lande der Hunnen kann man Euch hier zu Hause wieder auslösen, was Ihr verpfändet habt. Wer weiß, wie es dort aussieht? Ihr solltet hier bleiben! Das ist jedenfalls Rumolds Rat!«

1470 »Wir wollen nicht bleiben«, sagte da Gernot, »da uns meine Schwester und der mächtige Etzel so freundliche Botschaft geschickt haben. Weshalb sollten wir es lassen? Wer keine Lust hat, dorthin zu ziehen, der kann ja hier zu Hause bleiben.«

1471 Darauf antwortete Hagen: »Ärgert Euch nicht zu sehr über das, was ich gesagt habe, wie es auch für Euch ausgehen mag. Jedenfalls gebe ich Euch in Treue diesen Rat: Wenn Ihr überleben wollt, dann sollt Ihr in voller Wehr und Waffen zu den Hunnen fahren.

1472 Da Ihr ja doch nicht davon lassen wollt, so holt Eure Gefolgsleute zusammen, und zwar die besten, die Ihr finden könnt oder irgendwo habt! Dann suche ich aus ihnen tausend tüchtige Ritter aus. Dann können Euch die Absichten der falschen Kriemhild nicht schaden.«

1473 »Diesen Rat will ich sehr gerne befolgen«, sagte der König sogleich. Da ließ er Boten weithin in seine Länder reiten. Da brachte man dreitausend oder mehr Helden zusammen. Daß sie dadurch in schlimme Not geraten könnten, daran dachten sie nicht.

1474 Fröhlich kamen sie in Gunthers Land geritten. An alle, die aus dem Burgundenland mitziehen sollten, ließ man Pferde und Kleider verteilen. Der König fand manchen, der bereitwillig mitkam.

1475 Da veranlaßte Hagen von Tronje seinen Bruder Dankwart, achtzig ihrer Recken an den Rhein zu bringen. Die kamen ritterlich daher: die tapferen Männer brachten Harnische und Kleider in das Land Gunthers.

1476 Dô kom der küene Volkêr,   ein edel spilman,   *1416*
     zuo der hovereise   mit drîzec sîner man,   *(1509)*
     die heten sólch gewæte,   ez möhtę ein künec tragen.
     daz er zen Hiunen wolde,   daz hiez er Gúnthére sagen.

1477 Wer der Volkêr wære,   daz wil ích iuch wizzen lân.   *1417*
     er was ein edel herre.   im was ouch undertân   *(1510)*
     vil der guoten recken   in Burgonden lant.
     durch daz er videlen kunde,   was er der spilman genant.

1478 Hagene welte tûsent.   die hetę er wol bekant,   *1418*
     unt waz in starken stürmen   gefrumet het ir hant,   *(1511)*
     oder swáz si ie begiengen,   des het er vil gesehen.
     den kundę anders niemen   niwan frümekeite jehen.

1479 Die boten Kriemhilde   vil sêre dâ verdrôz,   *1419*
     wandę ir vorht zę ir herren   diu was harte grôz.   *(1512)*
     si gerten tägelîche   úrlóubes von dan.
     des engúndę in níht Hágene: daz was durch lísté getân.

1480 Er sprach zuo sînem herren: »wir suln daz wol bewarn,
     daz wir si lâzen rîten   ê daz wir selbe varn   *1420*
     dár nách in síben tágen   in Etzelen lant.   *(1513)*
     treit uns iemen argen willen,   daz wirt uns deste baz bekant.

1481 Sone mác ouch sich frou Kriemhilt   bereiten niht dar zuo,
     daz uns durch ir ræte   iemen schaden tuo.   *1421*
     hât aber si den willen,   ez mac ir leidę ergân.   *(1514)*
     wir füeren mit uns hinnen   sô manegen ûz erwelten man.«

1482 Schildę unde sätele   unt allez ir gewant,   *1422*
     daz si füeren wolden   in Etzelen lant,   *(1515)*
     daz was nu gar bereitet   vil manegem küenen man.
     die boten Kriemhilde   hiez man für Gúnthéren gân.

1483 Dô die boten kômen,   dô sprach Gêrnôt: *1423*
     »der künec wil gevolgen   des uns Étzel her enbôt.   *(1516)*
     wir wellen komen gerne   zuo sîner hôchgezît
     und sehen unser swester: daz ir des âne zwîvel sît.«

1484 Dô sprach der künec Gunther: »kúnnet ir úns gesagen
     wenne sî diu hôchzît   oder in welchen tagen   *1424*
     wir dar komen solden?«   dô sprach Swemmelîn: *(1517)*
     »zen næchsten sunewenden   sol si wǽrlîche sîn.«

1485 Der künec in erloubte,   (des was noch niht geschehen)
     ob si wolden gerne   froun Prünhilde sehen,   *1425*
     daz si für si solden   mit sînem willen gân.   *(1518)*
     daz understuont dô Volkêr;   daz was ir liebé getân.

1476 Da kam der tapfere Volker, ein edler Spielmann, mit dreißig seiner Leute zu der Hoffahrt. Die hatten solche prächtigen Gewänder, daß ein König sie hätte tragen können. Er ließ Gunther ausrichten, daß er mit zu den Hunnen ziehen wollte.

1477 Wer dieser Volker war, will ich Euch erzählen. Er war ein edler Herr. Ihm waren viele treffliche Recken im Land der Burgunden untertan. Weil er fiedeln konnte, wurde er »der Spielmann« genannt.

1478 Hagen suchte tausend aus. Die kannte er genau, und von ihnen wußte er oder hatte sogar selbst gesehen, daß sie in blutigen Schlachten ihren Mann gestanden oder was sie jemals geleistet hatten. Diesen Männern konnte man nur Tapferkeit nachrühmen.

1479 Den Boten Kriemhilds wurde allmählich etwas verdrießlich; denn ihre Furcht vor ihrem Herrn war doch sehr groß. Täglich baten sie darum, Abschied nehmen zu dürfen. Doch Hagen gewährte es ihnen nicht, und das tat er aus kluger Vorausberechnung.

1480 Er sagte zu seinem Herrn: »Wir müssen verhüten, daß wir sie reiten lassen, bevor wir nicht selbst soweit sind, eine Woche danach in das Land Etzels aufzubrechen. Umso besser erkennen wir, ob jemand etwas Böses gegen uns im Schilde führt.

1481 Dann hat auch die Herrin Kriemhild keine Zeit mehr, jemanden dazu anzustiften, uns aus verräterischer Absicht eine Falle zu stellen. Wenn sie jedoch überhaupt so etwas im Sinne hat, dann wird es schlimm für sie ausgehen; denn wir nehmen so viele auserwählte Männer von hier mit.«

1482 Schilde und Sättel und ihre gesamte Ausrüstung, alles was sie in das Land Etzels mitnehmen wollten, das war für die vielen tapferen Männer jetzt vollständig bereitgestellt. Da endlich ließ man die Boten Kriemhilds vor Gunther kommen.

1483 Als die Boten gekommen waren, da sagte Gernot: »Der König geht auf das ein, was uns Etzel ausrichten ließ. Wir kommen mit Vergnügen zu seinem Fest und besuchen unsere Schwester. Daran sollt Ihr keinen Zweifel haben.«

1484 Da sagte der König Gunther: »Könnt Ihr uns noch sagen, wann das Fest ist und zu welcher Zeit wir dorthin kommen sollen?« Da sagte Swemmel: »Es soll genau zur nächsten Sonnenwende stattfinden.«

1485 Falls sie es wünschten, gestattete ihnen der König – dazu war es noch nicht gekommen –, Frau Brünhild zu besuchen: mit seiner Erlaubnis dürften sie zu ihr gehen. Doch das verhinderte da Volker; er tat es Brünhild zuliebe.

1486 »Jane íst mîn frouwe Prünhilt   nu niht sô wol gemuot   *1426*
     daz ir si müget schouwen«,   sprach der ritter guot.   *(1519)*
     »bîtét unz morgen!   sô lât mans iuch sehen.«
     dô si sie wânden schouwen,   dône kundę es niht geschehen.

1487 Dô hiez der fürste rîche,   (er was den boten holt)   *1427*
     durch sîn selbes tugende   tragen dar sîn golt   *(1520)*
     ûf den breiten schilden,   des mohtę er vil hân.
     ouch wart in rîchiu gâbe   von sînen fríundén getân.

1488 Gîselher und Gêrnôt,   Gêrę und Ortwîn,   *1428*
     daz si ouch milte wâren,   daz tâten si wol schîn.   *(1521)*
     alsô rîche gâbe   si buten die boten an,
     daz si si vor ir herren   niht getórstén empfân.

1489 Dô sprach zuo dem künege   der bote Wärbelîn: *1429*
     »her künec, lât iuwer gâbe   hie ze lande sîn.   *(1522)*
     wir mugen ir doch niht füeren.   mîn herrę ez uns verbôt,
     daz wir iht gâbe næmen.   ouch ist es harte lützel nôt.«

1490 Dô wart der vogt von Rîne   dâ von vil ungemuot,   *1430*
     daz si versprechen wolden   sô rîches küneges guot.   *(1523)*
     doch muosen si empfâhen   sîn golt und sîn gewant,
     daz si mit in fuorten   sît in Étzélen lant.

1491 Si wolden sehen Uoten   ê daz si schieden dan.   *1431*
     Gîselher der snelle   der brâhtę die spileman   *(1524)*
     für sîne muoter Uoten.   diu frouwę enbôt dô dan,
     swaz si êren hête,   daz wærę ir líebé getân.

1492 Dô hiez diu küneginne   ir porten und ir golt   *1432*
     geben durch Kriemhilde,   wan der was si holt,   *(1525)*
     unt durch den künec Etzel   den selben spileman.
     si mohtenz gernę empfâhen;   ez was mit tríuwén getân.

1493 Úrloup genómen hêten   die boten nu von dan   *1433*
     von wîben und von mannen.   vrœlîch si dô dan   *(1526)*
     fuoren unz in Swâben.   dar hiez si Gêrnôt
     sîne helde leiten,   daz ez in niemen missebôt.

1494 Dô sich die von in schieden,   die ir solden pflegen,   *1434*
     hérscháft diu Etzeln   si vridetę ûf allen wegen.   *(1527)*
     des ennam in niemen   ross noch ir gewant.
     si îlten harte balde   in daz Étzélen lant.

1486 »Meiner Herrin Brünhild geht es nicht so gut, daß Ihr sie besu-
chen könntet«, sagte der treffliche Ritter. »Wartet bis morgen!
Dann läßt man sie Euch sehen.« Als sie nun meinten, sie besu-
chen zu dürfen, da war es jedoch wieder nicht möglich.

1487 Um seiner Herrscherpflicht zu genügen, ließ nun der mächtige
Fürst – er war den Boten gewogen – auf breiten Schilden Gold
herbeischaffen. Er besaß genug davon. Auch von seinen Ver-
wandten wurden ihnen kostbare Geschenke gemacht.

1488 Giselher und Gernot, Gere und Ortwin zeigten, daß sie auch
freigebig waren. Sie schenkten den Boten so kostbare Gaben,
daß sie aus Rücksicht auf ihren Herrn nicht wagten, sie anzu-
nehmen.

1489 Da sagte der Bote Wärbel zum König: »Herr König, laßt
Eure Geschenke nur hier im Lande. Wir dürfen doch nichts
davon mitnehmen. Mein Herr hat es uns verboten, irgend-
welche Geschenke anzunehmen. Es besteht auch gar keine
Veranlassung dazu.«

1490 Der Vogt vom Rhein wurde darüber sehr ungehalten, daß sie
das Gut eines so mächtigen Königs ablehnen wollten. Trotz
ihrer Ablehnung mußten sie sein Gold und seine Kleider, die
sie später auf der Fahrt in das Land Etzels mit sich führten, in
Empfang nehmen.

1491 Bevor sie wieder Abschied nahmen, hatten sie den Wunsch,
Ute einen Besuch zu machen. Der tapfere Giselher führte die
Spielleute vor seine Mutter Ute. Die Herrin ließ Kriemhild
ausrichten: wenn ihre Tochter in hohen Ehren lebte, dann
würde sie, Ute, sich nur darüber freuen.

1492 Da ließ die Königin Kriemhild – denn sie liebte sie sehr – und
König Etzel zuliebe den Spielleuten Borte und Gold schenken.
Sie durften es bereitwillig annehmen; es war eine Geste auf-
richtiger Gewogenheit.

1493 Die Boten hatten nun von allen, von Männern und Frauen, Ab-
schied genommen. Fröhlich zogen sie von dannen und kamen
bis nach Schwaben. Bis dahin hatte Gernot sie durch seine Hel-
den geleiten lassen, damit niemand ihnen etwas zuleide täte.

1494 Als sich die, unter deren Schutz sie bis dahin gewesen waren,
von ihnen getrennt hatten, da gab ihnen Etzels mächtiger Ruf
auf allen Straßen Sicherheit. Daher raubte ihnen niemand ihre
Pferde oder ihre Kleider. In schneller Fahrt zogen sie in das
Land Etzels.

1495 Swâ si der friundę iht wessen,   daz tâten si den kunt,   *1435*
    daz die Burgonden   in vil kurzer stunt   *(1528)*
    kœmen her von Rîne   in der Hiunen lant.
    dem bischof Pilgerîme   wart ouch daz mǽré bekant.

1496 Dô si für Bechelâren   die strâze nider riten,   *1436*
    man sagetez Rüedegêre   (daz enwárt niht vermiten)   *(1529)*
    unde Gotelinde,   des marcgrâven wîp.
    daz sis sehen solde   des wart vil vrœlîch ir lîp.

1497 Gâhen mit den mæren   sach man die spilman.   *1437*
    Etzeln si funden   in sîner stat ze Gran.   *(1530)*
    dienest über dienest,   der man im vil enbôt,
    sageten si dem künege.   vor liebe wart er freuden rôt.

1498 Dô diu küneginne   diu mære rehtę ervant,   *1438*
    daz ir bruoder solden   komen in daz lant,   *(1531)*
    dô was ir wol ze muote.   si lônte den spilman
    mit vil grôzer gâbe.   daz was ir ḗré getân.

1499 Si sprach: »nu saget beide,   Wärbel und Swemmelîn,   *1439*
    welche mîne mâge   zer hôchzît wellen sîn,   *(1532)*
    der besten die wir ladeten   her in ditze lant?
    nu sagt, waz redete Hagene,   dô er diu mǽré bevant?«

1500 Er sprach: »der kom zer sprâche   an einem morgen fruo.   *1440*
    lützel guoter sprüche   redetę er dar zuo.   *(1533)*
    dô si die reise lobten   her in Hiunen lant,
    daz was dem grimmen Hagene   gar zem tṓdé genant.

1501 Ez koment iuwer brüeder,   die künegę alle drî,   *1441*
    in hêrlîchem muote.   swer mêr dâ mite sî,   *(1534)*
    der mærę ich endeclîchen   wizzen niene kan.
    ez lobte mit in rîten   Vólkêr der küene spileman.«

1502 »Des enbǽrę ich harte lîhte«,   sprach des küneges wîp,   *1442*
    »deich immer hie gesǽhe   den Volkêres lîp.   *(1535)*
    Hagenen bin ich wǽge: der ist ein helt guot.
    daz wir ín hie sehen müezen,   des stât mir hṓhé der muot.«

1503 Dô gie diu küneginne   dâ si den künec sach.   *1443*
    wie rehte minneclîche   frou Kriemhilt dô sprach: *(1536)*
    »wie gevállent iu diu mære,   vil lieber herre mîn?
    des ie mîn wille gerte,   daz sol nu wol verendet sîn.«

1504 »Dîn wille deist mîn freude«,   sprach der künec dô.   *1444*
    »ine wárt mîn selbes mâge   nie sô rehte vrô,   *(1537)*
    ob si íemer komen solden   her in mîniu lant.
    durch liebe dîner friunde   sô ist mîn sórgé verswant.«

1495 Wo sie irgend Freunde kannten, da verkündeten sie ihnen, daß die Burgunden schon bald vom Rhein aus in das Land der Hunnen kämen. Die Kunde drang auch zu dem Bischof Pilgrim.

1496 Als sie nun, an Bechelaren vorbei, die Straße hinabritten, da unterließ man nicht, es Rüdiger und Gotelint, der Gemahlin des Markgrafen, zu melden. Da freuten sie sich sehr, daß sie die Burgunden bald sehen sollten.

1497 Man sah die Spielleute mit der Botschaft vorbeiziehen. Sie trafen Etzel in seiner Stadt Gran. Grüße über Grüße, die alle für ihn bestimmt waren, überbrachten die Boten dem König. Vor Freude stieg ihm die Röte ins Gesicht.

1498 Als die Königin genau erfahren hatte, daß ihre Brüder in das Land kommen sollten, da freute sie sich. Sie belohnte die Spielleute mit kostbarer Gabe. Das konnte auch ihr nur Ehre einbringen.

1499 Sie sagte: »Nun erzählt, Ihr beiden, Wärbel und Swemmel, welcher von meinen edelsten Verwandten, die wir eingeladen haben, denn nun in dieses Land auf unser Fest kommt? Nun laßt hören, was denn Hagen sagte, als er die Einladung vernahm?«

1500 Er sagte: »Der kam morgens früh zu der Beratung. Doch hörte man von ihm keine einzige beifällige Bemerkung. Als die anderen übereinkamen, hierher in das Land der Hunnen zu fahren, da war das für den finsteren Hagen so, als hätte man sich bereits ganz dem Tod verschrieben.

1501 Es kommen Eure Brüder, alle drei Könige, die strahlenden Helden. Wer außerdem noch mitkommt, darüber weiß ich nichts Genaues. Volker, der kühne Spielmann, hat jedenfalls versprochen, mit ihnen zu reiten.«

1502 »Darauf könnte ich gut verzichten«, sagte die Gemahlin des Königs, »Volker jemals hier zu sehen. Hagen dagegen bin ich zugetan. Das ist ein trefflicher Held. Bei dem Gedanken, daß wir ihn hier sehen werden, schlägt mein Herz vor Freude höher.«

1503 Da ging die Königin zum König. Mit welch liebevollen Worten sagte da die Herrin Kriemhild: »Mein teurer Gebieter, wie gefallen Euch die Nachrichten? Wonach mich immer schon verlangt hat, das wird jetzt vollkommen in Erfüllung gehen.«

1504 »Über Deinen Wunsch bin ich glücklich«, sagte da der König. »Ich könnte mich über meine eigenen Blutsverwandten, wenn sie jemals in mein Land kämen, nicht in gleichem Maße freuen. Aus Freude über das Kommen Deiner Verwandten ist meine besorgte Stimmung wie weggeblasen.«

1505 Des küneges ambetliute   die hiezen über al   *1445*
     mit gesidele rihten   palas unde sal   *(1538)*
     gegen den lieben gesten,   die in dâ solden komen.
     sît wart von in dem künege   vil michel wûnné benomen.

25. Âventiure
Wie die Nibelunge zen Hiunen fuoren

1506 Nu lâze wir daz belîben,   wie si gebâren hie.   *1446*
     hôchgemuoter recken   die gefuoren nie   *(1539)*
     sô rehte hêrlîche   in dehéines küneges lant.
     si heten swaz si wolden,   beidiu wâfen unt gewant.

1507 Der vogt von dem Rîne   kléidete sîne man,   *1447*
     sehzec unde tûsent,   als ich vernomen hân,   *(1540)*
     und niun tûsent knehte   gegen der hôchgezît.
     die si dâ heime liezen,   die bewéintén ez sît.

1508 Dô truoc man diu gereite   ze Wormez über den hof.   *1448*
     dô sprach dâ von Spîre   ein alter bischof   *(1541)*
     zuo der schœnen Uoten: »unser frîunde wellent varn
     gegen der hôchzîte: got müezẹ ir êre dâ bewarn.«

1509 Dô sprach zuo zir kinden   diu edel Uote: *1449*
     »ir soldet hie belîben,   helde guote.   *(1542)*
     mir ist getroumet hînte   von angestlîcher nôt,
     wie allez daz gefügele   in disem lande wære tôt.«

1510 »Swer sich an troume wendet«,   sprach dô Hagene,   *1450*
     »der enwéiz der rehten mære   niht ze sagene,   *(1543)*
     wennẹ ez im ze êren   volleclîchen stê.
     ich wil daz mîn herre   ze hóve nâch úrlóube gê.

1511 Wir suln gerne rîten   in Etzelen lant.   *1451*
     dâ mac wol dienen künegen   guoter helde hant,   *(1544)*
     dâ wir dâ schouwen müezen   Kriemhilde hôchzît.«
     Hagene riet die reise,   iedoch geróuw éz in sît.

1512 Er hetez widerrâten,   wan daz Gêrnôt   *1452*
     mit úngefuoge   im alsô missebôt: *(1545)*
     er mantẹ in Sîfrîdes,   froun Kriemhilden man.
     er sprach: »dâ von wil Hagene   die grôzen hovereise lân.«

1513 Dô sprach von Tronege Hagene: »durch vorhtẹ ich niht entuo.
     swennẹ ir gebietet, helde,   sô sult ir grîfen zuo.   *1453*
     jâ rîtẹ ich mit iu gerne   in Etzelen lant.«   *(1546)*
     sît wart von im verhouwen   vil mánec hélm únde rant.

1505 Des Königs Beamte ließen jetzt überall, in Palas und Saal, Sitze aufstellen für die lieben Gäste, die zu ihnen kommen sollten. Schon bald aber sollten die Gäste dem König sein ganzes Glück rauben.

25. Aventiure
Wie die Nibelungen zu den Hunnen zogen

1506 Nun lassen wir erst einmal auf sich beruhen, wie sie sich hier verhielten. Niemals ritten hochgemute Recken in so herrlichem Zug in das Land eines anderen Königs. Sie besaßen, was sie wünschten, Waffen und Kleider.

1507 Wie ich vernommen habe, hatte der Vogt vom Rhein seine Leute, tausend und sechzig Ritter und neuntausend Knappen, für das Fest gekleidet. Alle, die sie zu Hause zurückließen, weinten später über ihren Aufbruch.

1508 Da trug man in Worms am Rhein das Sattelzeug über den Hof. Da sagte der alte Bischof von Speyer zu der schönen Ute: »Unsere Freunde wollen auf das Fest ziehen. Gott möge ihre Ehre dort beschützen.«

1509 Da sagte die edle Ute zu ihren Söhnen: »Treffliche Helden, Ihr solltet hier bleiben. Mir träumte heute nacht von Not und Gefahr: daß alle Vögel hier im Lande tot am Boden lägen.«

1510 »Wer etwas auf Träume gibt«, sagte da Hagen, »der weiß nicht recht zu sagen, wann etwas seiner Ehre wirklich ganz angemessen ist. Ich habe nur den einzigen Wunsch, daß mein Herr sich bei Hofe verabschiedet.

1511 Wir werden mit Freuden in das Land Etzels reiten. Dort auf Kriemhilds Fest, das wir besuchen wollen, kann ein hervorragender Held seinen Königen wohl zu Diensten sein.« Hagen riet zur Reise; später bereute er diesen Rat.

1512 Er hätte davon abgeraten, wenn nicht Gernot ihn durch seinen harten Vorwurf verletzt hätte: er erinnerte ihn an Siegfried, den Gemahl der Herrin Kriemhild. Gernot sagte: »Nur deshalb will Hagen die Hoffahrt nicht unternehmen!«

1513 Da sagte Hagen von Tronje: »Ich unterlasse es nicht aus Angst. Wenn Ihr, Helden, es gebietet, dann sollt Ihr es auch tatkräftig verfolgen. Mit Freuden reite ich mit Euch in das Land Etzels.« Später wurden von ihm viele Helme und Schilde zerhauen.

1514 Diu schif bereitet wâren.   dâ was vil manec man.   *1454*
     swaz si kleider hêten,   diu truoc man dar an.   *(1547)*
     si wâren vil unmüezec   vor âbéndes zît.
     si huoben sich von hûse   vil harte vrœlîche sît.

1515 Gezelt unde hütten   spien man an daz gras   *1455*
     anderthalp des Rînes.   dô daz geschehen was,   *(1548)*
     der künec bat nóch belîben   sîn vil schœne wîp.
     si trûte noch des nahtes   den sînen wǽtlîchen lîp.

1516 Pusûnén floitíeren   huop sich des morgens fruo,   *1456*
     daz si varn solden.   dô griffen si dô zuo.   *(1549)*
     swer liep hetę an arme,   der trûte friundes lîp.
     des schiet sît vil mit leide   des künec Étzélen wîp.

1517 Diu kint der schœnen Uoten   die heten einen man,   *1457*
     küenę und getriuwe.   dô si wolden dan,   *(1550)*
     dô sagtę er dem künege   tougen sînen muot.
     er sprach: »des muoz ich trûren   daz ir die hovereise tuot.«

1518 Er was geheizen Rûmolt   und was ein helt zer hant.   *1458*
     er sprach: »wem welt ir lâzen   liutę und ouch diu lant?   *(1551)*
     daz niemen kan erwenden   iu recken iuwern muot!
     diu Kriemhilden mære   nie gedûhtén mich guot.«

1519 »Daz lant sî dir bevolhen   unt mîn kindelîn!   *1459*
     unt diene wol den frouwen!   daz ist der wille mîn.   *(1552)*
     swen du sehest weinen,   dem trœste sînen lîp.
     ja getúot uns nimmer leide   des künec Étzélen wîp.«

1520 Diu ross bereitet wâren   den künegen und ir man.   *1460*
     mit minneclîchem küssen   schiet vil maneger dan,   *(1554)*
     dem in hôhem muote   lebte dô der lîp.
     daz muose sît beweinen   vil manec wǽtlíchez wîp.

1521 Dô man die snellen recken   sach zen rossen gân,   *1461*
     dô kôs man vil der frouwen   trûreclîchen stân.   *(1557)*
     daz ir vil langez scheiden   sagtę in woł ir muot
     ûf grôzen schaden ze komene.   daz herzen niene sanfte tuot.

1522 Die snellen Burgonden   sich ûz húoben.   *1462*
     dô wart in dem lande   ein michel uoben.   *(1558)*
     beidenthalp der berge   weinde wîp und man.
     swie dort ir volc getǽte,   si fuoren vrœlíche dan.

1523 Die Nibelunges helde   kômen mit in dan   *1463*
     in tûsent halspergen.   ze hûs si heten lân.   *(1559)*
     vil manege schœne frouwen,   die si gesâhen nímmer mê.
     die Sîfrides wunden   tâten Kríemhílde wê.

1514 Die Schiffe waren fertig. Da waren nun auch viele Männer versammelt. Was sie an Kleidern hatten, das trug man an Bord. Bis zum Hereinbrechen des Abends hatten sie alle Hände voll zu tun. Bald darauf machten sie sich fröhlich von Worms aus auf den Weg.

1515 Am anderen Ufer des Rheins spannte man kleine und große Zelte auf dem Gras auf. Als das geschehen war, bat der König, seine schöne Gemahlin möge noch bei ihm bleiben. In dieser Nacht umarmte sie den schönen Gunther in Liebe.

1516 Morgens früh riefen Posaunen und Flöten zum Aufbruch. Da machten sie sich ans Werk. Wer eine Geliebte in seinen Armen hielt, der umarmte sie noch einmal. Später sollte die Gemahlin des Königs Etzel viele von ihnen zu derem Leid gewaltsam trennen.

1517 Die Söhne der schönen Ute hatten einen tapferen und getreuen Mann. Als sie nun von dannen ziehen wollten, da sagte er dem König heimlich, was er dachte. Er sagte: »Es macht mich traurig, daß Ihr die Hoffahrt unternehmt.«

1518 Sein Name war Rumold, und er war ein ausgezeichneter Held. Er sagte: »In wessen Obhut wollt Ihr denn die Leute und das Land lassen? Daß niemand Euch Recken von Eurem Vorhaben abbringen kann! Die Botschaften Kriemhilds haben mir niemals gefallen.«

1519 »Das Land und mein Kind seien Dir anbefohlen! Und erweise auch den Damen Deinen ergebenen Dienst! Das ist mein Wunsch. Wen Du weinen siehst, den sollst Du trösten! Die Gemahlin des Königs Etzel kann uns niemals etwas anhaben.«

1520 Die Pferde standen den Königen und ihren Gefolgsleuten nun bereit. Viele, denen das Herz beim Aufbruch vor Freude höher schlug, nahmen mit liebevollen Küssen Abschied. Manche schöne Frau sollte später heiße Tränen darüber vergießen.

1521 Als man die tapferen Recken nun zu ihren Pferden schreiten sah, da sah man viele Frauen traurig stehen. Ihr Herz sagte ihnen eine lange Trennung oder sogar einen bitteren Verlust voraus. Eine solche Vorahnung tut immer von Herzen weh.

1522 Die tapferen Burgunden zogen nun los. Da entstand im Lande ein geschäftiges Treiben. Auf beiden Seiten der Berge weinten Frauen und Männer. Doch sie ritten fröhlich von dannen, wie traurig ihre Landsleute auch in Burgund zurückblieben.

1523 Die tausend Helden der Nibelungen ritten in ihren Brünnen mit ihnen. Zu Hause hatten sie viele schöne Frauen zurückgelassen, die sie niemals wiedersehen sollten. Siegfrieds Wunden bereiteten Kriemhild noch immer Schmerz.

1524 Dô schihten si ir reise   gegen dem Meune dan   *1464*
     ûf durch Ôstervranken,   die Guntheres man.   *(1560)*
     dar leite si dô Hagene;   dem was ez wol bekant.
     ir márschálk was Dancwart,   der helt von Búrgónden lant.

1525 Dô si von Ôstervranken   gên Swalevelde riten,   *1465*
     dô mohte man si kiesen   an hêrlîchen siten,   *(1561)*
     die fürsten unt ir mâge,   die helde lobesam.
     an dem zwelften morgen   der künec zer Túonóuwe kam.

1526 Dô reit von Tronege Hagene   ze aller vorderôst.   *1466*
     er was den Nibelungen   ein helflîcher trôst.   *(1562)*
     do erbeizte der degen küene   nider ûf den sant,
     sîn ross er harte balde   zuo zeinem bóumé gebant.

1527 Daz wazzer was engozzen,   diu schif verborgen.   *1467*
     ez ergíe den Nibelungen   ze grôzen sorgen,   *(1563)*
     wie si kœmen übere: der wâc was in ze breit.
     do erbeizte zuo der erden   vil manec ríttér gemeit.

1528 »Leide«, sô sprach Hagene,   »mac dir wol hie geschehen,
     voget von dem Rîne.   nu maht du selbe sehen!   *1468*
     daz wazzer ist engozzen,   vil starc ist im sîn fluot.   *(1564)*
     jâ wæne wir hie verliesen   noch hiute manegen helt guot.«

1529 »Waz wîzet ir mir, Hagene?«   sprach der künec hêr.   *1469*
     »durch iuwer selbes tugende   untrœstet uns niht mêr. *(1565)*
     den furt sult ir uns suochen   hin über an daz lant,
     daz wir von hinnen bringen   beidiu ross unt ouch gewant.«

1530 »Jane ist mir«, sprach Hagene,   »mîn leben niht sô leit,   *1470*
     daz ich mich welle ertrenken   in disen ünden breit.   *(1566)*
     ê sol von mînen handen   ersterben manec man
     in Etzelen landen.   des ich vil guoten willen hân.

1531 Belîbet bî dem wazzer,   ir stolzen ritter guot!   *1471*
     ich wil die vergen suochen   selbe bî der fluot,   *(1567)*
     die uns bringen übere   in Gelfrâtes lant.«
     dô nam der starke Hagene   sînen guoten schildes rant.

1532 Er was vil wol gewâfent.   den schilt er dannen truoc,   *1472*
     sînen hélm ûf gebunden,   lieht was er genuoc.   *(1568)*
     dô truog er ob der brünne   ein wâfen alsô breit,
     daz ze beiden ecken   harte vréislîchen sneit.

1533 Dô suochte er nâch den vergen   wider unde dan.   *1473*
     er hôrte wazzer giezen   (losen er began)   *(1569)*
     in einem schœnen brunnen.   daz tâten wîsiu wîp.
     die wolden sich dâ küelen   unde badeten ir lîp.

1524 Da ritten die Gefolgsleute Gunthers den Main aufwärts durch
Ostfranken hindurch. Hagen führte sie dorthin; denn er kannte
sich aus. Marschall war Dankwart, der Held aus dem Burgun-
denland.

1525 Als sie von Ostfranken aus nach Schwalbenfelde ritten, da
konnte man die Fürsten und ihre Verwandten, die ruhmvollen
Helden, an ihrer herrlichen Haltung erkennen. Am zwölften
Morgen gelangte der König an die Donau.

1526 Da ritt Hagen von Tronje als erster im Zug. Auf ihn konnten
die Nibelungen ihre ganze Zuversicht setzen. Da stieg der
tapfere Held am Ufer ab. Sein Pferd band er sogleich an einen
Baum.

1527 Das Wasser war über die Ufer getreten, die Schiffe waren ver-
steckt. Die Nibelungen gerieten in schwere Bedrängnis, wie
sie denn nun ans andere Ufer kommen sollten. Der Strom war
ihnen zu breit. Da stiegen viele stolze Ritter vom Pferd.

1528 »Vogt vom Rhein«, so sagte Hagen, »Du kannst hier große Ver-
luste erleiden. Nun sieh es selbst! Das Wasser ist über die Ufer
getreten, die Strömung ist reißend. Ich fürchte, wir verlieren
hier heute noch viele treffliche Helden.«

1529 »Warum macht Ihr mir Vorwürfe, Hagen?« sagte der erhabene
König. »So wahr Ihr ein Held seid – nehmt uns nicht unser gan-
zes Selbstvertrauen. Sucht uns doch die Furt ans andere Ufer, so
daß wir Pferde und Ausrüstung sicher von hier fortbringen.«

1530 »Dafür«, sagte Hagen, »ist mir mein Leben nun doch zu lieb, als
daß ich mich hier in diesen Wasserwogen ertränke. Da sollen
erst noch viele Männer im Lande Etzels von meiner Hand den
Tod finden. Jedenfalls ist das mein aufrichtiges Verlangen.«

1531 »Bleibt hier am Wasser, Ihr stolzen, hervorragenden Ritter!
Ich selbst will die Fährleute, die uns in das Land Gelfrats über-
setzen können, hier am Ufer suchen.« Da ergriff der starke
Hagen seinen festen Schild.

1532 Er war sehr gut bewaffnet. Er trug seinen Schild; den strahlen-
den Helm hatte er auf dem Kopf. Über dem Panzer trug er ein
breites Schwert, das an seinen beiden Schneiden schrecklich
scharf war.

1533 Stromauf wie stromab suchte er nach den Fährleuten. Er hörte
– und er begann aufzumerken – an einer schönen Quelle Was-
ser rauschen. Da badeten weise Meerfrauen und wollten sich
im Wasser kühlen.

1534 Hagene wart ir innen; er sleich in tougen nâch.　　1474
　　dô si daz versunnen, dô wart in dannen gâch.　　(1570)
　　daz si im entrunnen, des wâren si vil hêr.
　　er nam in ir gewæte; der helt enschadetę in niht mêr.

1535 Dô sprach daz eine merwîp, Hádeburc wás si genant:
　　»edel ritter Hagene, wir tuon iu hie bekant,　　1475
　　swennę ir uns, degen küene, gebet wíder unser wât, (1571)
　　wie iu zuo den Hiunen disiu hovereisę ergât.«

1536 Si swebten sam die vogele vor im ûf der fluot.　　1476
　　des dûhten in ir sinne stárc únde guot.　　(1572)
　　swaz si im sagen wolden, er gelóubtę ez deste baz.
　　des er dô hin zę in gerte, wol beschieden si im daz.

1537 Si sprach: »ir muget wol rîten in Etzelen lant.　　1477
　　des setzę ich iu ze bürgen mîne triuwe hie zehant, (1573)
　　daz helde nie gefuoren in dehéiniu rîche baz
　　nâch alsô grôzen êren. nu gelóubet wǽrlíchen daz.«

1538 Der rede was dô Hagene in sînem herzen hêr.　　1478
　　dô gap er in ir kleider und sûmte sich niht mêr. (1574)
　　dô si dô an geleiten ir wunderlîch gewant,
　　dô sagten si im rehte die reisę in Étzélen lant.

1539 Dô sprach daz ander merwîp, diu hiez Sigelint:　　1479
　　»ich wil dich warnen, Hagene, daz Aldriânes kint. (1575)
　　durch der wæte liebe hât mîn múome dir gelogen.
　　kúmestu hin zen Hiunen, sô bistu sḗrḗ betrogen.

1540 Jâ soltu kêren widere! daz ist an der zît,　　1480
　　wan ir helde küene alsô geladet sît, (1576)
　　daz ir sterben müezet in Etzelen lant.
　　swelche dar gerîten, die hábent den tṓt án der hant.«

1541 Dô sprach aber Hagene: »ir trieget âne nôt.　　1481
　　wie möhtez sich gefüegen, daz wir alle tôt (1577)
　　solden dâ belîben durch iemannes haz?«
　　si begúnden im diu mære sagen kǘntlícher baz.

1542 Dô sprach aber diu eine: »ez muoz alsô wesen,　　1482
　　daz íuwér deheiner kan dâ niht genesen, (1578)
　　niwan des küneges kappelân. daz ist uns wol bekant.
　　der kumet gesunder widere in daz Gúnthéres lant.«

1543 Dô sprach in grimmem muote der küene Hagene:　　1483
　　»daz wære mînen herren müelich ze sagene, (1579)
　　daz wir zen Hiunen solden vlíesen álle den lîp.
　　nu zeigę uns überz wazzer, daz aller wîséste wîp.«

1534 Hagen entdeckte sie; er ging ihnen heimlich nach. Als sie ihn bemerkten, da wollten sie eilig fliehen. Sie waren sehr froh darüber, ihm entwischt zu sein. Er nahm ihnen ihre Kleider weg; sonst tat er ihnen nichts zuleide.

1535 Da sagte die eine Meerfrau, deren Name Hadeburg war: »Edler Ritter Hagen, wenn Ihr, tapferer Held, uns unsere Kleider wiedergebt, dann eröffnen wir Euch, wie Eure Hoffahrt in das Hunnenland ausgeht.«

1536 Wie die Vögel schwammen sie vor ihm auf den Wogen auf und ab. Daher schien es ihm, daß ihre Vorhersage gut und richtig sein müßte. Umsomehr war er geneigt, alles, was sie ihm sagten, zu glauben. Was er von ihnen zu hören wünschte, darüber gaben sie ihm ganz genaue Auskunft.

1537 Sie sagte: »Ihr könnt ruhig in das Land Etzels reiten. Ich verbürge mich mit meinem Wort dafür, daß niemals Helden besser oder ehrenvoller in irgendein Königreich gezogen sind. Das könnt Ihr wirklich glauben!«

1538 Über diese Voraussage freute sich Hagen von Herzen. Da gab er ihnen ihre Kleider zurück und hielt sich nicht mehr länger dort auf. Als sie aber ihre wundersamen Gewänder angelegt hatten, da gaben sie ihm richtig Auskunft über die Fahrt ins Etzelland.

1539 Da sagte die andere Meerfrau, die Sieglind hieß: »Ich will Dich warnen, Hagen, Sohn Aldrians. Nur um ihre Kleider wiederzubekommen, hat meine Muhme Dich belogen. Wenn Du zu den Hunnen kommst, dann geht es Dir sehr schlecht.

1540 Wirklich, Du solltest umkehren! Jetzt ist noch Zeit dazu. Denn Ihr seid eingeladen, Ihr tapferen Helden, um in Etzels Land zu sterben. Wer immer dahin reitet, der hat die Hand des Todes bereits ergriffen.«

1541 Da sagte wiederum Hagen: »Gebt Euch keine Mühe, mich zu täuschen! Wie könnte es wohl angehen, daß wir alle dort sterben, wenn nur ein einzelner uns feindlich gesonnen ist?« Da gaben sie ihm noch genauere Auskunft.

1542 Da sagte wieder die erste: »Es kann nur so kommen, daß außer dem Kaplan des Königs keiner von Euch am Leben bleibt. Das wissen wir ganz genau. Nur der kommt wohlbehalten wieder in das Land Gunthers zurück.«

1543 Da sagte der tapfere Hagen in finsterem Sinn: »Es wäre meinem Herrn schwer glaubhaft zu machen, daß wir bei den Hunnen alle unser Leben verlieren werden. Nun, allerweiseste Meerfrau, zeige uns, wie wir über das Wasser kommen.«

1544 Si sprach: »sît du der verte   niht welles haben rât: *1484*
swâ obene bî dem wazzer   ein herberge stât,   *(1580)*
dâ inne ist ein verge   und niender anderswâ.«
der mære der er vrâgte,   der geloubete er sich dâ.

1545 Dem ungemuoten recken   sprach diu eine nâch: *1485*
»nu bîtet noch, her Hagene!   jâ ist iu gar ze gâch.   *(1581)*
vernemet noch baz diu mære,   wie ir kómet über sant.
dirre marc herre   der ist Élsé genant.

1546 Sîn bruoder ist geheizen   der degen Gelpfrât,   *1486*
ein herre in Beyer lande.   vil müeliche ez iu stât,   *(1582)*
welt ir durch sîne marke.   ir sult iuch wol bewarn
und sult ouch mit dem vergen   vil bescheidenlîche varn.

1547 Der ist sô grimmes muotes,   er lât iuch niht genesen,   *1487*
ir enwelt mit guoten sinnen   bî dem helde wesen.   *(1583)*
welt ir daz er iuch füere,   sô gebet im den solt.
er hüetet dises landes   unt ist Gélpfrâte holt.

1548 Und kum er niht bezîte,   sô ruofet über fluot,   *1488*
unt jehet ir heizet Amelrîch.   der was ein helt guot,   *(1584)*
der durch fientschefte   rûmte ditze lant.
sô kumt iu der verge,   swenne im der name wirt genant.«

1549 Der übermüete Hagene   den fróuwén dô neic.   *1489*
ern redete niht mêre,   wan daz er stille sweic.   *(1585)*
dô gie er bî dem wazzer   hôher an den sant,
dâ er anderthalben   eine hérbérge vant.

1550 Er begúnde vaste ruofen   hín über den fluot.   *1490*
»nu hol mich híe, vérge!«   sprach der degen guot,   *(1586)*
»sô gibe ich dir ze miete   einen bóuc von golde rôt.
jâ ist mir dirre verte,   daz wizzest, wǽrlîchen nôt.«

1551 Der verge was sô rîche,   daz im niht dienen zam;   *1491*
dâ von er lôn vil selten   von iemen dâ genam.   *(1587)*
ouch wâren sîne knehte   vil hôhé gemuot.
noch stuont allez Hagene   eine disehalp der fluot.

1552 Dô ruofte er mit der krefte   daz al der wâc erdôz,   *1492*
wan des heldes sterke   was michel unde grôz: *(1588)*
»nu hol mich Amelrîchen!   ich bin der Elsen man,
der durch starke fientschaft   vón dísem lánde entran.«

1553 Vil hôhe an dem swerte   einen bóuc er im dô bôt,   *1493*
líeht únde schœne   was er von golde rôt,   *(1589)*
daz man in über fuorte   in Gelpfrâtes lant.
der übermüete verge   nam selbe daz ruoder an die hant.

1544 Sie sagte: »Da Du nun einmal von dieser Fahrt nicht ablassen willst: in dem Haus, das flußaufwärts am Ufer liegt, lebt ein Fährmann, sonst nirgendwo.« Hagen ließ davon ab, noch weiter mit Fragen in sie zu dringen.

1545 Dem mißgestimmten Recken rief die eine noch nach: »Nun wartet noch, Herr Hagen! Ihr habt es viel zu eilig. Hört noch etwas genauer, wie Ihr ans andere Ufer gelangt. Der Herr dieses Gebietes heißt Else.

1546 Sein Bruder heißt Held Gelfrat, ein Herr im Bayernland. Ihr habt mit Schlimmem zu rechnen, wenn Ihr durch sein Gebiet ziehen wollt. Ihr solltet Euch sehr gut vorsehen und auch mit dem Fährmann sehr vorsichtig umgehen.

1547 Der ist nämlich so grimmig, daß er Euch nicht das Leben läßt, wenn Ihr den Helden nicht freundlich behandelt. Wenn Ihr wollt, daß er Euch übers Wasser fährt, dann gebt ihm den geforderten Lohn. Er hat die Aufsicht über diesen Landstrich und ist Gelfrat treu ergeben.

1548 Und wenn er nicht rechtzeitig kommt, dann ruft über die Flut hinüber und sagt, Euer Name sei Amelrich. Das war ein trefflicher Held, der wegen einer Fehde außer Landes ging. Wenn ihm dieser Name genannt wird, dann kommt der Fährmann bestimmt.«

1549 Der verwegene Hagen verneigte sich vor den Meerfrauen. Er sprach kein Wort mehr, sondern schwieg still. Dann ging er dort, wo er auf der anderen Seite des Flusses ein Haus erblickte, am Ufer die Böschung etwas höher hinauf.

1550 Laut schrie er über die Flut: »Nun hol mich über, Fährmann!« so rief der treffliche Held. »Dann gebe ich Dir als Lohn einen Armreif aus rotem Gold. Hört, ich habe wirklich Anlaß, ans andere Ufer zu fahren.«

1551 Der Fährmann war so reich, daß er nicht zu dienen brauchte; deshalb nahm er auch von fast niemandem Lohn an. Selbst seine Knechte waren von verwegenem Übermut. Immer noch stand Hagen ganz allein auf dem diesseitigen Ufer.

1552 Da schrie er aus Leibeskräften, so daß die Wasserflut widerhallte, denn die Stärke des Helden war riesengroß. »Nun hol mich, Amelrich, über den Fluß! Ich bin der Lehnsmann Elses, der wegen mächtiger Feinde außer Landes ging.«

1553 Damit man ihn in das Land Gelfrats übersetzte, schwenkte er hoch oben am Schwert den Armreif: der leuchtete hell und war schön und von rotem Gold. Da nahm der verwegene Fährmann selbst das Ruder in die Hand.

1554 Ouch was der selbe schifman   niulîch gehît.   *1494*
      diu gir nâch grôzem guote   vil bœsez ende gît.   *(1590)*
      dô woldę er verdienen   daz Hagenen golt sô rôt;
      des leit er von dem degene   den swértgrímmégen tôt.

1555 Der verge zôch genôte   hin über an den sant.   *1495*
      den er dâ nennen hôrte,   do er des niht envant,   *(1591)*
      dô zurndę er ernstlîchen.   als er Hagenen sach,
      vil harte grimmeclîchen   er dô zuo dem helde sprach:

1556 »Ir muget wol sîn geheizen   benamen Amelrîch,   *1496*
      des ich mich hie verwæne,   dem sît ir ungelîch.   *(1592)*
      von vater und von muoter   was er der bruoder mîn.
      nu ir mích betrogen habet,   ir müezet disehalben sîn.«

1557 »Nein, durch got den rîchen«,   sprach dô Hagene.   *1497*
      »ich bin ein vremder recke   unt sorgę ûf degene.   *(1593)*
      nu nemet hin friuntlîche   hiute mînen solt,
      daz ir mich über füeret: ich bin iu wǽrlíchen holt.«

1558 Dô sprach aber der verge: »des mac niht gesîn.   *1498*
      ez habent fîánde   die lieben herren mîn,   *(1594)*
      dar umbę ich niemen vremden   füerę in ditze lant.
      sô liep dir sî ze lebene,   sô trit vil baldę ûz an den sant.«

1559 »Nune túot des niht«, sprach Hagene: »wan trûrec ist mîn muot.
      nemet von mir ze minne   díz gólt vil guot   *1499*
      unt fűeret uns űber tûsent ross   unt alsô manegen man.« *(1595)*
      dô sprach der grimme verge: »daz wirdet nímmér getân.«

1560 Er huop ein starkez ruoder,   michel unde breit.   *1500*
      er sluoc ez ûf Hagenen   (des wart er ungemeit),   *(1596)*
      daz er in dem schiffe   strûchte an sîniu knie.
      sô rehte grimmer verge   der kom dem Tronegære nie.

1561 Dô woldę er baz erzürnen   den übermüeten gast.   *1501*
      er sluoc im eine schalten,   daz diu gar zerbrast,   *(1597)*
      Hagenen über daz houbet.   er was ein starker man.
      dâ von der Elsen verge   dén grôzen schaden gewan.

1562 Mit grimmégem muote   greif Hagene zehant   *1502*
      vil balde zę einer scheiden,   da er ein wâfen vant.   *(1598)*
      er sluoc im ab daz houbet   und warf ez an den grunt.
      diu mære wurden schiere   den stolzen Búrgónden kunt.

1563 In den selben stunden   dô er den schifman sluoc,   *1503*
      daz schif daz vlôz en ouwe.   daz was im leit genuoc.   *(1599)*
      ê erz gerihte widere,   müeden er began.
      dô zôch vil kreftecliche   des künec Gúnthéres man.

1554 Der Schiffer hatte vor kurzem gerade geheiratet. Die Begierde nach großem Gut führt meist zu bösem Ende. Da wollte er sich Hagens rotes Gold verdienen; doch stattdessen brachte der Held ihn mit seinem grimmen Schwert um.

1555 Der Fährmann ruderte eifrig an das andere Ufer hinüber. Als er aber den, dessen Namen er gehört hatte, nicht erblickte, da wurde er ernstlich böse. Als er Hagen sah, da sagte er sehr grimmig zu dem Helden:

1556 »Mit Namen könnt Ihr wohl Amelrich heißen; doch der, den ich hier erwartete, der seid ihr nicht. Von Vaters und von Mutters Seite war er mein leiblicher Bruder. Da Ihr mich nun hinters Licht geführt habt, sollt Ihr auch auf dieser Seite des Flusses bleiben.«

1557 »Nein, um Gottes willen!« sagte da Hagen. »Ich bin ein fremder Recke und bin in Angst um meine Gesellen. Nun seid doch so freundlich, nehmt heute meinen Lohn an und setzt mich über: wirklich, ich bin Euch sehr gewogen.«

1558 Da sagte wiederum der Fährmann: »Davon kann keine Rede sein! Meine teuren Herren haben Feinde, und deshalb setze ich keinen Fremden in ihr Land über. Wenn Dir Dein Leben lieb ist, dann tritt sofort wieder aus dem Boot heraus und an das Ufer zurück!«

1559 »Laßt das!« sagte Hagen. »Denn ich bin nicht zum Spaßen aufgelegt. Nehmt mir zuliebe dieses treffliche Gold und setzt uns mit tausend Pferden und ebensovielen Mannen über.«

1560 Er hob ein starkes, großes und breites Ruder. Er schlug damit nach Hagen (der darüber sehr böse wurde), so daß er im Schiff strauchelte und auf seine Knie fiel. Ein so grimmiger Fährmann war dem Tronjer noch nie begegnet.

1561 Da wollte er den verwegenen Fremden noch zorniger machen. Er schlug Hagen eine Ruderstange über den Kopf, daß die völlig in Stücke brach. So stark war er. Doch sollte dies alles für den Fährmann Elses böse ausgehen.

1562 In grimmigem Zorn griff Hagen sogleich nach der Scheide, in der sein Schwert steckte. Er schlug ihm den Kopf ab und warf ihn in das Wasser. Die Nachricht von den Vorgängen wurde den stolzen Burgunden schon bald bekannt.

1563 Zu der Zeit, da er den Fährmann erschlug, trieb das Schiff in der Flut dahin. Darüber war Hagen sehr ärgerlich. Bevor er wieder zurücklenken konnte, begann er zu ermüden. Da ruderte der Gefolgsmann des Königs Gunther mit allen Kräften.

1564 Mit zügen harte swinden   kêrtę éz der gast,   1504
     unz im daz starke ruoder   an sîner hende brast.
     er wolde zuo den recken   ûz an einen sant.
     dâ was deheinez mêre.   hei wie schíerę érz gebant

1565 Mit einem schiltvezzel!   daz was ein porte smal.   1505
     gegen einem walde   kêrtę er hin ze tal.   (1600)
     dô vant er sînen herren   an dem stade stân.
     dô gie im hin engegene   vil manec wǽtlícher man.

1566 Mit gruozę in wol empfiengen   die snellen ritter
                                                 guot.   1506
     dô sâhens in dem schiffe   ríechén daz bluot   (1601)
     von einer starken wunden,   die er dem vergen sluoc.
     dô wart von den degenen   gevrâget Hagene genuoc.

1567 Dô der künec Gunther   daz heize bluot ersach   1507
     sweben in dem schiffe,   wie baldę er dô sprach: (1602)
     »wan sagt ir mir, her Hagene,   war ist der verge komen?
     iuwer starkez ellen   wǽn im daz leben hât benomen.«

1568 Dô sprach er lougenlîche: »dâ ich daz schif dâ vant   1508
     bî einer wilden wîden,   dâ lôstéz mîn hant.   (1603)
     ich hân deheinen vergen   hiute hie gesehen.
     ez ist ouch niemen leide   von mînen schulden hie geschehen.«

1569 Dô sprach von Burgonden   der herre Gêrnôt: 1509
     »hiute muoz ich sorgen   ûf lieber friunde tôt,   (1604)
     sît wir der schifliute   bereite niene hân,
     wie wir komen übere.   des muoz ich trûrec gestân.«

1570 Vil lûte rief dô Hagene: »leit nider ûf daz gras,   1510
     ir knehte, diu gereite!   ich gedénke daz ich was   (1605)
     der aller beste verge,   den man bî dem Rîne vant.
     ja trûwę ich iuch wol bringen   hin über in Gélpfrâtes lant.«

1571 Daz si deste balder   kœmen über fluot,   1511
     diu ross si an sluogen.   der swimmen daz wart guot,   (1606)
     wandę in diu starkę ünde   deheinez dâ benam.
     étlîchez óuwete verre,   als ez ir mǘedé gezam.

1572 Dô truogen si zem scheffe   ir golt und ouch ir wât,   1512
     sît daz si der verte   niht mohten haben rât.   (1607)
     Hagene was dâ meister: des fuortę er ûf den sant
     vil manegen zieren recken   in daz únkúnde lant.

1573 Zem ȇrstén brâhtę er über   tûsent ritter hȇr,   1513
     dar nâch die sînen recken.   dannoch was ir mêr.   (1608)
     niun tûsent knehte   die fuortę er an daz lant.
     des tages was unmüezec   des küenen Tronegæres hant.

94

1564 Mit kraftvollen Ruderschlägen lenkte es Hagen, der Fremde, zurück, bis ihm der starke Riemen in seinen Händen zerbarst. Er wollte auf das Ufer zu den Recken. Aber es gab jetzt kein Ruder mehr. Im Nu band er es

1565 mit seinem Schildriemen, einem schmalen Band, zusammen. Stromabwärts steuerte er auf einen Wald zu. Da sah er seinen Herrn am Ufer stehen. Da liefen ihm viele stattliche Männer entgegen.

1566 Die tapferen, trefflichen Ritter begrüßten ihn fröhlich. Da sahen sie in dem Boot das Blut dampfen, das aus der schweren Wunde geflossen war, die er dem Fährmann geschlagen hatte. Da wurden von den Helden eine Menge Fragen an Hagen gestellt.

1567 Als der König Gunther das heiße Blut im Schiff rinnen sah, da sagte er sogleich zu Hagen: »Herr Hagen, so sagt mir doch, wo ist der Fährmann geblieben? Ich glaube, Eure Tapferkeit hat ihn das Leben gekostet.«

1568 Da leugnete er es und sagte: »Als ich das Schiff an einer verwachsenen Weide fand, da habe ich es losgebunden. Einen Fährmann habe ich heute noch nicht gesehen. Es ist auch niemand durch meine Schuld zu Schaden gekommen.«

1569 Da sagte der Herr Gernot vom Burgundenland: »Heute bin ich doch sehr besorgt, daß teure Freunde hier den Tod finden könnten: da wir keine Fährleute zu unserer Verfügung haben, ist die Frage, wie wir über den Fluß gelangen. Daher bin ich etwas bedrückt.«

1570 Mit lauter Stimme rief da Hagen: »Ihr Knappen, legt Euer Sattelzeug auf das Gras! Ich denke doch, daß ich der allerbeste Fährmann war, den man am Rhein finden konnte. Ich traue es mir wohl zu, Euch in Gelfrats Land hinüberzubringen.«

1571 Damit sie desto schneller über das Wasser kämen, trieben sie die Pferde durch Schläge an. Alsbald schwammen sie vortrefflich, und so konnte ihnen die starke Strömung kein einziges rauben. Nur trieben viele, weil sie sehr ermüdet waren, sehr weit stromabwärts.

1572 Da trugen sie ihr Gold und ihre Kleidung zum Schiff, da sich an der Fahrt nun nichts mehr ändern ließ. Hagen war der Steuermann. So brachte er viele stattliche Recken in das unbekannte Land.

1573 Zunächst setzte er tausend stolze Ritter über, danach seine eigenen Recken. Dann kamen noch weit mehr: neuntausend Knappen brachte er an das Ufer. An diesem Tage war der tapfere Tronjer sehr beschäftigt.

1574 Dô er si wol gesunde   brâhtẹ über die fluot,   *1514*
     do gedâhte vremder mære   der snelle degen guot,   *(1610)*
     diu im ê dâ sageten   diu wilden merwîp.
     des het des küneges kappelân   nâch verlórn sínen lip.

1575 Bî dem kappelsoume   er den pfaffen vant.   *1515*
     ob dem heilectuome   er leintẹ an sîner hant.   *(1611)*
     des mohtẹ er niht geniezen.   dô in Hagen sach,
     der gotes arme priester   muose lîden ungemach.

1576 Er swanc in ûz dem schiffe,   dar zuo wart im gâch.   *1516*
     dô riefen ir genuoge: »nu vâhâ, herre, vâch!«   *(1612)*
     Gîselher der junge,   zürnen erz began.
     ern woldẹ ez doch niht lâzen,   er enhét im léidé getân.

1577 Dô sprach von Burgonden   der herre Gêrnôt: *1517*
     »waz hilfet iuch nu, Hagene,   des kappelânes tôt?   *(1613)*
     tætẹ ez ander iemen,   daz soldẹ iu wesen leit.
     umbe welche schulde   habt ir dem priester widerseit?«

1578 Der pfaffe swam genôte.   er wolde sîn genesen,   *1518*
     ob im iemen hülfe.   des mohte dô niht wesen,   *(1614)*
     wan der starke Hagene   vil zornec was gemuot.
     er stiez in zuo dem grunde.   daz endûhte nieman guot.

1579 Dô der arme pfaffe   der helfe niht ensach,   *1519*
     dô kêrtẹ er wider übere: des leit er ungemach.   *(1615)*
     swie er niht swimmen kunde,   im half diu gotes hant
     daz er wol kom gesunder   hin wider ûz án daz lant.

1580 Dô stuont der arme priester   unde schutte sîne wât.   *1520*
     dâ bî sach wol Hagene   daz sîn niht wære rât,   *(1616)*
     daz im für mære sageten   diu wilden merewîp.
     er dâhte: »dise degene   mủezen verlíesén den lip.«

1581 Dô si daz schif entluoden   und gar getruogen dan,   *1521*
     swaz dar ûfe hêten   der drîer künege man,   *(1617)*
     Hágenẹ ez slúoc ze stucken   und warf ez an die fluot.
     des hete michel wunder   die recken kủenẹ únde guot.

1582 »Zwiu tuot ir daz, bruoder?«   sô sprach Dancwart: *1522*
     »wie sul wir komen übere,   sô wir die widervart   *(1618)*
     rîten von den Hiunen   ze landẹ an den Rín?«
     sît dô sagetẹ im Hagene   daz des kunde niht gesîn.

96

1574 Als er sie wohlbehalten über den Fluß gesetzt hatte, da er-
innerte sich der tapfere, treffliche Held an die wunderliche
Kunde, die er kurz zuvor von den seltsamen Meerfrauen ge-
hört hatte. Aus diesem Grunde hätte der Kaplan des Königs
beinahe sein Leben verloren.

1575 Bei seinem kirchlichen Gepäck fand er den Geistlichen: er
stützte sich auf seine geweihten Meßgeräte. Doch das nützte
ihm gar nichts. Als Hagen ihn erblickte, da ging es dem armen
Priester schlecht.

1576 Er warf ihn über Bord und hatte es damit sehr eilig. Da riefen
viele: »Rettet ihn, Herr, rettet ihn!« Der junge Giselher wurde
zornig. Doch Hagen wollte nicht davon ablassen, den Kaplan
in eine lebensgefährliche Situation zu bringen.

1577 Da sagte der Herr Gernot von Burgunden: »Hagen, was nützt
Euch denn der Tod des Kaplans? Wenn jemand anders sich
so verhalten würde, dann solltet Ihr das als eine Kränkung an-
sehen. Weswegen habt Ihr Euch denn gegen den Priester so
feindselig verhalten?«

1578 Der Priester schwamm mit Leibeskräften. Denn er hoffte zu
überleben, wenn ihm jemand zu Hilfe käme. Davon konnte
keine Rede sein, denn der starke Hagen war sehr zornig und
tauchte den Kaplan immer wieder tief unter. Es gab nieman-
den, der ein solches Verhalten gebilligt hätte.

1579 Als der arme Priester keine Hilfe mehr sah, da kehrte er
wieder um und durchquerte das Wasser. Das wurde ihm sauer
genug. Wiewohl er nicht schwimmen konnte, stand ihm doch
Gottes Kraft bei, so daß er wohlbehalten wieder an das Ufer
gelangte.

1580 Da stand nun der arme Priester und schüttelte das Wasser aus
seinen Kleidern. Daran erkannte Hagen, daß sie dem, was ihm
die seltsamen Meerfrauen vorhergesagt hatten, nun nicht mehr
ausweichen konnten. Er dachte bei sich: »Diese Helden werden
alle ihr Leben verlieren!«

1581 Als das Schiff entladen und alles herausgetragen war, was die
Gefolgsleute der drei Könige an Bord gehabt hatten, da schlug
Hagen es in Stücke und warf die Überreste in das Wasser. Die
tapferen, trefflichen Recken wunderten sich darüber sehr.

1582 »Weshalb tut Ihr das, Bruder?« sagte Dankwart. »Wie sollen wir
denn über das Wasser gelangen, wenn wir aus dem Hunnen-
land wieder in das Land am Rhein zurückreiten?« Später sagte
ihm Hagen, daß davon jetzt wohl keine Rede mehr sein könnte.

1583 Dô sprach der helt von Tronege: »ich tuon ez ûf den wân,
    ob wir an dirre reise   deheinen zagen hân,   *1523*
    der uns entrinnen welle   durch zägelîche nôt,   *(1619)*
    der muoz an disem wâge   doch lîden schamelîchen tôt.«

1584 Si fuorten mit in einen   ûz Burgonden lant,   *1524*
    einen hélt ze sînen handen   der was Vólkêr genant.   *(1620)*
    der redete spæhelîche   allen sînen muot.
    swaz ie begie her Hagene,   daz dûhtẹ den videlære guot.

1585 Ir ross bereitet wâren,   die soumer wol geladen.   *1525*
    si heten an der verte   noch deheinen schaden
    genomen der si muote,   wan des kũneges kappelân.
    der muosẹ ûf sînen füezen   hin wider zuo dem Rîne gân.

26. Âventiure
Wie Gelfrât erslagen wart von Dancwarte

1586 Dô si nu wâren alle   komen ûf den sant,   *1526*
    der künec begunde vrâgen: »wer sol uns durch daz lant
    die rehten wege wîsen,   daz wir niht irre varn?«   *(1626)*
    dô sprach der starke Volkêr: »daz sol ich éiné bewarn.«

1587 »Nu ẹnthaltet iuch«, sprach Hagene,   »ritter unde kneht.
    man sol friunden volgen.   jâ dunket ez mich reht.   *1527*
    vil ungefũegiu mære   diu tuon ich iu bekant: *(1627)*
    wir enkomen nimmer   wider ín der Búrgónden lant.

1588 Daz sageten mir zwei merwîp   hiute morgen fruo,   *1528*
    daz wir niht kœmen widere.   nu râtẹ ich waz man tuo:
    daz ir iuch wâfent, helde.   ir sult iuch wol bewarn!   *(1628)*
    wir hân hie starke fîende;   daz wir gewérlíchen varn.

1589 Ich wândẹ an lügen fũnde   diu wîsen merwîp.   *1529*
    si jâhen daz gesunder   únser deheines lîp   *(1629)*
    wider ze lánde kœme,   niwan der kappelân.
    dar umbẹ ich in wolde   so gerne hiutẹ ertrenket hân.«

1590 Dô flugen disiu mære   von schare baz ze schar.   *1530*
    des wurden snelle helde   vor leide missevar,   *(1630)*
    dô si begunden sorgen   ûf den herten tôt
    an dirre hovereise.   des gie in wǽrlíche nôt.

1583 Da sagte der Held von Tronje: »Ich tue es aus dieser Über-
legung: wenn wir auf dieser Fahrt einen Feigling bei uns
haben, der sich aus feiger Furcht aus dem Staube machen will,
dann wird der an dieser Wasserflut ein schmähliches Ende
finden.«

1584 Sie hatten einen Mann aus dem Burgundenland bei sich, einen
wahren Helden, der hieß Volker. Der wußte immer auf eine
kluge Weise zu sagen, was er dachte. Was Herr Hagen auch
immer tat, das schien dem Spielmann wohlgetan.

1585 Ihre Pferde waren nun bereit, die Saumpferde richtig beladen.
Außer dem Kaplan des Königs hatten sie auf der Fahrt noch
keinerlei ernsthaften Verlust erlitten. Der mußte zu Fuß wie-
der an den Rhein zurückkehren.

26. Aventiure
Wie Gelfrat von Dankwart erschlagen wurde

1586 Als sie nun alle an das Ufer hinübergekommen waren, da
fragte der König: »Wer kann uns nun auf den richtigen Weg
durch das Land weisen, so daß wir uns nicht verirren?« Da
sagte der starke Volker: »Ich allein kann Euch davor be-
wahren!«

1587 »Ritter und Knappen«, sagte Hagen, »haltet noch einen Augen-
blick inne! Auf einen Freund soll man hören! Wahrhaftig,
das scheint mir richtig zu sein. Unheilvolle Botschaft teile ich
Euch mit: wir werden niemals wieder ins Land der Burgunden
zurückkehren!

1588 Heute morgen früh sagten mir zwei Meerfrauen, daß wir
nicht wieder zurückkämen. Nun gebe ich Euch diesen Rat:
daß Ihr Euch waffnet, Helden! Ihr sollt auf der Hut sein! Wir
haben hier starke Feinde vor uns und müssen deshalb in voller
Bewaffnung reiten.

1589 Ich hoffte, ich könnte die weisen Meerfrauen Lügen strafen.
Sie hatten behauptet, außer dem Kaplan werde niemand von
uns wohlbehalten wieder in die Heimat gelangen. Nur deshalb
hatte ich heute den Wunsch, ihn in den Fluten zu ertränken.«

1590 Da flogen diese Worte von Schar zu Schar. Die tapferen Helden
verfärbten sich bei der schlimmen Kunde, als sie nun auf dieser
Hoffahrt dem bitteren Tod ins Auge blicken mußten. Es
wurde ihnen wirklich schwer ums Herz.

1591 Dâ ze Mœringen   si wâren über komen,   *1531*
     dâ dem Elsen vergen   was der lîp benomen.   *(1631)*
     dô sprach aber Hagene: »sît daz ich vîende hân
     verdienet ûf der strâze,   wir werden sicherlîch bestân.

1592 Ich sluoc den selben vergen   hiute morgen fruo.   *1532*
     si wizzen wol diu mære.   nu grîfet balde zuo!   *(1632)*
     ob Gelpfrât und Else   hiute hie bestê
     unser ingesinde,   daz ez in schädelich ergê.

1593 Ich erkénne si sô küene,   ez wirdet niht verlân.   *1533*
     diu ross sult ir lâzen   deste sanfter gân,   *(1633)*
     daz des iemen wæne,   wir vliehen ûf den wegen.«
     »des râtes wil ich volgen«,   sô sprach Gîselher der degen.

1594 »Wer sol daz gesinde   wîsen über lant?«   *1534*
     si sprâchen:»daz tuo Volkêr,   dem ist hie wol bekant
     stîge unde strâze,   der küene spileman.«   *(1634)*
     ê daz mans vollen gerte,   man sach wol gewâfent stân

1595 Den snellen videlære.   den helm er ûf gebant.   *1535*
     in hêrlîcher varwe   was sîn wîcgewant.   *(1635)*
     er bant ouch ze einem schafte   ein zeichen, daz was rôt,
     sît kom er mit den künegen   in eine grœzlîche nôt.

1596 Dô was tôt des vergen   Gelpfrâte komen   *1536*
     mit gewissem mære.   dô het ez ouch vernomen   *(1636)*
     Else der vil starke: ez was in beiden leit.
     si sanden nâch ir helden;   die wâren schîeré bereit.

1597 In vil kurzen zîten,   ich wil iuch hœren lân,   *1537*
     sach man zuo in rîten   die schaden heten getân   *(1637)*
     in starken urliugen,   vil ungefüegiu sêr.
     der kômen Gelpfrâte   wol siben hundert oder mêr.

1598 Dô si ir grimmen fîenden   begunden rîten nâch,   *1538*
     jâ leiten si ir herren.   den was ein teil ze gâch   *(1638)*
     nâch den küenen gesten.   si wolden ánden ir zórn.
     des wart der herren friunde   sider méré verlorn.

1599 Dô hete von Tronege Hagene   wol gefüeget daz,   *1539*
     (wie möhte sîner mâge   ein helt gehüeten baz?)   *(1639)*
     er pflac der nâchhuote   mit den sînen man,
     und Dancwart sîn bruoder.   daz was vil wîslîch getan.

1600 In was des tages zerunnen,   des enhéten si niht mêr.   *1540*
     er vorhte an sînen friunden   léit únde sêr.   *(1640)*
     si riten under schilden   durch der Beyer lant.
     dar nâch in kurzer wîle   die helde wurden an gerant.

1591 Dort bei Mehring waren sie übergesetzt, und dort hatte der Mann Elses sein Leben verloren. Da sagte wiederum Hagen: »Da ich mir auf dem Wege Feinde gemacht habe, werden wir sicherlich noch angegriffen.

1592 Heute morgen früh habe ich den Fährmann erschlagen. Sie haben sicherlich bereits davon gehört. Nun macht Euch fertig! Damit es für Gelfrat und Else, wenn sie heute unseren Troß angreifen, böse ausgeht.

1593 Ich weiß, sie sind so tapfer, daß ein Angriff gar nicht ausbleiben kann. Doch die Pferde sollt Ihr desto langsamer laufen lassen, damit niemand auf den Gedanken kommt, wir flöhen auf der Straße vor ihnen.« »Den Rat will ich befolgen«, sagte Giselher, der Held.

1594 »Wer soll den Troß über Land führen?« Sie sagten: »Das soll Volker tun. Dem tapferen Spielmann ist hier nämlich Weg und Steg bekannt.« Bevor man den Wunsch noch ganz ausgesprochen hatte, sah man in voller Bewaffnung stehen

1595 den tapferen Spielmann. Er band sich den Helm auf. Seine Rüstung war von strahlender Farbe. An eine Speerstange band er ein Banner, das rot war. Zusammen mit den Königen sollte er später noch in harte Bedrängnis geraten.

1596 Da hatte Gelfrat sichere Kunde vom Tod seines Fährmanns erhalten. Da war es auch dem starken Else zu Ohren gekommen: Beide sahen darin eine schmachvolle Beleidigung. Sie schickten nach ihren Helden; die waren sehr schnell zur Stelle.

1597 Ich will Euch weiter erzählen: in kurzer Zeit sahen sie Männer auf sich zureiten, die in harten Kämpfen ihren Feinden bereits bittere Verluste, schwere Wunden, zugefügt hatten. Siebenhundert oder sogar noch mehr von ihnen kamen Gelfrat zur Hilfe.

1598 Als sie ihren trutzigen Feinden nachritten, da wurden sie von ihren Herren geführt. Die hatten es sehr eilig, die tapferen Fremden zu erjagen. Denn sie wollten ihren Zorn kühlen. Später sollten sie deshalb mehrere ihrer Leute verlieren.

1599 Da hatte Hagen von Tronje es so gut eingerichtet (wie könnte ein Held für seine Verwandten besser sorgen?), daß er und Dankwart, sein Bruder, zusammen mit seinen eigenen Leuten den Schutz der Nachhut übernahmen. Das war eine vernünftige Regelung.

1600 Der Tag war dahingeschwunden; es war nun völlig dunkel. Hagen fürchtete, daß seine Freunde in eine harte Bedrängnis kämen. Unter ihren Schilden gedeckt ritten sie durch das Land der Bayern. Kurze Zeit darauf wurden die Helden angegriffen.

1601 Beidenthalp der strâze   und hinden vaste nâch   *1541*
     si hôrten hüeve klaffen.   dem liute was ze gâch.   *(1641)*
     dô sprach der küene Dancwart: »man wil uns hie bestân.
     nu binden ûf die helme!   daz ist rætlîch getân.«

1602 Si hielten ab ir verte,   als ez muoste sîn.   *1542*
     si sâhen in der vinster   der liehten schilde schîn.   *(1642)*
     dône wolde Hagene   niht langer si verdagen:
     »wer jaget uns ûf der strâze?«   daz muose im Gélpfrât dô sagen.

1603 Dô sprach der marcgrâve   ûzer Beyer lant: *1543*
     »wir suochen unser vîende   und haben her nâch gerant.
     ine wéiz niht wer mir hiute   mînen vergen sluoc.   *(1643)*
     der was ein helt zen handen;   des ist mir léidé genuoc.«

1604 Dô sprach von Tronege Hagene: »was der verge dîn?
     der woldę uns niht füeren.   des ist diu schulde mîn. *1544*
     dô sluoc ich den recken.   deiswâr des gie mir nôt.   *(1644)*
     ich het von sînen handen   vil nâch gewúnnén den tôt.

1605 Ich bôt im ze miete   golt und ouch gewant,   *1545*
     daz er uns über fuorte,   hélt, ín dîn lant.   *(1645)*
     daz zurndę er sô sêre,   daz er mich dô sluoc
     mit einer starken schalten: des wart ich grímméc genuoc.

1606 Dô kom ich zuo dem swerte   und werté im sînen zorn
     mit einer starken wunden,   des wart der helt verlorn. *1546*
     daz bringę ich iu ze suone   swie iuch dunket guot.«   *(1646)*
     dô gie ez an ein strîten.   si wâren hérté gemuot.

1607 »Ich wesse wol«, sprach Gelpfrât,   »dô hie für gereit *1547*
     Gúnther und sîn gesinde,   daz uns tæte leit   *(1647)*
     Hagene von Tronege.   nu sol er niht genesen.
     für des vergen ende   der helt muoz hie bürge wesen.«

1608 Si neigten über schilde   ze stichen nu diu sper,   *1548*
     Gelpfrât und Hagene.   in was zę ein ander ger.   *(1648)*
     Else unde Dancwart   vil hêrlîche riten.
     si versúochten wer si wâren.   dâ wart vil grímmé gestriten.

1609 Wie möhten sich versuochen   immer helde baz?   *1549*
     von einer starken tjoste   hínder daz róss gesaz   *(1649)*
     Hagene der küene   von Gelpfrâtes hant.
     im brast daz fürbüege.   des wart im strîtén bekant.

1610 Von ir ingesinde   der krach der schefte schal.   *1550*
     do erhóltę ouch sich dort Hagene,   der ê was zetal   *(1650)*
     komen von dem stiche   nider an daz gras.
     er wænę unsanftes muotes   wider Gélpfrâten was.

1601 Auf beiden Seiten der Straße und hinter sich hörten sie laut die Hufe klappern. Ihre Verfolger hatten es sehr eilig. Da sagte der tapfere Dankwart: »Man will uns hier angreifen. Nun bindet die Helme auf! Das scheint mir ratsam zu sein.«

1602 So wie es eine Nachhut tun soll, hielten sie an. Im Finstern sahen sie den Schein heller Schilde. Da wollte Hagen nicht länger so tun, als hätte er sie nicht gesehen: »Wer jagt da auf der Straße hinter uns her?« Darauf mußte Gelfrat ihm Antwort geben.

1603 Da sagte der Markgraf aus dem Bayernland: »Wir suchen unsere Feinde und sind Euch nachgesetzt. Ich weiß nämlich nicht, wer heute meinen Fährmann erschlagen hat. Das war ein vorbildlicher Held, und sein Verlust bringt mir großen Schaden.«

1604 Da sagte Hagen von Tronje: »War das Dein Fährmann? Der wollte uns nicht übersetzen. Die Schuld nehme ich auf mich: ich habe den Recken erschlagen, doch ich mußte es wirklich tun. Denn beinahe hätte ich von seiner Hand das Leben verloren.

1605 Ich bot ihm Gold und Kleider als Lohn, damit er uns, Held, in Dein Gebiet übersetzte. Darüber geriet er in solche Wut, daß er mich mit einer starken Ruderstange schlug. Darüber war ich sehr erbost.

1606 Da griff ich zum Schwert und wehrte seinem Wüten durch eine schwere Wunde: dadurch verlor der Held sein Leben. Das werde ich Euch so sühnen, wie Ihr es wünscht.« Da kam es zum Kampf. Sie waren Männer aus hartem Holz.

1607 »Als Gunther und sein Gefolge hier durchritten«, sagte Gelfrat, »da war mir bereits klar, daß Hagen von Tronje uns etwas Schlimmes antun würde. Dafür soll er aber auch nicht am Leben bleiben. Sein Leben soll jetzt das Pfand sein für den Tod des Fährmanns.«

1608 Gelfrat und Hagen senkten die Speere über die Schilde, um sie gegeneinander zu stechen; jeder stürmte wütend gegen seinen Gegner an. Auch Else und Dankwart ritten im prächtigen Galopp gegeneinander los. Sie erprobten ihre Kräfte. Da wurde erbittert gestritten.

1609 Wie hätten sich Helden jemals besser erproben können? Durch einen starken Stoß warf Gelfrat den tapferen Hagen vom Pferd. Dem Pferd barst der Vordergurt. So lernte Hagen, was kämpfen heißt.

1610 Auch von ihrem Gefolge hörte man das Krachen der Schäfte. Da erholte sich auch Hagen wieder, der von dem Stoß auf das Gras geworfen worden war. Ich glaube, ihn erfüllte äußerste Wut gegen Gelfrat.

1611 Wer in diu ros behielte,   daz ist mir umbekant.   *1551*
si wâren zuo der erden   komen ûf den sant.   *(1651)*
Hagenę unde Gelpfrât   ein ander liefen an.
des hulfen ir gesellen,   daz in wart strîten kunt getân.

1612 Swie bitterlîchen Hagene   zuo Gelpfrâte spranc,   *1552*
der edel marcgrâve   des schildes hin im swanc   *(1652)*
ein vil michel stücke,   dazz fiuwer dræte dan.
des was vil nâch erstorben   der küene Gúnthéres man.

1613 Dô begundę er ruofen   Dancwarten an.   *1553*
»hilfâ, lieber bruoder!   jâ hât mich bestân   *(1653)*
ein helt ze sînen handen,   dern lât mich niht genesen.«
dô sprach der küene Dancwart: »des sol ich schéidǽre wesen.«

1614 Der helt dô spranc dar nâher   und sluoc im einen slac   *1554*
mit einem scharpfen wâfen,   dâ von er tôt gelac.   *(1654)*
Else wolde gerne   rechen dô den man.
er und sîn gesinde   schieden schedelîchen dan.

1615 Im was erslagen der bruoder: selbe wart er wunt.   *1555*
wol ahzec sîner degene   beliben dâ zestunt   *(1655)*
mit dem grimmen tôde.   der herre muose dan
flühteclîchen wenden   von den Gúnthéres man.

1616 Dô die von Beyer lande   wichen ûz dem wege,   *1556*
dô hôrte man nâch hellen   die vreislîchen slege.   *(1656)*
dô jageten die von Tronege   ir fiânden nâch.
die sîn níht engelten wânden,   den was állén ze gâch.

1617 Dô sprach an ir flühte   Dancwart der degen: *1557*
»wir suln wider wenden   baldę ûf disen wegen,   *(1657)*
und lâze wir si rîten!   si sint von bluote naz.
gâhe wir zen friunden!   ich râtę iu wǽrlîchen daz.«

1618 Dô si hin wider kômen   da der scháde was geschehen,   *1558*
dô sprach von Tronege Hagene: »heldę, ir sult besehen
wes uns hie gebreste   oder wén wir hân verlorn   *(1658)*
hie in disem strîte   durch den Gélpfrâtes zorn.«

1619 Si heten verlorn viere,   die muosen si verklagen.   *1559*
die wâren wol vergolten.   dâ wider was erslagen   *(1659)*
der von Beyer lande   hundert oder baz.
des wâren den von Tronege   ir schilde trüebę und bluotes naz.

1620 Ein teil schein ûz den wolken   des liehten mânen brehen.
dô sprach aber Hagene: »niemen sol verjehen   *1560*
den mînen lieben herren   waz wir hie hân getân.   *(1660)*
lât sí unz morgen   âne sórgé bestân.«

1611 Es ist mir nicht bekannt, wer ihnen die Pferde gehalten hat. Jedenfalls waren sie nun beide, Hagen und Gelfrat, auf ebener Erde und rannten gegeneinander los. Auch ihre Gefährten standen im Kampfe ihren Mann.

1612 Mit welcher Wucht Hagen auch auf Gelfrat losstürzte, der edle Markgraf schlug ihm ein so riesiges Stück aus seinem Schild heraus, daß die Funken sprühten. Der tapfere Gefolgsmann Gunthers wäre dadurch beinahe getötet worden.

1613 Da rief er Dankwart heran: »Hilf mir, lieber Bruder! Ein vortrefflicher Held kämpft hier gegen mich. Der nimmt mir noch das Leben.« Da sagte der tapfere Dankwart: »Dabei will ich Schiedsrichter sein.«

1614 Der Held sprang schnell hinzu und versetzte ihm mit seinem Schwert einen solchen Schlag, daß Gelfrat tot zu Boden stürzte. Else hatte den heißen Wunsch, seinen Bruder zu rächen. Doch er und sein Gefolge mußten unter großen Verlusten den Kampfplatz räumen.

1615 Ihm war der Bruder erschlagen worden. Er selbst war verwundet. Mehr als achtzig seiner Recken blieben tot dort zurück. Der Herr Else mußte sich flüchtend vor Gunthers Leuten davonmachen.

1616 Als sich die Leute aus dem Bayernland vom Kampfplatz zurückzogen, da hörte man noch lange Zeit furchtbare Schläge. Da jagten die Tronjer ihren Feinden nach. Wer nicht mit seinem Leben bezahlen wollte, der machte sich eilig davon.

1617 Da sagte Dankwart, der Held, bei der Verfolgung der Fliehenden: »Laßt uns jetzt sofort wieder auf die Straße zurückreiten! Sie sollen ruhig entkommen! Sie sind naß von Blut. Laßt uns wieder zu den Freunden eilen! Das ist mein dringender Rat.«

1618 Als sie nun wieder dahin gekommen waren, wo der Kampf stattgefunden hatte, da sagte Hagen von Tronje: »Helden, seht Euch um, wer uns fehlt oder wen wir in diesem Kampf durch Gelfrats Zorn verloren haben.«

1619 Sie hatten vier Männer verloren. Die mußten sie verschmerzen. Für die hatten sie ja auch blutige Rache genommen: hundert oder noch mehr aus dem Land der Bayern lagen erschlagen. Dadurch waren die Schilde der Tronjer blutbefleckt und naß.

1620 Dann und wann leuchtete der helle Mond hinter den Wolken hervor. Da sagte wiederum Hagen: »Niemand soll meinen Herren etwas davon sagen, was wir hier getan haben. Beunruhigt sie jedenfalls nicht bis morgen früh.«

1621 Dô si nu nâch in kômen,   die dort striten ê,   *1561*
     dô tet dem ingesinde   diu müede harte wê.   *(1661)*
     »wie lange sul wir rîten?«   des vrâgte manec man.
     dô sprach der küene Dancwart: »wir mügen niht hérbérge
                                                            hân.

1622 Ir müezet alle rîten   unz ez werde tac.«   *1562*
     Volkêr der snelle,   der des gesindes pflac,   *(1662)*
     bat den marschalc vrâgen: »wâ sul wir hînte sîn,
     da gerásten unser mœre   und ouch die lieben herren mîn?«

1623 Dô sprach der küene Dancwart: »ine káns iu niht gesagen.
     wir enmúgen niht geruowen   ê ez beginne tagen.   *1563*
     swâ wirz danne vinden,   dâ legen uns an ein gras.«   *(1663)*
     dô si diu mære hôrten,   wie leit in sümelîchen was!

1624 Si belíben unvermeldet   des heizen bluotes rôt,   *1564*
     únz dáz diu sunne   ir liehtez schînen bôt   *(1664)*
     dem morgen über berge,   daz ez der künec sach
     daz si gestriten hêten.   der helt vil zorneclîchen sprach:

1625 »Wie nu, friunt Hagene?   iu wæn versmâhet daz,   *1565*
     daz ich bî iu wære   dâ iu die ringe naz   *(1665)*
     sus wurden von dem bluote.   wer hât daz getân?«
     er sprach: »daz tet Else.   der het uns nǎhtén bestân.

1626 Durch den sînen vergen   wir wurden an gerant.   *1566*
     dô sluoc Gelpfrâten   mînes bruoder hant.   *(1666)*
     sît entran uns Else.   des twanc in michel nôt.
     in hundert und uns viere   beliben in dem strîte tôt.«

1627 Wir kunnen niht bescheiden   wâ si sich leiten nider.   *1567*
     álle die lántliute   die gevrieschen sider   *(1667)*
     daz ze hove füeren   der edeln Uoten kint.
     si wurden wol empfangen   dâ ze Pázzóuwe sint.

1628 Der edeln künege œheim,   der bischof Pilgerîn,   *1568*
     dem was vil wol ze muote,   dô die neven sîn   *(1668)*
     mit alsô vil der recken   kômen in daz lant.
     daz er in willec wære,   daz wart in schíeré bekant.

1629 Si wurden wol empfangen   von friunden ûf den wegen.
     dâ ze Pazzouwe   man kunde ir niht gelegen.   *1569*
     si muosen überz wazzer,   dâ si funden velt.   *(1669)*
     dâ wurden ûf gespannen   beide hütten und gezelt.

1630 Si muosen dâ belíben   allen einen tac   *1570*
     und ouch die naht mit vollen.   wie schône man ir pflac!
     dar nâch si muosen rîten   in Rüedegêres lant.   *(1670)*
     dem wurden ouch diu mære   dar nâch vil schíeré bekant.

1621 Als nun die, die vorher dort gekämpft hatten, zu den übrigen
Burgunden gestoßen waren, da setzte den Leuten die Müdig-
keit sehr zu. »Wie lange müssen wir noch reiten?« so fragten
viele Männer. Da sagte der tapfere Dankwart: »Wir können
hier noch nicht Quartier machen!

1622 Ihr müßt alle reiten, bis es Tag wird.« Der tapfere Volker, der
für den Troß sorgte, ließ den Marschall fragen: »Bis wohin sol-
len wir heute nacht noch reiten, wo dann unsere Pferde und
unsere teuren Herren rasten können?«

1623 Da sagte der tapfere Dankwart: »Ich kann es Euch nicht sagen.
Wir können nicht ausruhen, bevor nicht der Tag beginnt. Wo
wir dann ein Stückchen Wiese finden, da werden wir uns
lagern.« Als sie diese Auskunft erhielten, da waren viele sehr
mißmutig.

1624 Das heiße, rote Blut auf ihren Rüstungen blieb unentdeckt, bis
die Sonne am Morgen ihren hellen Schein über die Berge warf,
so daß der König bemerkte, daß sie gekämpft hatten. Der Held
sagte in großem Zorn:

1625 »Freund Hagen, was ist denn das? Darf ich annehmen, daß ich
Euch dort, wo Euch diese Ringpanzer vom Blut so naß wurden,
als Kämpfer nicht gut genug war? Wer hat denn das getan?«
Er sagte: »Das war Else. Der hat uns in der Nacht angegriffen.

1626 Des Fährmanns wegen wurden wir bestürmt. Mein Bruder
hat Gelfrat erschlagen. Kurze Zeit darauf entrann uns Else. Er
hatte wirklich allen Grund zu fliehen: denn von ihnen blieben
hundert, von uns nur vier tot auf dem Kampfplatz liegen.«

1627 Wir können nicht genau sagen, wo sie sich zur Rast niederleg-
ten. Alle Leute aus dem Lande erfuhren in kurzer Zeit, daß die
Söhne der edlen Ute zu Hofe fuhren. In Passau wurden sie
wenig später freundlich empfangen.

1628 Der Oheim der edlen Könige, der Bischof Pilgrim, der freute
sich von Herzen, als seine Neffen mit so vielen Recken in das
Land kamen. Daß er sie zuvorkommend bewirten wollte, das
merkten sie sofort.

1629 Bereits auf der Straße wurden sie von guten Freunden emp-
fangen. In Passau selbst konnte man sie nicht alle unterbringen.
So mußten sie aufs andere Ufer ausweichen, wo ein breites
Feld war. Dort wurden kleine und große Zelte aufgespannt.

1630 Sie mußten einen ganzen Tag über dort bleiben und auch die
ganze Nacht. Wie prächtig man sie bewirtete! Danach ritten
sie weiter in das Land Rüdigers. Dem wurde die Kunde schon
kurze Zeit später überbracht.

1631 Dô die wegemüeden   ruowe genâmen   1571
     unde si dem lande   nâher kâmen,   (1671)
     dô fundens ûf der marke   slâfendẹ einen man,
     dem von Tronege Hagene   ein starkez wâfen an gewan.

1632 Jâ was geheizen Eckewart   der selbe ritter guot.   1572
     er gewan dar umbe   einen trûrégen muot,   (1672)
     daz er verlôs daz wâfen   von der helde vart.
     die marke Rüedegêres   die fundens übele bewart.

1633 »Owê mir dirre schande«,   sprach dô Eckewart.   1573
     »jâ riuwet mich vil sêre   der Burgonden vart.   (1673)
     sît ich verlôs Sîfrîde,   sît was mîn freude zergân.
     ouwê, herre Rüedegêr,   wie hân ich wider dich getân!«

1634 Dô hôrte vil wol Hagene   des edelen recken nôt.   1574
     er gap im wider sîn wâfen   und sehs bouge rôt.   (1674)
     »die habe dir, helt, ze minnen,   daz du mîn friunt sîst.
     du bist ein degen küene,   swie eine du ûf der marke lîst.«

1635 »Got lônẹ iu iuwer bouge«,   sprach dô Eckewart.   1575
     »doch riuwet mich vil sêre   zen Hiunen iuwer vart.   (1675)
     ir sluoget Sîfrîden.   man ist iu hie gehaz.
     daz ir iuch wol behüetet,   in triuwen râtẹ ích iu daz.«

1636 »Nu müezẹ uns got behüeten«,   sprach dô Hagene.   1576
     »jane hânt niht mêre sorge   dise degene   (1676)
     wan umbe die herberge,   die kűnegẹ und óuch ir man,
     wâ wir in disem lande   noch hînte náhtsélde hân.«

1637 Diu ross sint uns verdorben   ûf den verren wegen   1577
     unt der spîsé zerunnen«,   sprach Hagene der degen.   (1677)
     »wir vindenz ninder veile.   uns wære wirtes nôt,
     der uns noch hînte gæbe   durch sîne tugende sîn brôt.«

1638 Dô sprach aber Eckewart: »ich zeigẹ iu einen wirt,   1578
     daz ir ze hûse selten   sô wol bekomen birt   (1678)
     in deheinem lande,   als iu hie mac geschehen,
     ob ir vil snelle degene   wellet Rüedegêren sehen.

1639 Der sitzet bî der strâze   und ist der beste wirt,   1579
     der ie kom ze hûse.   sîn herze tugende birt,   (1679)
     alsam der süeze meije   daz gras mit bluomen tuot.
     swennẹ er sol helden dienen,   sô ist er vrœlîch gemuot.«

1640 Dô sprach der künec Gunther: »welt ir mîn bote sîn,   1580
     ob uns wellẹ enthalten   durch den willen mîn   (1680)
     mîn lieber friunt Rüedegêr,   mîne mâgẹ und unser man?
     daz wil ich immer dienen   sô ich aller beste kan.«

1631 Als die wegmüden Helden Rast gemacht hatten und sich nun dem Hunnenlande näherten, da fanden sie auf der Grenze einen schlafenden Mann, dem Hagen von Tronje erst einmal sein scharfes Schwert abnahm.

1632 Dieser treffliche Ritter hieß Eckewart. Er war darüber sehr traurig, daß er durch die Ankunft der Helden sein Schwert verlor. Sie sahen, daß die Landesgrenze Rüdigers schlecht bewacht war.

1633 »Schande über mich!«, sagte da Eckewart. »Die Fahrt der Burgunden mißfällt mir sehr. Seit ich Siegfried verlor, ist all mein Glück dahin. Ach, Herr Rüdiger, wie habe ich mich Dir gegenüber verfehlt!«

1634 Da vernahm Hagen die Klage des edlen Recken. Er gab ihm sein Schwert zurück und schenkte ihm überdies noch sechs rotgoldene Armreife. »Nimm sie, Held, als Zeichen meiner Zuneigung, daß ich Dir freundlich gesonnen bin. Du bist ein tapferer Held, wenn Du auch ganz allein hier an der Grenze liegst.«

1635 »Gott möge Euch für Eure Armreife lohnen«, sagte da Eckewart. »Eure Fahrt zu den Hunnen mißfällt mir. Ihr habt Siegfried erschlagen. Man ist Euch hier feindlich gesonnen. Nehmt Euch sehr in acht. Das ist mein aufrichtiger Rat.«

1636 »Gott möge uns beschützen!« sagte da Hagen. »Aber diese Helden, die Könige und auch ihre Gefolgsleute, haben eigentlich gar keine andere Sorge als die um das Quartier: wo wir in diesem Lande heute die Nachtruhe halten können.

1637 Unsere Pferde sind von den weiten Wegen erschöpft, der Proviant aufgebraucht«, sagte Hagen, der Held. »Wir finden nichts zu kaufen. Wir bräuchten einen Herrn, der uns bewirtet und uns, in ritterlicher Freigebigkeit, noch heute nacht mit seinem Brot versorgt.«

1638 Da sagte wiederum Eckewart: »Ich zeige Euch einen Herrn, der so freigebig ist, daß Ihr in keinem Land so gut aufgenommen werdet wie bei ihm: Ihr tapferen Helden, sucht doch Rüdiger auf!

1639 Der wohnt hier an der Straße und ist der beste Herr, der jemals in den Besitz eines Anwesens gelangte. Wie der herrliche Mai das Gras mit Blumen schmückt, so blühen in seinem Herzen die ritterlichen Tugenden. Wenn er Helden bewirten kann, dann schlägt sein Herz vor Freude höher.«

1640 Da sagte der König Gunther: »Wollt Ihr mein Bote sein und erkunden, ob mein lieber Freund Rüdiger mir zuliebe meine Verwandten und unsere Leute bei sich aufnehmen will? Ich werde mich dafür allezeit so dankbar erweisen, wie ich es nur kann.«

1641 »Der bote bin ich gerne«,   sprach dô Eckewart.   *1581*
     mit vil guotem willen   huop er sich an die vart   *(1681)*
     und sagetę dô Rüedegêre   als er hete vernomen.
     im was in manegen zîten   niht sô lieber mære komen.

1642 Man sach ze Bechelâren   îlen einen degen.   *1582*
     selbę erkandę in Rüedegêr.   er sprach: »ûf disen wegen
     dort her gâhet Eckewart,   ein Kriemhilde man.«   *(1682)*
     er wândę daz die vîende   im heten léidé getân.

1643 Dô gie er für die porten   dâ ęr den boten vant.   *1583*
     daz swert er ab gurte   und leitez von der hant.   *(1683)*
     diu mære diu er brâhte   wurden niht verdaget
     den wirt und sîne friunde.   ez wart in schíeré gesaget.

1644 Er sprach zem marcgrâven: »mich hât zuo iu gesant   *1584*
     Gúnthér der herre   von Burgonden lant   *(1684)*
     und Gîselher sîn bruoder   und ouch Gêrnôt.
     der recken ieslîcher   iu sînen dienest her enbôt.

1645 Daz selbe hât ouch Hagene   unde Volkêr   *1585*
     mit triuwen vlîzeclîche.   noch sagę ich iu mêr,   *(1685)*
     daz iu des küneges marschalc   bî mir daz enbôt:
     daz den guoten knehten   wærę iuwer hérbérge nôt.«

1646 Mit láchéndem munde   ántwurte Rüedegêr: *1586*
     »nu wol mich dirre mære,   daz die künege hêr   *(1686)*
     geruochent mîner dienste,   der wirt in niht verseit.
     koment si mir ze hûse,   des bin ich vrô únt gemeit.«

1647 »Dáncwárt der marschalc   der hiez iuch wizzen lân   *1587*
     wén ír ze hûse   mit in soldet hân: *(1687)*
     sehzec sneller recken   unt tûsent ritter guot
     und niun tûsent knehte.«   dô wart er vrǽlích gemuot.

1648 »Nu wol mich dirre geste«,   sprach dô Rüedegêr,   *1588*
     »daz mir koment ze hûse   dise recken hêr,   *(1688)*
     den ich noch vil selten   iht gedienet hân.
     nu rîtet in engegene,   beide mágę únde man!«

1649 Dô îlten zuo den rossen   ritter unde kneht.   *1589*
     swaz in gebot ir herre,   daz dûhtes alle reht.   *(1689)*
     dô lîezen sie ín der dienste   zogen deste baz.
     noch enwęstę es niht frou Gotelint,   diu in ir kemenâten saz.

1641 »Sehr gerne bin ich der Bote«, sagte da Eckewart. Voller Freude machte er sich auf den Weg und sagte Rüdiger alles, wie er es gehört hatte. Der hatte seit langer Zeit keine so angenehme Nachricht mehr erhalten.

1642 Man sah einen Helden nach Bechelaren eilen. Rüdiger selbst erkannte ihn. Er sagte: »Auf der Straße kommt Eckewart heran, ein Gefolgsmann Kriemhilds.« Er glaubte, daß Feinde ihm etwas zuleide getan hätten.

1643 Da trat er vor die Tore, wo er den Boten traf. Eckewart schnallte sein Schwert ab und legte es aus der Hand. Die Botschaft, die er brachte, wurde dem Hausherrn und seinen Vertrauten nicht länger vorenthalten: sie wurde ihnen sofort mitgeteilt.

1644 Er sagte zum Markgrafen: »Mich hat Gunther, der Herr des Burgundenlandes, und sein Bruder Giselher und auch Gernot zu Euch geschickt. Jeder der Recken entbietet Euch seinen ergebenen Gruß.

1645 In Treue und Eifer schließen sich Hagen und Volker an. Ich habe Euch noch etwas zu sagen, was der Marschall des Königs mir aufgetragen hat: die trefflichen Knappen bräuchten ein Nachtquartier bei Euch.«

1646 Fröhlich antwortete ihm Rüdiger: »Welch ein Glück für mich, daß die erhabenen Könige meine Dienste in Anspruch nehmen wollen. An nichts soll es ihnen fehlen. Wenn sie in mein Haus kommen, dann bin ich froh und stolz.«

1647 »Dankwart, der Marschall, ließ Euch sagen, wen Ihr hier in Eurem Hause mit ihnen zusammen aufnehmen sollt: sechzig tapfere Recken und tausend treffliche Ritter und neuntausend Knappen.« Da wurde Rüdiger sehr fröhlich.

1648 »Wie freue ich mich über diese Gäste«, sagte da Rüdiger, »daß die erlesenen Recken, die ich bisher noch niemals bewirtet habe, zu mir in mein Haus kommen. Nun sollt Ihr, Verwandte und Gefolgsleute, ihnen entgegenreiten!«

1649 Da eilten Ritter und Knappen zu den Pferden. Was ihr Herr ihnen befohlen hatte, das fand auch ihre Billigung. Um so schneller machten sie sich ans Werk. Frau Gotelind, die in ihrer Kemenate saß, hatte noch nichts erfahren.

1650 Dô gie der marcgrâve   dâ er die frouwen vant,   *1590*
sîn wîp mit sîner tohter,   und sagetę in zehant   *(1690)*
diu vil lieben mære,   diu er hete vernomen,
daz in ir frouwen brüeder   dar ze hûse solden komen.

1651 »Vil liebiu triutinne«,   sprach dô Rüedegêr,   *1591*
»ir sult vil wol empfâhen   die edelen künege hêr,   *(1691)*
sô si mit ir gesinde   her ze hove gân.
ir sult ouch schône grüezen   Hagenen Gúnthéres man.

1652 Mit in kumt ouch einer,   der heizet Dancwart;   *1592*
der ander heizet Volkêr,   an zühten wol bewart.   *(1692)*
die sehse sult ir küssen   unt diu tochter mîn,
unde sult ouch bî den recken   in zühten gúetlíche sîn.«

1653 Daz lobeten dô die frouwen   und wâren sîn bereit.   *1593*
si suochten ûz den kisten   diu hêrlîchen kleit   *(1693)*
dar inne si begegene   den recken wolden gân.
dâ wart vil michel vlîzen   von schœnen wîbén getân.

1654 Gevelschet frouwen varwe   vil lützel man dâ vant.   *1594*
si truogen ûf ir houbte   von golde liehtiu bant
(daz wâren schapel rîche),   daz in ir schœne hâr
zerfuorten niht die winde.   daz ist an den triuwen wâr.

1655 In solhen unmuozen   sul wir die frouwen lân.   *1595*
hie wart vil michel gâhen   über velt getân   *(1694)*
von Rüedegêres friunden   dâ man die fürsten vant.
si wurden wol empfangen   in des márcgráven lant.

1656 Dô si der marcgrâve   zuo im komen sach,   *1596*
Rüedegêr der snelle,   wie vrœlîch er sprach: *(1695)*
»sît willekomen, ir herren,   und ouch iuwer man
hie in mînem lande!   vil gernę ich iuch gesehen hân!«

1657 Dô nigen im die recken   mit triuwen âne haz.   *1597*
daz er in willec wære,   vil wól erzéigetę er dáz.   *(1696)*
besunder gruoztę er Hagenen.   den het er ê bekant.
alsam tet er Volkêrn   ûzer Búrgónden lant.

1658 Er empfíe ouch Dancwarten.   dô sprach der küene degen:
»sît ir uns welt beruochen,   nu wer sol danne pflegen   *1598*
des unsern ingesindes,   daz wir haben brâht?«   *(1697)*
dô sprach der marcgrâve: »ir sult haben guote naht

27. Aventiure
Wie sie nach Bechelaren kamen

1650 Da ging der Markgraf zu der Herrin. Seine Gemahlin war mit seiner Tochter zusammen. Er sagte ihnen sogleich die freudige Botschaft, die er vernommen hatte: daß die Brüder der Herrin Kriemhild in ihrem Hause einkehren wollten.

1651 »Liebe Frau«, sagte da Rüdiger, »Ihr sollt die edlen, erhabenen Könige prächtig empfangen, wenn sie mit ihrem Gefolge hierher an den Hof kommen. Ihr sollt auch Hagen, den Gefolgsmann Gunthers, ehrenvoll begrüßen.

1652 Zusammen mit ihnen kommt noch ein anderer Held, der heißt Dankwart; ein weiterer heißt Volker, der weiß sich besonders formvollendet zu benehmen. Diese sechs sollt Ihr beiden, Du und meine Tochter, küssen, und zu diesen Recken sollt Ihr Euch so freundlich verhalten, wie es die höfische Form verlangt.«

1653 Das versprachen die Damen, und sie waren gerne dazu bereit. Sie suchten aus den Truhen herrliche Kleider hervor, in denen sie den Recken entgegengehen wollten. Voll Eifer machten sich die schönen Damen daran, sich zu schmücken.

1654 Da gab es keine falsche Schminke. Auf ihrem Kopf trugen sie leuchtende, goldfarbene Bänder – das war ein prächtiger Kopfputz –, damit ihnen der Wind nicht das Haar zerwehte. Bei meiner Ehre, jedes Wort ist wahr.

1655 Bei solchen eifrigen Vorbereitungen wollen wir die Frauen alleine lassen! Eilig ritten Rüdigers Leute über Land zu den Fürsten. Man bereitete ihnen einen prächtigen Empfang im Land des Markgrafen.

1656 Als der Markgraf sie herannahen sah, sagte der tapfere Rüdiger fröhlich zu ihnen: »Seid mir willkommen, Ihr Herren! Mit Freuden sehe ich Euch hier in meinem Land.«

1657 In aufrichtiger Freundschaft und Treue verneigten sich die Recken vor ihm. Er zeigte ihnen deutlich, daß er ihnen geneigt war. Insbesondere begrüßte er Hagen (den kannte er noch von früher) und auch Volker, den Helden aus dem Burgundenland.

1658 Auch Dankwart grüßte er. Da sagte der tapfere Held: »Wer soll sich, da Ihr ja für uns sorgen wollt, um unseren Troß kümmern, den wir mitgebracht haben?« Da sagte der Markgraf: »Ihr werdet eine angenehme Nacht verbringen

1659 Und allez iuwer gesinde.   swaz ir in daz lant   (1698)
     habt mit iu gefüeret,   ross und ouch gewant,
     dem schaffę ich solche huote,   daz sin niht wirt verlorn
     daz iu ze schaden bringe   gegen éinégem sporn.

1660 Spannet ûf, ir knehte,   die hütten an daz velt!   1599
     swaz ir hie verlieset,   des wil ich wesen gelt.   (1699)
     ziehet ab die zoume,   diu ross diu lâzet gân!«
     daz het in wirt deheiner   dâ vor vil séltén getân.

1661 Des freuten sich die geste.   dô daz geschaffen was,   1600
     die herren riten dannen.   sich leiten in daz gras   (1700)
     über al die knehte.   si heten guot gemach.
     ich wænę in an der verte   nie sô sánfté geschach.

1662 Diu edele marcgrâvinne   was für die burc gegân   1601
     mit ir vil schœnen tochter.   dô sach man bî ir stân   (1701)
     die minneclîchen frouwen   und manege schœne meit,
     die truogen vil der bouge   und ouch hérlíchiu kleit.

1663 Dáz édel gestéine   lûhte verre dan   1602
     ûz ir vil rîchen wæte.   si wâren wol getân.   (1702)
     dô kômen ouch die geste   und erbéizten sâ zehant.
     hei waz man grôzer zühte   án den Búrgónden vant!

1664 Sehs unt drîzec mägede   unt ander manec wîp,   1603
     (den was wol ze wunsche   gescháffén der lip)   (1703)
     die giengen in engegene   mit manegem küenem man.
     dâ wart ein schœne grüezen   von edeln fróuwén getân.

1665 Diu junge marcgrâvinne   kustę die kűnegę álle drî,   1604
     (alsam tet ir muoter).   dâ stuont ouch Hagene bî.   (1704)
     ir vater hiez in küssen.   dô blihte si in an.
     er dûhte si sô vorhtlîch   daz siz vil gerne hete lân.

1666 Doch muoste si dâ leisten   daz ir der wirt gebôt.   1605
     gemischet wart ir varwe,   bléich únde rôt.   (1705)
     si kustę ouch Dancwarten,   dar nâch den spileman.
     durch sînes lîbes ellen   wart im daz grüezén getân.

1667 Diu junge marcgrâvinne   diu nam bî der hant   1606
     Gîselher den recken   von Burgonden lant.   (1706)
     alsam tet ouch ir muoter   Gúnther den kűenen man.
     si giengen mit den helden   vil harte vrœlíche dan.

1668 Der wirt gie bî Gêrnôte   in einen wîten sal.   1607
     ritter unde frouwen   gesâzen dâ zetal.   (1707)
     dô hiez man balde schenken   den gesten guoten wîn.
     jane dórften nimmer helde   baz gehándélet sîn.

114

1659 und auch Euer ganzer Troß. Was immer Ihr mit Euch in das Land gebracht habt, Pferde und Ausrüstungen, darum werde ich mich so gut kümmern, daß nichts, was Euch auch nur den geringsten Schaden bringen könnte, verlorengeht.

1660 Ihr Knappen, schlagt die Zelte auf dem Feld auf! Für alles, was Ihr hier verliert, werde ich aufkommen. Nehmt den Pferden ihre Zäume ab und laßt sie frei weiden!« Kein Hausherr hatte sich jemals zuvor so zu ihnen verhalten.

1661 Darüber freuten sich die Gäste. Als dies getan war, ritten die Herren davon. Überall legten sich die Knappen in das Gras. Sie hatten es sehr bequem. Ich glaube, auf der ganzen Fahrt war es ihnen niemals so gut gegangen.

1662 Die edle Markgräfin war mit ihrer schönen Tochter vor die Burg gegangen. Da sah man liebliche Damen und viele schöne Jungfrauen bei ihr stehen. Sie trugen viel Geschmeide und herrliche Gewänder.

1663 Auf ihren kostbaren Kleidern leuchteten weithin die Edelsteine. Die Frauen waren sehr schön. Da kamen auch die Gäste und sprangen sogleich von den Pferden. Wie ritterlich die Burgunden sich zu benehmen wußten!

1664 Sechsunddreißig Jungfrauen und viele andere Frauen – alle von schönster Gestalt –, die gingen den Burgunden in Begleitung vieler tapferer Männer entgegen. Da gaben die edlen Damen einen prächtigen Empfang.

1665 Die junge Markgräfin küßte alle drei Könige. (Das tat auch ihre Mutter.) Da stand Hagen in der Nähe. Ihr Vater forderte sie auf, ihn zu küssen. Da schaute sie ihn an. Aber er schien ihr so furchterweckend, daß sie es sehr gerne unterlassen hätte.

1666 Doch mußte sie tun, was ihr der Hausherr befahl. Ihr Gesicht wechselte die Farbe: sie wurde bleich und rot. Sie küßte auch Dankwart, danach den Spielmann. Seiner Tapferkeit wegen wurde er auf diese Weise geehrt.

1667 Die junge Markgräfin nahm Giselher, den Recken aus dem Burgundenland, bei der Hand. So tat auch ihre Mutter und faßte Gunther an, den tapferen Helden. Fröhlich gingen sie mit den Helden davon.

1668 Der Hausherr ging an der Seite Gernots in einen großen Saal. Dort setzten sich Ritter und Damen nieder. Da ließ man den Gästen sogleich vorzüglichen Wein einschenken. Wirklich, niemals hätten Helden besser bewirtet sein können!

1669 Mit lieben ougen blicken   wart gesehen an   *1608*
     diu Rüedegêres tochter;   diu was sô wol getân.   *(1708)*
     jâ trûtes in den sinnen   vil manec ritter guot.
     daz kundę ouch si verdienen: si was vil hôhé gemuot.

1670 Si gedâhten swes si wolden: des enmôhtę aber níht
                                            geschehen.   *1609*
     hín und hér wíderé   wart dâ vil gesehen   *(1709)*
     an mägedę und an frouwen,   der saz dâ genuoc.
     der edele videlære   dem wirte holden willen truoc.

1671 Nâch gewonheite   sô schieden si sich dâ;   *1610*
     ritter unde frouwen   die giengen anderswâ.   *(1710)*
     dô rihte man die tische   in dem sale wît.
     den unkunden gesten   man diente hérlíche sît.

1672 Durch der geste liebe   hin ze tische gie   *1611*
     diu edele marcgrâvinne.   ir tochter si dô lie   *(1711)*
     belîben bî den kinden,   dâ si von rehte saz.
     die gestę ir niht ensâhen.   si muote wærlíchen daz.

1673 Dô si getrunken hêten   unt gezzen über al,   *1612*
     dô wîste man die schœnen   wider in den sal.   *(1712)*
     gämelîcher sprüche   wart dâ niht verdeit.
     der redete vil dâ Volkêr,   ein degen kűenę únt gemeit.

1674 Dô sprach offenlîchen   der edel spilman: *1613*
     »rîcher marcgrâve,   got hât an iu getân   *(1713)*
     vil genædeclîchen,   wandę er iu hât gegeben
     ein wîp sô rehte schœne,   dar zuo ein wunneclîchez leben.

1675 Ob ich ein fürste wære«,   sprach der spilman,   *1614*
     »und soldę ich tragen krône,   ze wîbe woldę ich hân *(1714)*
     die iuwern schœnen tochter;   des wünschet mir der muot.
     diu ist minneclîch ze sehene,   dar zuo edel unde guot.«

1676 Dô sprach der marcgrâve: »wie möhte daz gesîn,   *(1715)*
     daz immer künec gerte   der lieben tochter mîn?
     wir sîn hie ellende,   beidę ich und mîn wîp:
     waz hülfe grôziu schœne   der guoten júncfróuwen lîp?«

1677 Des antwurte Gêrnôt,   der wol gezogen man: *1615*
     »und soldę ich triutinne   nâch mînem willen hân,   *(1716)*
     sô woldę ich solhes wîbes   immer wesen vrô.«
     des antwurte Hagene   vil harte gűetlîchen dô:

1678 »Nu sol mîn herre Gîselher   nemen doch ein wîp: *1616*
     ez ist sô hôher mâge   der marcgrâvinne lîp,   *(1717)*
     daz wir ir gerne dienten,   ich unde sîne man,
     und soldes under krône   dâ zen Búrgónden gân.«

1669 Rüdigers Tochter wurde mit liebevollen Blicken angeschaut; denn sie war so schön. Vielen trefflichen Rittern kamen zärtliche Gedanken bei ihrem Anblick. Solche Aufmerksamkeit hatte sie auch verdient. Sie war sehr hochgemut.

1670 In Gedanken ließen die Ritter ihren Wünschen, die sich doch nicht erfüllen konnten, freien Lauf. Hin und her gingen ihre Blicke, von den Jungfrauen zu den Damen, die da in großer Zahl saßen. Der edle Spielmann war dem Hausherrn von Herzen zugetan.

1671 Wie es der Brauch forderte, trennten sie sich dann. Ritter und Damen gingen auseinander. Da deckte man in dem weiträumigen Saal die Tische. Die fremden Gäste wurden herrlich bewirtet.

1672 Den Gästen zuliebe ließ sich die edle Markgräfin an deren Tisch nieder. Ihre Tochter ließ sie bei den Mädchen, wo sie ihrem Alter nach auch hingehörte. Die Gäste konnten sie nun nicht mehr sehen. Das verdroß sie wirklich sehr.

1673 Als sie nun getrunken und gespeist hatten, da schickte man das schöne Mädchen wieder in den Saal. Da unterhielt man sich mit lustigen Sprüchen. Die meisten kamen von Volker, dem tapferen, stolzen Helden.

1674 Da sagte der edle Spielmann vor allen Anwesenden: »Mächtiger Markgraf, Gott ist Euch sehr gnädig gewesen, denn er hat Euch eine sehr schöne Gemahlin und ein freudenvolles Leben geschenkt.

1675 Wenn ich ein Fürst wäre«, sagte der Spielmann, »und eine Krone tragen dürfte, dann würde ich Eure schöne Tochter zur Frau nehmen; danach steht all mein Verlangen. Sie ist so lieblich anzuschauen, zudem edel und vorbildlich.«

1676 Da sagte der Markgraf: »Wie könnte es sein, daß jemals ein König Verlangen hätte nach meiner lieben Tochter? Ich und meine Frau, wir leben als Heimatlose in diesem Land; was nützt denn der edlen Jungfrau ihre große Schönheit?«

1677 Darauf antwortete Gernot, der wohlerzogene Mann: »Sollte ich eine liebe Frau haben, wie ich sie mir wünsche: ich würde mich über eine solche Gemahlin allezeit freuen.« Darauf antwortete Hagen sehr freundlich:

1678 »Nun soll doch mein Herr Giselher eine Gemahlin nehmen; die Markgräfin ist von so hoher Abstammung, daß wir ihr mit Freude dienen würden, ich und meine Gefolgsleute, wenn sie im Burgundenland die Krone trüge.«

1679 Diu rede Rüedegêren   dûhte harte guot   1617
     und ouch Gotelinde: jâ freutes in den muot.   (1718)
     sît truogen an die helde   daz si ze wîbe nam
     Gîselher der edele,   als ez wol künege gezam.

1680 Swaz sich sol gefüegen,   wer mac daz understén?   1618
     man bat die juncfrouwen   hin ze hove gên.   (1719)
     dô swuor man im ze gebene   daz wünneclîche wîp.
     dô lobtę ouch er ze minnen   den ir vil minneclîchen lîp.

1681 Man beschíet der juncfrouwen   bürgę unde lant.   1619
     des sichertę dâ mit eiden   des edeln küneges hant   (1720)
     undę ouch der herre Gêrnôt,   daz wurde daz getân.
     dô sprach der marcgrâve: »sît ich der bürge niht enhân,

1682 Sô sol ich iu mit triuwen   immer wesen holt.   1620
     ich gibe zuo mîner tochter   silber unde golt   (1721)
     sô hundert sóumǽre   meiste mügen tragen,
     daz ez des heldes mâgen   nâch êren müge wol behagen.«

1683 Dô hiez man si beide   stên an einen rinc   1621
     nâch gewonheite.   vil manec jungelinc   (1722)
     in vrœlîchem muote   ir ze gegene stuont.
     si gedâhten in ir sinnen   sô noch die tumben gerne tuont.

1684 Dô man begunde vrâgen   die minneclîchen meit,   1622
     ob si den recken wolde,   ein teil was ez ir leit,   (1723)
     unt dâhte doch ze nemene   den wǽtlîchen man.
     si schamte sich der vrâge   sô manec maget hât getân.

1685 Ir riet ir vater Rüedegêr   daz si sprǽche jâ   1623
     unt daz si in gerne nǽme.   vil schiere dô was dâ   (1724)
     mit sînen wîzen handen,   der si umbeslôz,
     Gîselher der edele,   swie lützel si sîn doch genôz.

1686 Dô sprach der marcgrâve: »ir edelen künege rîch,   1624
     als ir nu wider rîtet   (daz ist gewonlîch)   (1725)
     heim ze Burgonden,   sô gibę ich iu mîn kint,
     daz ir si mit iu füeret.«   daz gelóbtén si sint.

1687 Swaz man dâ schalles hôrte,   den muosen si dô lân.   1625
     man hiez die juncfrouwen   zir kemenâten gân,   (1726)
     und ouch die geste slâfen   und ruowen an den tac.
     do beréite man die spîse.   der wirt ir gŭetlîche pflac.

1688 Dô si enbizzen wâren,   si wolden dannen varn   1626
     gên der Hiunen lande.   »daz heizę ich woļ bewarn«,   (1727)
     sprach der wirt vil edele: »ir sult noch hie bestân,
     wan ich sô lieber geste   selten hie gewunnen hân.«

118

1679 Diese Worte hörten Rüdiger und auch Gotelind sehr gern. Sie freuten sich darüber. Sofort waren sich die Helden einig, daß der edle Giselher Gotelind zur Frau nehmen sollte, wie es sich für ihn als König durchaus geziemte.

1680 Wer kann gegen das angehen, was sich ereignen soll? Man rief die Jungfrau, vor die Könige zu kommen. Da schwur man, man wolle ihm das reizende Mädchen zur Frau geben. Da gelobte auch Giselher feierlich, sie zu heiraten.

1681 Man wies dem Mädchen Burgen und Länder als Morgengabe zu. Daraufhin bekräftigten der edle König und der Herr Gernot durch einen feierlichen Schwur, daß sie zu ihrem Wort stehen wollten. Da sagte der Markgraf: »Da ich keine Burgen besitze,

1682 werde ich Euch wenigstens meiner Treue und Zuneigung versichern. Ich gebe meiner Tochter so viel Silber und Gold mit in die Ehe, wie hundert Saumpferde nur tragen können, so daß es den Verwandten des Helden gefallen kann und ihrem Ansehen entspricht.«

1683 Nach üblichem Brauch ließ man sie beide in einen Ring treten. Viele junge Helden standen ihr in fröhlicher Stimmung gegenüber. Sie dachten, was junge Leute so zu denken pflegen.

1684 Als man das liebliche Mädchen fragte, ob sie den Recken heiraten wollte, da war ihr doch nicht ganz wohl zumute, obschon sie den stattlichen Mann zu nehmen gedachte. Wie es schon bei manchem Mädchen gewesen ist, schämte sie sich, daß man sie überhaupt fragte.

1685 Ihr Vater Rüdiger riet ihr, ja zu sagen und zu antworten, daß sie ihn mit Freuden nähme. Sogleich war der edle Giselher an ihrer Seite und umfing sie mit seinen weißen Händen. Wie kurz sie ihr Glück genießen durfte!

1686 Da sagte der Markgraf: »Ihr edlen, mächtigen Könige, wenn Ihr nun wieder nach Hause reitet ins Burgundenland, dann gebe ich Euch nach dem üblichen Brauch meine Tochter mit.« Dem gaben alle sogleich ihre Billigung.

1687 Was man da an festlichem Lärm vernahm, damit mußten sie jetzt aufhören. Man forderte die Jungfrauen auf, in ihre Kemenaten zu gehen; die Gäste bat man, sich schlafen zu legen und bis Tagesanbruch zu ruhen. Am Morgen bereitete man ihnen einen Imbiß. Der Hausherr sorgte ausgezeichnet für sie.

1688 Als sie gegessen hatten, da wollten sie in das Land der Hunnen weiterreiten. »Dagegen erhebe ich Einspruch«, sagte der edle Hausherr, »Ihr sollt noch etwas hierbleiben, denn so teure Gäste habe ich noch niemals bei mir gehabt.«

1689 Des antwurte Dancwart: »jane mác es niht gesîn.   *1627*
    wâ næmet ir die spîse, daz brôt und ouch den wîn, *(1728)*
    daz ir sô manegem recken noch hînte müeset hân?«
    dô daz der wirt gehörte, er sprach: »ir sult die rede lân.

1690 Mîne vil líeben herren, ir sult mir niht versagen.   *1628*
    jâ gæbe̦ ich iu die spîse ze víerzéhen tagen, *(1729)*
    mit allem dem gesinde, daz mit iu her ist komen:
    mir hât der künec Etzel noch vil wênec iht genomen.«

1691 Swie sêre si sich werten, si muosen dâ bestân   *1629*
    unz an den vierden morgen. dô wart dâ getân *(1730)*
    von des wirtes milte daz verre wart geseit.
    er gap den sînen gesten beidiu róss únde kleit.

1692 Ez enkúnde niht wern langer, si muosen dannen varn.
    Rüedegêr der kunde vil wênec iht gesparn   *1630*
    vor der sîner milte. swes iemen gerte nemen, *(1731)*
    daz versagete̦ er niemen: ez muose̦ in állén gezemen.

1693 Ir edel ingesinde brâhte für daz tor   *1631*
    gesatelt vil der mœre. dô kom zuo zin dâ vor *(1732)*
    vil der vremden recken. si truogen schilde̦ enhant,
    wánde si wólden rîten in daz Étzélen lant.

1694 Der wirt dô sîne gâbe bôt über al   *1632*
    ê daz die edeln geste kœmen für den sal. *(1733)*
    er kunde mileclîche mit grôzen êren leben.
    die sîne tochter schœne die het er Gîselher gegeben.

1695 Dô gap er Gunthêre, dem helde lobelîch,   *1633*
    daz wol truoc mit êren der edel künec rîch, *(1734)*
    swie sélten er gâbe̦ empfienge, ein wâfenlîch gewant.
    dar nâch neic dô Gunther des edeln Rüedegêres hant.

1696 Dô gap er Gêrnôte ein wâfen guot genuoc,   *1634*
    daz er sît in sturme vil hêrlîchen truoc. *(1735)*
    der gâbe̦ im vil wol gunde des marcgrâven wîp,
    dâ von der guote Rüedegêr sît múose verlíesén den lîp.

1697 Gotelint bôt Hagenen, als ir vil wol gezam,   *1635*
    ir minneclîchen gâbe: sît si der künec nam, *(1736)*
    daz er ouch âne̦ ir stiure zuo der hôchgezît
    von ir varn niht solde, doch widerredete̦ er ez sît.

1698 »Alles des ich ie gesach«, sprach dô Hagene,   *1636*
    »sone gérte̦ ich niht mêre hínnen ze trágené *(1737)*
    niwan jenes schildes dort an jener want.
    den wolde̦ ich gerne füeren in daz Étzélen lant.«

1689 Darauf antwortete Dankwart: »Das ist doch gar nicht möglich. Wo wollt Ihr denn die Speise hernehmen, Brot und Wein, um so viele Recken auch heute nacht noch zu bewirten?« Als der Hausherr diese Worte hörte, sagte er: »Sprecht nicht weiter!

1690 Meine lieben Herren, Ihr dürft es mir nicht abschlagen! Wirklich, ich könnte Euch und das ganze Gefolge, das mit Euch hierher gekommen ist, für vierzehn Tage verpflegen. Mir hat der König Etzel bisher noch nichts abgefordert.«

1691 Wie sehr sie sich auch sträubten, sie mußten bis zum vierten Morgen dableiben. Da erwies sich der Hausherr als so freigebig, daß man weithin davon sprach. Rüdiger schenkte seinen Gästen Pferde und Kleider.

1692 Länger durfte ihr Aufenthalt nicht dauern, sie mußten weiterziehen. Rüdiger legte seiner Freigebigkeit keinerlei Schranken auf. Was jemand auch haben wollte, das verwehrte er ihm nicht. Denn es sollte allen gefallen.

1693 Ihre edle Dienerschaft führte die vielen Pferde gesattelt vor das Burgtor. Da traten viele fremde Recken zu ihnen. Die trugen die Schilde in ihren Händen, denn sie wollten jetzt in das Land Etzels reiten.

1694 Bevor die edlen Gäste aus dem Saal herauskamen, verteilte der Hausherr an alle seine Gaben. Er verstand es, sich durch Freigebigkeit großes Ansehen zu verschaffen. Seine schöne Tochter hatte er Giselher zur Frau gegeben.

1695 Da gab er Gunther, dem ruhmreichen Helden, eine Rüstung, die der edle, mächtige König, wenn er auch eigentlich niemals ein Geschenk annahm, wohl mit Ehren tragen konnte. Danach dankte Gunther dem edlen Rüdiger, indem er sich vor ihm verneigte.

1696 Da gab er Gernot ein tüchtiges Schwert, das er später im Kampf auch ehrenvoll führte. Die Gemahlin des Markgrafen schenkte ihm diese Gabe, durch die der treffliche Rüdiger später den Tod finden sollte, sehr gerne.

1697 Wie es sich für sie geziemte, bot Gotelind Hagen liebevoll ein Geschenk an: nachdem selbst der König eine Gabe angenommen hatte, sollte auch Hagen nicht ohne ein Geschenk von ihr auf das Fest reiten. Doch er wehrte zunächst ab.

1698 »Von allem, was ich jemals sah«, sagte da Hagen, »möchte ich nichts lieber von hier mitnehmen als jenen Schild, der dort an der Wand hängt. Den würde ich mit Freuden im Land Etzels führen.«

1699 Dô diu marcgrâvinne   Hagenen rede vernam,   *1637*
       ez mante si ir leides.   weinen si gezam   *(1738)*
       do gedâhte si vil tiure   an Nuodunges tôt.
       den het erslagen Witege,   dâ von sô het si jâmers nôt.

1700 Si sprach zuo dem degene: »den schilt wil ich iu geben.
       daz wolde got von himele,   daz er noch solde leben,   *1638*
       der in dâ truoc enhende!   der lac in sturme tôt.   *(1739)*
       den muoz ich immer weinen;   des gât mir armem wîbe nôt.«

1701 Diu edele marcgrâvinne   von dem sedele gie.   *1639*
       mit ir vil wîzen handen   si den schilt gevie.   *(1740)*
       diu frouwe truoc in Hagenen,   er nam in an die hant.
       diu gâbe was mit êren   an den réckén gewant.

1702 Ein hulft von liehtem pfelle   ob sîner varwe lac   *1640*
       (bezzern schilt deheinen   belûhte nie der tac)   *(1741)*
       von edelem gesteine.   swer sîn hete gegert
       ze koufen, an der koste   was er wol tûsent marke wert.

1703 Den schilt hiez dô Hagene   von im tragen dan.   *1641*
       dô begunde Dancwart   hin ze hove gân.   *(1742)*
       dem gap vil rîchiu kleider   des marcgrâven kint.
       diu truoc er dâ zen Hiunen   vil harte hérlîche sint.

1704 Allez daz der gâbe   von in wart genomen,   *1642*
       in ir deheines hende   wære ir niht bekomen,   *(1743)*
       wan durch des wirtes liebe,   derz in sô schône bôt.
       sît wurdens im sô vîent   daz si in muosen slahen tôt.

1705 Vólkér der snelle   mit sîner videlen dan   *1643*
       gie gezogenlîche   für Gotelinde stân.   *(1744)*
       er videlte süeze dœne   und sanc ir sîniu liet.
       dâ mit nam er urloup,   dô er von Bechelâren schiet.

1706 Ir hiez diu marcgrâvinne   eine lade tragen.   *1644*
       von friuntlîcher gâbe   múget ir hœren sagen.   *(1745)*
       dar ûz nam si zwelf bouge   und spiens im an die hant.
       »die sult ir hinnen füeren   in das Étzélen lant.

1707 Und sult durch mînen willen   si ze hove tragen,   *1645*
       swennę ir wider wendet,   daz man mir müge sagen,   *(1746)*
       wie ir mir habt gedienet   dâ zer hôchzît.«
       des diu frouwe gerte,   vil wol léistę ér daz sît.

1708 Dô sprach der wirt zen gesten: »ir sult déste sanfter varn:
       ich wil iuch selbe leiten   und heizen wol bewarn   *1646*
       daz iu ûf der strâze   niemen müge geschaden.«   *(1747)*
       dô wurden sîne soume   harte schíeré geladen.

1699 Als die Markgräfin die Worte Hagens hörte, da wurde sie an ihren alten Schmerz erinnert. Sie mußte weinen. Da dachte sie in Treue an den Tod Nudungs. Den hatte Wittich erschlagen. Das hatte ihr schweres Leid gebracht.

1700 Sie sagte zu dem Helden: »Den Schild will ich Euch geben. Wollte der himmlische Gott, daß er noch am Leben wäre, der ihn in seinen Händen trug! Er ist im Kampf gefallen. Immer muß ich um ihn weinen: das bringt mir armer Frau viel Leid.«

1701 Die edle Markgräfin erhob sich von ihrem Sitz. Mit ihren weißen Händen faßte sie den Schild. Die Herrin trug ihn zu Hagen; er nahm ihn in die Hand. Mit dem Geschenk wollte sie ihn ehren.

1702 Eine Hülle aus heller Seide bedeckte den Schild, der bunt mit Edelsteinen besetzt war: einen besseren Schild hat niemals die Sonne beschienen. Wenn man ihn hätte kaufen wollen – er war wohl tausend Mark wert.

1703 Den Schild ließ Hagen wegbringen. Da kam auch Dankwart zu Hofe. Dem gab die Tochter des Markgrafen kostbare Kleider, mit denen er sich später bei den Hunnen prächtig kleidete.

1704 Alles, was sie an Gaben angenommen hatten, wäre niemals in ihre Hände gelangt, wenn sie nicht dem Hausherrn, der es ihnen so bereitwillig dargeboten hatte, sehr zugetan gewesen wären. Später wurden sie ihm so feind, daß sie ihn erschlagen mußten.

1705 Galant trat nun der tapfere Volker mit seiner Fiedel vor Gotelind. Er geigte süße Melodien und sang ihr seine Lieder. Damit nahm er Abschied, als er von Bechelaren aufbrach.

1706 Die Markgräfin ließ eine Truhe herbeibringen. Nun könnt Ihr hören, wie freundlich sie ihm ihre Gabe bot. Sie nahm zwölf Armreife heraus und streifte sie ihm über die Hand. »Die sollt Ihr mit Euch in das Land Etzels nehmen.

1707 Ihr sollt sie mir zuliebe bei Hof tragen, und wenn Ihr zurückkehrt, dann soll man mir sagen, wie Ihr mir dort auf dem Fest gedient habt.« Was die Herrin von ihm verlangte, das hat er später genau erfüllt.

1708 Da sagte der Hausherr zu seinen Gästen: »Damit Ihr um so gefahrloser reist, will ich selbst Euch das Geleit geben und dafür sorgen, daß Ihr beschützt werdet und Euch niemand auf der Straße einen Schaden zufügt.« Da wurden seine Saumpferde sofort beladen.

1709 Der wirt wart wol bereitet   mit fünf hundert man   *1647*
     mit rossen und mit kleidern.   die fuortę er mit im dan
     vil harte frœlîchen   zuo der hôchgezît :   *(1748)*
     der einer mit dem lebene   kom nie ze Bechelâren sît.

1710 Mit kusse minneclîche   der wirt dô dannen schiet.   *1648*
     alsô tet ouch Gîselher,   als im sîn tugent riet.   *(1749)*
     mit umbeslozzen armen   si trûten schœniu wîp.
     daz muose sît beweinen   vil maneger júncfróuwen lîp.

1711 Dô wurden allenthalben   diu venster ûf getân.   *1649*
     der wirt mit sînen mannen   zen rossen wolde gân.   *(1750)*
     ich wænę ir herze in sagete   diu krefteclîchen leit.
     dâ weinte manec frouwe   und manec wǽtlîchiu meit.

1712 Nâch ir lieben friunden   genuoge heten sêr,   *1650*
     die si ze Bechelâren   gesâhen nimmer mêr.   *(1751)*
     doch riten si mit freuden   nider über sant
     zetal bî Tuonouwe   ûz în daz híunísche lant.

1713 Dô sprach zen Burgonden   der ritter vil gemeit,   *1651*
     Rüedegêr der edele :   »jâ suln niht verdeit   *(1752)*
     wesen unser mære,   daz wir zen Hiunen komen.
     im hât der künec Etzel   nie sô liebes niht vernomen.«

1714 Zetal durch Ôsterrîche   der bote balde reit.   *1652*
     den liuten allenthalben   wart daz wol geseit,   *(1753)*
     daz die helde kœmen   von Wormez über Rîn.
     des küneges ingesinde   kundę ez niht líebér gesîn.

1715 Die boten fúr strîchen   mit den mæren,   *1653*
     daz die Nibelunge   zen Hiunen wæren.   *(1754)*
     »du solt si wol empfâhen,   Kriemhilt, frouwe mîn :
     dir koment nâch grôzen êren   die vil lieben bruoder dîn.«

1716 Kríemhílt diu frouwe   in ein venster stuont :   *1654*
     si warte nâch den mâgen,   sô friunt nâch friunden tuont.
     von ir vater lande   sach si manegen man.
     der künec vriesch ouch diu mære;   vor liebę er láchén began.

1717 »Nu wol mich mîner friunde !«   sprách Kríemhílt.   *1655*
     »hie bringent mîne mâge   vil manegen niuwen schilt
     und halsperge wîze :   swer nemen welle golt,
     der gedénke mîner leide,   und wil im immer wesen holt.«

1709 Zusammen mit fünfhundert Gefolgsleuten wurde der Hausherr mit Pferden und Kleidern ausgerüstet. Fröhlich nahm er alles mit sich auf das Fest. Nicht einer von ihnen kam später lebend nach Bechelaren zurück.

1710 Mit einem Kuß nahm der Hausherr liebevoll Abschied. Ebenso verhielt sich auch Giselher, wie es seine Ritterlichkeit von ihm verlangte. Mit innigen Umarmungen liebkosten sie die schönen Frauen. Viele Jungfrauen sollten später über diesen Abschied weinen.

1711 Da wurden überall die Fenster geöffnet. Der Hausherr wollte nun mit seinen Gefolgsleuten zu den Pferden gehen. Ich glaube, ihr Herz sagte ihnen den bitteren Schmerz voraus: da weinten viele Frauen und viele schöne Mädchen.

1712 Schmerz um ihre lieben Freunde, die sie in Bechelaren niemals wiedersahen, ergriff viele. Doch die Helden ritten fröhlich stromab am Ufer der Donau entlang bis in das hunnische Land.

1713 Da sagte der edle Rüdiger, der stolze Ritter, zu den Burgunden: »Wahrhaftig, die Botschaft, daß wir uns dem Hunnenland nähern, sollen wir nicht länger verschweigen. Niemals hat der König Etzel eine so angenehme Nachricht vernommen.«

1714 Der Bote ritt eilig durch Österreich hinab. Überall wurde den Leuten berichtet, daß die Helden aus Worms am Rhein kämen. Den Leuten König Etzels hätte nichts lieber sein können.

1715 Mit der Botschaft, daß die Nibelungen auf dem Weg ins Hunnenland seien, ritten die Boten voran. »Kriemhild, meine Gemahlin, Du sollst sie freundlich empfangen. Deine lieben Brüder kommen hierher und erwarten, mit großen Ehren aufgenommen zu werden.«

1716 Kriemhild, die Herrin, stellte sich in ein Fenster. Sie hielt Ausschau nach den Verwandten, wie ein Freund nach Freunden Ausschau hält. Viele Männer aus dem Lande ihres Vaters sah sie heranreiten. Der König erfuhr auch davon, vor Freude begann er zu lachen.

1717 »Wie gut, daß ich hier Freunde habe«, sagte Kriemhild. »Hier bringen meine Verwandten viele neue Schilde und helle Halsberge mit: wer Gold haben will, der soll an meinen Schmerz denken, und ich werde mich allezeit ihm gegenüber dankbar erweisen.«

28. Âventiure
Wie die Burgonden zuo den Hiunen kômen

1718 Dô die Burgonden kômen in daz lant,   *1656*
  do gevríesch éz von Berne der alte Hildebrant.   *(1758)*
  er sagtez sînem herren. ez was im harte leit.
  er bat in wol empfâhen die ritter küenę únt gemeit.

1719 Wólfhárt der snelle hiez brîngén diu marc.   *1657*
  dô reit mit Dietrîche vil manec degen starc,   *(1759)*
  dâ er si grüezen wolde zuo in an daz velt.
  dâ hetens ûf gebunden vil manec hérlîch gezelt.

1720 Dô si von Tronege Hagene verrist rîten sach,   *1658*
  zuo den sînen herren gezogenlîchę er sprach: *(1760)*
  »nu sult ir snelle recken von dem sedele stân,
  und gêt in hin engegene, die iuch dâ wéllént empfân.

1721 Dort kumt her ein gesinde, daz ist mir wol bekant: *1659*
  ez sint vil snelle degene von Amelunge lant.   *(1761)*
  die füeret der von Berne, si sint vil hôchgemuot.
  ir sult ez niht versmâhen, swaz man iu dîensté getuot.«

1722 Dô stuonden von den rossen (daz was michel reht)   *1660*
  neben Dietrîche manec ritter unde kneht.   *(1762)*
  si giengen zuo den gesten dâ man die helde vant.
  si gruozten minneclîchen die von Búrgónden lant.

1723 Dô si der herre Dietrich gegen im komen sach,   *1661*
  hie muget ir gerne hœren, waz der degen sprach   *(1763)*
  zuo den Uoten kinden. ir reise was im leit.
  er wândę ez weste Rüedegêr, daz erz in hếté geseit.

1724 »Sît willekomen, ir herren, Gúnther und Gîselher,   *1662*
  Gêrnôt unde Hagene, sam sî her Volkêr   *(1764)*
  und Dancwart der vil snelle! ist iu daz niht bekant?
  Kriemhílt noch sêre weinet den helt von Nibelunge lant.«

1725 »Si mac wol lange weinen«, sprach dô Hagene: *1663*
  »er lît vor manegem jâre ze tôdę erslagene.   *(1765)*
  den künec von den Hiunen sol si nu holden haben:
  Sîfrit kumt niht widere, er ist vor maneger zît begraben.«

1726 »Die Sifrides wunden lâzen wir nu stên: *1664*
  sol leben diu frouwe Kriemhilt, noch mac schadę ergên.« *(1766)*
  sô redete von Berne der herre Dietrich.
  »trôst der Nibelunge, dâ vor behűeté du dich.«

28. Aventiure
Wie die Burgunden zu den Hunnen kamen

1718 Als die Burgunden in das Land gekommen waren, da erfuhr es auch der alte Hildebrand aus Bern. Er meldete es seinem Herrn. Der war darüber sehr unglücklich. Er gab ihm den Auftrag, die tapferen, stolzen Ritter ehrenvoll zu empfangen.

1719 Der tapfere Wolfhart ließ die Pferde herbeibringen. Da ritten viele tapfere Helden mit Dietrich zur Begrüßung hinaus aufs Feld. Dort hatten die Burgunden gerade viele herrliche Zelte auf die Saumtiere gepackt.

1720 Als Hagen von Tronje sie von weitem heranreiten sah, da sagte er in aller höfischen Form zu seinen Herren: »Tapfere Recken, nun sollt Ihr Euch von Euren Sitzen erheben und denen, die Euch hier empfangen wollen, entgegengehen.

1721 Dort kommt ein Gefolge heran, das ich gut kenne: Es sind tapfere, hochgemute Helden aus dem Land der Amelungen. Der von Bern führt sie an. Die Dienste, die sie Euch tun, solltet Ihr nicht verschmähen!«

1722 Da stiegen – und so geziemte es sich – viele Ritter und Knappen zusammen mit Dietrich vom Pferd. Sie traten auf die Gäste zu. Freundlich grüßten sie die Helden aus dem Burgundenland.

1723 Ihr sollt nun hören, was der Herr Dietrich zu den Söhnen Utes sagte, als der Held sie auf sich zukommen sah. Ihre Fahrt war ihm gar nicht recht. Er glaubte allerdings, daß Rüdiger die Gefahr kannte und es ihnen gesagt hätte.

1724 »Seid willkommen, Ihr Herren, Gunther und Giselher, Gernot und Hagen, ebenso Volker und der tapfere Dankwart! Wißt Ihr denn nicht? Kriemhild vergießt immer noch heiße Tränen um den Helden aus dem Nibelungenland.«

1725 »Sie kann lange weinen«, sagte da Hagen. »Er liegt nun schon lange Jahre erschlagen. Sie soll ihre Liebe nun dem König der Hunnen schenken. Siegfried kommt nicht zurück, er ist schon vor langer Zeit begraben worden.«

1726 »Siegfrieds Wunden wollen wir auf sich beruhen lassen. Doch solange Kriemhild lebt, wird sie darauf sinnen, wie sie Euch schaden kann.« So sprach der Herr Dietrich von Bern. »Du Schutzherr der Nibelungen, hüte Dich davor!«

1727 »Wie sol ich mich behüeten?« sprach der künec hêr.   *1665*
»Étzel uns boten sande   (wes sol ich vrâgen mêr?),   *(1767)*
daz wir zuo zim solden   rîten in daz lant,
ouch hât uns manegiu mære   mîn swester Kríemhílt gesant.«

1728 »Ich kan iu wol gerâten«,   sprach aber Hagene,   *1666*
»nu bitet iu diu mære   baz ze sagene   *(1768)*
den herren Dietrîchen   unt sîne helde guot,
daz si iuch lâzen wizzen   der frouwen Kríemhílde muot.«

1729 Dô giengen sundersprâchen   die drîe künege rîch,   *1667*
Gunther und Gérnôt   und ouch her Dietrîch.   *(1769)*
»nu sagę uns, von Berne   vil edel ritter guot,
wie dir sî gewizzen   umb der küneginne muot.«

1730 Dô sprach der voget von Berne: »waz sol ich iu mêre sagen?
ich hœrę alle morgen   weinen und klagen   *1668*
mit jâmerlîchen sinnen   daz Etzelen wîp   *(1770)*
dem rîchen got von himele   des starken Sífrídes lîp.«

1731 »Ez ist et unerwendet«,   sprach der küene man,   *1669*
Vólkêr der videlære,   »daz wir vernomen hân.   *(1771)*
wir suln ze hove rîten   und suln lâzen sehen
waz uns vil snellen degenen   mȕge zen Híunén geschehen.«

1732 Die küenen Burgonden   hin ze hove riten.   *1670*
si kômen hêrliche   nâch ir landes siten.   *(1772)*
dô wundertę dâ zen Hiunen   vil manegen küenen man
umb Hagenen von Tronege,   wie der wǽré getân.

1733 Durch daz man sagete mære   (des was im genuoc),   *1671*
daz er von Niderlande   Sífríden sluoc,   *(1773)*
sterkest aller recken,   den Kriemhilde man.
des wart michel vrâgen   ze hove nâch Hágené getân.

1734 Der helt was wol gewahsen,   dáz ist álwǎr: *1672*
grôz was er zen brusten,   gemischet was sîn hâr   *(1774)*
mit einer grîsen varwe;   diu béin wǎren im lanc
und eislîch sîn gesihene;   er hete hérlíchen ganc.

1735 Dô hiez man herbergen   die Burgonden man.   *1673*
Gunthers ingesinde   daz wart gesundert dan.   *(1775)*
daz riet diu küneginne,   diu im vil hazzes truoc.
dâ von man sît die knehte   an der hérbérge sluoc.

1736 Dancwart, Hagenen bruoder,   der was marschalch.   *1674*
der künec im sîn gesinde   vlîzeclîch bevalch,   *(1776)*
daz er ir vil wol pflæge   und in gǽbé genuoc.
der helt von Burgonden   in allen guoten willen truoc.

1727 »Wie soll ich mich davor hüten?« sagte der erhabene König. »Etzel schickte Boten zu uns – warum soll ich da noch viel fragen? – daß wir zu ihm in das Land reiten sollten. Auch hat meine Schwester Kriemhild uns viele Botschaften gesandt.«

1728 »Ich kann Euch einen guten Rat geben«, sagte wiederum Hagen. »Bittet den Herrn Dietrich und seine trefflichen Helden, uns Genaueres zu sagen; laßt sie Euch die Absichten der Herrin Kriemhild enthüllen.«

1729 Da zogen sich die drei mächtigen Könige, Gunther und Gernot und auch Herr Dietrich, zu einer geheimen Besprechung zurück: »Nun sage uns, edler, trefflicher Ritter von Bern, was weißt Du über die Absichten der Königin?«

1730 Da sagte der Vogt von Bern: »Was soll ich Euch sonst noch sagen? Ich höre jeden Morgen, wie die Gemahlin Etzels dem mächtigen Gott im Himmel unter Jammern und Tränen den Tod des starken Siegfried klagt.«

1731 »Was wir hier gehört haben«, sagte der tapfere Mann, der Spielmann Volker, »dagegen können wir doch nichts tun. Laßt uns zu Hofe reiten und uns sehen, was uns tapferen Helden hier bei den Hunnen geschieht.«

1732 Die tapferen Burgunden ritten zu Hofe. Nach dem Brauch ihres Landes kamen sie in herrlichem Zug daher. Da fragte sich manch tapferer Mann dort bei den Hunnen, wie denn wohl Hagen von Tronje aussähe.

1733 Weil man die Kunde verbreitet hatte – und zwar überall –, daß er Siegfried von Niederland, den stärksten aller Recken, den Gemahl Kriemhilds, erschlagen hatte, begann man am Hofe eifrig nach Hagen zu fragen.

1734 Es ist wirklich wahr: Der Held war gut gewachsen, breit war seine Brust, sein Haar wurde schon grau; seine Beine waren lang, und sein Blick war schrecklich. Er hatte einen herrlichen Gang.

1735 Da ließ man die Burgunden in ihre Quartiere bringen. Gunthers Knappen wurden für sich untergebracht. Das hatte die Königin, die ihnen feindlich gesonnen war, so geplant. Deshalb konnte man später die Knappen in ihrem Quartier erschlagen.

1736 Dankwart, der Bruder Hagens, war der Marschall. Der König vertraute ihm seine Knappen an und schärfte ihm ein, gut für sie zu sorgen und ihnen genug zu reichen. Der Held aus dem Burgundenland war ihnen allen treu ergeben.

1737 Kríemhílt diu schœne   mit ir gesinde gie,   *1675*
    dâ si die Nibelunge   mit valschem muotę empfie.   *(1777)*
    si kuste Gîselhêren   und nam in bî der hant.
    daz sach von Tronege Hagene: den helm er vástér gebant.

1738 »Nâch sus getânem gruoze«,   so sprach Hagene,   *1676*
    »mugen sich verdenken   snelle degene: *(1778)*
    man grüezet sunderlingen   die künegę und ir man.
    wir haben niht guoter reise   zuo dirre hôchzît getân.«

1739 Si sprach: »nu sît wíllekómen   swer iuch gerne siht!   *1677*
    durch iuwer selbes friuntschaft   grüezę ich iuch niht.   *(1779)*
    saget waz ir mir bringet   von Wormez über Rîn,
    dar umb ir mir sô grôze   soldet willekomen sîn.«

1740 »Het ich gewest diu mære«,   sprach dô Hagene,   *1678*
    »daz iu gâbe solden   bringen degene,   *(1780)*
    ich wære wol sô rîche,   het ich mich baz verdâht,
    daz ich iu mîne gâbe   her ze lande hete brâht.«

1741 »Nu sult ir mich der mære   mêre wizzen lân!   *1679*
    hort der Nibelunge,   war habt ir den getân?   *(1781)*
    der was doch mîn eigen,   daz ist iu wol bekant.
    den soldet ir mir füeren   in daz Étzélen lant.«

1742 »Entriuwen, mîn frou Kriemhilt,   des ist vil manec tac
    daz ich hórt der Nibelunge   nîené gepflac.   *1680*
    den hiezen mîne herren   senken in den Rîn,   *(1782)*
    dâ muoz er wærlîche   unz an daz júngéste sîn.«

1743 Dô sprach diu küneginne: »ich hâns ouch gedâht.   *1681*
    ir habt mirs noch vil wênec   her ze lande brâht,   *(1783)*
    swie er mîn eigen wære   unde ich sîn wîlen pflac.
    des hân ich alle zîte   vil manegen trûrégen tac.«

1744 »Jâ bringę ich iu den tiuvel«,   sprach aber Hagene.   *1682*
    »ich hân an mînem schilde   sô vil ze tragene   *(1784)*
    und an der mînen brünne,   mîn helm der ist lieht.
    daz swert an mîner hende: des enbringę ich iu nieht.«

1745 Dô sprach diu küneginne   zen recken über al: *1683*
    »man sol deheiniu wâfen   tragen in den sal.   *(1786)*
    ir héldę, ir súlt mirs ûf gében: ich wíl si behálten lân.«
    »entriuwen«, sprach dô Hagene,   »daz wirdet nímmér getân!

1746 Jane gér ich niht der êren,   fürsten wine milt,   *1684*
    daz ir zen herbergen   trüeget mînen schilt   *(1787)*
    und ander mîn gewæfen.   ir sît ein künegîn.
    daz enlẽrte mích mîn váter níht: ich wil sélbe kamerære sîn.«

1737 Die schöne Kriemhild ging mit ihrem Gefolge zu den Nibe-
lungen und empfing sie, ohne indessen ihre wahren Gefühle
zu zeigen. Sie küßte Giselher und faßte seine Hand. Das sah
Hagen von Tronje. Er band seinen Helm fester.

1738 »Nach einem solchen Gruß«, so sagte Hagen, »sollen tapfere
Helden sich in acht nehmen. Man begrüßt die Könige und ihre
Leute in unterschiedlicher Weise. Es war kein guter Entschluß,
daß wir auf dieses Fest gezogen sind.«

1739 Sie sagte: »Nun seid herzlich willkommen! Jedenfalls dem, der
Euch gerne sieht. Aus Freundschaft zu Euch begrüße ich Euch
nicht! Sagt, was Ihr mir von Worms am Rhein mitgebracht
habt, daß Ihr mir so herzlich willkommen sein solltet?«

1740 »Hätte ich nur eher davon gehört«, sagte da Hagen, »daß Helden
Euch eine Gabe mitbringen sollten, ich wäre wohl reich genug
gewesen – wäre ich nur darauf gekommen –, Euch meine Gabe
in dieses Land mitzubringen.«

1741 »Nun sagt mir mehr darüber! Wohin habt Ihr den Hort der
Nibelungen gebracht? Der war doch mein Eigentum, das wißt
Ihr genau: den hättet Ihr mir in das Land Etzels mitbringen
sollen.«

1742 »Wahrhaftig, Herrin Kriemhild, es ist schon sehr lange her, daß
ich mich nicht mehr um den Hort der Nibelungen gekümmert
habe. Den ließen meine Herren in den Rhein senken und dort
wird er sicherlich bis zum Jüngsten Tag bleiben.«

1743 Da sagte die Königin: »Genauso habe ich es mir vorgestellt. Ihr
habt mir nichts davon in dieses Land gebracht, obwohl er mein
Eigentum ist und ich ihn vormals zu meiner Verfügung hatte.
So muß ich auf immer traurig sein.«

1744 »Wahrhaftig, ich bringe Euch den Teufel«, sagte wiederum
Hagen. »Ich habe schon soviel an meinem Schild und an mei-
nem Brustpanzer zu tragen, auch an meinem leuchtenden
Helm und dem Schwert, das ich in Händen trage: Euch bringe
ich nichts davon mit.«

1745 Da sagte die Königin zu allen Recken: »Keiner darf Waffen mit
in den Saal nehmen. Ihr Helden, Ihr sollt sie mir geben; ich
will sie verwahren lassen.« »Wahrlich«, sagte da Hagen, »davon
kann keine Rede sein!

1746 Daß Ihr, die großzügige Gemahlin des Königs, meinen Schild
und meine anderen Waffen in mein Quartier brächtet, solch
eine Ehre verlange ich nicht. Ihr seid doch eine Königin! Ein
solches Verhalten hat mich mein Vater nicht gelehrt. Nein,
ich will mein eigener Kämmerer sein.«

1747 »Owê mîner leide!«   sprach dô frou Kriemhilt.   *1685*
»war umbe wil mîn bruoder   und Hagene sînen schilt
niht lâzén behalten ?   si sint gewarnôt.   *(1788)*
und wessę ich wer daz tæte,   er müese kíesén den tôt.«

1748 Des antwurtę ir mit zorne   der fürste Dietrîch :   *1686*
»ich binz der hât gewarnet   die edeln künege rîch   *(1789)*
und Hagenen den küenen,   den Burgonden man.
nu zúo, vâlandinne,   du solt michs niht geniezen lân!«

1749 Des schamte sich vil sêre   daz Étzélen wîp.   *1687*
si vorhte bitterlîchen   den Dietrîches lîp.   *(1790)*
dô gie si von im balde,   daz si niht ensprach,
wan daz si swinde blicke   an ir vîánde sach.

1750 Bî henden sich dô viengen   zwêne degene :   *1688*
daz eine was her Dietrîch,   daz ander Hagene.   *(1791)*
dô sprach gezogenlîche   der recke vil gemeit :
»daz iuwer komen zen Hiunen   daz ist mir wǽrlîche leit,

1751 Durch daz diu küneginne   alsô gesprochen hât.«   *1689*
dô sprach von Tronege Hagene :   »es wirt wol alles rât.«
sus redeten mit ein ander   die zwêne küene man.   *(1792)*
daz sach der künec Etzel ;   dar umbę er vrâgén began.

1752 »Diu mærę ich weste gerne«,   sprach der künec rîch,   *1690*
»wer jener recke wære,   den dort her Dietrîch   *(1793)*
sô fríuntlîchę empfâhet.   er treit vil hôhen muot.
swer sîn vater wære,   er mac wol sîn ein hélt gúot.«

1753 Des ántwúrtę dem künege   ein Kriemhilde man :   *1691*
»er ist geborn von Tronege,   sîn váter hiez Áldriân.   *(1794)*
swie blîdę er hie gebâre,   er ist ein grimmer man.
ich lâzę iuch daz wol schouwen,   daz ich gelogen niene hân.«

1754 »Wie sol ich daz erkennen   daz er sô grimmec ist ?«   *1692*
dannoch er niene weste   vil manegen argen list,   *(1795)*
den sît diu küneginne   an ir mâgén begie,
daz si ir mit dem lebene   deheinen von den Hiunen lie.

1755 »Wol erkándę ich Aldriânen :   dér wás mîn man.   *1693*
lop unde michel êre   er hie bî mir gewan.   *(1796)*
ich machetę in ze ritter   und gap im mîn golt.
Helche diu getriuwe   was im inneclîchen holt.

1756 Dâ von ich wol erkenne   allez Hagenen sint.   *1694*
ez wurden mîne gîsel   zwei wætlîchiu kint,   *(1797)*
er und von Spânję Walther,   die wuohsen hie ze man.
Hagenen sandę ich wider heim :   Wálther mit Híltegundę
                                                            entran.«

1747 »Weh mir!« sagte da die Herrin Kriemhild. »Weshalb wollen mein Bruder und Hagen ihre Schilde nicht in Verwahrung geben? Sie sind sicherlich gewarnt worden. Wüßte ich, wer das getan hat, der hätte sein Leben verwirkt.«

1748 Darauf antwortete ihr zornig der Fürst Dietrich: »Ich war es, der die edlen, mächtigen Könige und den tapferen Hagen, den Gefolgsmann der Burgunden, gewarnt hat. Nur zu, Teufelin, Du kannst mich ruhig dafür strafen!«

1749 Darüber schämte sich die Gemahlin Etzels sehr. Sie hatte sehr große Angst vor Dietrich. Da ging sie schnell von ihm fort, ohne etwas zu sagen, nur warf sie ihren Feinden böse Blicke zu.

1750 Da faßten zwei Helden einander bei der Hand. Der eine war Herr Dietrich, der andere Hagen. Da sagte der stolze Recke in aller höfischen Form: »Eure Ankunft hier im Hunnenland bedrückt mich sehr,

1751 zumal die Königin Euch gerade eben auf eine solche Weise begrüßt hat.« Da sagte Hagen von Tronje: »Es wird sich schon alles zeigen.« So sprachen die beiden tapferen Männer miteinander. Das bemerkte der König Etzel; er fragte nach ihnen.

1752 »Ich hätte gerne gewußt«, sagte der mächtige König, »wer jener Recke ist, den Herr Dietrich so freundlich empfangen hat. Er ist von höfisch stolzer Art! Wer immer sein Vater war, er ist sicher ein tapferer Held.«

1753 Darauf antwortete dem König ein Gefolgsmann Kriemhilds: »Er stammt aus Tronje, sein Vater hieß Aldrian. Wie heiter er sich hier auch gibt, er ist ein grimmiger Mann. Ich werde Euch schon beweisen, daß ich nicht gelogen habe.«

1754 »Woran soll ich merken, daß er so grimmig ist?« Zu dieser Zeit wußte er noch nichts von den arglistigen Plänen, die die Königin später gegen ihre Verwandten verfolgte, so daß sie keinen von ihnen aus dem Hunnenland mit dem Leben davonkommen ließ.

1755 »Ich kannte Aldrian genau: Der war mein Gefolgsmann. Ruhm und großes Ansehen erwarb er sich hier bei mir. Ich schlug ihn zum Ritter und gab ihm mein Gold. Die treue Helche war ihm von Herzen zugetan.

1756 Deswegen kenne ich auch Hagen ganz genau. Es wurden mir zwei edle Kinder als Geiseln geschickt, er und Walther von Spanien. Die wuchsen hier zu Männern heran. Hagen sandte ich wieder nach Hause, Walther dagegen floh zusammen mit Hildegund.«

1757 Er gedâhte langer mære,   diu wâren ê geschehen.   *1695*
     sînen friunt von Tronege   den het er rehtẹ ersehen,   *(1798)*
     der im in sîner jugende   vil starken dienest bôt.
     sît frumtẹ er im in alter   vil manegen lieben friunt tôt.

29. Âventiure
Wie Kriemhilt Hagenen verweiz unt wie er niht gên ir ûf
stuont

1758 Dô schieden sich die zwêne   recken lobelîch,   *1696*
     Hagene von Tronege   unt ouch her Dietrîch.   *(1799)*
     dô blihte über ahsel   der Guntheres man
     nâch einem hergesellen,   den er vil schíeré gewan.

1759 Dô sach er Volkêren   bî Gîselhere stên.   *1697*
     den spæhen videlære   bat er mit im gên,   *(1800)*
     wandẹ er vil wol erkande   sînen grimmen muot.
     er was an allen dingen   ein ritter kǘenẹ únde guot.

1760 Noch liezen si die herren   ûf dem hove stân.   *1698*
     niwan si zwêne aleine   sach man dannen gân   *(1801)*
     über den hof vil verre   für einen palas wît.
     die ûz erwelten degene   vorhten níemánnes nît.

1761 Si gesâzen vor dem hûse   gegen einem sal   *1699*
     (der was Kriemhilde)   ûf eine banc zetal.   *(1802)*
     dô lûhtẹ in vor ir lîbe   ir hêrlîch gewant.
     genuoge die si sâhen   si heten gérné bekant.

1762 Alsam tier diu wilden   wúrden gekápfet an   *1700*
     die übermüeten helde   von den Hiunen man.   *(1803)*
     si ersách ouch durch ein venster   daz Etzelen wîp.
     des wart aber betrüebet   der schœnen Kríemhílden lîp.

1763 Ez mante si ir leide.   weinen si began.   *1701*
     des hete michel wunder   die Etzelen man,   *(1804)*
     wáz ír sô schiere   beswæret het ir muot.
     si sprach: »daz hât Hagene,   ir helde kǘenẹ únde guot.«

1764 Si sprâchen zuo der frouwen: »wie ist daz geschehen?
     wande wír iuch niulîche   haben vrô gesehen.   *1702*
     nie niemen wart sô küene,   derz iu hât getân,   *(1805)*
     heizet irz uns rechen,   ez sol im an sîn leben gân.«

1765 »Daz woldẹ ich immer dienen,   swer ræche mîniu leit.
     alles des er gerte,   des wærẹ ich im bereit.   *1703*
     ich bíute mich íu ze füezen«,   sprach des küneges wîp:
     »rechet mich an Hagene,   daz er verlíesé den lîp!«   *(1806)*

1757 Er dachte an lang vergangene Ereignisse zurück. Seinen Freund
von Tronje hatte er genau erkannt, der ihm in seiner Jugend
treu gedient hatte. Später im Alter sollte er ihm viele teure
Freunde erschlagen.

29. Aventiure
Wie Kriemhild Hagen einen Verweis erteilte und wie er sich nicht vor ihr erhob

1758 Da trennten sich die beiden ruhmreichen Recken, Hagen von
Tronje und Herr Dietrich. Da schaute sich der Gefolgsmann
Gunthers nach einem Kampfgefährten um, den er nach kurzer
Zeit auch fand.

1759 Da sah er Volker bei Giselher stehen. Er forderte den klugen
Spielmann auf, mit ihm zu kommen, denn er kannte seinen
grimmigen Heldensinn. Er war in jeder Hinsicht ein tapferer,
trefflicher Ritter.

1760 Sie ließen ihre Herren noch auf dem Hof stehen. Ganz allein
sah man die zwei über den weiten Hof hinweg bis vor einen
geräumigen Palas schreiten. Die erlesenen Helden fürchteten
sich vor keines Menschen Feindschaft.

1761 Gegenüber einem Saal, der Kriemhild gehörte, setzten sie sich
vor dem Palas auf eine Bank. Da leuchteten ihre herrlichen
Rüstungen an ihren Körpern. Viele, die sie erblickten, hätten
gerne gewußt, wer sie waren.

1762 Wie wilde Tiere wurden die verwegenen Helden von den
hunnischen Leuten angegafft. Auch die Gemahlin Etzels er-
blickte die beiden durch ein Fenster. Da wurde die schöne
Kriemhild erneut betrübt.

1763 Der Anblick Hagens erinnerte sie an ihren alten Schmerz.
Sie begann zu weinen. Die Leute Etzels fragten sich verwun-
dert, was sie so plötzlich betrübt hätte. Sie sagte: »Das hat
Hagen getan, Ihr tapferen und trefflichen Helden.«

1764 Sie sagten zu der Herrin: »Wie ist das gekommen? Denn wir
haben Euch doch vor kurzem noch fröhlich gesehen. Wenn
Euch jemand etwas zuleide getan hat, und Ihr gebt uns den
Befehl, dafür Rache zu nehmen, dann soll es ihn das Leben
kosten, er mag so tapfer sein wie er will.«

1765 »Dem, der mein Leid rächen wollte, würde ich mich allezeit
dankbar erweisen. Was immer er forderte, alles würde ich ihm
erfüllen. Auf den Knien bitte ich Euch«, sagte die Gemahlin des
Königs, »rächt mich an Hagen, damit er sein Leben verliert!«

1766 Dô garten sich vil balde   sehzec küener man   *1704*
     durch Kriemhilde willen.   si wolden hine gân   *(1807)*
     und wolden slahen Hagenen,   den vil küenen man,
     und ouch den videlære.   daz wart mit râté getân.

1767 Dô diu küneginne   ir schar sô kleine sach,   *1705*
     in einem grimmem muote   si zuo den helden sprach:
     »des ir dâ habet gedingen,   des sult ir abe gân.   *(1808)*
     jane dúrfet ir sô ringe   nimmer Hagenen beftân.

1768 Swie starc unt swie küene   von Tronege Hagene sî,   *1706*
     noch ist verre sterker,   der im dâ sitzet bî,   *(1809)*
     Vólkêr der videlære: der ist ein übel man.
     jane súlt ir die helde   niht sô lîhté bestân.«

1769 Dô si daz gehôrten,   dô garte sich ir mêr,   *1707*
     vier hundert sneller recken.   diu küneginne hêr   *(1810)*
     was des vil genœte,   daz si in tæte leit.
     dâ von wart sît den degenen   vil michel sórgé bereit.

1770 Dô si vil wol gewâfent   daz ir gesinde sach,   *1708*
     zuo den snellen recken   diu küneginne sprach: *(1811)*
     »nu bîtet eine wîle!   jâ sult ir stille stân!
     ich wil under krône   zuo mînen vîánden gân.

1771 Und hœret itewîze,   waz mir hât getân   *1709*
     Hagene von Tronege,   der Guntheres man.   *(1812)*
     ich wéiz in sô übermüeten   daz er mir lougent niht.
     sô ist ouch mir unmære,   swaz im dar úmbé geschiht.«

1772 Dô sach der videlære,   ein küene spilman,   *1710*
     die edeln küneginne   ab einer stiege gân   *(1813)*
     nider ab einem hûse.   als er daz gesach,
     Volkêr der vil küene   zuo sînem hergesellen sprach:

1773 »Nu schouwet, friunt Hagene,   wâ si dort hér gât,   *1711*
     diu uns âne triuwe   inz lant geladet hât.   *(1814)*
     ine gesách mit küneges wîbe   nie sô manegen man,
     die swert enhende trüegen,   alsô strítlîchen gân.

1774 Wizzet ir, friunt Hagene,   ob si iu sîn gehaz?   *1712*
     sô wil ich iu daz râten,   ir hüetet deste baz   *(1815)*
     des lîbes unt der êren.   jâ dunket ez mich guot.
     als ich mich versinne,   si sint zórnéc gemuot

1775 Und sint ouch sümelîche   zen brusten alsô wît: *1713*
     swer sîn selbes hüete,   der tuo daz enzît!   *(1816)*
     ich wæn si under sîden   die liehten brünne tragen,
     wen si dâ mit meinen,   daz kan ich níemén gesagen.«

1766 Da scharten sich auf Kriemhilds Wunsch schnell sechzig tapfere Männer zusammen. Sie wollten hingehen und Hagen, den tapferen Gefolgsmann, und auch den Spielmann erschlagen. Sie handelten wie Verräter.

1767 Als die Königin sah, daß ihre Schar so klein war, da sagte sie voller Grimm zu den Helden: »Von dem, was Ihr vorhabt, solltet Ihr die Finger lassen. Mit so wenigen Leuten könnt Ihr niemals gegen Hagen bestehen.

1768 Wie stark und tapfer Hagen von Tronje auch sein mag, viel stärker ist noch Volker, der Spielmann, der neben ihm sitzt: Das ist ein gefährlicher Mann. Wirklich, so leicht werdet Ihr die Helden nicht bestehen.«

1769 Als sie das gehört hatten, da sammelten sich noch mehr: vierhundert tapfere Recken. Die erhabene Königin bestand unbedingt darauf, den Burgunden etwas Schlimmes anzutun. Dadurch kamen die Helden später in schwere Bedrängnis.

1770 Als sie ihr Gefolge gut gerüstet vor sich sah, da sagte die Königin zu den tapferen Helden: »Nun wartet noch einen Augenblick! Bleibt noch stehen! Ich will nämlich mit der Krone auf dem Haupt zu meinen Feinden gehen.

1771 Und vernehmt die Untat, die Hagen von Tronje, der Gefolgsmann Gunthers, an mir verübt hat. Ich weiß, daß er zu selbstsicher ist, um es abzustreiten. Da ist es mir denn auch gleichgültig, wie er dafür zu büßen hat.«

1772 Der Fiedler, ein tapferer Spielmann, sah die edle Königin eine Treppe am Palast herabkommen. Als er das bemerkte, da sagte der tapfere Volker zu seinem Waffengefährten:

1773 »Nun seht, Freund Hagen, wie sie daherkommt, die uns so verräterisch in dieses Land geladen hat. Niemals zuvor habe ich so viele Männer, die das blanke Schwert in der Hand tragen und kampfeslüstern einherschreiten, die Gemahlin eines Königs begleiten sehen.

1774 Wißt Ihr, Freund Hagen, ob sie Euch nicht feindlich gesonnen sind? Denn dann will ich Euch raten, daß Ihr Euch und Eure Ehre um so mehr in acht nehmt. Das scheint mir das Beste zu sein. Wenn ich es recht sehe, so sind sie äußerst zornig.

1775 Und manche von ihnen sind auch über der Brust sehr breit: Wer sich in acht nehmen will, der soll es rechtzeitig tun! Ich glaube, sie tragen Brustpanzer unter ihren Kleidern. Ich könnte allerdings niemandem sagen, wen sie bei ihrem Anschlag im Auge haben.«

1776 Dô sprach in zornes muote   Hágen der kűene man: *1714*
      »ich weiz wol daz ez allez   ist ûf mich getân,   *(1817)*
      daz si diu liehten wâfen   tragent an der hant.
      vor den möhtę ich gerîten   noch ín der Búrgónden lant.

1777 Nu saget mir friunt Volkêr,   ob ir mir welt gestân,   *1715*
      ob mit mir wellent strîten   die Kriemhilde man?   *(1818)*
      daz lâzet ir mich hœren,   als liep als ich iu sî.
      ich wonę iu immer mêre   mit triuwen díenstlíchen bî.«

1778 »Ich hilfę iu sicherlíchen«,   sprach der spilman.   *1716*
      »ob ich uns hie engegene   sǽhe den künec gân   *(1819)*
      mit allen sînen recken,   die wîlę ich leben muoz,
      so ęntwîchę ich iu durch vorhte   ûz helfe nimmer einen fuoz.«

1779 »Nu lônę iu got von himele,   vil edel Volkêr.   *1717*
      ob si mit mir strîten,   wes bedárf ich danne mêr?   *(1820)*
      sît ir mir helfen wellet,   als ich hân vernomen,
      sô suln dise recken   vil gewérlíchen komen.«

1780 »Nu sté wir von dem sedele!«   sprach der spilman: *1718*
      »si ist ein küneginne,   und lât sı tür gân!   *(1821)*
      bieten ir die êre!   si ist ein edel wîp.
      dâ mit ist ouch getiuret   unser íetwéders lîp.«

1781 »Nein durch mîne liebe«,   sprach aber Hagene: *1719*
      »sô wolden sich versinnen   dise degene   *(1822)*
      daz ichz durch vorhte tæte,   und soldę ich hin gên.
      ich enwíl durch ir deheinen   nimmer von dem sedele stên.

1782 Jâ zimet ez uns beiden   zewâre lâzen baz.   *1720*
      zwiu soldę ich den êren,   der mir ist gehaz?   *(1823)*
      dáz engetúon ich nimmer,   die wîlę ich hân den lîp.
      ouch enrúochę ich waz mich nídet   des künec Étzélen wîp.«

1783 Der übermüete Hagene   leitę über sîniu bein   *1721*
      ein vil liehtez wâfen,   ûz des knopfe schein   *(1824)*
      ein vil liehter jaspes,   grüener dannę ein gras.
      wol erkandez Kriemhilt,   daz ez Sífrídes was.

1784 Dô si daz swert erkande,   dô gie ir trûrens nôt.   *1722*
      sîn gehílzé was guldîn,   diu scheidę ein porte rôt.   *(1825)*
      ez mante si ir leide.   weinen si began.
      ich wænę ez hete dar umbe   der küene Hagene getân.

1785 Volkêr der snelle   zôch nâher ûf der banc   *1723*
      einen vídelbogen starken,   michel unde lanc,   *(1826)*
      gelîch einem swerte,   scharpf unde breit.
      dô sâzen unervorhte   die zwêne degene gemeit.

1776 Da sagte Hagen, der tapfere Gefolgsmann, in höchstem Zorn:
»Ich weiß es genau: daß sie die blanken Waffen in der Hand
tragen, das richtet sich alles gegen mich. Allerdings werden
mich die da nicht daran hindern, wieder ins Burgundenland
zurückzukehren.

1777 Nun sagt mir, Freund Volker, ob Ihr mir helfen wollt, wenn
die Gefolgsleute Kriemhilds gegen mich kämpfen? Wenn ich
Euch überhaupt etwas bedeute, dann laßt es mich wissen.
Auch ich werde Euch immer treu zur Seite stehen.«

1778 »Ihr könnt sicher sein, daß ich Euch helfe«, sagte der Spielmann.
»Und wenn ich den König mit allen seinen Recken hier heran-
ziehen sähe, solange ich lebe, würde mich keine Furcht auch
nur einen Fußbreit von Eurer Seite weichen lassen.«

1779 »Gott im Himmel möge Euch lohnen, edler Volker. Wenn sie
mit mir kämpfen wollen, was braucht es da mehr? Nachdem
Ihr mir beistehen wollt, wie ich gehört habe, sollen die Recken
ruhig in Waffen kommen.«

1780 »Nun laßt uns von unserem Sitz aufstehen!« sagte der Spiel-
mann. »Sie ist eine Königin. Laßt sie vorüberschreiten! Wir
wollen sie ehrerbietig grüßen. Sie ist eine edle Frau. Das ist
auch für uns selbst ehrenvoll.«

1781 »Nein, aus Liebe zu mir!« sagte wiederum Hagen. »Diese Hel-
den würden sich einbilden, ich täte es aus Furcht, wenn ich
hinginge, sie zu grüßen. Für keinen von ihnen werde ich mich
von meinem Sitz erheben.

1782 Wirklich, es ist besser für uns, es zu unterlassen. Weshalb sollte
ich den ehren, der mir feindlich gesonnen ist. Das werde ich
niemals tun, solange ich lebe. Auch kümmert mich wenig,
weshalb die Gemahlin Etzels mich haßt.«

1783 Der vermessene Hagen legte über seine Knie eine glänzende
Waffe, an deren Knauf ein glänzender Jaspis leuchtete, der
grüner als Gras war. Kriemhild erkannte genau, daß sie Sieg-
fried gehört hatte.

1784 Als sie das Schwert erkannte, da hatte sie Anlaß, traurig zu
sein. Der Griff des Schwertes war golden, die Scheide mit
einer Borte verziert. Es erinnerte sie an ihren alten Schmerz.
Sie begann zu weinen. Ich glaube, deshalb hatte der tapfere
Hagen es getan.

1785 Der starke Volker zog einen starken, großen und langen Fiedel-
bogen auf der Bank näher zu sich heran. Der sah aus wie ein
scharfes, breites Schwert. Da saßen die beiden stolzen Helden
furchtlos nebeneinander.

1786 Nu dûhten sich sô hêre   die zwêne küene man   1724
     daz si niht enwolden   von dem sedel stân   (1827)
     durch níemánnes vorhte.   des gie in an den fuoz
     diu edele küneginne   und bôt in víentlíchen gruoz.

1787 Si sprach: »nu saget her Hagene,   wer hât nâch iu gesant,
     daz ir getorstet rîten   hér ín ditz lant,   1725
     und ir daz wol erkandet   waz ir mir habet getân?   (1828)
     hetet ir guote sinne,   ir soldet ez bíllíche lân.«

1788 »Nâch mir sande niemen«,   sprach dô Hagene.   1726
     »man ladete her ze lande   drîe degene.   (1829)
     die heizent mîne herren,   sô bin ich ir man.
     deheiner hovereise   bin ich sélten hinder in bestân.«

1789 Si sprach: »nu saget mir mêre,   zwiu tâtét ir daz,   1727
     daz ir daz habt verdienet,   daz ich iu bin gehaz?   (1830)
     ir sluoget Sîfrîden,   den mînen lieben man.
     des ich unz an mîn ende   immer genúoc ze weinen hân.«

1790 Er sprach: »waz sol des mêre?   der rede ist nu genuoc.
     ich binz aber Hagene,   der Sîfriden sluoc,   1728
     den helt ze sînen handen.   wie sêre̜ er des engalt   (1831)
     daz diu frouwe Kriemhilt   die schœnen Prünhilden schalt!

1791 Ez ist et âne lougen,   küneginne rîch,   1729
     ich hân es alles schulde,   des schaden schedelîch. (1832)
     nu rechez swer der welle,   ez sî wîp óder man.
     ich enwólde danne liegen,   ich hân iu leides vil getân.«

1792 Sie sprach: »nu hœrt, ir recken,   wâ er mir lougent niht
     aller mîner leide!   swaz im dâ von geschiht,   1730
     daz ist mir vil unmære,   ir Etzelen man.«   (1833)
     die übermüeten degene   ein ander sâhén si an.

1793 Swer den strît dâ hüebe,   sô wære dâ geschehen   1731
     daz man den zwein gesellen   der êren müese jehen,   (1834)
     wan siz in stürmen hêten   vil dicke wol getân.
     des sich jene vermâzen,   durch vorhte muosen si daz lân.

1794 Dô sprach ein der recken: »wes sehet ir mich an?   1732
     daz ich ê dâ lobte,   des wil ich abe gân,   (1835)
     durch niemannes gâbe   verliesen mînen lîp.
     jâ wil uns verleiten   des künec Étzélen wîp.«

1795 Dô sprach dâ bî ein ander: »des selben hân ich muot.
     der mir gæbe türne   von rôtem golde guot,   1733
     disen videlære   woldę ich niht bestân,   (1836)
     durch sîne swinde blicke,   die ich an im gesehen hân.

1786 Nun fühlten sich die beiden tapferen Männer so überlegen, daß sie sich vor niemandem aus Furcht von ihrem Sitz erhoben hätten. Daher trat die edle Königin an sie heran und begrüßte sie mit feindseligem Gruß.

1787 Sie sagte: »Nun sagt mir, Herr Hagen, wer hat denn nach Euch geschickt, daß Ihr in dieses Land zu reiten wagtet, wo Ihr doch genau wußtet, was Ihr mir angetan habt? Hättet Ihr nur etwas Vernunft gehabt, dann hättet Ihr es unterlassen.«

1788 »Nach mir hat niemand geschickt«, sagte da Hagen. »Man hat drei Helden in dieses Land geladen. Sie sind meine Herren, ich bin nur ihr Gefolgsmann. Niemals habe ich sie auf einer Hoffahrt im Stich gelassen.«

1789 Sie sagte: »Nun sagt mir noch eins: weshalb habt Ihr Euch so verhalten, daß Ihr Euch meine Feindschaft zugezogen habt? Ihr habt Siegfried erschlagen, meinen geliebten Mann. Deshalb werde ich bis an mein Lebensende immer weinen müssen.«

1790 Er sagte: »Was soll es noch weiter? Wir haben nun genug darum herumgeredet. Ich bin immer noch derselbe Hagen, der Siegfried, den berühmten Helden, erschlagen hat. Wie sehr er dafür hat büßen müssen, daß die Herrin Kriemhild die schöne Brünhild schmähte!

1791 Ich leugne es nicht, mächtige Königin: Ich bin an Eurem unersetzlichen Verlust ganz allein schuld. Nun soll es rächen, wer will, Frau oder Mann. Wenn ich nicht lügen soll, so muß ich bekennen: ja, ich habe Euch in schweres Leid gestürzt.«

1792 Sie sagte: »Nun hört, Ihr Recken, daß er es überhaupt nicht leugnet, sich so gegen mich vergangen zu haben! Es ist mir gleich, Ihr Gefolgsleute Etzels, auf welche Weise er dafür büßen muß.« Die verwegenen Helden sahen einander an.

1793 Wenn einer jetzt den Kampf eröffnet hätte, dann wäre es nur darauf hinausgelaufen, daß die beiden Gefährten neuen Ruhm erlangt hätten; denn sie hatten sich in früheren Kämpfen schon oft hervorgetan. Was jene sich anmaßten, das mußten sie aus Furcht unterlassen.

1794 Da sagte einer der Recken: »Was seht Ihr mich so an? Von dem, was ich vorhin gelobt habe, trete ich zurück; denn für keines Menschen Geld will ich mein Leben lassen. Wahrhaftig, die Gemahlin des König Etzel wird uns alle zugrunderichten.«

1795 Da sagte ein anderer, der neben ihm stand: »Ich bin auch dieser Meinung. Wenn mir einer auch Türme von rotem, trefflichem Gold gäbe, diesen Fiedler würde ich dennoch nicht angreifen: schon wegen der bösen Blicke, die mir an ihm aufgefallen sind.

1796 Ouch erkennę ich Hagenen   von sînen jungen tagen: *1734*
     des mac man von dem recken   lîhte mir gesagen.   *(1837)*
     in zwein und zweinzec stürmen   hân ich in gesehen,
     dâ vil maneger frouwen   ist herze léidé geschehen.

1797 Er unt der von Spânje   trâten manegen stîc,   *1735*
     dô si hie bî Etzeln   vâhten manegen wîc   *(1838)*
     zę ḗrḗn dem künege.   des ist vil geschehen.
     dar umb muoz man Hagenen   der ḗren bíllíche jehen.

1798 Dannoch was der recke   sîner jârę ein kint.   *1736*
     daz dô die tumben wâren,   wie grîs díe nu sint!   *(1839)*
     nu ist er komen ze witzen   und ist ein grimmec man.
     ouch treit er Balmungen,   daz er vil übele gewan.«

1799 Dâ mit was gescheiden,   daz niemen dâne streit.   *1737*
     dô wart der küneginne   herzenlîchen leit.   *(1840)*
     die helde kêrten dannen: jâ vorhten si den tôt
     von dem videlære.   des gie in sicherlîchen nôt.

1800 Dô sprach der videlære: »wir haben daz wol ersehen,
     daz wir hie vînde vinden,   als wir ḗ hôrten jehen.   *1738*
     wir suln zuo den künegen   hin ze hove gân!   *(1841)*
     sone tár únser herren   mit strîte níemḗn bestân.

1801 Wie dickę ein man durch vorhte   manegiu dinc verlât!
     swâ sô friunt bî friunde   friuntlîchen stât,   *1739*
     und hât er guote sinne,   daz erz niene tuot,   *(1842)*
     schade vil maneges mannes   wirt von sinnen wol behuot.«

1802 »Nu wil ich iu volgen!«   sprach do Hagene.   *1740*
     si giengen dâ si funden   die zieren degene   *(1843)*
     in grôzem ántpfánge   an dem hove stân.
     Volkêr der vil küene   vil lûte spréchén began

1803 Zuo den sînen herren: »wie lange welt ir stên,   *1741*
     daz ir iuch lâzet dringen?   ir sult ze hove gên   *(1844)*
     und hœret an dem künege,   wie der sî gemuot.«
     dô sach man sich gesellen   die helde kűenę únde guot.

1804 Der fűrsté von Berne   der nam an die hant   *1742*
     Gunthern den vil rîchen   von Burgonden lant,   *(1845)*
     Irnfrit nam Gêrnôten,   den vil küenen man.
     dô sach man Rüedegêren   ze hove mit Gîselheren gân.

1805 Swie iemen sich gesellete   und ouch ze hove gie,   *1743*
     Volkêr unde Hagene   geschíedén sich nie,   *(1846)*
     niwan in einem sturme   an ir endes zît.
     daz muosen edele frouwen   beweinen grœzlîchen sît.

1796 Auch kenne ich Hagen noch aus seiner Jugend: Daher braucht man mir über ihn nichts zu erzählen. In zweiundzwanzig Schlachten habe ich ihn kämpfen sehen. Da ist vielen Frauen bitteres Leid widerfahren.

1797 Er und Walther von Spanien haben an manchem Kriegszug teilgenommen, als sie, dem König zu Ehren, hier unter Etzel viele Kämpfe ausgefochten haben. Sie haben wirklich viel mitgemacht. Diese Ehre muß man Hagen billigerweise lassen.

1798 Zu der Zeit war der Recke an Jahren noch ein Kind. Die damals jung waren, wie grau die jetzt sind! Nun ist er zu Verstand gekommen und ein grimmiger Mann geworden. Auch trägt er das Schwert Balmung in Händen, das er auf eine so üble Weise bekam.«

1799 Damit war entschieden, daß niemand kämpfen wollte. Da fühlte die Königin bitteren Schmerz. Die Helden kehrten wieder um. Wirklich, sie fürchteten, von der Hand des Fiedlers zu sterben. Sie hatten auch allen Anlaß sich zu fürchten.

1800 Da sagte der Fiedler: »Wir haben nun gesehen, daß wir hier Feinde haben, wie man uns vorhin gesagt hat. Laßt uns jetzt zu den Königen an den Hof gehen! Dann wagt niemand, unsere Herren in einen Kampf zu verwickeln.

1801 Wie häufig doch ein Mann etwas aus Furcht unterläßt! Wo aber einer als Freund seinen Freunden freundschaftlich zur Seite steht und so besonnen ist, daß er nicht so handelt, da wird durch Besonnenheit verhütet, daß viele Männer Schaden erleiden.«

1802 »Ich werde jetzt mit Euch kommen«, sagte da Hagen. Sie gingen zu den stattlichen Helden, die auf dem Hof standen und noch immer zur Begrüßung umringt waren. Der tapfere Volker rief laut

1803 zu seinen Herren hinüber: »Wie lange wollt Ihr noch hier stehen und Euch bedrängen lassen? Ihr sollt zu Hofe gehen und vom König hören, wie der zu uns steht.« Da sah man, wie die tapferen, hervorragenden Helden sich, immer zwei und zwei, zu einem Zug zusammenschlossen.

1804 Der Fürst von Bern nahm den mächtigen Gunther aus dem Burgundenland an die Hand, Irnfried Gernot, den tapferen Mann. Da sah man Rüdiger mit Giselher zu Hofe schreiten.

1805 Wie sich ein jeder auch anschloß und mit wem er zu Hofe schritt, Volker und Hagen trennten sich niemals mehr, außer im letzten Gefecht bei ihrem Tode. Das sollten edle Frauen später heftig beweinen.

1806 Dô sach man mit den künegen   hin ze hove gân   *1744*
     ir edeln ingesindes   tûsent küener man,   *(1847)*
     dar über sehzec recken,   die wâren mit in komen.
     die het in sînem lande   der küene Hagene genomen.

1807 Hâwart und Îrinc,   zwêne ûz erwelte man,   *1745*
     die sách man gesélleclîchen   bî den künegen gân.   *(1848)*
     Dancwart und Wolfhart,   ein tiuwerlîcher degen,
     die sach man wol ir tugende   vor den ándéren pflegen.

1808 Dô der vogt von Rîne   in den palas gie,   *1746*
     Étzél der rîche   daz langer niht enlie,   *(1849)*
     er spranc von sînem sedele,   als er in komen sach.
     ein gruoz sô rehte schœne   von kűnege níe mér geschach.

1809 »Sît willekomen, her Gunther,   und ouch her Gêrnôt, *1747*
     und iuwer bruoder Gîselher!   mîn dienst ich iu enbôt
     mit triuwen willeclîchen   ze Wormez über Rîn.   *(1850)*
     und allez daz gesinde   sol. mir willekomen sîn!

1810 Nu sît uns grôze willekomen,   ir zwêne degene,   *1748*
     Volkêr der vil küene   und ouch Hagene,   *(1851)*
     mir und mîner frouwen   her in ditze lant!
     si hât iu boten manege   hin ze Rîné gesant.«

1811 Dô sprach von Tronege Hagene: »des hân ich vil vernomen.
     wærę ich durch mîne herren   zen Hiunen her niht komen,
     so wærę ich iu zen êren   geriten in daz lant.«   *1749*
     dô nam der wirt vil edele   die lieben geste bî der hant. *(1852)*

1812 Er brâhte si zem sedele,   dâ er ê selbe saz.   *1750*
     dô schancte man den gesten   (mit vlîze tet man daz) *(1853)*
     in wîten goldes schâlen   met, môraz únde wîn,
     und bat die ellenden   grôze willekomen sîn.

1813 Dô sprach der künec Etzel: »des wil ich iu verjehen, *1751*
     mir enkúndę in dirre werlde   lieber niht geschehen   *(1854)*
     dannę ouch an iu helden,   daz ir mir sît bekomen.
     des ist der küneginne   vil michel trűrén benomen.

1814 Mich nimt des michel wunder,   waz ich iu habe getân *1752*
     (sô manegen gast vil edeln,   den ich gewunnen hân), *(1855)*
     daz ir nie geruochet   komen in mîniu lant.
     daz ich iuch nu gesehen hân,   daz ist zen freuden mir gewant.«

1815 Des antwurte Rüedegêr,   ein ritter hôchgemuot: *1753*
     »ir muget si sehen gerne.   ir triuwe diu ist guot,   *(1856)*
     der mîner frouwen mâge   sô schône kunnen pflegen.
     si bringent iu ze hûse   manegen wætlîchen degen.«

1806 Tausend tapfere Männer ihres edlen Gefolges und außerdem noch sechzig Recken, die zusammen mit den Königen gekommen waren, sah man mit ihnen zu Hofe schreiten. Die hatte der tapfere Hagen in seinem Heimatland ausgewählt.

1807 Hawart und Iring, zwei erlesene Gefolgsleute, die sah man an der Seite der Könige schreiten. Dankwart und Wolfhart, ein ausgezeichneter Held, die zeigten ihr feines Benehmen vor den anderen Helden.

1808 Als der Vogt vom Rhein in den Palas schritt, hielt sich der mächtige Etzel nicht länger zurück. Er sprang von seinem Sitz, als er Gunther kommen sah. Niemals wieder hat ein König einen so prächtigen Empfang gegeben.

1809 »Seid willkommen, Herr Gunther und auch Herr Gernot und Euer Bruder Giselher! Aus treuer Zuneigung habe ich Euch meinen freundlichen Gruß nach Worms an den Rhein entboten. Auch Euer ganzes Gefolge soll mir willkommen sein!

1810 Ihr beiden Helden, tapferer Volker und Hagen, seid mir und meiner Gemahlin in diesem Lande besonders herzlich willkommen! Kriemhild hat Euch viele Boten an den Rhein geschickt.«

1811 Da sagte Hagen von Tronje: »Davon habe ich viel gehört. Wäre ich nicht meinen Herren zuliebe ins Hunnenland gekommen, so wäre ich Euch zu Ehren in dieses Land geritten.« Da nahm der edle Landesherr seine lieben Gäste bei der Hand.

1812 Er führte sie zu dem Sitz, auf dem er selbst gesessen hatte. Da reichte man den Gästen mit großem Eifer in weiten Goldschalen Met, Maulbeersaft und Wein und hieß die fremden Recken herzlich willkommen.

1813 Da sagte der König Etzel: »Das will ich offen bekennen: nichts Lieberes konnte mir in dieser Welt geschehen, als daß Ihr Helden zu mir gekommen seid. Dadurch ist auch die Königin von ihrer Trauer befreit worden.

1814 Ich möchte gerne wissen, was ich Euch denn getan habe – immerhin habe ich viele edle Gäste hier bei mir gesehen – daß es Euch nie verlangt hat, in meine Länder zu kommen. Daß ich Euch nun sehe, darüber freue ich mich sehr.«

1815 Darauf antwortete Rüdiger, der hochgemute Ritter: »Ihr könnt Eure Freude an ihnen haben. Die Verwandten meiner Herrin besitzen die rechte Treue und wissen sie richtig zu üben. Sie bringen viele stattliche Helden mit in Euer Haus.«

1816 An sunewenden âbent   die herren wâren komen   *1754*
     in Etzeln hof des rîchen.   vil selten ist vernomen   *(1857)*
     von alsô hôhem gruoze   als er die heldę empfie.
     nu was ouch ézzénes zît: der künec mit in ze tische gie.

1817 Ein wirt bî sînen gesten   schôner nie gesaz.   *1755*
     man gap in volleclîchen   trinken unde maz.   *(1858)*
     alles des si gerten   des was man in bereit.
     man hete von den helden   vil michel wúndér geseit.

30. Âventiure
Wie Hagen unt Volkêr der schiltwacht pflâgen

1818 Der tac der hete nu ende   und nâhetę in diu naht.   *1756*
     die wegemüeden recken,   ir sorge si an vaht,   *(1862)*
     wánne si sólden ruowen   und an ir bette gân.
     daz bereite Hagene.   ez wart in schiere kunt getân.

1819 Gunther sprach zem wirte: »got lâzę iuch wol geleben. *1757*
     wir wellen varn slâfen.   ir sult uns urloup geben.   *(1863)*
     swennę ir daz gebietet,   sô kome wir morgen fruo.«
     er schiet von sînen gesten   harte vrœlîchen duo.

1820 Dringen allenthalben   die geste man dô sach.   *1758*
     Volkêr der küene   zuo den Hiunen sprach: *(1864)*
     »wie getúrret ir den recken   für die fùeze gân?
     und welt irs iucʜ niht mîden,   sô wirt iu léidé getân.

1821 Sô slahę ich etelîchem   sô swæren gîgen slac,   *1759*
     hât er getriuwen iemen,   daz erz beweinen mac.   *(1865)*
     wan wîchet ir uns recken!   jâ dunket ez mich guot.
     ez heizent allez degene   und sint gelîche niht gemuot.«

1822 Dô der videlære   sô zorneclîchen sprach,   *1760*
     Hagene der küene   hinder sich dô sach.   *(1866)*
     er sprach: »iu rætet rehte   der küene spileman.
     ir Kriemhilde helde,   ir sult zen hérbérgen gân!

1823 Des ir dâ habet willen,   ich wænę ez iemen tuo.   *1761*
     wélt ir íhtes beginnen,   sô komet uns morgen fruo   *(1867)*
     und lât uns ellenden   hînt hában gemach!
     jâ wænę ez von helden   mit solhem willen ie geschach.«

1816 Am Abend der Sonnenwende waren die Herren an den Hof
des mächtigen Etzel gekommen. Wie Etzel die Helden emp-
fing – von einem gleich prächtigen Empfang hat man niemals
gehört. Nun war die Essenszeit herangekommen. Der König
ging mit ihnen zur Tafel.

1817 Ein Landesherr hat niemals prächtiger bei seinen Gästen ge-
sessen. Man reichte ihnen Speise und Getränke, soviel sie nur
wollten. Was immer sie nur wünschten, das gab man ihnen
bereitwillig. Man hatte über die Helden wahre Wundertaten
berichtet.

30. Aventiure
Wie Hagen und Volker Schildwache hielten

1818 Der Tag nahm nun ein Ende, und die Nacht zog herauf. Die von
der Reise müden Recken beunruhigte die Frage, wann sie denn
zu Bett gehen und ausruhen könnten. Hagen besprach es mit
Gunther. Es wurde den Gastgebern sogleich gesagt.

1819 Gunther sagte zum Landesherrn: »Gott möge es Euch wohl-
ergehen lassen, wir wollen schlafen gehen. Gestattet uns bitte,
daß wir uns entfernen. Wenn Ihr wollt, so kommen wir mor-
gen früh wieder her.« Da trennte sich Etzel fröhlich von seinen
Gästen.

1820 Überall sah man da die Gäste umdrängt. Der tapfere Volker
sagte zu den Hunnen: »Wie wagt Ihr es, den Recken in den
Weg zu treten? Wenn Ihr es nicht unterlaßt, dann wird es Euch
schlecht ergehen.

1821 Dann versetze ich einigen von Euch einen so schweren Streich
mit meinem Geigenbogen, daß alle, die mit ihnen befreundet
sind, darüber weinen sollen. Warum geht Ihr uns Recken nicht
aus dem Weg? Das hielte ich für besser! Es nennen sich zwar alle
Helden, doch sind sie nach ihrer Gesinnung sehr verschieden.«

1822 Als der Fiedler diese Worte so zornig gesprochen hatte, da sah
der tapfere Hagen über seine Schulter zurück. Er sagte: »Der
tapfere Spielmann hat Euch den richtigen Rat gegeben. Ihr Hel-
den Kriemhilds, Ihr sollt machen, daß Ihr nach Hause kommt!

1823 Was Ihr vorhabt, glaube ich, wird niemand vollbringen kön-
nen. Wenn Ihr etwas unternehmen wollt, dann kommt doch
morgen früh wieder und laßt uns Fremde wenigstens heute
nacht unsere Ruhe haben! Wirklich, ich glaube, richtige Hel-
den haben sich immer so verhalten.«

1824 Dô brâhte man die geste   in einen wîten sal.   1762
     den funden si berihtet   den recken über al   (1868)
     mit vil rîchen betten,   lánc únde breit.
     in riet diu frouwe Kriemhilt   diu aller grœzésten leit.

1825 Vil manegen kolter spæhe   von Arraz man dâ sach   1763
     der vil liehten pfellel   und manec bettedach   (1869)
     von árâbîschen sîden,   die beste mohten sîn.
     dar ûfe lâgen listen,   die gâben hérlîchen schîn.

1826 Diu declachen härmîn   vil manegiu man dâ sach   1764
     und von swarzem zobele,   dar under sị ir gemach   (1870)
     des nahtes schaffen solden   unz an den liehten tac.
     ein künec mit sînem gesinde   nie sô hérlîch gelac.

1827 »Owê der nahtselde«,   sprach Gîselher daz kint,   1765
     »und owê mîner friunde,   die mit uns komen sint.   (1871)
     swie et ez uns mîn swester   sô güetlîchẹ erbôt,
     ich fürhte daz wir müezen   von ir schulden ligen tôt.«

1828 »Nu lâzet iuwer sorgen!«   sprach Hagene der degen.   1766
     »ich wil noch hînte selbe   der schiltwahte pflegen.   (1872)
     ich trûwẹ uns wol behüeten   unz uns kumet der tac.
     des sît gar ânẹ angest: so genése danne swer der mac.«

1829 Dô nigen si im alle   und sagten im des danc.   1767
     si giengen zuo den betten.   diu wîle was niht lanc   (1873)
     daz sich geleget hêten   die wætlîchen man.
     Hagene der küene   der helt sich wâfén began.

1830 Dô sprach der videlære,   Vólkêr der degen: 1768
     »versmâhetez iu niht, Hagene,   sô woldẹ ich mit iu pflegen
     der schiltwahte hînte   unz morgen fruo.«   (1874)
     der helt vil minneclîche   dancte Vólkére duo.

1831 »Nu lônẹ iu got von himele,   vil lieber Volkêr.   1769
     zẹ allen mînen sorgen   son gertẹ ich niemens mêr,   (1875)
     niwan iuch aleine,   swâ ich hete nôt.
     ich sol ez wol verdienen,   mich enwéndés der tôt.«

1832 Dô garten si sich beide   in liehtez ir gewant.   1770
     dô nam ir ietwedere   den schilt an sîne hant   (1876)
     und giengen ûz dem hûse   für die tür stân.
     dô pflâgen si der gestẹ   daz was mit tríuwén getân.

1833 Vólkêr der snelle,   zuo des sales want   1771
     sînen schilt den guoten   leintẹ er von der hant.   (1877)
     dô gie er hin widere,   die videln er genam.
     dô dientẹ er sînen friunden   als ez dem héldé gezam.

148

1824 Da führte man die Gäste in einen riesigen Saal. Dort waren den Recken überall lange, breite und prächtige Betten bereitet. Die Herrin Kriemhild führte gegen sie das Allerschlimmste im Schilde.

1825 Da sah man viele kunstvolle Decken aus Arras, gefertigt aus hellem Wollstoff, und viele Bettdecken aus arabischer Seide, und zwar die besten, die man nur finden konnte. Darauf waren Borten gesetzt, die schimmerten in herrlichen Farben.

1826 Viele Bettdecken aus Hermelin und aus schwarzem Zobel sah man dort. Darunter sollten sie des Nachts ihre Bequemlichkeit finden und bis zum hellen Tag ruhen. Niemals hat ein König mit seinem Gefolge so prächtig geruht.

1827 »Weh über solch ein Schlafgemach«, sagte der junge Giselher, »und weh über meine Freunde, die mit uns hierhergekommen sind! Wie bequem es Kriemhild uns auch hier zu bereiten scheint, ich fürchte, wir alle werden ihretwegen den Tod finden.«

1828 »Nun laßt Eure Sorge!« sagte Hagen, der Held. »Ich werde heute nacht selbst die Schildwache halten. Ich traue es mir zu, uns wohl zu behüten, bis der Tag heraufkommt. Habt jetzt keine Angst. Später rette sich, wer kann!«

1829 Da verneigten sie sich vor ihm und sagten ihm ihren Dank. Sie gingen zu Bett. Es dauerte nicht lange, da hatten sich die stattlichen Männer niedergelegt. Der tapfere Hagen begann sich zu waffnen.

1830 Da sagte der Fiedler, Volker, der Held: »Wenn Ihr es nicht verschmäht, Hagen, so würde ich heute nacht bis morgen früh mit Euch die Schildwache halten.« Da dankte der Held Volker von Herzen.

1831 »Nun lohne es Euch Gott im Himmel, lieber Volker. In allen Gefahren, wo immer ich in Not geriete, wünschte ich mir niemand anders als Euch allein als Beistand. Ich werde es Euch vergelten, wenn der Tod mich nicht daran hindert.«

1832 Da legten die beiden ihre strahlenden Rüstungen an. Da nahm jeder von ihnen den Schild in die Hand. Sie gingen aus dem Hause und stellten sich vor die Tür. Da bewachten sie die Gäste. Das taten sie aus Treue.

1833 Der tapfere Volker lehnte seinen starken Schild an die Wand des Saales. Da ging er wieder hinein und nahm seine Fiedel. Da diente er seinen Freunden so, wie es dem Helden wohl zukam.

1834 Únder die tür des hûses   saz er ûf den stein.   *1772*
     küener videlære   wárt níe dehein.   *(1878)*
     dô im der seiten dœnen   sô süezlîch erklanc,
     die stolzen ellenden   sagtens Vólkêren danc.

1835 Dô klungen sîne seiten   daz al daz hûs erdôz.   *1773*
     sîn ellen zuo der fuoge   diu beidiu wâren grôz.   *(1879)*
     süezer unde senfter   videlen er began.
     do entswébtę er án den betten   vil manegen sórgénden man.

1836 Dô si entslâfen wâren   und er daz ervant,   *1774*
     dô nam der degen widere   den schilt an die hant   *(1880)*
     und gie ûz dem gademe   für die tür stân
     und húote der éllénden   vor den Kríemhílde man.

1837 Des nahtes wol enmitten,   ine wéiz ez ê geschach,   *1775*
     daz Volkêr der küene   einen hélm schînen sach   *(1881)*
     verrę ûz einer vinster.   die Kriemhilde man
     die wolden an den gesten   schaden gerne hân getân.

1838 Dô sprach der videlære: »friunt her Hagene,   *1776*
     uns zimet disiu sorge   ensamt ze tragene.   *(1883)*
     ich sihe gewâfent liute   vor dem hûse stên.
     als ich mich versinne,   ich wæne si wellent uns bestên.«

1839 »So swîget«, sprach dô Hagene,   »lât si úns her nâher baz.
     ê si únser werden innen,   sô wirt hie helmvaz   *1777*
     verrucket mit den swerten   von unser zweier hant.   *(1884)*
     si werdent Kriemhilde   hin wider übele gesant.«

1840 Ein der Hiunen recken   vil schiere daz gesach,   *1778*
     daz diu tǘr wás behüetet.   wie baldę er dô sprach: *(1885)*
     »des wir dâ heten willen,   jan mac es niht ergân.
     ich sihe den videlære   an der schíltwáhte stân.«

1841 Der treit ûf sînem houbte   einen helm glanz,   *1779*
     lûter unde herte,   stárc únde ganz   *(1886)*
     ouch lohent im die ringe   sam daz fiuwer tuot.
     bî im stêt ouch Hagene: des sint die geste wol behuot.«

1842 Zehant si kêrten widere.   dô Volkêr daz ersach,   *1780*
     wíder sînen geséllen   er zorneclîchen sprach: *(1887)*
     »nu lât mich zuo den recken   von dem hûse gân.
     ich wil vrâgen mære   der frouwen Kríemhílde man.«

1843 »Nein, durch mîne liebe!«   sprach dô Hagene.   *1781*
     »komt ir von dem hûse,   die snellen degene   *(1888)*
     bringent iuch mit swerten   vil lîhtę in solhe nôt,
     daz ich iu müese helfen,   wærez áller mîner mâge tôt.

1834 Unter die Tür des Hauses setzte er sich auf einen Stein. Niemals
hatte es einen tapfereren Fiedler gegeben. Als er den Saiten so
süße Töne entlockte, da waren die stolzen Fremden Volker
dankbar.

1835 Da erklangen seine Saiten, daß das ganze Haus widerhallte.
Seine Tapferkeit und seine Kunstfertigkeit, die waren beide
groß. Nun begann er süßer und sanfter zu fiedeln. Da brachte
er viele, von Sorgen gequälte Männer in ihren Betten zum
Einschlafen.

1836 Als sie eingeschlafen waren und er das merkte, da nahm der
Held wieder den Schild zur Hand und ging aus dem Hause,
stellte sich vor die Tür und bewachte die Fremden vor den
Gefolgsleuten Kriemhilds.

1837 Ich weiß nicht, ob es mitten in der Nacht oder ob es eher ge-
schah, daß der tapfere Volker von fern aus der Dunkelheit
einen Helm schimmern sah. Kriemhilds Gefolgsleute wollten
den Gästen unbedingt einen Schaden zufügen.

1838 Da sagte der Fiedler: »Freund Hagen, es scheint mir richtig, daß
wir diese Gefahr gemeinsam bestehen. Ich sehe vor dem Haus
Leute in Waffen stehen. Wenn ich es recht beurteile, wollen
sie wohl uns angreifen.«

1839 »Seid still!« sagte da Hagen. »Laßt sie erst noch näher heran-
kommen. Bevor sie uns überhaupt bemerken, werden wir ihnen
mit unseren Schwertern die Helme verrücken. Übel zugerich-
tet sollen sie zu Kriemhild wieder zurückgeschickt werden.«

1840 Einer der hunnischen Recken bemerkte sogleich, daß die Tür
bewacht war. Schnell sagte er da: »Was wir uns vorgenommen
hatten, läßt sich nicht ausführen. Ich sehe den Fiedler auf
Schildwache stehen.

1841 Der trägt einen glänzenden Helm auf dem Kopf, der ist blank
und hart, fest und unversehrt. Auch strahlt sein Ringpanzer
wie Feuer. Ihm zur Seite steht Hagen. Daher sind die Gäste in
sicherer Hut.«

1842 Sofort kehrten sie wieder um. Als Volker das bemerkte, da sagte
er voller Zorn zu seinem Waffengefährten: »Nun laßt mich ein
wenig vom Hause weg zu den Recken gehen. Ich will die Ge-
folgsleute der Herrin Kriemhild nach ihren Absichten fragen.«

1843 »Nein, tut es mir zuliebe nicht!« sagte da Hagen. »Wenn Ihr
von dem Hause weggeht, dann bringen Euch die tapferen
Helden mit ihren Schwertern vielleicht in solche Bedrängnis,
daß ich Euch beistehen müßte, auch wenn alle meine Verwand-
ten dadurch den Tod finden sollten.

1844 Sô wir danne beide   kœmen in den strît,   *1782*
    ir zwêne oder viere   in einer kurzen zît   *(1889)*
    sprungen zuo dem hûse   und tæten uns diu leit
    an den slâfénden,   diu nimmer wŭrdén verkleit.«

1845 Dô sprach aber Volkêr: »sô lât doch daz geschehen,   *1783*
    daz wir si bringen innen   daz ich si habe gesehen,   *(1890)*
    daz des iht haben lougen   die Kriemhilde man,
    daz si úngetriuwelîche   vil gerne hêtén getân.«

1846 Zehant dô rief in Volkêr   hin engegene: *1784*
    »wie gêt ir sus gewâfent,   ir snellen degene?   *(1891)*
    welt ir schâchen rîten,   ir Kriemhilde man?
    da sult ir mich ze helfe   und mînen hergesellen hân.«

1847 Des antwurtę im niemen.   zornec was sîn muot: *1785*
    »pfî, ir zagen bœse!«   sprach der helt guot,   *(1892)*
    »wolt ir slâfénde   uns ermordet hân?
    daz ist sô guoten helden   noch vil selten her getân.«

1848 Dô wart der küneginne   vil réhté geseit   *1786*
    daz ir bóten niht enwurben.   von schulden was ir leit.
    dô fuogte si ez anders.   vil grimmec was ir muot.   *(1893)*
    des muosen sît verderben   helde kŭenę únde guot.

31. Âventiure
Wie si ze kirchen giengen

1849 »Mir kuolent sô die ringe«,   sô sprach Volkêr,   *1787*
    »jâ wæne diu naht uns welle   nu niht wern mêr.   *(1894)*
    ich kiusez von dem lufte,   ez ist vil schiere tac.«
    dô wahten si der manegen,   der noch slâfénde lac.

1850 Do erschein der liehte morgen   den gesten in den sal.   *1788*
    Hágen begŭnde wecken   die ritter über al,   *(1895)*
    ob si zuo dem münster   zer messe wolden gân.
    nâch siten kristenlîchen   man vil líutén began.

1851 Si sungen ungelîche: daz dâ vil wol schein.   *1789*
    kristen unde heiden,   die wâren niht enein.   *(1896)*
    dô wolden zuo der kirchen   die Guntheres man.
    si wâren von den betten   al gelíché gestân.

1852 Dô næten sich die recken   in alsô guot gewant,   *1790*
    daz nie helde mêre   in dehéines küneges lant   *(1897)*
    ie bezzer kleider brâhten.   daz was Hagenen leit.
    er sprach: »jâ sult ir helde   hie tragen ándériu kleit!

1844 Wenn wir dann beide in den Kampf verwickelt wären, würden zwei oder vier von ihnen in Windeseile zum Haus rennen und unter den Schlafenden ein Unheil stiften, das niemals wieder gutgemacht werden könnte.«

1845 Da sagte wiederum Volker: »Erlaubt wenigstens, ihnen zu zeigen, daß ich sie gesehen habe, damit die Gefolgsleute Kriemhilds nachher nicht abstreiten können, daß sie an uns einen tückischen Verrat üben wollten.«

1846 Sogleich rief da Volker ihnen entgegen: »Warum geht Ihr so gewaffnet einher, Ihr tapferen Helden? Wollt Ihr auf einen Raubzug reiten, Ihr Gefolgsleute Kriemhilds? Dahin solltet Ihr mich und meinen Waffengefährten zu Eurer Unterstützung mitnehmen!«

1847 Darauf antwortete ihm niemand. Volker wurde sehr zornig. »Pfui, Ihr bösen Feiglinge!« sagte der treffliche Held. »Wolltet Ihr uns im Schlaf ermorden? So hat man treffliche Helden noch niemals behandelt.«

1848 Da wurde der Königin genau erzählt, daß ihre Boten nichts hatten ausrichten können. Mit Grund war sie darüber verärgert. Da richtete sie es anders ein. Denn sie war von Grimm erfüllt. Deshalb mußten tapfere, treffliche Helden später zugrunde gehen.

31. Aventiure
Wie sie zur Kirche gingen

1849 »Mir wird der Ringpanzer so kalt«, sagte Volker. »Ich glaube, die Nacht wird jetzt nicht mehr lange dauern. Ich merke es an dem Wind, es ist bald Tag.« Da weckten sie die vielen, die noch im Schlafe lagen.

1850 Da leuchtete der helle Morgen den Gästen in den Saal hinein. Hagen weckte jetzt überall die Ritter, ob sie ins Münster zum Gottesdienst gehen wollten. Nach Christenbrauch begann man heftig zu läuten.

1851 Sie sangen die Messe auf unterschiedliche Weise: Das wurde da offenbar. Christen und Heiden stimmten nicht überein. Da wollten Gunthers Gefolgsleute zur Kirche gehen. Sie waren sogleich aus den Betten gesprungen.

1852 Da kleideten sich die Recken in trefflicheres Gewand, als jemals Helden in irgendein Königreich mitbrachten. Darüber war Hagen ärgerlich. Er sagte: »Wirklich, Ihr Helden, Ihr sollt hier andere Kleider tragen!

1853 Jâ sint iu doch genuogen   diu mære wol bekant.   *1791*
     nu traget für die rôsen   diu wâfen an der hant,   *(1898)*
     für schapel wol gesteinet   die liehten helme guot,
     sît daz wir wol erkennen   der argen Kríemhílden muot.

1854 Wir müezen hiute strîten,   daz wil ich iu sagen.   *1792*
     ir sult für sîden hemde   die halsperge tragen   *(1899)*
     unt für die rîchen mentel   die guoten schilde wît,
     ob iemen mit iu zurne,   daz ir vil wérlíche sît.

1855 Míne vil lieben herren,   dar zuo mâgę und man,   *1793*
     ir sult vil willeclîchen   zuo der kirchen gân,   *(1900)*
     und klaget got dem rîchen   sorgę und iuwer nôt,
     und wizzet sicherlîchen   daz uns nǽhét der tôt!

1856 Irn sult ouch niht vergezzen,   swaz ir habet getân,   *1794*
     und sult vil vlîzeclîche   dâ gein gote stân.   *(1901)*
     des wil ich iuch warnen,   réckén vil hêr.
     ez enwélle got von himele,   ir vernémet messe nimmer mêr.«

1857 Sus giengen zuo dem münster   die fürsten und ir man.
     ûf dem vrônen vrîthóve   dâ hiez si stille stân   *1795*
     Hagene der küene,   daz si sich schieden niht.   *(1902)*
     er sprach: »jâ weiz noch niemen   waz von den Hiunen uns
                                                            geschiht.

1858 Leget, mîne friunde,   die schilde für den fuoz,   *1796*
     und geltet ob iu iemen   biete swachen gruoz,   *(1903)*
     mit tiefen verschwunden!   daz ist Hagenen rât.
     daz ir sô werdet funden   daz ez iu lobelîchen stât.«

1859 Volkêr unde Hagene,   die zwêne giengen dan   *1797*
     für daz wîte münster.   daz wart durch daz getân,   *(1904)*
     daz si daz wolden wizzen,   daz des küneges wîp
     müese mit in dringen.   jâ was vil grímméc ir lîp.

1860 Dô kom der wirt des landes   und ouch sîn schœne wîp.
     mit rîchém gewande   gezieret was ir lîp,   *1798*
     der vil snellen recken,   die man sach mit ir varn.   *(1905)*
     dô kôs man hôhe stouben   von den Kriemhilde scharn.

1861 Dô der künec rîche   sus gewâfent sach   *1799*
     die kǘnegę und ír gesinde,   wie baldę er dô sprach: *(1906)*
     »wie sihę ich friunde mîne   under helme gân?
     mir ist léit ûf mîne triuwe,   und hât in iemen iht getân.

1862 Ich solz in gerne büezen   swie si dunket guot,   *1800*
     hât iemen in beswæret   daz herzę und ouch den muot.
     des bringe ich si wol innen,   daz ez mir ist vil leit.   *(1907)*
     swaz si mir gebietent,   des bin ich alles in bereit.«

1853 Es wissen doch genügend von Euch, was hier vorgeht: Anstatt der Rosen sollt Ihr die Waffen in Händen tragen, anstelle der steinbesetzten Stirnreife die strahlenden, festen Helme, da wir Kriemhilds falschen Sinn doch kennen.

1854 Wir werden noch heute kämpfen müssen, das will ich Euch sagen. Ihr sollt statt der seidenen Hemden Halsberge tragen, und statt der kostbaren Mäntel die starken, breiten Schilde, damit Ihr bewaffnet seid, wenn jemand mit Euch Streit anfängt.

1855 Meine lieben Herren, Verwandte und Gefolgsleute, Ihr sollt bereitwillig zur Messe gehen; klagt dem mächtigen Gott Eure Angst und Eure Not und seid sicher, daß uns der Tod nahe ist!

1856 Ihr sollt auch nichts von dem, was Ihr getan habt, vergessen und sollt andächtig vor Gott treten. Denn darauf will ich Euch vorbereiten, Ihr erlesenen Recken: Es sei denn, Gott im Himmel entscheidet es anders, sonst hört Ihr niemals wieder eine Messe.«

1857 So gingen die Fürsten und ihre Gefolgsleute zum Münster. Auf dem geweihten Kirchplatz ließ der tapfere Hagen sie anhalten, damit sie sich nicht voneinander trennten. Er sagte: »Es weiß niemand im voraus, was die Hunnen gegen uns im Schilde führen.

1858 Meine Freunde, legt die Schilde vor Eure Füße und zahlt dem, der Euch unfreundlich grüßt, mit tiefen, gefährlichen Wunden heim! Jedenfalls rät Euch Hagen, Euch so tapfer zu verhalten, daß Ihr Ruhm erntet.«

1859 Volker und Hagen, die beiden gingen jetzt vor das riesige Münster. Das taten sie, weil sie ahnten, daß die Gemahlin des Königs sie im Gedränge angreifen würde. Wahrhaftig, sie war voller Grimm.

1860 Da kam der Landesherr und auch seine schöne Gemahlin. Die tapferen Recken, die man in ihrer Begleitung sah, waren mit kostbaren Gewändern geschmückt. Da sah man, daß von den Scharen Kriemhilds der Staub hoch aufwirbelte.

1861 Als der mächtige König die Könige und ihr Gefolge so schwer gewaffnet sah, da sagte er sogleich: »Weshalb sehe ich meine Freunde mit Helmen auf den Köpfen? Auf mein Wort, ich sehe es als eine Beleidigung meiner Person an, wenn ihnen jemand etwas zuleide getan hat.

1862 Wenn jemand die Burgunden gekränkt hat, dann werde ich ihnen die Genugtuung verschaffen, die sie selbst für richtig halten. Ich will es ihnen zeigen, daß es mich wirklich schmerzt. Was immer sie von mir verlangen, ich bin zu allem bereit.«

1863 Des antwurte Hagene: »uns hât níemen niht getân.   *1801*
     ez ist síte míner herren,   daz si gewâfent gân   *(1908)*
     zę allen hôchgezîten   ze vollen drîen tagen.
     swaz man uns hie getæte,   wir soltenz Étzélen sagen.«

1864 Vil wol hôrte Kriemhilt   waz Hagene dô sprach.   *1802*
     wie rehte fientlîche   sį im únder diu óugen sach!   *(1909)*
     sine wólde doch niht melden   den site von ir lant,
     swie lange si den hête   zen Burgóndén bekant.

1865 Swie grimmę und swie starke   sį in vîent wære,   *1803*
     het íemen geságet Etzeln   diu rehten mære,   *(1910)*
     er het wol understanden   daz doch sît dâ geschach.
     durch ir vil starken übermuot   ir deheiner ims verjach.

1866 Dô gie vil grôziu menege   mit der kűneginne dan.   *1804*
     done wólden dise zwêne   doch niht hôher stân   *(1911)*
     zweier hande breite.   daz was den Hiunen leit.
     jâ muose si sich dringen   mit den héldén gemeit.

1867 Etzeln kamerære   dine dűhte daz niht guot.   *1805*
     jâ heten si den recken   erzürnet dô den muot,   *(1912)*
     wan daz sine torsten   vor dem künege hêr.
     dâ was vil michel dringen   unde doch niht anders mêr.

1868 Dô man dâ gote gediende   unt daz si wolden dan,   *1806*
     vil balde kom zen rossen   manec Hiunen man.   *(1913)*
     dô was bî Kriemhilde   manec schœniu meit.
     wol siben tûsent degene   bî der küneginne reit.

1869 Kriemhilt mit ir frouwen   in diu vénstér gesaz   *1807*
     zuo Étzél dem rîchen.   líep wás im daz.   *(1914)*
     si wolden schouwen rîten   die helde vil gemeit.
     hei waz vremder recken   vor in ûf dem hove reit!

1870 Dô was ouch der marschalc   mit den knehten komen: *1808*
     Dancwart der vil küene   het zuo zim genomen   *(1915)*
     sînes hérren ingesinde   von Burgonden lant.
     diu ross man wol gesatelet   den küenen Nibelungen vant.

1871 Dô si zen rossen kômen,   die kűnegę und óuch ir man,
     Volkêr der starke   râten daz began,   *1809*
     si solden bûhurdieren   nâch ir landes siten.   *(1916)*
     des wart von den helden   sît vil hérlích geriten.

1872 Der helt het in gerâten   des si doch niht verdrôz.   *1810*
     der bûhurt unt daz schallen,   diu wurden beide grôz.   *(1917)*
     ûf den hof vil wîten   kom vil manec man.
     Etzel unde Kriemhilt   daz selbe schóuwén began.

1863 Darauf antwortete Hagen: »Niemand hat uns etwas getan. Es ist so Brauch bei meinen Herren, daß sie drei Tage lang auf Festen gewaffnet einhergehen. Wir würden es Etzel schon sagen, wenn uns hier jemand etwas zuleide getan hätte.«

1864 Da vernahm Kriemhild genau, was Hagen sagte. Wie feindselig sie ihm da ins Gesicht blickte! Doch sie wollte den Brauch ihres Landes, wie lange sie ihn auch im Burgundenland gekannt hatte, nicht verraten.

1865 Mit welchem Grimm und welcher Leidenschaft sie sie auch haßte – hätte jemand Etzel die wahren Hintergründe aufgedeckt, dann hätte er alles zu verhindern gewußt, was da später geschah. Weil sie jedoch so stolz und selbstsicher waren, klärte ihn niemand darüber auf.

1866 Da ging eine große Menge von Leuten mit der Königin vorbei. Da wollten aber die beiden nicht zwei Handbreit zurückweichen. Das war eine Beleidigung für die Hunnen. Mit ihren stolzen Helden mußte sie sich vorbeidrängen.

1867 Die Kämmerer Etzels billigten dieses Verhalten überhaupt nicht. Wahrhaftig, sie hätten gern den Zorn der Recken gereizt, nur wagten sie es nicht unter den Augen des erhabenen Königs. Da entstand ein großes Gedränge, aber sonst weiter noch nichts.

1868 Als man Gott gedient hatte und man nun wieder fort wollte, da sprangen viele hunnische Männer schnell auf ihre Pferde. Da waren viele schöne Mädchen auf Kriemhilds Seite, und siebentausend Helden ritten bei der Königin.

1869 Kriemhild und ihre Damen setzten sich zu dem mächtigen Etzel in die Fenster. Er sah es sehr gerne. Sie wollten sehen, wie die stolzen Helden ritten. Welch Unzahl von fremden Recken vor ihren Augen auf dem Hofe turnierten!

1870 Da war auch der Marschall zusammen mit den Knappen gekommen: Der tapfere Dankwart hatte Gunthers Knappen aus dem Burgundenland bei sich. Man fand, daß die Pferde der tapferen Nibelungen gut besattelt waren.

1871 Als die Könige und ihre Gefolgsleute aufgesessen waren, da riet der starke Volker, sie sollten den Buhurt so reiten, wie es bei ihnen zu Hause der Brauch war. So ritten die Helden später herrlich einher.

1872 Der Held hatte ihnen etwas geraten, was sie keineswegs ablehnten. Der Buhurt und der Lärm nahmen jetzt heftigere Formen an. Auf den weiträumigen Hof kamen viele Männer. Etzel und Kriemhild schauten dem allen zu.

1873 Ûf den bûhurt kômen   sehs hundert dégené   *1811*
     der Dietrîches recken,   den gésten ze gégené.   *(1918)*
     si wolden kurzewîle   mit den Burgonden hân.
     het ers in gegunnen,   si hetenz gérné getân.

1874 Hei waz guoter recken   ín dâ nâch reit!   *1812*
     dem herren Dietrîche   dem wart daz geseit.   *(1919)*
     mit Guntheres mannen   daz spil er in verbôt.
     er vorhte sîner manne,   des gie im sicherlîchen nôt.

1875 Dô dise von Berne   gescheiden wâren dan,   *1813*
     dô kômen von Béchelâren   die Rüedegêres man
     fünf hundert under schilde   für den sal geriten.
     liep wære dem márcgrâven   daz siz hétén vermiten.

1876 Dô reit er wîslîchen   zuo zę in durch die schar   *1814*
     und sagete sînen degenen,   si wæren des gewar,   *(1920)*
     daz in úmmúote wæren   die Guntheres man:
     ob si den bûhurt liezen,   daz wærę im líebé getân.

1877 Dô sich von in geschieden   die helde vil gemeit,   *1815*
     dô kômen die von Düringen,   als uns daz ist geseit,   *(1921)*
     unt der von Tenemarken   wol tûsent küener man.
     von stichen sach man vliegen   vil der trûnzůne dan.

1878 Irnfrit unde Hâwart   in den bûhurt riten.   *1816*
     ir heten die von Rîne   vil stolzlîch erbiten.   *(1922)*
     si buten manege tjoste   den von Düringen lant.
     des wart von stichen dürkel   vil manec hêrlîcher rant.

1879 Dô kom der herre Blœdelîn   mit drîn tûsent dar.   *1817*
     Etzel unde Kriemhilt   nâmen sîn wol war,   *(1923)*
     wande vor in beiden   diu ritterschaft geschach.
     diu küneginnę ez gerne   durch leit der Búrgónden sach.

1880 Schrûtân unde Gibeche   ûf den bûhurt riten,   *1818*
     Râmunc und Hornboge   nâch híuníschen siten.   *(1925)*
     si hielten gegen den helden   von Burgonden lant.
     die schefte dræten hôhe   über des küneges sales want.

1881 Swes íemen dâ pflægę,   sô was ez niwan schal.   *(1926)*
     man hôrte von schílde stœzen   palas unde sal
     harte lûtę erdiezen   von Guntheres man.
     den lop daz sîn gesinde   mit grôzen ễrén gewan.

1882 Dô was ir kurzewile   sô michel unde grôz,   *1819*
     daz durch die kovertiure   der blanke sweiz dô flôz   *(1927)*
     von den guoten rossen,   diu die helde riten.
     si versúochtenz an die Hiunen   mit vil hôchvérten siten.

1873 Von Dietrichs Recken kamen sechshundert Helden zum Bu-
hurt und traten gegen die Gäste an. Sie wollten sich mit den
Burgunden bei ritterlichem Spiel die Zeit vertreiben. Hätte
Dietrich es ihnen erlaubt, dann hätten sie es gerne getan

1874 Welch Unzahl trefflicher Recken da hinter ihnen herritt! Der
Herr Dietrich wurde davon unterrichtet. Er verbot ihnen, sich
mit Gunthers Leuten im Turnier zu messen. Er fürchtete für
seine Gefolgsleute, und er hatte wirklich allen Grund dazu.

1875 Als die Berner fortgeritten waren, da kamen fünfhundert Män-
ner aus Bechelaren, Gefolgsleute Rüdigers, in voller Bewaff-
nung vor den Saal geritten. Dem Markgrafen wäre es lieber
gewesen, wenn sie es unterlassen hätten.

1876 Da war er so klug, durch ihre Reihen zu reiten und seinen
Helden zu sagen, sie könnten doch sehen, daß Gunthers Ge-
folgsleute übel gelaunt seien. Es wäre ihm lieb, wenn sie vom
Buhurt abließen.

1877 Als sich auch diese stolzen Helden von ihnen getrennt hatten,
da kamen, wie uns berichtet wird, die Thüringer und von den
Dänen wohl tausend tapfere Männer. Von den verstochenen
Lanzen sah man viele Splitter durch die Luft wirbeln.

1878 Irnfried und Hawart ritten zum Buhurt. Stolz hatten die vom
Rhein auf sie gewartet. Sie lieferten den Thüringern manche
Tjoste. Da wurden viele herrliche Schilde von Lanzenstichen
durchbohrt.

1879 Da kam auch der Herr Blödel mit dreitausend Männern herbei.
Etzel und Kriemhild konnten ihn gut sehen, denn die ritter-
lichen Spiele vollzogen sich vor ihren Augen. In der Erwar-
tung, den Burgunden könne dadurch ein Schaden entstehen,
freute sich die Königin, ihn zu sehen.

1880 Schrutan und Gibech, auch Ramung und Hornboge ritten nach
hunnischer Weise auf den Buhurt. Sie stellten sich, den Helden
aus dem Burgundenland gegenüber, auf. Die Lanzenschäfte
wirbelten hoch über die Wand des Königssaales hinweg.

1881 Doch was sie auch taten, es blieb lediglich beim Lärm. Man
hörte, wie Gunthers Gefolgsleute durch das Zusammenstoßen
der Schilde Palas und Saal laut widerhallen ließen. Gunthers
Leute erwarben große Ehre und Ruhm.

1882 Da war ihre ritterliche Übung so schwer und anstrengend, daß
von den edlen Pferden, auf denen die Helden ritten, der helle
Schweiß durch die Samtdecken hindurch zu Boden troff. In
großem Selbstbewußtsein erprobten sie sich an den Hunnen.

1883 Dô sprach der küene recke   Vólkêr der spílman: *1820*
»ich wænẹ uns dise recken   türren niht bestân.   *(1928)*
ich hôrtẹ ie sagen mære,   si wæren uns gehaz.
nune kúndez sich gefüegen   zwâre níemére baz.«

1884 »Zen herbergen füeren«,   sprach aber Volkêr,   *1821*
»sol man uns die mœre,   und rîten danne mêr   *(1929)*
gegen âbénde,   sô des wirdet zît.
waz ob diu küneginne   den lóp den Búrgónden gît?«

1885 Dô sâhens einen rîten   sô weigerlîchen hie,   *1822*
daz ez al der Hiunen   getet deheiner nie.   *(1930)*
jâ mohtẹ er in den zîten   wol haben herzen trût.
er fuor sô wol gekleidet   sam eines edeln ritters brût.

1886 Dô sprach aber Volkêr: »wie möhtẹ ich daz verlân?   *1823*
jener trût der frouwen   muoz ein gebiuze hân.   *(1931)*
ez kúnde níemen gescheiden;   ez gât im an den lîp.
jane rúochẹ ich ob ez zürne   des künec Étzélen wîp.«

1887 »Nein durch mîne liebe«,   sprach der künec sân.   *1824*
»ez wîzent uns die liute,   und ob wir si bestân.   *(1932)*
ir lât ez heben die Hiunen,   daz füeget sich noch baz.«
dánnoch der künec Etzel   bî der küneginne saz.

1888 »Ich wil den bûhurt mêren«,   sprach dô Hagene.   *1825*
»lât die frouwen schouwen   und die degene,
wie wir künnen rîten!   daz ist guot getân.
man gît doch lop deheinen   des künec Gúnthéres man.«

1889 Volkêr der vil snelle   den bûhurt wider reit.   *1826*
daz wart sît maneger frouwen   vil grœzlîche leit.   *(1933)*
er stach dem rîchen Hiunen   daz sper durch sînen lîp.
daz sach man sît beweinen   beide maget unde wîp.

1890 Vil harte hurteclîche   Hágenẹ und sîne man   *1827*
mit sehzec sîner degene   rîten er began   *(1934)*
nâch dem videlære,   dâ daz spil geschach.
Etzel unde Kriemhilt   ez bescheidenlîchen sach.

1891 Done wólden die drî künege   den ir spilman   *1828*
bî den fîánden   niht âne huote lân.   *(1935)*
dâ wart von tûsent helden   vil kunstlîch geriten.
si tâten daz si wolden   in vil hôchvérten siten.

1892 Dô der rîche Hiune   ze tôde was erslagen,   *1829*
man hôrte sîne mâge   ruofen unde klagen.   *(1936)*
dô vrâgtẹ al daz gesinde: »wer hât ez getân?«
»daz hât der videlære,   Vólkêr der küene spileman.«

1883 Da sagte der tapfere Recke, der Spielmann Volker: »Ich glaube, diese Recken wagen nicht, uns anzugreifen. Ich hörte vorhin sagen, sie wären uns feindlich gesonnen. Nun könnte sich ihnen doch gar keine bessere Gelegenheit bieten als jetzt.«

1884 »Man soll uns«, sagte wiederum Volker, »die Pferde ins Quartier bringen. Wenn es gegen die Abendzeit geht, wollen wir wieder reiten. Vielleicht erkennt die Königin den Burgunden den Kampfpreis zu!«

1885 Da sahen sie einen Hunnen heranreiten, der war so aufgeblasen wie kein zweiter. Vielleicht hatte er sich zu dieser Zeit gerade frisch verliebt. Er ritt so herausgeputzt einher, als wäre er die Geliebte eines edlen Ritters.

1886 Da sagte wiederum Volker: »Wie könnte ich da widerstehen? Jener Liebling der Frauen muß einen Dämpfer bekommen. Niemand kann mich daran hindern; es geht ihm jetzt an den Kragen. Ich kümmere mich überhaupt nicht darum, ob die Gemahlin Etzels darüber erzürnt ist oder nicht.«

1887 »Nein, unterlaßt es mir zuliebe!« sagte der König sogleich. »Wenn wir sie angreifen, dann wird man es uns vorwerfen. Laßt die Hunnen anfangen. Das ist viel besser für uns.« Zu dieser Zeit saß der König Etzel noch bei der Königin.

1888 »Ich stürze mich in den Buhurt«, sagte da Hagen. »Die Damen und die Helden sollen sehen, wie wir reiten können! Ich halte es jedenfalls für richtig. Den Kampfpreis gibt man den Gefolgsleuten des Königs Gunther ja wohl doch nicht.«

1889 Der tapfere Volker setzte jetzt im Buhurt zum Anritt an. Das sollte mancher Frau später großes Leid bringen. Er stach dem prächtigen Hunnen den Speer durch den Leib. Das sah man später Frauen und Mädchen beweinen.

1890 Hagen und seine Gefolgsleute, sechzig seiner Helden, ritten schnell zu dem Fiedler auf den Turnierplatz. Etzel und Kriemhild konnten es ganz genau beobachten.

1891 Da wollten die drei Könige ihren Spielmann nicht ohne Schutz bei den Feinden lassen. In geschicktem Manöver ritten nun tausend Helden auf dem Platze an. Selbstsicher taten sie, was sie wollten.

1892 Als der eitle Hunne erschlagen war, da hörte man seine Verwandten schreien und jammern. Da fragte der ganze Hof: »Wer hat es getan?« »Es war der Fiedler, Volker, der tapfere Spielmann.«

1893 Nâch swerten und nâch schilden   riefen dâ zehant   *1830*
des marcgrâven mâge   von der Hiunen lant.   *(1937)*
si wolden Vólkéren   ze tôde erslagen hân.
der wirt ûz einem venster   vil harte gâhén began.

1894 Dô huop sich von den liuten   allenthalben schal.   *1831*
die kűnege und ír gesinde   erbeizten fűr den sal.   *(1938)*
diu ross ze rucke stiezen   die Burgonden man.
dô kom der künec Etzel.   der herre ez schéidén began.

1895 Ein des Hiunen mâge,   den er bî im vant,   *1832*
ein vil starkez wâfen   brach er im ûz der hant.   *(1939)*
dô sluoc ers alle widere,   wande im was vil zorn:
»wie het ich mînen dienest   an disen héldén verlorn,

1896 Ob ir hie bî mir slüeget   disen spilman«,   *1833*
sprach der künec Etzel.   »daz wære missetân!   *(1940)*
ich sach vil wol sîn rîten,   dô er den Hiunen stach,
daz ez âne sîne schulde   von eime strúché geschach.

1897 Ir müezet mîne geste   vride lâzen hân.«   *1834*
dô wart er ir geleite.   diu ross zôch man dan   *(1941)*
zuo der herbergen.   si heten manegen kneht,
die in mit vlîze wâren   ze allem díensté gereht.

1898 Der wirt mit sînen friunden   in den palas gie.   *1835*
zorn er mêr deheinen   dâ niht werden lie.   *(1942)*
dô rihte man die tische,   daz wazzer man in truoc.
dâ heten die von Rîne   der starken víendé genuoc.

1899 Ê die hérrén gesâzen,   des was harte lanc.   *1836*
diu Kriemhilde sorge   si ze sêre twanc.   *(1945)*
si sprach: »fürste von Berne,   ich suoches dînen rât,
helfe und genâde: mîn dinc mir angestlîchen stât.«

1900 Des antwurte ir Hildebrant,   ein recke lobelîch: *1837*
»swer sleht die Nibelunge,   der tuot ez âne mich,   *(1946)*
durch dehéines schatzes liebe.   ez mac im werden leit.
si sint noch umbetwungen,   die snellen ríttér gemeit.«

1901 Dô sprach in sînen zühten   dar zuo her Dietrich: *1838*
»die bete lâ belîben,   küneginne rîch.   *(1949)*
mir habent dîne mâge   der leide niht getân,
daz ich die degen küene   mit strîte wéllé bestân.

1902 Diu bete dich lützel êret,   vil edeles fürsten wîp,   *1839*
daz du dînen mâgen   rætest an den lîp.   *(1950)*
si kômen ûf genâde   hér ín diz lant.
Sîfrit ist úngerochen   von der Díetríches hant.«

162

1893 Da riefen die Verwandten des Markgrafen aus dem Hunnen-
land sogleich nach Schwertern und nach Schilden. Sie wollten
Volker erschlagen. Der Landesherr verließ schnell sein Fenster
und setzte sich eilends in Bewegung.

1894 Da erhoben die Leute überall einen riesigen Lärm. Die Könige
und ihr Gefolge sprangen vor dem Saal vom Pferd. Die Ge-
folgsleute der Burgunden stießen ihre Pferde beiseite. Da kam
der König Etzel. Der Landesherr machte sich daran, den Streit
zu schlichten.

1895 Einem der Verwandten des Hunnen, den er da stehen sah, riß
er ein starkes Schwert aus der Hand. Da schlug er sie alle zurück.
Denn er war sehr zornig. »Wie würde ich die Pflichten, die
ich diesen Helden gegenüber habe, versäumen,

1896 wenn Ihr hier an meinem Hof diesen Spielmann erschlügt!«
sagte der König Etzel. »Das wäre eine Schande für mich. Ich
habe genau gesehen, wie er ritt, als er den Hunnen erstach, und
daß es ohne seine Schuld durch ein Strauchen des Pferdes dazu
kam.

1897 Ihr sollt meine Gäste in Frieden lassen!« Da gab er ihnen das
Geleit. Die Pferde brachte man zu den Quartieren. Sie hatten
viele Knappen, die ihnen eifrig jeden Dienst zu erfüllen wußten.

1898 Der Landesherr ging mit seinen Gästen in den Palas. Er ließ
keinen weiteren Zorn aufkommen. Da bereitete man die Tische
und brachte ihnen das Waschwasser. Die Helden vom Rhein
hatten am Hunnenhof viele erbitterte Feinde.

1899 Es dauerte lange, bis die Herren sich alle gesetzt hatten. Die
schwierige Lage bedrückte Kriemhild. Sie sagte: »Fürst von
Bern, ich hätte gerne Deinen Rat, Deine Hilfe und Deinen
Schutz. Ich bin in großer Bedrängnis.«

1900 Darauf antwortete ihr Hildebrand, der ruhmreiche Recke:
»Wer gegen die Burgunden vorgeht – für welche Schätze auch
immer – der soll es ohne mich tun! Es wird ihn teuer zu stehen
kommen. Bis jetzt sind die tapferen, stolzen Helden noch unbe-
zwungen.«

1901 Da sagte Herr Dietrich in feinem höfischen Anstand: »Unter-
laß solche Bitten, mächtige Königin. Mir haben Deine Ver-
wandten nichts zuleide getan, daß ich gegen die tapferen Hel-
den kämpfen müßte.

1902 Es ehrt Dich nicht, Gemahlin des edlen Fürsten, daß Du planst,
Deinen Verwandten das Leben zu nehmen. Voller Vertrauen
sind sie in dieses Land gekommen. Durch Dietrichs Hand wird
Siegfried nicht gerächt!«

1903 Dô si der úntríuwe an dem Bérnære níht envant   1840
     dô lobtes alsô balde in Blœdelînes hant   (1951)
     eine wîte marke, die Nuodunc ê besaz.
     sît dô sluoc in Dancwart, daz er der gâbe gar vergaz.

1904 Si sprach: »du solt mir helfen, herre Blœdelîn!   1841
     jâ sint in disem hûse die vîande mîn,   (1952)
     die Sîfriden sluogen, den mînen lieben man.
     swer mir daz hilfet rechen, dem bin ich immer undertân.«

1905 Des antwurte ir Blœdelîn: »fróuwe, nu wízzet daz: 1842
     jane getár ich in vor Etzeln geráten keinen haz,   (1953)
     wandę er die dîne mâge, fróuwe, vil gérne siht.
     tætę ich in iht ze leide, der künec vertrüege mir sîn niht.«

1906 »Neinâ, herre Blœdelîn, ich bin dir immer holt.   1843
     jâ gibę ich dir ze miete silber unde golt,   (1954)
     und eine maget schœne, daz Nuodunges wîp:
     sô maht du gerne triuten den ir vil minneclîchen lip.

1907 Daz lánt zúo den bürgen wil ich dir allez geben!   1844
     sô maht du, ritter edele, mit freuden immer leben, (1955)
     gewinnestu die marke, dâ Nuodunc inne saz.
     swaz ich dír gelobe hiute, mit triuwen léistę ích dir daz.«

1908 Dô der herre Blœdelîn die míeté vernam,   1845
     unt daz im durch ir schœne diu frouwe wol gezam,
     mit strîte wândę er dienen daz minneclîche wîp.   (1956)
     dar umbe muose der recke dô verlíesén den lip.

1909 Er sprach zer küneginne: »gêt wider in den sal!   1846
     ê ez íemen werde innen, sô hebę ich einen schal.   (1957)
     ez muoz erarnen Hagene daz er iu hât getân.
     ich antwurtę iu gebunden des künec Gúnthéres man.«

1910 »Nu wâfent iuch«, sprach Blœdelîn, »alle die ich hân!
     wir suln den vîanden in die hérbérge gân.   1847
     des wil mich niht erlâzen daz Etzelen wîp.   (1958)
     dar umbe suln wir helde alle wâgén den lip.«

1911 Dô diu küneginne Blœdelînen lie   1848
     in des strîtes willen, ze tische si dô gie   (1959)
     mit Etzel dem künege und ouch mit sînen man.
     si hete swinde ræte an die gésté getân.

1912 Dô der strît niht anders kunde sîn erhaben   1849
     (Kriemhilde leit daz alte in ir hérzen was begraben), (1963)
     dô hiez si tragen ze tische den Étzélen sun.
     wie kundę ein wîp durch râche immer vréislícher tuon?

164

1903 Als sie keine Treulosigkeit an dem Berner fand, da versprach sie sogleich Blödel eine weitläufige Grenzmark, die Nudung einst gehört hatte. Später erschlug ihn Dankwart, so daß er das Geschenk gar nicht nutzen konnte.

1904 Sie sagte: »Herr Blödel, Du mußt mir helfen! In diesem Haus sind meine Feinde, die Siegfried, meinen lieben Gemahl, erschlagen haben. Wer mir hilft, das zu rächen, dem bin ich auf alle Zeit treu ergeben.«

1905 Darauf antwortete ihr Blödel: »Herrin, Ihr müßt wissen, daß ich aus Furcht vor Etzel nichts Feindliches gegen sie zu tun wage, denn er sieht Deine Verwandten, Herrin, gerne bei sich. Wenn ich ihnen etwas Schlimmes antäte, würde es mir der König niemals verzeihen.«

1906 »Nein, Herr Blödel, ich bin Dir auf immer gewogen. Ich gebe Dir Silber und Gold und ein schönes Mädchen, Nudungs Verlobte. Dann kannst Du glücklich und in Freuden das liebliche Mädchen umarmen.

1907 Land und Burgen, alles will ich Dir schenken! Dann, edler Ritter, kannst Du auf immer im Glück leben, wenn Du die Grenzmark erhältst, in der Nudung herrschte. Was ich Dir heute verspreche, werde ich getreulich halten.«

1908 Als der Herr Blödel den Lohn erfuhr und er sah, daß ihm die Frau wegen ihrer Schönheit sehr gefiel, da wollte er sich die liebliche Frau im Kampf verdienen. Dadurch sollte der Recke sein Leben verlieren.

1909 Er sagte zur Königin: »Geht wieder in den Saal hinein! Bevor es überhaupt jemand merkt, beginne ich mit dem Kampflärm. Hagen muß büßen, was er Euch angetan hat. Ich werde Euch den Gefolgsmann König Gunthers gebunden überantworten.«

1910 »Nun waffnet Euch, alle meine Leute!« sagte Blödel. »Wir werden die Feinde in ihrem Quartier angreifen. Die Gemahlin Etzels besteht darauf. Daher sollen wir Helden alle unser Leben einsetzen.«

1911 Als die Königin von dem kampfentschlossenen Blödel fortgegangen war, da schritt sie zusammen mit dem König Etzel und seinen Gefolgsleuten zur Tafel. Sie hatte üble Anschläge gegen die Gäste vorbereitet.

1912 Als der Kampf nicht anders begonnen werden konnte – in Kriemhilds Herz war der alte Schmerz tief eingegraben –, da ließ sie den Sohn Etzels an die Tafel bringen. Wie hätte eine Frau, nur um Rache zu üben, schrecklicher handeln können?

1913 Dar giengen an der stunde   vier Étzélen man.   *1850*
     si truogen Ortlieben,   den jungen künec, dan   *(1964)*
     zuo der fürsten tische,   dâ ouch Hagene saz.
     des múose daz kínt ersterben   durch sînen mórtlíchen haz.

1914 Dô der künec rîche   sînen sun ersach,   *1851*
     zuo sînen konemâgen   er güetlíche sprach: *(1965)*
     »nu seht, ir friunde mîne!   daz ist mîn einec sun
     und ouch iuwer swester!   daz mac iu allen wesen frum.

1915 Gevæht er nâch dem künne,   er wirt ein küene man,   *1852*
     rích únd vil edele,   starc und wol getân.   *(1966)*
     lebę ích deheine wîle,   ich gibę im zwélf lánt:
     sô mac iu wol gedienen   des jungen Órtlíebes hant.

1916 Dar umbe bitę ich gerne   iuch, lieben friunde mîn,   *1853*
     swennę ir ze lande rîtet   wider an den Rîn,   *(1967)*
     sô sult ir mit iu füeren   iuwer swester sun
     und sult ouch an dem kinde   vil genædeclîchen tuon!

1917 Und ziehet in zen êren,   unz er wérde ze mán!   *1854*
     hât iu in den landen   iemen iht getân,   *(1968)*
     daz hilfet er iu rechen,   gewahset im sîn lîp.«
     die rede hôrtę ouch Kriemhilt,   des künec Étzélen wîp.

1918 »Im solden wol getrûwen   dise degene,   *1855*
     gewüehsę er zę einem manne«,   sô sprach Hagene.   *(1969)*
     »doch ist der künec junge   sô veiclîch getân:
     man sol mich sehen selten   ze hóve nâch Órtlíebe gân.«

1919 Der künec an Hagenen blihte.   diu rede was im leit.   *1856*
     swie niht dar umbe redete   der fürste vil gemeit,   *(1970)*
     ez betrúobetę im sîn herze   und beswârtę im den muot.
     done wás der Hagenen wille   niht ze kúrzwíle guot.

1920 Ez tet den fürsten allen   mit dem künege wê   *1857*
     daz Hágen von sînem kinde   hete gesprochen ê.   *(1971)*
     daz siz vertragen solden,   daz was in ungemach.
     sine wessen niht der mære,   waz von dem recken sît geschach.

32. Âventiure
Wie Dancwart Bloedelîne sluoc

1921 Blœdelînes recken   die wâren alle gar.   *1858*
     mit tûsent halsbergen   huoben si sich dar   *(1973)*
     dâ Dancwart mit den knehten   ob dem tische saz.
     dâ huop sich under helden   der aller grœzéste haz.

1913 Sofort entfernten sich vier von Etzels Leuten und brachten Ortlieb, den jungen König, an die Tafel der Fürsten, an der auch Hagen saß. Durch dessen mordgierige Feindschaft sollte das Kind den Tod finden.

1914 Als der mächtige König seinen Sohn erblickte, da sagte er freundlich zu seinen Verwandten: »Nun seht, meine Freunde! Dies ist mein einziger Sohn, das Kind Eurer Schwester! Das kann Euch allen noch einmal nützlich sein.

1915 Wenn er so wird wie seine Verwandten, dann wird er ein tapferer Mann, mächtig und edel, stark und schön. Wenn ich noch eine Zeitlang lebe, gebe ich ihm zwölf Länder. Dann kann Euch der junge Ortlieb wohl zu Diensten sein.

1916 Darum möchte ich Euch herzlich bitten, liebe Freunde: wenn Ihr wieder heimreitet an den Rhein, dann sollt Ihr den Sohn Eurer Schwester mit Euch nehmen und freundlich zu dem Kind sein!

1917 Und erzieht ihn zu einem Mann von Ehre, bis er volljährig ist! Wenn Euch irgend jemand im Lande etwas angetan hat, wird er es Euch – wenn er größer geworden ist – rächen helfen.« Diese Worte hörte auch Kriemhild, die Gemahlin König Etzels.

1918 »Wenn er zum Mann heranreifte«, so sagte Hagen, »dann sollten diese Helden ihm schon ihr Vertrauen schenken. Doch scheint mir der junge König bereits so sehr vom Tode gezeichnet, daß man mich niemals am Hofe Ortliebs sehen wird.«

1919 Der König blickte Hagen an. Er war über diese Worte betrübt. Wenn der stolze Fürst auch nicht darüber sprach, so wurde ihm doch weh und kummervoll ums Herz. Da war aber Hagen ganz und gar nicht zum Scherzen aufgelegt.

1920 Was Hagen gerade über Etzels Kind gesagt hatte, das kränkte die Fürsten wie den König. Es wurde ihnen schwer, es einfach hinzunehmen. Sie wußten noch nichts von den Taten, die Hagen später beging.

32. Aventiure
Wie Dankwart Blödel erschlug

1921 Blödels Recken waren nun alle bereit. Zu Tausend gingen sie in ihren Halsbergen dorthin, wo Dankwart mit den Knappen zu Tisch saß. Da entstand unter Helden die allerstärkste Feindschaft.

1922 Alsô der herre Blœdelîn   fûr die tische gie,   *1859*
     Dáncwárt der marschalc   in vlîzeclîchẹ empfie: *(1974)*
     »willekómen her ze hûse,   mîn her Blœdelîn!
     jâ wundert mich der mære: waz sol disiu rede sîn?«

1923 »Jane darftu mich niht grüezen«,   sô sprach Blœdelîn,   *1860*
     »wan diz komen daz mîne   daz muoz dîn ende sîn,   *(1975)*
     durch Hagenen dînen bruoder,   der Sîfriden sluoc.
     des engíltest du zen Hiunen   und ander degene genuoc.«

1924 »Neinâ, herre Blœdelîn«,   so sprach dô Dáncwárt,   *1861*
     »sô möhtẹ uns balde riuwen   disiu hovevart.   *(1976)*
     ich was ein wênec kindel   dô Sîfrit verlôs den lip.
     ine wéiz niht waz mir wîzet   des künec Étzélen wîp.«

1925 »Jane wéiz ich dir der mære   niht mêr ze sagene: *1862*
     ez tâten dîne mâge,   Gúnther und Hagene.   *(1977)*
     nu wért iuch vil éllénden!   ir kunnet niht genesen.
     ir müezet mit dem tôde   pfant daz Kríemhílde wesen.«

1926 »Sone wélt ir niht erwinden?«   so sprach Dáncwárt.   *1863*
     »sô riuwet mich mîn vlêhen.   daz wære baz gespart.«   *(1978)*
     der snelle degen küene   von dem tische spranc.
     er zôch ein scharpfez wâfen,   daz was michel unde lanc.

1927 Dô sluoc er Blœdelîne   einen swinden swertes slac,   *1864*
     daz im daz houbet schiere   vor den füezen lac.   *(1979)*
     »daz sî dîn morgengâbe«,   sprach Dancwart der degen,
     »zuo Nuodunges briute,   der du mit minnen woldest pflegen.

1928 Man mac si morgen mehelen   einem andern man.   *1865*
     wil er die brûtmiete,   dem wirt alsam getân.«   *(1980)*
     ein vil getriuwer Hiune   het im daz geseit,
     daz in diu küneginne   riet sô grœzlíchiu leit.

1929 Dô sâhen Blœdelînes man,   ir herre lac erslagen.   *1866*
     done wólden si den gesten   niht langer daz vertragen.
     mit ûf erburten swerten   si sprungen fûr diu kint   *(1981)*
     in grímmégem muote.   daz gerou vil manegen sint.

1930 Vil lûte rief dô Dancwart   daz gesínde allez an: *1867*
     »ir seht wol, edeln knehte,   wie ez wil umbe gân.   *(1982)*
     nu wert iuch ellenden!   deiswâr des gât uns nôt,
     swie uns diu edele Kriemhilt   sô rehte gűetlích enbôt.«

1922 Als der Herr Blödel vor die Tische trat, da empfing ihn Dankwart, der Marschall, sehr zuvorkommend: »Seid mir in diesem Hause willkommen, Herr Blödel! Ich frage mich allerdings verwundert: was hat Euer Auftritt zu bedeuten?«

1923 »Du hast wirklich keinen Grund, mich zu grüßen«, sagte Blödel, »denn mein Kommen wird Dich das Leben kosten, und zwar deswegen, weil Dein Bruder Hagen Siegfried erschlagen hat. Dafür mußt Du und viele andere Helden heute bei den Hunnen büßen.«

1924 »Nein, Herr Blödel!« sagte Dankwart. »Sonst müßten wir diese Hoffahrt ja wirklich schwer bereuen. Ich war ein ganz kleines Kind, als Siegfried sein Leben verlor. Ich weiß gar nicht, was mir die Gemahlin des König Etzel vorwirft.«

1925 »Ich habe Dir nichts Weiteres zu sagen. Gunther und Hagen, Deine Verwandten, haben die Tat begangen. Nun setzt Euch zur Wehr, Ihr fremden Recken! Ihr könnt nicht mit dem Leben davonkommen. Euer Leben müßt Ihr Kriemhild zum Pfand geben.«

1926 »Ihr wollt also nicht davon ablassen?« sagte Dankwart. »Dann tut es mir leid, Euch überhaupt gebeten zu haben. Besser wäre es ganz unterblieben.« Der tapfere, mutige Held sprang vom Tisch fort. Er zog ein scharfes Schwert aus der Scheide, das war groß und lang.

1927 Da versetzte er Blödel einen schnellen Schlag mit dem Schwert, so daß ihm der Kopf sogleich vor seine Füße fiel. »Das sei Deine Morgengabe«, sagte Dankwart, der Held, »für Nudungs Frau, nach deren Minne Du so heftig verlangt hast.

1928 Man kann sie schon morgen einem anderen Manne zur Ehe geben. Wenn der eine Aussteuer haben will, dann geschieht ihm das gleiche.« Ein getreuer Hunne hatte ihm verraten, daß die Königin so Schlimmes gegen sie im Schilde führte.

1929 Da sahen die Gefolgsleute Blödels, daß ihr Herr erschlagen lag. Da wollten sie den Gästen nicht länger Schonung gewähren. Mit hoch erhobenen Schwertern sprangen sie grimmig auf die Knappen los. Das hatten viele von ihnen zu bereuen.

1930 Laut rief da Dankwart den Troßknechten zu: »Ihr seht, edle Knappen, wie es hier um uns steht. Nun wehrt Euch gut, Ihr fremden Recken! Wahrhaftig, dazu haben wir allen Grund, wie freundlich uns die edle Kriemhild auch empfangen hat.«

1931 Die niht swert enhêten,   die reichten für die banc   *1868*
   und huoben von den füezen   vil manegen schamel lanc.
   der Burgonden knehte   in wolden niht vertragen.   *(1983)*
   dô wart von swæren stüelen   durch helme biulen vil geslagen.

1932 Wie grimme sich dô werten   diu ellenden kint!   *1869*
   si triben ûz dem hûse   die gewâfénten sint.   *(1984)*
   doch beléip ir tôt dar inne   fünf hundert oder baz.
   dô was daz ingesinde   von bluote rôt únde naz.

1933 Disiu starken mære   wurden dan geseit   *1870*
   den Étzélen recken   (ez was in grimme leit),   *(1985)*
   daz erslagen wære   Blœdel und síne man.
   daz hete Hagenen bruoder   mit den knéhtén getân.

1934 Ê ez der künec erfunde,   die Hiunen durch ir haz   *1871*
   der garte sich zwei tûsent   oder dannoch baz.   *(1986)*
   si giengen zuo den knehten,   daz muosę et alsô wesen,
   und liezen des gesindes   niender éinén genesen.

1935 Die ungetriuwen brâhten   für daz hûs ein michel her.   *1872*
   die ellenden knehte   die stuonden wol ze wer.   *(1987)*
   waz half ir baldez ellen?   si muosen ligen tôt.
   dar nâch in kurzen stunden   huop sich ein vréislîchiu nôt.

1936 Hie muget ir hœren wunder   bî ungefüege sagen: *1873*
   níun tûsent knehte   die lâgen tôt erslagen,   *(1988)*
   dar über ritter zwelfe   der Dancwartes man.
   man sach in alterseine   noch bî den vîánden stân.

1937 Der schal der was geswiftet,   der dôz der was gelegen.
   dô blihtę über ahsel   Dancwart der degen.   *1874*
   er sprach: »ôwê der friunde,   die ich verlorn hân!   *(1989)*
   nu muoz ich leider eine   bî mînen vîánden stân.«

1938 Diu swert genôte vielen   ûf sîn eines lîp.   *1875*
   daz muose sît beweinen   vil maneges heldes wîp.   *(1990)*
   den schilt den ruhtę er hôher,   den vezzel nider baz.
   dô frumtę er vil der ringe   mit bluote vlíezénde naz.

1939 »Sô wê mir dirre leide«,   sprach Aldriânes kint.   *1876*
   »nu wîchet, Hiunen recken,   ir lât mich an den wint,   *(1991)*
   daz der luft erküele   mich stúrmmü̆eden man.«
   dô sach man den recken   vil harte hérlíche gân.

1931 Wer kein Schwert zur Hand hatte, der langte unter die Bank und zog unter den Füßen lange Fußbänke hervor. Die Knappen der Burgunden wollten ihnen nun auch keine Schonung mehr gewähren. Da wurden mit schweren Stühlen viele Beulen in die Helme geschlagen.

1932 Wie grimmig setzten sich da die fremden Knappen zur Wehr! Sie trieben die Bewaffneten später ganz aus dem Hause. Doch blieben fünfhundert oder sogar noch mehr von ihnen drinnen tot liegen. Da waren die Troßknappen vom Blut rot und naß.

1933 Die schreckliche Nachricht, daß Blödel und seine Leute erschlagen seien, wurde den Recken Etzels verkündet. Es traf sie schwer. Hagens Bruder und seine Knappen hatten es getan.

1934 Bevor noch der König davon vernommen hatte, rüsteten sich haßerfüllt zweitausend oder sogar noch mehr Hunnen. Sie griffen die Knappen an. So hatte es wohl kommen müssen. Nirgendwo ließen sie einen von ihnen mit dem Leben davonkommen.

1935 Die Treulosen brachten vor dem Haus ein großes Heer zusammen. Die fremden Recken setzten sich tapfer zur Wehr. Was half ihnen ihre große Tapferkeit? Sie mußten alle mit dem Tode bezahlen. Nur kurze Zeit später erhob sich eine schreckliche Not.

1936 Von erstaunlichen und zugleich ungeheuerlichen Taten sollt Ihr nun hören! Neuntausend Knappen lagen erschlagen, dazu noch zwölf Ritter von Dankwarts Leuten. Man sah ihn ganz allein noch unter den Feinden stehen.

1937 Der Kampflärm war zur Ruhe gekommen, das Getöse hatte sich gelegt. Da blickte Dankwart, der Held, hinter sich zurück. Er sagte: »Weh mir, daß ich so viele Freunde verloren habe. Nun muß ich, zu meinem Unglück, allein unter meinen Feinden stehen.«

1938 Dicht fielen die Schwertstreiche auf ihn. Das sollten später die Frauen mancher Helden beweinen. Den Schildgriff verstellte er nach unten, den Schild selbst schob er höher. Da kämpfte er so, daß über unzählige Ringpanzer das nasse Blut floß.

1939 »Weh mir über diese Schmach!« sagte der Sohn Aldrians. »Nun weicht zurück, Ihr hunnischen Recken, Ihr sollt mich an die Luft lassen, daß der frische Wind mir kampfmüden Mann Kühlung bringt.« Da sah man den Recken heldenhaft einherschreiten.

1940 Alsô der strîtes müede ûz dem hûse spranc, *1877*
     waz iteniuwer swerte ûf sînem helm erklanc! *(1992)*
     die niht gesehen hêten, waz wunders tet sîn hant,
     die sprungen hin engegene dem von Búrgónden lant.

1941 »Nu wolde got«, sprach Dancwart, »möhtẹ ich den boten hân,
     der mînen bruoder Hagenen kunde wizzen lân *1878*
     daz ich vor disen recken stên in solher nôt! *(1993)*
     er hulfe mir von hinnen oder ér gelæge bî mir tôt.«

1942 Dô sprâchen Hiunen recken: »der bote muostu sîn! *1879*
     sô wir dich tragen tôten für den bruoder dîn, *(1994)*
     sô siht im êrste leide der Gúnthéres man.
     du hâst dem künegẹ Etzel sô grôzen schaden hie getân.«

1943 Er sprach: »nu lât daz dreuwen und wîchet hôher baz.
     ja getûon ich etelîchem noch die ringe naz. *1880*
     ich wil diu mære selbe hin ze hove sagen *(1995)*
     und wil ouch mînen herren mînen grôzen kumber klagen.«

1944 Er léidete sích sô sêre den Étzélen man, *1881*
     daz si in mit den swerten torsten niht bestân. *(1996)*
     dô schuzzen si der gêre sô vil in sînen rant
     daz er in durch die swære muose lâzen von der hant.

1945 Dô wânden sị ín betwingen, dô ér niht schildes truoc.
     hei waz er tiefer wunden durch die helme sluoc! *1882*
     des muose vor im strûchen vil manec küener man. *(1997)*
     dar umbe lop vil grôzen der küene Dáncwárt gewan.

1946 Ze beiden sînen sîten sprungen si im zuo. *1883*
     jâ kom ir eteslîcher in den strît ze fruo. *(1998)*
     dô gie er vor den vîenden als ein eberswîn
     ze walde tuot vor hunden: wie möhtẹ er kǘenér gesîn?

1947 Sîn vart diu wart erniuwet von heizem bluote naz. *1884*
     jane kúndẹ ein einec recke gestrîten nimmer baz *(1999)*
     mit sînen vîánden dannẹ er hete getân.
     man sach den Hagenen bruoder ze hove hérlíchen gân.

1948 Trúhsǽzen und schénken die hôrten swerte klanc. *1885*
     vil maneger dô daz trinken von der hende swanc *(2000)*
     und eteslîche spîse, die man ze hove truoc.
     dô kom im vor der stiegen der starken vîendé genuoc.

1940 Als der vom Kampf ermüdete Held aus dem Haus herausstürzte, da erklangen unzählige ganz neue Schwerter auf seinem Helm. Wer nicht gesehen hatte, welche Wundertaten er begangen hatte, der warf sich dem Helden aus dem Burgundenland entgegen.

1941 »Wollte Gott«, sagte Dankwart, »ich hätte einen Boten, der meinen Bruder Hagen wissen läßt, in welche Bedrängnis ich durch diese Recken gekommen bin. Er würde mich hier heraushauen oder an meiner Seite sterben.«

1942 Da sagten die Recken der Hunnen: »Du mußt schon Dein eigener Bote sein. Wenn wir Dich tot vor Deinen Bruder tragen, dann sieht Gunthers Gefolgsmann zum ersten Mal etwas, was ihn wirklich trifft. Du hast dem König Etzel sehr große Verluste beigebracht.«

1943 Er sagte: »Nun hört auf mit den Drohungen und geht mir aus dem Weg! Ich werde noch etlichen von Euch die Ringpanzer blutig schlagen. Ich werde die Botschaft selbst an den Hof bringen und meinen Herren meinen bitteren Schmerz auch selbst klagen.«

1944 Er verängstigte die Gefolgsleute Etzels so sehr, daß sie es nicht wagten, ihn mit den Schwertern anzugreifen. Da schossen sie so viele Speere in seinen Schild, daß er ihn seiner Schwere wegen aus der Hand legen mußte.

1945 Als er nun keinen Schild mehr trug, da glaubten sie, ihn bezwingen zu können. Welche Unzahl von tiefen Wunden schlug er ihnen durch ihre Helme hindurch. Davon mußten viele tapfere Männer vor ihm dahinsinken. Deswegen erwarb sich der tapfere Dankwart großen Ruhm.

1946 Von beiden Seiten sprangen sie auf ihn zu. Einige von ihnen hatten es etwas zu eilig, in den Kampf zu kommen. Da zog er sich vor den Feinden zurück, wie es ein Eber im Walde vor den Hunden tut. Wie hätte er tapferer sein können?

1947 Sein Weg wurde immer von neuem mit heißem Blut getränkt. Ein einzelner Recke hätte niemals tapferer mit seinen Feinden kämpfen können als er. Man sah Hagens Bruder als herrlichen Helden zu Hofe schreiten.

1948 Truchsesse und Schenken hörten den Klang der Waffen. Da warf mancher die Getränke und Speisen, die er gerade an die Tafel trug, aus den Händen. Da traten ihm vor der Saaltreppe viele starke Feinde in den Weg.

1949 »Wie nu, ir trúhsǽzen?«   sprach der müede degen.   *1886*
      »jâ soldet ir der geste   gűetlíche pflegen   *(2001)*
      und sóldét den herren   guote spîse tragen
      und liezet mich diu mære   mînen lieben herren sagen.«

1950 Swelcher durch sîn ellen   im für die stiege spranc,   *1887*
      der sluoc er eteslîchem   sô swæren swertes swanc,   *(2002)*
      daz si durch die vorhte   ûf hôher muosen stân.
      ez het sîn starkez ellen   vil michel wúndér getân.

33. Âventiure
Wie die Burgonden mit den Hiunen striten

1951 Also der küene Dancwart   únder die tűr gétrat,   *1888*
      daz Etzeln gesinde   er hôher wîchen bat.   *(2003)*
      mit bluote was berunnen   allez sîn gewant.
      ein vil starkez wâfen   daz truoc er blôz an sîner hant.

1952 Vil lûte rief dô Dancwart   zuo dem degene: *1889*
      »ir sitzet al ze lange,   bruoder Hagene.   *(2005)*
      íu unde gót von himele   klagę ich unser nôt:
      ritter unde knehte   sint in den hérbérgen tôt.«

1953 Er rief im hin engegene: »wer hât daz getân?«   *1890*
      »daz hât der herre Blœdelîn   unde sîne man.   *(2006)*
      ouch hât ers sêre engolten,   daz wil ich iu sagen:
      ich hân mit mînen handen   im sîn houbet abe geslagen.«

1954 »Daz ist ein schade kleine«,   sprach aber Hagene,   *1891*
      »dâ man saget mære   von einem degene,   *(2007)*
      ob er von recken henden   verliuset sînen lîp.
      in suln deste ringer   klagen wǽtlíchiu wîp.

1955 Nu saget mir, bruoder Dancwart,   wie sît ir sô rôt?   *1892*
      ich wæne ir von wunden   lîdet grôze nôt.   *(2008)*
      ist er índer ime lande,   derz iu hât getân,
      in ernér der übel tiuvel,   ez muoz im an sîn leben gân.«

1956 »Du sihest mich wol gesunden: mîn wât ist bluotes naz
      von ander manne wunden   ist mir geschehen daz,   *1893*
      der ich alsô manegen   hiute hân erslagen   *(2009)*
      ob ich des swern solde,   ine kúndę ez nímmér gesagen.«

1957 Er sprach: »bruoder Dancwart,   sô hüetet uns der tür   *1894*
      und lât der Hiunen einen   komen niht derfür!   *(2010)*
      ich wil réden mit den recken,   als uns des twinget nôt.
      unser ingesinde   lît vor in unverdienet tôt.«

1949 »Was ist mit Euch, Ihr Truchsesse?« sagte der erschöpfte Held. »Ihr solltet doch die Gäste freundlich versorgen und den Herren gute Speisen vorsetzen und mich meinen teuren Herren berichten lassen, was geschehen ist.«

1950 Wer sich ihm aus Tapferkeit auf der Saaltreppe in den Weg stellte, dem versetzte er so harte Schwertschläge, daß sie aus Furcht zurückweichen mußten. Durch seinen ungeheuren Mut hatte er wahre Heldentaten vollbracht.

33. Aventiure
Wie die Burgunden mit den Hunnen kämpften

1951 Als der tapfere Dankwart in die Tür trat, da forderte er die Dienerschaft Etzels auf, zurückzuweichen. Von oben bis unten war seine Rüstung mit Blut bespritzt. Ein scharfes Schwert trug er blank in seiner Hand.

1952 Laut rief da Dankwart den Helden zu: »Ihr sitzt zu lange hier an der Tafel, Bruder Hagen. Euch und Gott im Himmel klage ich unser Unheil. Ritter und Knappen liegen in der Herberge erschlagen.«

1953 Hagen rief zurück: »Wer hat es getan?« »Das war der Herr Blödel und seine Gefolgsleute. Doch hat er schwer dafür büßen müssen, das kann ich Euch sagen: ich habe ihm mit eigenen Händen den Kopf abgeschlagen.«

1954 »Das schadet einem Helden nicht«, sagte Hagen, »wenn man von ihm sagt, er habe durch die Hand eines Recken sein Leben verloren. Umso weniger werden die schönen Frauen ihn beklagen.

1955 Nun sagt mir, Bruder Dankwart, wie kommt es, daß Ihr so rot seid? Ich glaube, Ihr habt starke Schmerzen von eigenen Wunden. Ist jemand aus diesem Land daran schuld, dann soll es ihm an das Leben gehen, es sei denn, der böse Teufel selbst beschütze ihn!«

1956 »Du siehst mich unverletzt vor Dir. Nur meine Rüstung ist naß von Blut. Das stammt aber aus den Wunden anderer Männer, von denen ich viele heute erschlagen habe. Wenn ich auch darauf schwören sollte, ich könnte die genaue Zahl nicht nennen.«

1957 Er sagte: »Bruder Dankwart, übernehmt Ihr die Tür und laßt keinen von den Hunnen hinauskommen! Ich werde mich mit den Recken jetzt einmal so unterhalten, wie es die Notlage von uns verlangt. All unsere Troßknappen liegen ohne Verschulden tot vor ihnen.«

1958 »Sol ich sîn kamerære«,   sprach der küene man,   *1895*
    »alsô rîchen künegen   ich wol gedienen kan.   *(2011)*
    sô pflige ich der stiegen   nâch den êren mîn.«
    den Kriemhilde degenen   kunde leider niht gesîn.

1959 »Mich nimt des michel wunder«,   sprach aber Hagene,
    »waz nu hinne rûnen   die Hiunen degene.   *1896*
    si wæn des lîhte enbæren   der an der tür stât   *(2012)*
    unt diu hovemære   geságet den Búrgónden hât.

1960 Ich hân vernomen lange   von Kriemhilde sagen,   *1897*
    daz si ir herzen leide   wolde niht vertragen.   *(2013)*
    nu trinken wir die minne   und gelten des küneges wîn:
    der junge vogt der Hiunen,   dér múoz der êrste sîn.«

1961 Dô sluoc daz kint Ortlíeben   Hágen der hélt gúot,   *1898*
    daz im gegen der hende   ame swérte vlôz daz bluot   *(2014)*
    und daz der küneginne   daz hóubet spránc in die schôz.
    dô huop sich under degenen   ein mort vil grimmec unde grôz.

1962 Dar nâch sluog er dem magezogen   einen swinden slac
    mit beiden sînen henden,   der des kindes pflac,   *1899*
    daz im daz houbet schiere   vor tische nider lac. ·   *(2015)*
    ez was ein jæmerlîcher lôn,   den er dem magezogen wac.

1963 Er sach vor Etzeln tische   einen spilman.   *1900*
    Hágen in sínem zorne   gâhen dar began.   *(2016)*
    er sluoc im ûf der videlen   ab die zeswen hant:
    »daz hábe dir ze bótschéfte   ín der Búrgónden lant.«

1964 »Sô wê mir mîner hende«,   sprach Wárbel der spílman.
    »her Hagene von Tronege,   waz het ich iu getân?   *1901*
    ich kom ûf grôze triuwe   in iuwer herren lant.   *(2017)*
    wie klenke ich nu die dœne,   sît ich verlorn hân die hant?«

1965 Hagene ahtete ringe,   gevidelte er nimmer mêr.   *1902*
    dô frumte er in dem hûse   diu verchgrimmen sêr   *(2018)*
    an den Etzeln recken,   der er sô vil ersluoc.
    dô brâhte er in dem hûse   líutes ze tôdé genuoc.

1966 Volkêr der vil snelle   von dem tische spranc.   *1903*
    sîn videlboge im lûte   an sîner hende erklanc.   *(2019)*
    dô videlte ungefuoge   Gúntheres spilman.
    hei waz er im ze vîende   der küenen Híunén gewan!

1967 Ouch sprungen von den tischen   die drîe künege hêr.   *1904*
    si woldenz gerne scheiden,   ê daz scháden geschæhe mêr.
    sine móhtenz mit ir sinnen   dô niht understân,   *(2020)*
    dô Volkêr unde Hagene   sô sêre wûetén began.

1958 »Wenn ich der Kämmerer sein soll«, sagte der tapfere Held, »ich kann so mächtigen Königen sehr wohl zu Diensten sein. Um auch wirklich Ehre einzulegen, werde ich die Saaltreppe übernehmen.« Den Helden Kriemhilds hätte nichts Schlimmeres geschehen können.

1959 »Ich hätte doch zu gern gewußt«, sagte wiederum Hagen, »was die Helden der Hunnen dort zu tuscheln haben. Ich glaube, auf den, der an der Tür steht und die Botschaft vom Hofe hierher zu den Burgunden gebracht hat, würden sie gern verzichten.

1960 Ich habe seit langem vernommen, man sage von Kriemhild, daß sie ihren tiefen Schmerz nicht verwinden könne. Nun wollen wir zum Gedächtnis Siegfrieds trinken und dem Trunk des Königs Bescheid tun: Der junge Vogt der Hunnen, der soll als erster dran glauben.«

1961 Da erschlug Hagen, der treffliche Held, das Kind Ortlieb, so daß ihm am Schwert entlang das Blut auf die Hände floß und der Königin der Kopf in den Schoß flog. Da hob unter den Helden ein grimmiges, schreckliches Morden an.

1962 Danach versetzte Hagen dem Erzieher des Kindes mit beiden Händen einen solchen Schlag, daß sein Kopf sogleich vor den Tisch rollte. Es war ein schmählicher Lohn, den er dem Erzieher zumaß.

1963 Vor Etzels Tafel sah er einen Spielmann. Da eilte Hagen voller Zorn zu ihm. Er schlug ihm auf der Fiedel die rechte Hand ab. »Das nimm für die Botschaft, die Du in das Land der Burgunden gebracht hast!«

1964 »Weh mir, daß ich die Hand verlor«, sagte da Wärbel der Spielmann. »Herr Hagen, was habe ich Euch getan? Ich kam aus Treue in das Land Eurer Herren. Wie kann ich nun die Töne anschlagen, da ich meine Hand verloren habe?«

1965 Hagen kümmerte sich nicht darum, daß er niemals mehr fiedeln konnte. Da schlug er den Recken Etzels im Saal lebensgefährliche Wunden; viele von ihnen erschlug er sogar. Da beförderte er in dem Saal viele Helden vom Leben zum Tode.

1966 Der tapfere Volker sprang vom Tisch auf. Sein Fiedelbogen erklang laut in seiner Hand. Da fiedelte der Gefolgsmann Gunthers auf eine ungewohnte Weise. Eine Unzahl von tapferen Hunnen machte er sich zu bitteren Feinden.

1967 Auch die drei erhabenen Könige sprangen von den Tischen auf. Sie hätten gerne Einhalt geboten, bevor noch größerer Schaden entstünde. Mit Besonnenheit ließ sich da nichts mehr verhindern, als Volker und Hagen so grimmig zu wüten anfingen.

1968 Dô sach der vogt von Rîne   ungeschéiden den strît.   *1905*
     dô sluoc der fürste selbe   manegge wunden wît   *(2021)*
     durch die liehten ringe   den vîánden sîn.
     er was ein helt zen handen,   daz tet er grœzlíchen schîn.

1969 Dô kom ouch zuo dem strîte   der starke Gêrnôt.   *1906*
     jâ frumtę er der Hiunen   vil manegen helt tôt   *(2022)*
     mit einem scharpfen swerte,   daz gap im Rüedegêr.
     den Étzélen recken   tet er diu grœzlíchen sêr.

1970 Der junge sun froun Uoten   zuo dem strîte spranc.   *1907*
     sîn wâfen hêrlîchen   durch die helmę erklanc   *(2023)*
     den Etzelen recken   ûzer Hiunen lant.
     dâ tet vil michel wunder   des küenen Gíselheres hant.

1971 Swie frum si alle wæren,   die künegę und ouch ir man,
     doch sach man vor in allen   Gíselheren stân   *1908*
     gégen den vîánden.   er was ein helt guot.   *(2024)*
     er frumte dâ mit wunden   vil manegen vallen in daz bluot.

1972 Ouch werten sich vil sêre   die Etzelen man.   *1909*
     dô sach man die geste   hóuwénde gân   *(2025)*
     mit den vil liehten swerten   durch des küneges sal.
     dô hôrte man állenthalben   von wuofe grœzlíchen schal.

1973 Dô wolden die dar ûze   zę ir friunden sîn dar in.   *1910*
     die nâmen an den türen   vil kléinén gewin.   *(2026)*
     dô wæren die dar inne   vil gerne für den sal.
     Dancwart liez ir deheinen   die stiegen ûf nóch zetal.

1974 Des huop sich vor den türen   vil stárkér gedranc   *1911*
     undę ouch von den swerten   grôzer helmklanc.   *(2027)*
     des kom der küene Dancwart   in eine grôze nôt.
     daz besórgete sîn bruoder,   als im sîn tríuwé gebôt.

1975 Vil lûte rief dô Hagene   Vólkéren an: *1912*
     »sehet ir dort, geselle,   mínen bruoder stân   *(2028)*
     vor híuníschen recken   under starken slegen?
     friunt, nert mir den brúoder   ê wir verlíesén den degen!«

1976 »Daz tuon ich sicherlîchen«,   sprach der spilman.   *1913*
     er begunde vídelénde   durch den palas gân.   *(2029)*
     ein hertez swert im ofte   an sîner hendę erklanc.
     die recken von dem Rîne   im sageten grœzlíchen danc.

1977 Vólkér der küene   zuo Dancwarten sprach: *1914*
     »ir habet erliten hiute   vil grôzen ungemach.   *(2030)*
     mich bat iuwer bruoder   durch helfe zuo zę iu gân.
     welt ir nu sîn dar ûze,   sô wil ich innerthalben stân.«

1968 Da sah der Vogt vom Rhein, daß der Streit nicht mehr zu schlichten war. Da schlug der Fürst selbst den Feinden durch die Ringpanzer hindurch viele klaffende Wunden. Er war wirklich ein Held. Das zeigte er nun.

1969 Da griff auch der starke Gernot in den Kampf ein. Mit seinem scharfen Schwert, das ihm Rüdiger geschenkt hatte, schlug er viele hunnische Helden tot. Die Recken Etzels brachte er in die schlimmste Not.

1970 Der junge Sohn der Herrin Ute stürzte sich jetzt auch in den Kampf. Sein herrliches Schwert fuhr den Recken Etzels aus dem Hunnenland laut tönend durch die Helme. Da vollbrachte der tapfere Giselher wahre Heldentaten.

1971 Wie tapfer die Könige und ihre Gefolgsleute auch waren, vor ihnen allen drang Giselher gegen die Feinde vor. Er war ein hervorragender Held. Er verwundete viele Helden und ließ sie in ihr Blut stürzen.

1972 Aber auch die Gefolgsleute Etzels wehrten sich nach Kräften. Da sah man, wie sich die Gäste mit ihren strahlenden Schwertern Bahnen durch den Saal des Königs schlugen. Da hörte man überall vom Kampf furchtbaren Lärm.

1973 Da wollten die, die außerhalb des Saales waren, zu ihren Freunden nach drinnen. Die erlitten an den Türen heftige Verluste. Da wollten wiederum die, die drinnen waren, gerne aus dem Saal hinaus. Dankwart aber ließ niemanden die Saaltreppe herauf oder hinunter.

1974 Daher entstand vor den Türen ein heftiges Gedränge, und von den Schwertern erklangen laut die Helme. Dadurch kam der tapfere Dankwart in schwere Bedrängnis. Darum sorgte sich sein Bruder, wie ihm die Treue gebot.

1975 Laut rief da Hagen Volker zu: »Gefährte, seht Ihr meinen Bruder dort drüben im Hagel der Hiebe vor den hunnischen Recken stehen? Freund, rettet mir den Bruder, bevor wir den Helden verlieren!«

1976 »Ihr könnt Euch darauf verlassen, daß ich es tue«, sagte der Spielmann. Fiedelnd schritt er durch den Palas. Ein scharfes Schwert erklang wieder und wieder in seiner Hand. Die Recken vom Rhein wußten es ihm wohl zu danken.

1977 Der tapfere Volker sagte zu Dankwart: »Ihr habt heute große Not erlitten. Euer Bruder hat mich gebeten, Euch zu Hilfe zu kommen. Wenn Ihr Euch nun draußen hinstellt, so will ich drinnen stehen.«

1978 Dancwart der snelle   stuont ûzerhalp der tür.   *1915*
      er wertę in die stiege,   swaz ir kom darfür.   *(2031)*
      des hôrte man wâfen hellen   den helden an der hant.
      sam tet ouch innerthalben   Volkêr von Búrgónden lant.

1979 Der küene videlære   rief über die menege: *1916*
      »der sal ist wol beslozzen,   friunt her Hagene.   *(2032)*
      jâ ist alsô verschranket   diu Étzélen tür
      von zweier helde handen: dâ gênt wol tûsent rigel für.«

1980 Dô von Tronege Hagene   die tür sach sô behuot,   *1917*
      den schilt warf dô ze rucke   der mære degen guot.   *(2033)*
      alrêrst begundę er rechen   daz im dâ was getân.
      dô heten sîne vîende   ze lébene dehéiner slahte wân.

1981 Dô der vogt von Berne   rehte daz ersach,   *1918*
      daz Hagene der starke   sô manegen helm brach,   *(2034)*
      der künec von Amelunge   spranc ûf eine banc.
      er sprach: »hie schenket Hagene   daz aller wírséste tranc.«

1982 Der wirt het grôze sorge,   als im daz gezam   *1919*
      (waz man im lieber friunde   vor sînen ougen nam!),
      wan er vor sînen vîenden   vil kûme dâ genas.   *(2035)*
      er saz vil angestlîchen.   waz half in daz er künec was?

1983 Kriemhilt diu rîche   rief Dietrîchen an: *1920*
      »nu hilf mir, ritter edele,   mit dem lîbe dan   *(2036)*
      durch aller fürsten tugende   ûz Amelunge lant!
      wandę erréichét mich Hagene,   ich hân den tôt án der hant.«

1984 »Wie sol ich iu gehelfen«,   sprach her Dietrich,   *1921*
      »edeliu küneginne?   nu sorgę ich umbe mich.   *(2037)*
      ez sint sô sêrę erzürnet   die Guntheres man,
      daz ich an disen zîten   gefriden níemén enkan.«

1985 »Neinâ, herre Dietrich,   vil edel ritter guot,   *1922*
      lâzâ hiute schînen   dînen túgentlîchen muot   *(2038)*
      daz du mir helfest hinnen   oder ich belîbe tôt.«
      der sorge gie Kriemhilde   vil harte græzlíche nôt.

1986 »Daz wil ich versuochen,   ob ich íu gehelfen kan.   *1923*
      wandę ich in langen zîten   nie gesehen hân   *(2039)*
      sô bitterlîch erzürnet   sô manegen ritter guot.
      jâ sihę ich durch die helme   von swerten spríngén daz bluot.«

1987 Mit kraft begunde ruofen   der degen ûz erkorn,   *1924*
      daz sîn stimmę erlûte   alsam ein wisentes horn,   *(2040)*
      unt daz diu burc vil wîte   von sîner kraft erdôz.
      diu sterke Dietrîches   was unmæzlíche grôz.

1978 Der tapfere Dankwart stellte sich außen vor die Tür. Er sperrte denen den Zugang zur Saaltreppe, die heraufkamen. So hörte man die Waffen in der Hand der Helden erklingen. Volker aus dem Burgundenland machte es innerhalb des Saales genauso.

1979 Der tapfere Fiedler rief über die Menge hin: »Der Saal ist völlig abgeriegelt, Freund Hagen. Die Tür Etzels ist gut verschlossen: Die Schwerthiebe zweier Helden legen tausend Riegel davor.«

1980 Als Hagen von Tronje die Tür so gut beschützt sah, da warf der berühmte, treffliche Held den Schild auf den Rücken. Jetzt erst fing er an, sich für die erlittene Schmach zu rächen. Da gaben seine Feinde nicht mehr viel auf ihr Leben.

1981 Als der Vogt von Bern genau sah, daß der starke Hagen so viele Helme zerschlug, da sprang der König von Amelungen auf eine Bank. Er sagte: »Hier schenkt Hagen den allerschlimmsten Trank ein!«

1982 Wie es sich für ihn geziemte, war der Landesherr in großer Besorgnis (eine Unzahl lieber Freunde hatte man vor seinen Augen erschlagen), denn er selbst kam durch seine Feinde in Lebensgefahr. Er war in sehr bedrohlicher Lage. Was half es ihm, daß er König war?

1983 Die mächtige Kriemhild rief Dietrich zu: »Edler Ritter, ich beschwöre Dich bei der Vorbildlichkeit aller Fürsten aus dem Amelungenland: bringe mich lebend hier heraus! Denn wenn ich Hagen in die Hände falle, ist mir der Tod sicher.«

1984 »Wie soll ich Euch helfen, edle Königin?« sagte Herr Dietrich. »Ich selbst sehe mich in Gefahr. Die Gefolgsleute Gunthers sind von solchem Zorn erfüllt, daß ich zu diesem Zeitpunkt niemanden mehr vom Kampf abbringen kann.«

1985 »Nein, Herr Dietrich, edler trefflicher Ritter, zeige heute, wie vorbildlich Du Dich verhalten kannst, indem Du mich lebend hier herausbringst; sonst werde ich hier sterben müssen.« Die Angst vor der Gefahr brachte Kriemhild in große Not.

1986 »Ich will versuchen, ob ich Euch helfen kann. Allerdings habe ich seit langer Zeit niemals mehr so viele hervorragende Helden in so heftigem Zorn gesehen. Unter ihren Schwerthieben sehe ich das Blut aus den Helmen spritzen.«

1987 Mit großer Kraft rief der erlesene Held, so daß seine Stimme wie das Horn eines Wisents ertönte und die weiträumige Burg von seiner Kraft widerhallte. Die Stärke Dietrichs war unermeßlich groß.

1988 Dô gehôrte Gunther   ruofen disen man   *1925*
     in dem herten sturme :   losen er began.   *(2041)*
     er sprach :»Dietrîches stimme   ist in mîn ôre komen.
     ich wæne im unser degene   haben etwen hie benomen.

1989 Ich sihe in ûf dem tische ;   er winket mit der hant. *1926*
     ir friunt unde mâge   von Burgonden lant,   *(2042)*
     gehabet ûf des strîtes!   lât hœren unde sehen,
     wáz híe dem dégene   von mînen mannen sî geschehen.«

1990 Dô der künec Gunther   bat und ouch gebôt,   *1927*
     si habten ûf mit swerten   in des strîtes nôt.   *(2043)*
     daz was gewalt vil grôzer   daz dâ niemen sluoc.
     er vrâgte den von Berne   der mære schíeré genuoc.

1991 Er sprach : »vil edel Dietrîch,   waz ist iu hie getân *1928*
     von den mînen friunden?   willen ich des hân :   *(2044)*
     buoze unde suone   der bin ich iu bereit.
     swaz iu iemen tæte,   daz wære mir inneclîchen leit.«

1992 Dô sprach der herre Dietrîch :   »mir ist niht getân. *1929*
     lât mich ûz dem hûse   mit iuwerm vride gân   *(2045)*
     von disem herten strîte   mit dem gesinde mîn :
     daz wil ich sicherlîchen   immer díenénde sîn.«

1993 »Wie vlêhet ir sô schiere?«   sprach dô Wólfhárt.   *1930*
     »jâ hât der videlære   die tür nie sô verspart,   *(2046)*
     wir entslíezen si sô wîte   daz wir dar für gân.«
     »nu swîget!« sprach her Dietrich :   »ir habet den tíuvél getân!«

1994 Dô sprach der künec Gunther :   »erlouben ich iu wil : *1931*
     füeret ûz dem hûse   lützel oder vil,   *(2047)*
     âne mîne viende!   die suln hie bestân.
     si hânt mir hie zen Hiunen   sô rehte léidé getân.«

1995 Dô er daz erhôrte,   under árme er beslôz   *1932*
     die edeln küneginne.   der sorge diu was grôz.   *(2048)*
     dô fuorte er anderthalben   Etzeln mit im dan.
     ouch gie mit Dietrîche   sehs hundert wǽtlícher man.

1996 Dô sprach der marcgrâve,   der edel Rüedegêr :   *1933*
     »sol aber ûz dem hûse   iemen komen mêr   *(2049)*
     die iu doch gerne dienen,   daz lâzet uns vernemen.
     sô sol ouch vride stæte   guoten fríundén gezemen.«

1997 Des antwurte Gîselher   von Burgonden lant :   *1934*
     »vride unde suone   sî iu von uns bekant.   *(2050)*
     sît ir sît triuwen stæte,   ir und iuwer man.
     ir sult unangestlîchen   mit iuwern friunden hinnen gân.«

1988 Mitten im schweren Kampf hörte Gunther diesen Mann rufen. Er horchte. Er sagte: »Dietrichs Stimme ist an mein Ohr gedrungen. Ich glaube, irgendeiner von unseren Helden hat ihm einen seiner Leute erschlagen.

1989 Ich sehe ihn auf dem Tisch stehen; er winkt mit der Hand. Freunde und Verwandte aus dem Burgundenland, laßt ab vom Kampf! Laßt hören und sehen, was dem Helden von meinen Leuten widerfahren ist!«

1990 Als der König Gunther darum bat und es befahl, da ließen sie mitten im harten Kampf die Schwerter sinken. Sie hatten sich so sehr in der Gewalt, daß nun niemand mehr zuschlug. Gunther fragte den Helden von Bern, was er wollte.

1991 Er sagte: »Edler Dietrich, was haben Euch meine Freunde getan? Es ist mein fester Vorsatz: ich bin Euch zu jeder Sühne bereit. Was immer jemand Euch getan hat, es wäre auch für mich eine schlimme Beleidigung.«

1992 Da sagte der Herr Dietrich: »Mir ist nichts geschehen. Gewährt mir Friede und erlaubt mir, daß ich mich zusammen mit meinem Gefolge aus diesem Haus und diesem heftigen Kampf zurückziehe. Ihr könnt sicher sein, daß ich Euch dafür immer zu Diensten sein werde.«

1993 »Was fleht Ihr denn so?« sagte da Wolfhart. »Der Fiedler hat die Tür schließlich nicht so gut versperrt, daß wir sie nicht so weit öffnen könnten, um hinauszugehen.« »Schweigt!« sagte Herr Dietrich: »Zum Teufel mit Euch!«

1994 Da sagte der König Gunther: »Ich will es Euch erlauben. Bringt alles aus dem Haus, ob viel oder wenig, nur meine Feinde nicht! Die sollen hierbleiben. Sie haben mir hier im Hunnenland schon zuviel zuleide getan.«

1995 Als Dietrich das hörte, da nahm er die edle Königin unter seine Arme. Ihre Angst war sehr groß. Auf seiner anderen Seite geleitete er Etzel mit sich hinaus. Auch sechshundert stattliche Männer gingen mit Dietrich.

1996 Da sagte der Markgraf, der edle Rüdiger: »Laßt uns hören, ob sonst noch jemand, der Euch wohlgesonnen ist, aus dem Hause Abzug erhält. Guten Freunden sollte man beständigen Frieden gewähren.«

1997 Darauf antwortete Giselher von Burgundenland: »Wir gewähren Euch Frieden und Sühne, da Ihr und Eure Gefolgsleute uns treu gesinnt seid. Ihr könnt ohne Gefahr für Euch mit Euren Freunden hinausgehen.«

1998 Dô Rüedegêr der herre   gerûmete den sal,   1935
     fünf hundert oder mêre   im volgeten über al   (2051)
     der von Bechelâren,   friunt und sîner man,
     von den der künec Gunther   schaden grôzen sît gewan.

1999 Dô sach ein Hiunen recke   Étzélen gân   1936
     bî Dietrîche nâhen: genozzen woldę ers hân.   (2052)
     dem gap der videlære   einen solhen slac,
     daz im vor Etzeln füezen   daz houbet schíeré gelac.

2000 Dô der wirt des landes   kom für daz hûs gegân,   1937
     dô kêrtę er sich hin widere   und sach Vólkêren an.   (2053)
     »owê mir dirre geste,   ditz ist ein grimmiu nôt,
     daz alle mîne recken   súln vór in lígen tôt.

2001 Ach wê der hôchzîte«,   sprach der künec hêr.   1938
     »dâ vihtet einer inne,   der heizet Vólkêr,   (2054)
     als ein eber wilde   und ist ein spilman.
     ich dankes mînem heile,   daz ich dem tíuvél entran.

2002 Sîne léiche lûtent übele,   sîne zúge die sint rôt: 1939
     jâ vellent sîne dœne   vil manegen helt tôt.   (2055)
     ine wéiz niht waz uns wîze   der selbe spilman,
     wandę ich gast deheinen   sô rehte leiden nie gewan.«

2003 Si heten die si wolden   lâzen für den sal.   1940
     dô huop sich innerthalben   ein grœzlîcher schal.   (2058)
     die geste sêre râchen   daz in ê geschach.
     Volkêr der vil küene,   hei waz er hélmé zerbrach!

2004 Sich kêrte gegen dem schalle   Gunther der künec hêr.
     »hœrt ir die dœne, Hagene,   die dort Vólkêr   1941
     videlt mit den Hiunen,   swer zuo den türn gât?   (2059)
     ez ist ein rôter anstrich,   den er zem videlbogen hât.«

2005 »Mich riuwet âne mâze«,   sô sprach Hagene,   1942
     »daz ich íe gesáz in dem hûse   vor dem degene.   (2060)
     ich was sîn geselle   unde ouch er der mîn,
     und kome wir immer wider heim,   daz suln wir noch mit
                                                       triuwen sîn.

2006 Nu schouwe, künec hêre,   Volkêr ist dir holt!   1943
     er dienet willeclîche   dîn silber und dîn golt.   (2061)
     sîn videlboge im snîdet   durch den herten stâl.
     er brichet ûf den helmen   diu liehte schînénden mâl.

2007 Ine gesách nie videlære   sô hêrlîchen stân,   1944
     als der degen Volkêr   hiute hât getân.   (2062)
     die sînen leiche hellent   durch helm unde rant.
     jâ sol er rîten guotiu ross   und tragen hérlîch gewant.«

184

1998 Als der Herr Rüdiger den Saal räumte, da folgten ihm fünf-
hundert oder auch noch mehr Männer aus Bechelaren, Ver-
wandte und Gefolgsleute, von denen der König Gunther später
große Verluste hinnehmen mußte.

1999 Da sah ein hunnischer Recke Etzel an der Seite Dietrichs gehen.
Da wollte er Nutzen daraus ziehen. Doch der Fiedler gab ihm
einen solchen Schlag, daß sein Kopf vor Etzels Füße rollte.

2000 Als der Landesherr vor das Haus getreten war, da drehte er sich
wieder um und sah Volker an: »Weh mir, daß ich solche Gäste
habe. Es ist eine bittere Qual für mich, daß alle meine Recken
von ihrer Hand sterben werden.

2001 Weh über dieses Fest!« sagte der erhabene König. »Da kämpft
einer im Saal, der heißt Volker, der kämpft wie ein wilder
Eber und ist doch ein Spielmann. Ich danke meinem Geschick,
daß ich diesem Teufel entkam.

2002 Seine Gesänge klingen schrecklich, seine Bogenstriche sind blut-
rot. Seine Töne bringen vielen Helden den Tod. Ich weiß aller-
dings nicht, was uns der Spielmann vorwirft. Jedenfalls habe
ich niemals einen so schlimmen Gast bei mir gehabt.«

2003 Sie hatten nun die aus dem Saal hinausgehen lassen, denen sie es
erlaubt hatten. Da erhob sich drinnen ein furchtbares Kampf-
getöse. Die Gäste nahmen nun Rache für das, was ihnen zuvor
angetan worden war. Der tapfere Volker zerschlug eine Un-
menge von Helmen.

2004 Gunther, der erhabene König, wendete sein Ohr dem Lärm zu:
»Hört Ihr die Töne, Hagen, die Volker dort drüben mit den
Hunnen fiedelt, die an die Tür heran wollen? Er hat auf seinem
Fiedelbogen ein rotes Harz.«

2005 »Mich quält es sehr«, sagte Hagen, »daß ich jemals einen besseren
Platz an der Tafel hatte als der Held. Ich war schon immer sein
Kampfgefährte und er meiner. Wenn wir wieder heimkehren,
dann werden wir es auch weiterhin in Treue so halten.

2006 Nun sieh, erhabener König, Volker ist Dir treu gesonnen. We-
gen seiner Kampfbereitschaft verdient er Dein Silber und Gold.
Sein Fiedelbogen schneidet durch den festen Stahl. Er zer-
schlägt die weithin schimmernden Helmzierden.

2007 Ich habe niemals einen Fiedler so herrlich im Kampf stehen
sehen wie heute den Helden Volker. Seine Gesänge klingen
durch Helme und Schilde. Wirklich, er sollte treffliche Pferde
reiten und prächtige Gewänder tragen.«

2008 Swaz der Hiunen mâge   in dem sal was gewesen,   *1945*
     der enwás nú deheiner   dar inne mê genesen.   *(2063)*
     des was der schal geswiftet,   daz iemen mit in streit.
     diu swert von handen legeten   die küenen réckén gemeit.

34. Âventiure
Wie si die tôten ûz dem sal wurfen

2009 Die herren nâch ir müede   die sâzen dô zetal.   *1946*
     Volkêr unde Hagene   giengen für den sal.   *(2064)*
     sich lehnten über schilde   die übermüeten man.
     dô wart dâ rede vil spæhe   von in béidén getân.

2010 Dô sprach von Burgonden   Gîselher der degen: *1947*
     »jane múget ir, lieben friunde,   noch ruowe niht gepflegen:
     ir sult die tôten liute   ûz dem hûse tragen!   *(2065)*
     wir werden noch bestanden,   ich wilz iu wǽrlíche sagen.

2011 Sine súln úns under füezen   hie nicht langer ligen.   *1948*
     ê daz uns die Hiunen   mit sturmę an gesigen,
     wir gehóuwen noch die wunden,   diu mir vil sanfte tuot.
     des hân ich«, sprach dô Gîselher,   »einen stǽtégen muot.«

2012 »Sô wol mich solhes herren«,   sprach dô Hagene.   *1949*
     »der rât enzæme niemen   wan einen degene,   *(2066)*
     den uns mîn junger herre   hiute hât getân.
     des múget ir Búrgónden   alle vrǽlíche stân.«

2013 Dô volgeten si dem râte   unt truogen für die tür   *1950*
     siben tûsent tôten   wurfen sie darfür.   *(2067)*
     vor des sales stiegen   vielen si zetal.
     dô huop sich von ir mâgen   ein vil klagelîcher schal.

2014 Ez was ir etelîcher   sô mæzlîchen wunt,   *1951*
     (der sîn sanfter pflæge,   er würde noch gesunt)   *(2068)*
     der von dem hôhen valle   muose ligen tôt.
     daz klageten dô ir friunde,   des gie in wǽrlíche nôt.

2015 Dô sprach der videlære,   Vólkêr, ein hélt gemeit: *1952*
     »nu kiusę ich des die wârheit,   als mir ist geseit,   *(2069)*
     die Hiunen die sint bœse,   si klagent sam diu wîp.
     nu solden sie beruochen   der vil sêre wunden lîp.«

2008 Wie viele Hunnen auch im Saal gewesen waren, niemand von ihnen war mehr am Leben. Daher war das Getöse verstummt, denn niemand kämpfte mehr mit den Burgunden. Da legten die tapferen, stolzen Recken die Schwerter aus den Händen.

34. Aventiure
Wie sie die Toten aus dem Saal warfen

2009 Die Herren setzten sich nieder, da sie vom Kampf ermüdet waren. Volker und Hagen traten vor den Saal. Die trutzigen Männer stützten sich auf ihre Schilde.Da hielten die beiden kluge Reden.

2010 Da sagte Giselher, der Held von Burgunden: »Teure Freunde, Ihr dürft noch nicht ausruhen: Erst müßt Ihr noch die Toten aus dem Haus herausschaffen! Wir werden erneut angegriffen, das kann ich Euch mit Sicherheit sagen!

2011 Sie sollen uns hier nicht länger unter den Füßen liegen. Bevor uns die Hunnen im Kampf überwinden, wollen wir, um auch selbst etwas davon zu haben, noch eine ganze Menge Wunden schlagen. Darauf«, sagte da Giselher, »setze ich jedenfalls mein festes Vertrauen.«

2012 »Wie freue ich mich, solch einen Herrn zu haben!« sagte da Hagen. »Der Rat, den uns mein junger Herr heute gegeben hat, der kommt nur einem Helden zu. Darüber dürft Ihr Burgunden Euch alle freuen!«

2013 Da befolgten sie den Rat und trugen siebentausend Tote vor die Tür und warfen sie aus dem Haus. Vor der Treppe des Saales fielen sie zu Boden. Da stimmten deren Verwandte ein klägliches Geheul an.

2014 Mancher von ihnen war nur mäßig verwundet gewesen, und wenn man ihn behutsam gepflegt hätte, wäre er noch am Leben geblieben: der verlor durch den hohen Sturz sein Leben. Darüber jammerten die Verwandten. Sie hatten auch wirklich Grund dazu.

2015 Da sagte der Fiedler, ein stolzer Held: »Nun erkenne ich die Wahrheit dessen, was man mir gesagt hat: die Hunnen sind feige, sie jammern wie die Weiber. Sie sollten sich lieber um die Schwerverwundeten kümmern.«

2016 Dô wândẹ ein marcgrâve,   er reitẹ ez durch guot.   *1953*
    er sach einen sînen mâc   gevallen in daz bluot.   *(2070)*
    er beslôz in mit den armen   und woldẹ in tragen dan.
    den schôz ob im ze tôde   der vil küene spileman.

2017 Dô daz die andern sâhen,   diu flúht húop sich dan.   *1954*
    si begúnden alle vluochen   dem selbem spileman.   *(2071)*
    einen gêr er úf zúhte,   vil scharpf unde hart,
    der von einem Hiunen   zuo zẹ im dar úf geschozzen wart.

2018 Den schôz er krefteclîchen   durch die burc dan   *1955*
    über daz volc vil verre.   den Etzelen man   *(2072)*
    gap er herberge   hôher von dem sal.
    sîn vil starkez ellen   die liute vorhten über al.

2019 Dô stuonden vor dem hûse   vil manec tûsent man.   *1956*
    Volkêr unde Hagene   reden dô began   *(2073)*
    mit Etzeln dem künege   állén ir muot.
    des kômen sît in sorge   die helde kűenẹ únde guot.

2020 »Ez zæme«, sô sprach Hagene,   »vil wol volkes trôst,   *1957*
    daz die herren væhten   zẹ aller vorderôst,   *(2074)*
    alsô der mînen herren   hie ieslîcher tuot.
    die houwent durch die helme,   daz nâch swérten vlíuzét daz
                                                        bluot.«

2021 Etzel was sô küene,   er vazzete sînen schilt.   *1958*
    »nu vart gewerlîche«,   sprach frou Kriemhilt,   *(2075)*
    »und bietet ir den recken   daz golt über rant,
    wandẹ erréichet iuch dort Hagene,   ir habet den tốt án der
                                                        hant.«

2022 Der künec was sô küene,   ẹr woldẹ erwinden niht: *1959*
    daz von sô rîchem fürsten   selten nu geschiht.   *(2076)*
    man muosẹ in bî dem vezzel   ziehen wider dan.
    Hagene der grimme   in aber hœnén began.

2023 »Ez was ein verriu sippe«,   sprach Hagene der degen,   *1960*
    »die Etzel unde Sîfrit   zesamne hânt gepflegen.   *(2077)*
    er mínnete Kríemhilde   ê si íe gesæhe dich.
    kűnec víl bœse,   war umbe rǽtést an mich?«

2024 Dise rede hôrte   des edeln küneges wîp.   *1961*
    des wart in unmuote   der Kriemhilde lîp,   *(2078)*
    daz er si torste schelten   vor Etzelen man.
    dar úmbe si áber râten   an die géstê began.

2025 Si sprach: »der mir von Tronege   Hágenen slűegé   *1962*
    unde mir sîn houbet   her für mich trüege,   *(2079)*
    dem fultẹ ich rôtes goldes   den Etzelen rant,
    dar zuo gǽbẹ ich im ze miete   vil guote bűrgẹ únde lant.«

188

2016 Da meinte ein Markgraf, er hätte das aus Anteilnahme gesagt. Er sah einen seiner Verwandten im Blute liegen. Er umschloß ihn mit seinen Armen und wollte ihn forttragen. Wie er sich über den Verwundeten beugte, schoß der tapfere Spielmann ihn nieder.

2017 Als die anderen das sahen, da ergriffen sie die Flucht. Alle wünschten den Spielmann zum Teufel. Da zog er einen festen und scharfen Speer zu sich heran, der von einem Hunnen zu ihm hinaufgeschossen worden war.

2018 Mit großer Kraft schoß er den Speer durch den ganzen Burghof weit über das feindliche Kriegsvolk hinweg. Den Gefolgsleuten Etzels wies er ihren Platz etwas weiter entfernt vom Saal zu. Überall fürchteten die Leute seine große Tapferkeit.

2019 Da standen tausend Männer vor dem Haus. Da sagten Volker und Hagen dem König Etzel alles, was sie dachten. Dadurch sollten die tapferen, trefflichen Helden noch in große Not kommen.

2020 »Für den Schirmherrn eines Volkes«, sagte Hagen, »gehörte es sich, in vorderster Reihe zu kämpfen, so wie es jeder meiner Herren hier tut. Die schlagen ihre Schwerter mit solcher Wucht durch die Helme, daß Blut fließt.«

2021 Etzel war so tapfer, er ergriff seinen Schild. »Nun seid doch vorsichtig!« sagte die Herrin Kriemhild: »Füllt Euren Recken lieber den Schild voll mit Gold. Denn wenn Euch Hagen erreicht, dann seid Ihr des Todes.«

2022 Der König war so tapfer, daß er nicht vom Kampf ablassen wollte: Heute verhält sich ein mächtiger Fürst nicht mehr so. Man mußte ihn am Schildriemen wieder zurückziehen. Da begann der grimmige Hagen ihn erneut zu schmähen.

2023 »Es ist doch wohl eine recht weitläufige Verwandtschaft«, sagte Hagen, der Held, »die Etzel und Siegfried verbindet. Er war Kriemhilds Mann, bevor sie Dich jemals sah. Treuloser König, weshalb sinnst Du Übles gegen mich?«

2024 Diese Worte hörte die Gemahlin des edlen Königs. Da wurde Kriemhild ärgerlich, daß er sie vor den Gefolgsleuten Etzels zu schmähen wagte. Daher begann sie neue Pläne gegen die Gäste zu schmieden.

2025 Sie sagte: »Wer mir Hagen von Tronje erschlüge und mir seinen Kopf brächte, dem würde ich Etzels Schild mit rotem Gold füllen; dazu gäbe ich ihm als Lohn viele gute Burgen und Länder.«

2026 »Nu ęnweiz ich wes si bîtent«,   sprach der spilman.   *1963*
     »ine gesách nie helde mêre   sô zägelîchen stân,   *(2080)*
     dâ man hôrte bieten   alsô hôhen solt.
     jâne soldę in Etzel   dar umbe nimmer werden holt.

2027 Die hie sô lasterlîchen   ézzent des fürsten brôt   *1964*
     undę im nu geswîchent   in der grœzésten nôt,   *(2082)*
     der sihę ich hie manegen   vil zagelîche stân,
     und wellent doch sîn küene.   si müezens immer schande
                                                              hân.«

35. Âventiure
Wie Îrinc erslagen wart

2028 Dô rief von Tenemarke   der marcgrâvę Îrinc: *1965*
     »ich hân ûf êre lâzen   nu lange mîniu dinc   *(2084)*
     und hân in volkes stürmen   des besten vil getân.
     nu brinc mir mîn gewæfen!   jâ wil ich Hagenen bestân.«

2029 »Daz wil ich widerrâten«,   sprach dô Hagene.   *1966*
     »sô heiz ûf hôher wîchen   die Hiunen degene.   *(2085)*
     gespringent iuwer zwêne   oder drî ín den sal,
     die sendę ich vil úngesunde   die stiegen wider hin zetal.«

2030 »Dar umbę ich ez niht lâze«,   sprach aber Îrinc.   *1967*
     »ich hân ouch ê versuochet   sam sórclîchiu dinc.   *(2086)*
     jâ wil ich mit dem swerte   eine dich bestân.
     waz hílfet dîn übermüeten,   daz du mit rede hâst getân?«

2031 Dô wart gewâfent balde   der degen Îrinc   *1968*
     und Irnvrit von Düringen,   ein küener jungelinc,   *(2087)*
     und Hâwart der vil starke,   wol mit tûsent man.
     swes Îrinc begunde,   si woldens állę ím gestân.

2032 Dô sach der videlære   éine vil grôze schar,   *1969*
     die mit Îringe   gewâfent kômen dar.   *(2088)*
     si truogen ûf gebunden   vil manegen helm guot.
     dô wart der küene Vólkêr   ein teil vil zórnéc gemuot.

2033 »Séht ir, fríunt Hágene,   dort Îringen gân   *1970*
     der iuch mit dem swerte   lobtę éiné bestân?   *(2089)*
     wie zimet helde lügene?   ich wil únprîsen daz.
     ez gênt mit im gewâfent   wol tûsent recken oder baz.«

2026 »Nun weiß ich gar nicht, worauf die noch warten!« sagte der
Spielmann. »Ich habe niemals zuvor Helden so jämmerlich
dastehen sehen, wo man so große Belohnungen versprechen
hörte. Wirklich, Etzel sollte ihnen seine Huld auf immer ent-
ziehen.

2027 Von denen, die hier in so schimpflicher Weise das Brot des
Fürsten essen und ihn nun in der Stunde der Gefahr im Stich
lassen, sehe ich viele feige herumstehen. Und die wären doch
auch gerne tapfer. Diese Schande wird immer an ihnen haften
bleiben.«

35. Aventiure
Wie Iring erschlagen wurde

2028 Da rief der Markgraf Iring von Dänemark: »Ich habe schon
immer ganz auf die Ehre gesetzt und habe mich in riesigen
Schlachten ruhmvoll bewährt. Nun bringt mir meine Waffen!
Ich will gegen Hagen kämpfen.«

2029 »Davon möchte ich abraten!« sagte da Hagen. »Laß auf jeden
Fall die Helden der Hunnen weiter zurückweichen. Wenn zwei
oder drei von Euch zum Saal rennen, dann werde ich sie tot
die Treppe hinabwerfen.«

2030 »Das ist für mich kein Grund, es zu lassen«, sagte wiederum
Iring. »Ich habe mich schon früher in genauso gefährlichen
Lagen erprobt. Ich werde ganz allein mit meinem Schwert
gegen Dich kämpfen. Was hilft das selbstsichere Auftrumpfen,
das aus Deinen Worten spricht?«

2031 Da wurden der Held Iring und Irnfried von Thüringen, ein
tapferer junger Held, und der starke Hawart und rund weitere
tausend Männer alsbald gewaffnet. Was Iring auch vorhatte,
sie alle wollten ihm dabei zur Seite stehen.

2032 Da sah der Fiedler eine riesige Schar, die zusammen mit Iring
in Waffen daherkam. Sie trugen viele feste Helme auf dem
Kopf. Da wurde der tapfere Volker sehr zornig.

2033 »Freund Hagen, seht Ihr Iring dort herankommen, der gelobt
hat, er wollte allein mit seinem Schwert gegen Euch kämpfen?
Gehört es sich für einen Helden zu lügen? Ein solches Verhalten
muß ich doch sehr tadeln. Mit ihm kommen wohl tausend
oder sogar noch mehr Recken in Waffen.«

2034 »Nu heizet mich niht liegen«,   sprach Hâwartes man.   *1971*
      »ich wilz gerne leisten   swaz ich gelobet hân.   *(2090)*
      durch deheine vorhte   wil ich es abe gân.
      swie griulîch sî nu Hagene,   ich wil in éiné bestân.«

2035 Ze füezen bot sich Îrinc   mâgen unde man,   *1972*
      daz si in eine liezen   den réckén bestân.   *(2091)*
      daz tâten si ungerne,   wandę in was wol bekant
      der übermüete Hagene   ûzer Búrgónden lant.

2036 Doch bat er si sô lange   daz ez sît geschach.   *1973*
      dô daz ingesinde   den willen sîn ersach,   *(2092)*
      daz er warp nâch êren,   dô liezen si in gân.
      des wart dô von in beiden   ein grimmez strîtén getân.

2037 Îrinc von Ténemarken   vil hôhe truoc den gêr.   *1974*
      sich dahte mit dem schilde   der tiuwer degen hêr.   *(2093)*
      dô lief er ûf zuo Hagenen   vaste fûr den sal.
      dô huop sich von den degenen   ein vil grœzlícher schal.

2038 Dô schuzzen si die gêre   mit krefte von der hant   *1975*
      durch die vesten schilde   ûf liehtez ir gewant,   *(2094)*
      daz die gêrstangen   vil hôhe dræten dan.
      dô griffen zuo den swerten   die zwêne grimme küenen man.

2039 Des küenen Hagenen ellen   daz was starke grôz.   *1976*
      dô sluoc ouch ûf in Îrinc   daz al daz hûs erdôz.   *(2095)*
      palas unde türne   erhullen nâch ir slegen.
      done kúnde niht verenden   des sînen wíllén der degen.

2040 Îrinc der lie Hagenen   unverwundet stân.   *1977*
      zuo dem videlære   gâhen er began.   *(2096)*
      er wandę in möhte twingen   mit sînen starken slegen.
      daz kunde wol beschermen   Vólker der zíerlíche degen.

2041 Dô sluoc der videlære   daz über des schildes rant   *1978*
      dræte daz gespenge   von Vólkéres hant.   *(2097)*
      den liez er dô belîben.   er was ein übel man.
      dô lief er Guntheren   von den Búrgónden an.

2042 Dô was ir ietwedere   ze strîte starc genuoc.   *1979*
      swaz Gunther und Îrinc   ûf ein ander sluoc,   *(2098)*
      daz brâhte niht von wunden   daz vlíezénde bluot.
      daz behúotę ír gewæfen,   daz was stárc únde guot.

2043 Gúnthern er líe belîben   und lief Gêrnôten an;   *1980*
      daz fiuwer ûz den ringen   er houwen im began.   *(2099)*
      dô hete von Burgonden   der starke Gêrnôt
      den küenen Îringen   erslagen næchlîchen tôt.

2034 »Nun werft mir nicht vor, daß ich lüge«, sagte der Gefolgsmann Hawarts. »Es ist mein heißer Wunsch zu tun, was ich gelobt habe. Aus Furcht werde ich nicht davon ablassen. Wie schrecklich Hagen auch immer sein mag, ich werde allein gegen ihn kämpfen.

2035 Da bat Iring seine Verwandten und Gefolgsleute inständig, sie möchten ihn doch ganz allein mit Hagen kämpfen lassen. Das taten sie nur widerwillig. Denn ihnen war der selbstsichere Hagen aus dem Burgundenland allzu gut bekannt.

2036 Er bat sie jedoch so lange darum, daß es zuletzt geschah. Als das Gefolge seinen Wunsch, sich selber Ruhm zu erwerben, erkannt hatte, da ließen sie ihn gehen. So kam es zwischen den beiden zum grimmigen Kampf.

2037 Iring von Dänemark reckte den Speer hoch in die Luft. Der herrliche, erlesene Held deckte sich mit seinem Schild. Da lief er zu Hagen hinauf, unmittelbar bis vor den Saal. Da erhob sich vom Kampf der beiden Helden ein großer Lärm.

2038 Da schleuderten sie die Speere mit großer Kraft durch die festen Schilde hindurch gegen die strahlenden Rüstungen, so daß die Speerschäfte hoch durch die Luft flogen. Da griffen die beiden tapferen, grimmigen Männer zu den Schwertern.

2039 Der Mut des tapferen Hagen war sehr groß. Doch da schlug Iring mit solcher Wucht auf ihn ein, daß das ganze Haus ertönte. Palas und Türme widerhallten von ihren Schlägen. Da konnte der Held jedoch nicht erreichen, was er wollte.

2040 Iring ließ Hagen unverwundet stehen. Er stürzte sich auf den Fiedler. Er glaubte, er könnte ihn mit seinen starken Schwerthieben überwinden. Dagegen konnte sich Volker, der stattliche Held, jedoch gut abschirmen.

2041 Da schlug der Fiedler so heftig zu, daß die Schildspangen von der Wucht seines Hiebes über den Schild wirbelten. Da ließ er ihn stehen; denn er war ein gefährlicher Mann. Da griff er Gunther, den Helden aus dem Burgundenland, an.

2042 Da war jeder von ihnen stark im Kampf. Wie heftig Gunther und Iring auch aufeinander losschlugen, sie konnten einander keine blutigen Wunden schlagen. Das verhinderten ihre Rüstungen, die fest und stark waren.

2043 Da ließ er auch Gunther stehen und griff Gernot an. Er schlug ihm Funken aus dem Ringpanzer. Da hätte der starke Gernot aus dem Burgundenland den tapferen Iring beinahe erschlagen.

2044 Dô spranc er von dem fürsten: snel er was genuoc.   *1981*
     der Burgonden viere   der helt vil balde sluoc   *(2100)*
     des edeln ingesindes   von Wormez über Rîn.
     dône kunde Gîselher   nimmer zórnegér gesîn.

2045 »Got weiz, her Îrinc«,   sprach Gîselher daz kint,   *1982*
     »ir müezet mir die gelten,   die vor iu tôt sint   *(2101)*
     gelegen hie ze stunde.«   dô lief er in an,
     er sluoc den Tenelender,   daz er muose dâ bestân.

2046 Er schôz vor sînen handen   nider in daz bluot,   *1983*
     daz si álle wolden wænen   daz der helt guot   *(2102)*
     ze strîte nimmer mêre   geslüege keinen slac.
     Îrinc doch âne wunden   hie vor Gîselheren lac.

2047 Von des helmes dôze   und von des swertes klanc   *1984*
     wâren sîne witze   worden harte kranc,   *(2103)*
     daz sich der degen küene   des lebens niht versan.
     daz het mit sînen kreften   der starke Gîselher getân.

2048 Dô im begunde entwîchen   von hóubté der dôz,   *1985*
     den er ê dâ dolte   von dem slage grôz,   *(2104)*
     er dâhte:»ich bin noch lebende   unde niender wunt.
     nu ist mir aller êrste   daz ellen Gîselheres kunt.«

2049 Dô hôrte er beidenthalben   die vîande stân.   *1986*
     westen si diu mære,   im wære noch mêr getân.   *(2105)*
     ouch het er Gîselhêren   dâ bî im vernomen.
     er dâhte wie er solde   von den vîanden komen.

2050 Wie rehte tobelîche   er ûz dem bluote spranc!   *1987*
     sîner snelheite   er mohte sagen danc.   *(2106)*
     dô lief er ûz dem hûse   da er áber Hagenen vant
     und sluoc im slege grimme   mit sîner ellenthafter hant.

2051 Dô gedâhte Hagene: »du muost des tôdes wesen.   *1988*
     dich envrîde der übel tiuvel,   dune kánst níht genesen.«
     doch wunte Îrinc Hagenen   durch sînen helmhuot.   *(2107)*
     daz tet der helt mit Wasken.   daz was ein wâfen alsô guot.

2052 Dô der herre Hagene   der wúndén empfant,   *1989*
     do erwâgte im ungefuoge   daz swert an sîner hant.   *(2108)*
     aldâ muose ím entwîchen   der Hâwartes man.
     hin nider von der stiegen   Hagene im vólgén began.

2053 Îrinc der vil küene   den schílt über hóubet swanc.   *1990*
     und wære diu selbe stiege   drîer stiegen lanc,   *(2109)*
     die wîle liez in Hagene   nie slahen einen slac.
     hei waz rôter vanken   ob sînem hélmé gelac!

2044 In schnellem Sprung ließ er von dem Fürsten ab. Er war wirklich rasch im Kampf. Im Handumdrehen erschlug er vier Burgunden, edle Gefolgsleute aus Worms am Rhein. Niemals hatte man Giselher zorniger gesehen als da.

2045 »Weiß Gott, Herr Iring!« sagte der junge Giselher, »Ihr müßt es mir jetzt sofort büßen, daß diese Männer hier von Euch erschlagen worden sind.« Da griff er ihn an. Er versetzte dem Dänen einen solchen Schlag, daß er besinnungslos liegenblieb.

2046 Vor den Füßen Giselhers stürzte er nieder in das Blut, so daß alle glaubten, der Held würde niemals mehr in einem Kampf einen Schwertstreich tun können. Und doch lag Iring unverwundet vor Giselher am Boden.

2047 Von dem Dröhnen des Helmes und von dem Klang des Schwertes waren seine Sinne so betäubt worden, daß der tapfere Held die Besinnung verloren hatte. Das hatte der starke Giselher mit seinen kraftvollen Schlägen bewirkt.

2048 Als die Benommenheit, die von dem heftigen Schlage herrührte, aus seinem Kopfe schwand, dachte er: »Ich bin noch am Leben und an keiner Stelle verwundet. Nun erst weiß ich, wie tapfer Giselher ist.«

2049 Da hörte er, daß auf beiden Seiten Feinde standen. Wenn sie gewußt hätten, daß er unverwundet war, dann hätten sie ihm sicher den Garaus gemacht. Er hörte auch, daß Giselher ganz in der Nähe stand. Er überlegte, wie er wohl den Feinden entkommen könnte.

2050 Wie ein Rasender sprang er vom blutigen Boden auf. Er konnte sich freuen, daß er so schnell war. Da stürmte er aus dem Haus heraus. Dort stieß er wiederum auf Hagen und versetzte ihm mit tapferer Hand grimmige Hiebe.

2051 Da dachte Hagen: »Du bist ein Kind des Todes. Wenn Dich der böse Teufel nicht beschützt, dann kannst Du nicht am Leben bleiben.« Dennoch schlug Iring Hagen durch seinen Helm hindurch eine Wunde. Den Hieb vollführte er mit Waske, einem trefflichen Schwert.

2052 Als der Herr Hagen merkte, daß er verwundet war, da geriet das Schwert in seiner Hand in heftigste Bewegung. Da mußte Hawarts Gefolgsmann vor ihm die Flucht ergreifen. Hagen verfolgte ihn die ganze Treppe hinunter.

2053 Der tapfere Iring hielt den Schild über seinen Kopf. Und wenn die Treppe dreimal so lang gewesen wäre, so hätte ihn Hagen doch nicht einen Schlag tun lassen. Ein Regen roter Funken lag über seinem Helm.

2054 Wider zuo den sînen   kom Îrinc wol gesunt.   *1991*
     dô wurden disiu mære   Kriemhïlde rehte kunt,   *(2110)*
     waz er von Tronege Hagenen   mit strîte het getân.
     des im diu küneginne   vil hôhe dánkén began.

2055 »Nu lône dir got, Îrinc,   vil mære helt guot!   *1992*
     du hâst mir wol getrœstet   daz herzẹ und ouch   *(2111)*
                                        den muot.
     nu sihẹ ich rôt von bluote   Hagenen sîn gewant.«
     Kriemhilt nam im selbe   den schilt vor liebe von der hant.

2056 »Ir muget im mâzen danken«,   sô sprach Hagene.   *1993*
     »woldẹ erz noch versuochen,   daz zæme degene.   *(2112)*
     kœmẹ er danne hinnen,   so wǽrẹ er ein kűener man.
     diu wunde frumt iuch kleine,   die ich von im empfangen
                                                          hân.

2057 Daz ir von mîner wunden   die ringe sehet rôt,   *1994*
     daz hât mich erreizet   ûf maneges mannes tôt.   *(2113)*
     ich bin állerếrst erzürnet   ûf Hâwartes man.
     mir hât der degen Îrinc   schaden kleinen noch getân.«

2058 Dô stuont gegen dem winde   Îrinc von Tenelant.   *1995*
     er kuolte sich in ringen,   den helm er ab gebant.   *(2114)*
     dô sprâchen al die liute,   sîn ellen wære guot.
     des het der marcgrâve   einen rîche hôhen muot.

2059 Aber sprach dô Îrinc: »mîne fríunt, wízzet daz,   *1996*
     daz ir mich wâfent schiere!   ich wilz versuochen baz,   *(2115)*
     ob ich noch müge betwingen   den übermüeten man.«
     sîn schilt was verhouwen,   einen bezzern er gewan.

2060 Vil schiere wart der recke   dô gewâfent baz.   *1997*
     einen gêr vil starken   nam er durch den haz,   *(2116)*
     dâ mit er aber wolde   Hagenen dort bestân.
     dô wartẹ im vîentlîche   der mórtgrímmége man.

2061 Sîn mohte niht erbîten   Hagene der degen.   *1998*
     er lief im hin engegene   mit schüzzen und mit slegen   *(2117)*
     die stiegen ûz an ein énde.   sîn zurnen daz was grôz.
     Îrinc sîner sterke   dô vil wěnéc genôz.

2062 Si sluogen durch die schilde   daz ez lóugén began   *1999*
     von fiuwerrôten winden.   der Hâwartes man   *(2118)*
     wart von Hagenen swerte   krefteclîchen wunt
     durch schilt und durch die brünne,   des er wart nimmer mêr
                                                          gesunt.

2054 Iring kam wohlbehalten zu seinen Leuten zurück. Da wurde Kriemhild berichtet, was Iring Hagen von Tronje im Kampfe angetan hatte. Dafür sprach die Königin ihm überschwenglich ihren Dank aus.

2055 »Nun möge Dir Gott lohnen, Iring, berühmter, trefflicher Held! Du hast mir in meinem Herzen und meinem Sinn wieder Zutrauen gegeben. Nun sehe ich, daß Hagens Rüstung ganz rot von Blut ist.« Vor Freude nahm ihm Kriemhild selbst den Schild aus der Hand.

2056 »Dankt ihm nur nicht zu sehr!« sagte Hagen. »Es ziemte sich für ihn, es noch einmal zu versuchen. Wenn er dann wieder zurückkäme, dann wäre er wirklich ein tapferer Mann. Die Wunde, die ich durch ihn erhalten habe, nützt Euch überhaupt nichts.

2057 Denn daß Ihr seht, daß mein Ringpanzer von meiner Wunde rot geworden ist, hat nur meine Begierde angestachelt, vielen Männern den Tod zu bringen. Jetzt bin ich erst wirklich zornig auf Hawarts Gefolgsmann. Mir hat der Held Iring bisher noch wenig zuleide getan.«

2058 Da stand Iring von Dänemark im frischen Wind. Er kühlte sich in seinem Ringpanzer, den Helm hatte er abgebunden. Da sagten alle Leute, seine Tapferkeit sei sehr groß. Da wurde der Markgraf mit hohem Stolz erfüllt.

2059 Da sagte wiederum Iring: »Meine Freunde, hört mich an: waffnet mich auf der Stelle! Ich will von neuem versuchen, ob ich den selbstsicheren Mann nicht doch noch überwinden kann.« Sein Schild war zerhauen. Er erhielt einen besseren.

2060 Sofort wurde der Recke gewaffnet, besser als zuvor. In seinem Haß gegen Hagen ergriff er einen starken Speer, mit dem er Hagen von neuem angreifen wollte. Feindselig erwartete ihn der mordgrimmige Hagen.

2061 Hagen, der Held, konnte gar nicht abwarten, bis er herangekommen war. Mit Schüssen und Schlägen lief er ihm die ganze Treppe hinab entgegen. Sein Zorn war sehr groß. Da half es Iring nicht, daß er so stark war.

2062 Sie hieben durch die Schilde hindurch, daß die feuerroten Funken nur so lohten und stoben. Der Gefolgsmann Hawarts wurde durch Schild und Brustpanzer hindurch so schwer verwundet, daß er sich davon niemals wieder erholen konnte.

2063 Dô der degen Îrinc   der wúndén empfant,   *2000*
    den schilt er baz dô ruhte   über diu helmbant.   *(2119)*
    des schaden in dûhte der volle,   den er dâ gewan.
    sît tet im aber mêre   des künec Guntheres man.

2064 Hágen vor sînen füezen   einen gêr lígen vant.   *2001*
    er schôz ûf Îringen,   den helt von Tenelant,   *(2120)*
    daz im von dem houbte   diu stange ragete dan.
    im hete der recke Hagene   den grimmen éndé getân.

2065 Îrinc muoste entwîchen   zuo den von Tenelant.   *2002*
    ê daz man dô dem degene   den helm ab gebant,   *(2121)*
    man brach den gêr von houbte: dô nâhete im der tôt.
    daz weinten sîne mâge.   des gie in wǽrlîche nôt.

2066 Dô kom diu küneginne   über in gegân.   *2003*
    den starken Îringen   klagen si began.   *(2122)*
    si weinte sîne wunden,   ez was ir grimme leit.
    dô sprach vor sînen mâgen   der recke küene únt gemeit:

2067 »Lât die klage belîben,   vil hêrlîchez wîp.   *2004*
    waz hilfet iuwer weinen?   jâ muoz ich mînen lîp   *(2123)*
    verliesen von den wunden,   die ich empfangen hân.
    der tôt wil mich niht langer   iu und Etzeln dienen lân.«

2068 Er sprach zuo den von Düringen   unt den von Tenelant:
    »die gâbe sol empfâhen   iuwer dehéines hant   *2005*
    von der küneginne,   ir liehtez golt vil rôt.   *(2124)*
    und bestêt ir Hagenen,   ir müezet kíesén den tôt.«

2069 Sîn varwe was erblichen;   des tôdes zeichen truoc   *2006*
    Îrinc der vil küene.   daz was in leit genuoc.   *(2125)*
    genesen niht enkunde   der Hâwartes man.
    dô muoste ez an ein strîten   von den von Tenemarke gân.

2070 Irnfrit unde Hâwart   sprungen für daz gadem   *2007*
    wol mit tûsent helden.   vil ungefüegen kradem   *(2126)*
    hôrte man allenthalben,   kreftec unde grôz.
    hei waz man scharpfer gêre   zúo den Búrgónden schôz!

2071 Irnfrit der küene   lief an den spilman,   *2008*
    des er den schaden grôzen   von sîner hant gewan.   *(2127)*
    der edel videlære   den lantgrâven sluoc
    durch einen helm vesten.   jâ was er grímmé genuoc.

2072 Dô sluoc der herre Irnfrit   den küenen spilman,   *2009*
    daz im muosen bresten   diu ríngés gespan   *(2128)*
    unt daz sich beschutte   diu brünne fiuwerrôt.
    doch viel der lantgrâve   vor dem videlære tôt.

2063 Als der Held Iring merkte, daß er verwundet war, da schob
er den Schild höher, bis über die Helmbänder. Die Verletzung,
die er davongetragen hatte, schien ihm schwer genug. Doch
der Gefolgsmann des Königs Gunther brachte ihm noch weit
schwerere bei.

2064 Hagen sah vor seinen Füßen einen Speer liegen. Er schleuderte
ihn auf Iring, den Helden aus Dänemark, daß ihm aus dem
Kopf die Speerstange ragte. Der Recke Hagen hatte ihm ein
grimmiges Ende bereitet.

2065 Iring mußte zu den Dänen fliehen. Bevor man dem Helden den
Helm abnehmen konnte, zog man den Speer aus seinem Kopf.
Da nahte ihm der Tod. Seine Verwandten beweinten ihn. Sie
hatten wahrlich allen Grund dazu.

2066 Da trat die Königin über ihn. Sie begann um den starken Iring
zu klagen. Sie beweinte seine Wunden. Sie litt tiefen Schmerz.
Da sagte der tapfere, stolze Recke vor seinen Verwandten:

2067 »Laßt ab von der Klage, herrliche Frau. Was hilft es, zu weinen?
Durch die Wunden, die ich erhalten habe, werde ich doch mein
Leben verlieren. Der Tod will mich nicht länger Euch und
Etzel dienen lassen.«

2068 Er sagte zu den Thüringern und zu den Dänen: »Keiner von
Euch wird die Gabe von der Königin erhalten, ihr leuchtendes,
rotes Gold. Wenn Ihr gegen Hagen kämpft, dann habt Ihr den
Tod erwählt.«

2069 Seine Farbe war erblichen; der tapfere Iring trug schon das
Zeichen des Todes an sich. Das war für alle ein tiefer Schmerz.
Der Gefolgsmann Hawarts konnte nicht am Leben bleiben.
Da mußten die Dänen in den Kampf eintreten.

2070 Irnfried und Hawart stürmten mit rund tausend Helden vor
das Haus. Überall hörte man ungeheuren Kampflärm, der war
riesig groß. Eine Unzahl von scharfen Speeren schleuderte man
gegen die Burgunden.

2071 Der tapfere Irnfried griff den Spielmann an. Doch das war
nicht zu seinem Besten. Der edle Fiedler versetzte dem Land-
grafen einen Hieb durch den festen Helm hindurch. Ja, er war
wirklich sehr zornig.

2072 Da schlug der Herr Irnfried den tapferen Spielmann mit solcher
Wucht, daß ihm die Spangen seines Ringpanzers barsten und
der Brustpanzer mit feuerroten Funken überschüttet wurde.
Doch tot fiel der Landgraf vor dem Fiedler zu Boden.

2073 Hâwart unde Hagene   zesamne wâren komen.   *2010*
      er mohte wunder kiesen,   ders hete war genomen.   *(2129)*
      diu swert genôtę vielen   den helden an der hant.
      Hâwart muostę ersterben   von dém ûz Búrgónden lant.

2074 Do die Ténen und   díe Dürínge   ir herren sâhen tôt,   *2011*
      dô huop sich vor dem hûse   ein vreislîchiu nôt,   *(2130)*
      ê si die tür gewunnen   mit ellenthafter hant.
      des wart dâ verhouwen   víl manec hélm únde rant.

2075 »Wíchet«, sprach dô Vólkêr,   »und lât si her în gân!   *2012*
      ez ist sus unverendet   des si dâ habent wân.   *(2131)*
      si müezen drinnen ersterben   in vil kurzer zît.
      si erárnent mit dem tôde   daz in diu küneginne gît.«

2076 Dô die übermüeten   kômen in den sal,   *2013*
      vil manegem wart daz houbet   geneiget sô zetal   *(2132)*
      daz er muosę ersterben   von ir swinden slegen.
      wol streit der küene Gêrnôt,   sam tet ouch Gíselher der degen.

2077 Tûsent unde viere   kômen in daz hûs.   *2014*
      von swerten sach man blicken   vil manegen swinden sûs.
      sît wurden doch die recken   alle drinnę erslagen.   *(2133)*
      man mohte michel wunder   vón den Búrgónden sagen.

2078 Dar nâch wart ein stille,   dô der schal verdôz.   *2015*
      daz bluot allenthalben   durch diu löcher vlôz   *(2134)*
      unt dâ zen rigelsteinen   von den tôten man.
      daz heten die von Rîne   mit grôzem éllén getân.

2079 Dô sâzen aber ruowen   die von Búrgónden lant.   *2016*
      diu wâfen mit den schilden   si leiten von der hant.   *(2135)*
      dô stuont noch vor den türen   der küene spilman.
      er wartę ob iemen wolde   nóch zuo zę ín mit strîte gân.

2080 Der künec klagete sêre,   sam tet ouch sîn wîp.   *2017*
      megedę unde frouwen   die quelten dâ den lîp.   *(2136)*
      ich wæne des, daz hête   der tôt ûf si gesworn.
      des wart noch vil der recken   von den gesten dâ verlorn.

36. Âventiure
Wie diu küneginne den sal vereiten hiez

2081 »Nu bindet ab die helme!«   sprach Hagene der degen.   *2018*
      »ich und mîn geselle   wir suln iuwer pflegen.   *(2137)*
      und wéllent ez nóch versuochen   zuo zę uns die Etzeln man,
      sô warnę ich mîne herren   so ich áller schíeréste kan.«

2073 Hawart und Hagen waren zusammengestoßen. Wer da hätte zusehen können, der hätte wunderbare Taten sehen können. Die Helden deckten einander mit dichten Schlägen ein. Da fand Hawart durch den Helden aus dem Burgundenland den Tod.

2074 Als die Dänen und Thüringer sahen, daß ihre Herren tot waren, da begann vor dem Hause ein schreckliches Gemetzel, bis sie mit tapferer Hand die Tür erreichten. Dadurch wurden viele Helme und Schilde zerhauen.

2075 »Geht zurück!« sagte da Volker, »und laßt sie hereinkommen! Was sie sich erhoffen, das können sie doch nicht erreichen. Sie werden drinnen in kurzer Zeit niedergemacht. Für das, was ihnen die Königin verspricht, müssen sie mit dem Leben bezahlen.«

2076 Als die verwegenen Helden in den Saal drangen, da wurde vielen von ihnen mit schnellem Schlag der Kopf abgeschlagen, so daß sie ihr Leben verloren. Ausgezeichnet kämpfte der tapfere Gernot und ebenso Giselher, der Held.

2077 Tausend und vier Helden drangen in das Haus. Man sah die Schwerter blitzen und hörte die schnellen Schläge sausen. Später wurden jedoch alle Recken im Saal erschlagen. Wunderbare Taten könnte man von den Burgunden berichten.

2078 Danach wurde es still, der Lärm verstummte. Überall floß Blut der Erschlagenen durch die Abflußlöcher und in die Rinnsteine. Das hatten die Helden vom Rhein mit ihrem großen Mut vollbracht.

2079 Da setzten sich die Helden aus dem Burgundenland von neuem nieder um auszuruhen. Waffen und Schilde legten sie aus der Hand. Da stand der tapfere Spielmann noch immer vor der Tür. Er paßte auf, ob jemand käme, um mit ihnen zu kämpfen.

2080 Der König klagte heftig und ebenso seine Gemahlin. Mädchen und Frauen geißelten sich heftig. Ich glaube, der Tod hatte sich gegen sie verschworen. Deshalb mußten noch viele Recken unter den Schwertschlägen der Gäste sterben.

36. Aventiure
Wie die Königin den Saal anzünden ließ

2081 »Nun bindet nur die Helme ab!« sagte Hagen, der Held. »Ich und mein Waffengefährte, wir werden Euch bewachen. Und wenn die Gefolgsleute Etzels noch einmal versuchen sollten, uns anzugreifen, dann warne ich meine Herren, so schnell ich nur kann.«

2082 Do entwâféntę daz houbet   vil manec ritter guot.   *2019*
si sâzen ûf die wunden,   die vor in in daz bluot   *(2138)*
wâren zuo dem tôde   von ir handen komen.
dâ wart der edeln geste   vil übele góumé genomen.

2083 Noch vor dem âbénde   dô schuof der künec daz   *2020*
und ouch diu küneginne,   daz ez versuochten baz   *(2139)*
die híunéschen recken.   der sach man vor in stân
noch wol zweinzec tûsent.   díe muosen dâ ze strîte gân.

2084 Sich huop ein sturm herte   zuo den gesten sân.   *2021*
Dancwart, Hagenen bruoder,   der vil snelle man,   *(2140)*
spranc von sînen ḩerren   zen vîenden für die tür.
man wândę er wærę erstorben: er kom gesunder wol dar
                                                              für.

2085 Der herte strît werte   unz inz diu naht benam.   *2022*
dô werten sich die geste,   als guoten helden zam,   *(2141)*
den Etzelen mannen   den sumerlangen tac.
hei waz noch küener degene   vor in véigé gelac!

2086 Zę einen sunewenden   der grôze mort geschach,   *2023*
daz diu frouwe Kriemhilt   ir herzen leit errach   *(2142)*
an ir næchsten mâgen   und ander manegem man,
dâ von der künec Etzel   freude nimmer mêr gewan.

2087 In was des tages zerunnen.   dô gie in sorge nôt.   *2024*
si gedâhten daz in bezzer   wærę ein kurzer tôt   *(2144)*
denne lánge dâ ze quelne   ûf ungefüegiu leit.
eines vrídes si dô gerten,   die stolzen ríttér gemeit.

2088 Si bâten daz man bræhte   den künec zuo in dar.   *2025*
die bluotvarwen helde   und ouch harnaschvar   *(2145)*
trâten ûz dem hûse,   die drîe künege hêr.
sin wessen wem ze klagene   diu ír vil grǽzlíchen sêr.

2089 Etzel unde Kriemhilt   die kômen beide dar.   *2026*
daz lant was ir eigen,   des mêrte sich ir schar.   *(2146)*
er sprach zuo den gesten: »nu saget, waz welt ir mîn?
ir wænet vride gewinnen.   daz kunde müelich gesîn

2090 Ûf schaden alsô grôzen   als ir mir habt getân.   *2027*
ir sult es niht geniezen,   sol ich mîn leben hân: *(2147)*
mîn kint daz ir mir sluoget   und vil der mâge mîn!
vridę unde suone   sol iu vil gar versaget sîn.«

2091 Des antwurte Gunther: »des twanc uns grôziu nôt.   *2028*
allez mîn gesinde   lac vor dínen helden tôt   *(2148)*
an der herberge.   wie het ich daz versolt?
ich kom zuo dir ûf triuwe,   ich wândę daz du mir wærest holt.«

2082 Da nahmen viele treffliche Ritter den Helm ab. Sie setzten sich auf die Toten, die unter ihren Hieben in das Blut gesunken waren. Da sorgte man sehr schlecht für die edlen Gäste.

2083 Bevor es Abend wurde, erreichten der König und die Königin, daß die hunnischen Recken es erneut versuchten. Rund zwanzigtausend Mann sah man vor ihnen stehen. Die mußten da alle in den Kampf eintreten.

2084 Da begann eine furchtbare Schlacht gegen die Gäste. Dankwart, der Bruder Hagens, der tapfere Held, sprang von seinen Herren fort den Feinden bis vor die Tür entgegen. Man hielt ihn schon für tot. Aber er kam wohlbehalten wieder aus dem Kampf.

2085 Die furchtbare Schlacht tobte, bis die Nacht sie am Weiterkämpfen hinderte. Da setzten sich die Gäste den Gefolgsleuten Etzels den ganzen langen heißen Sommertag über zur Wehr, wie es sich für treffliche Helden geziemte. Eine Unzahl tapferer Helden lag tot vor ihnen.

2086 Zur Sonnwendzeit geschah das schreckliche Morden, durch das die Herrin Kriemhild ihren bitteren Schmerz an ihren nächsten Verwandten und vielen anderen Männern rächte. So kam es, daß der König Etzel niemals wieder glücklich wurde.

2087 Der Tag war nun vorbei. Da fürchteten sie neue Gefahren. Sie dachten, daß es besser wäre, schnell zu sterben, als sich in der Erwartung maßlosen Leides lange zu quälen. Da baten die stolzen tapferen Ritter um Frieden.

2088 Sie baten, man möge den König holen. Vom Blut rot und schwarz vom Harnisch traten die erhabenen drei Könige aus dem Saal heraus. Sie wußten nicht, wem sie ihre bittere Not klagen sollten.

2089 Etzel und Kriemhild kamen beide heran. Es war ihr eigenes Land. So kam es, daß ihre Schar immer größer wurde. Etzel sagte zu den Gästen: »Nun sagt, was wollt Ihr von mir? Ihr hofft, einen Frieden zu erhalten. Davon kann überhaupt keine Rede sein.

2090 Solange ich mein Leben habe, sollt Ihr keine Schonung erhalten: Ihr habt meinen Sohn erschlagen und viele meiner Verwandten. Nach dem Verlust, den Ihr mir zugefügt habt, muß Euch jeder Friede und jede Sühne versagt bleiben.«

2091 Darauf antwortete Gunther: »Dazu hatten wir allen Grund. Alle meine Troßknechte lagen vor Deinen Helden tot in der Herberge. Womit hatte ich das verdient? Vertrauensvoll kam ich hierher; ich glaubte, daß Du mir gewogen seist.«

2092 Dô sprach von Burgonden   Gîselher daz kint: *2029*
     »ir Étzélen helde,   die noch hie lebende sint,   *(2149)*
     waz wîzet ir mir recken?   waz hân ich iu getân?
     wandę ich friuntlîche   in diz lant geriten hân.«

2093 Si sprâchen: »dîner güete   ist al diu burc vol   *2030*
     mit jâmer zuo dem lande.   jâ gonden wir dir wol,   *(2150)*
     daz du nie komen wærest   von Wormez über Rîn.
     daz lant habt ir verweiset,   du unt ouch die brüeder dîn.«

2094 Dô sprach in zornes muote   Gúnthér der degen: *2031*
     »welt ir diz starke hazzen   zę einer suone legen   *(2151)*
     mit uns éllénden recken,   daz ist béidenthalben guot.
     ez ist gar âne schulde,   swaz uns Étzél getuot.«

2095 Dô sprach der wirt zen gesten: »mîn und iuwer leit   *2032*
     diu sint vil ungelîche.   diu michel arbeit   *(2152)*
     des schaden zuo den schanden,   die ich hie hân genomen,
     des sol iuwer deheiner   nimmer lebende hinnen komen.«

2096 Dô sprach zuo dem künege   der starke Gêrnôt: *2033*
     »sô sol iu got gebieten   daz ir fríuntlîchen tuot.   *(2153)*
     sláhet uns éllénden,   und lât uns zuo zę iu gân
     hin nider an die wîte!   daz ist iu éré getân.

2097 Swaz uns geschehen künne,   daz lât kurz ergân.   *2034*
     ir habt sô vil gesunder,   und turrens uns bestân,   *(2154)*
     daz si uns sturmmüede   lâzent niht genesen.
     wie lange suln wir recken   in disen árbéiten wesen?«

2098 Die Étzélen recken   die hetenz nâch getân,   *2035*
     daz si si wolden lâzen   für den palas gân.   *(2155)*
     daz gehôrte Kriemhilt.   ez was ir harte leit.
     des wart den éllénden   der vríde ze gâhes widerseit.

2099 »Neinâ, Hiunen recken,   des ir dâ habt muot,   *2036*
     ich râtę an rehten triuwen,   daz ir des niht entuot,   *(2156)*
     daz ir die mortræchen   iht lâzet für den sal.
     sô müesen iuwer mâge   lîden den tœtlîchen val.

2100 Ob ir nu niemen lebte   wan diu Uoten kint,   *2037*
     die mînen edelen bruoder,   und koments an den wint,
     erkuolent in die ringe,   sô sît ir álle verlórn.   *(2157)*
     ez enwúrden küener degene   nie zer wérldé geborn.«

2092 Da sagte der junge Giselher von Burgundenland: »Ihr Helden Etzels, die noch am Leben seid, was werft Ihr mir, einem Recken, denn vor? Was habe ich Euch getan? Zumal ich als Freund in dieses Land geritten bin.«

2093 Sie sagten: »Durch Deine ›Güte‹ ist die ganze Burg und das Land voll von Jammer. Wir würden Dir wünschen, Du wärest niemals von Worms aus über den Rhein gekommen. Du und Deine Brüder, Ihr habt dieses Land von Menschen entvölkert.«

2094 Da sagte Gunther, der Held, in großem Zorn: »Es wäre für beide Seiten gut, wenn Ihr mit uns fremden Recken die bittere Feind-schaft durch Sühneleistungen beenden wolltet. Es gibt gar keinen Grund für das, was Etzel uns antut.«

2095 Da sagte der Landesherr zu seinen Gästen: »Was ich erlitten habe und was Ihr erlitten habt, das könnt Ihr nicht vergleichen. Die Kampfesnot, die Verluste und die Schmach, die ich habe erdulden müssen, um derentwillen soll keiner von Euch mit dem Leben davonkommen.«

2096 Da sagte der starke Gernot zum König: »Dann soll Euch Gott gebieten, Euch wenigstens freundlich zu verhalten: Laßt uns fremden Recken zu Euch hinab ins Freie gehen und erschlagt uns dann! Das wird für Euch ehrenvoll sein.

2097 Was uns hier geschehen wird, das laßt schnell geschehen! Ihr habt so viele unverletzte Recken. Wenn uns die anzugreifen wagen, dann lassen sie uns vom Kampf ermüdete Männer sicherlich nicht am Leben. Wie lange sollen wir Recken denn noch unter diesen Qualen kämpfen?«

2098 Beinahe hätten Etzels Recken es getan und hätten sie aus dem Palas heraustreten lassen. Davon hörte Kriemhild. Es verdroß sie sehr. Daher wurde den fremden Recken der Friede sogleich wieder aufgesagt.

2099 »Nein, Ihr hunnischen Recken. In Treue rate ich Euch, nichts von dem zu tun, worauf Ihr Euch jetzt einlassen wollt: daß Ihr nämlich die mörderischen Rächer vor den Saal laßt. Wenn Ihr das tätet, dann müßten Eure Verwandten hier alle tot dahin-sinken.

2100 Wenn nun niemand mehr von ihnen am Leben wäre als die Söhne Utes, meine edlen Brüder, wenn die ins Freie heraus-kämen und wenn ihnen dann erst die Ringpanzer wieder abge-kühlt wären, dann wärt Ihr alle verloren. Niemals wurden auf dieser Welt tapferere Helden geboren.«

2101 Dô sprach der junge Gîselher: »vil schœniu swester mîn,
     des trûtę ich vil übele,   dô du mich über Rîn   2038
     ladetes her ze lande   in dise grôze nôt.   (2158)
     wie hân ich an den Hiunen   hie verdíenét den tôt?

2102 Ich was dir ie getriuwe,   nie getét ích dir leit.   2039
     ûf sólhén gedingen   ich her ze hove reit,   (2159)
     daz du mir holt wærest,   vil edeliu swester mîn.
     bedenkę an uns genâde,   ez mac niht ándérs gesîn.«

2103 »Ine mác iu niht genâden!   ungenâdę ich hân.   2040
     mir hât von Tronege Hagene   sô grôziu leit getân,   (2160)
     ez ist vil unversüenet,   die wilę ich hân den lîp.
     ir müezet es állę engelten«,   sprach daz Etzelen wîp.

2104 »Welt ir mir Hagenen einen   ze gîsél geben,   2041
     sone wil ich niht versprechen   ich wellę iuch lâzen leben,
     wandę ir sît mînę bruoder   und éiner muoter kint.   (2161)
     sô rédę ich ez nâch der suone   mit disen helden die hie sint.«

2105 »Nune wéllę got von himele«,   sprach dô Gêrnôt.   2042
     »ob unser tûsent wæren,   wir lægen alle tôt,   (2162)
     der sippen dîner mâge,   ê wir dir einen man
     gæben hie ze gîsel.   ez wirdet nímmér getân.«

2106 »Wir müesen doch ersterben«,   sprach dô Gîselher.   2043
     »uns enscheidet niemen   von ritterlîcher wer.   (2163)
     swer gerne mit uns vehte,   wir sîn et aber hie,
     wan ich deheinen mînen friunt   án tríuwen nie verlie.«

2107 Dô sprach der küene Dancwart   (im zæme niht ze
                                        dagene): 2044
     »jane stét nóch niht eine   mîn bruoder Hagene.   (2164)
     die hie den vride versprechent,   ez mac in werden leit.
     des bringe wir iuch innen: daz sî iu wærlîch geseit.«

2108 Dô sprach diu küneginne: »ir helde vil gemeit,   2045
     nu gêt der stiege nâher   und rechet mîniu leit.   (2165)
     daz wil ich immer dienen   als ich von rehte sol.
     der Hagenen übermüete   der gelônę ích im wol.

2109 Lât einen ûz dem hûse   niht komen über al,   2046
     sô heizę ich viern enden   zünden an den sal.   (2166)
     sô werdent wol errochen   elliu mîniu leit.«
     die Étzélen degene   wurden schíeré bereit.

2101 Da sagte der junge Giselher: »Meine schöne Schwester, als Du mich vom Rhein hierher in diese Bedrängnis geladen hast, da war es falsch von mir, mich darauf einzulassen. Womit habe ich hier bei den Hunnen den Tod verdient?

2102 Ich war Dir immer treu, niemals habe ich Dir etwas zuleide getan. Edle Schwester, ich ritt hierher an den Hof im Vertrauen, daß Du mir gewogen seist. Denke doch daran, daß Du uns Gnade gewähren kannst. Anders darf es doch gar nicht sein.«

2103 »Ich will Euch keine Gnade gewähren! Auch Ihr seid mir nicht gnädig gewesen. Mir hat Hagen von Tronje einen so bitteren Schmerz zugefügt, daß es nicht wiedergutzumachen ist, solange ich lebe. Ihr müßt alle dafür bezahlen!« Das sagte die Gemahlin Etzels.

2104 »Wollt Ihr mir Hagen allein als Geisel geben, dann will ich es nicht ausschließen, daß ich Euch Euer Leben lasse. Schließlich seid Ihr meine Brüder, und wir sind die Kinder derselben Mutter. Für den Fall werde ich mit den Helden, die hier bei mir sind, über eine Sühne sprechen!«

2105 »Gott im Himmel möge das verhüten!« sagte da Gernot. »Wenn hier auch tausend aus der Sippe Deiner Verwandten wären, eher lägen wir alle tot, als daß wir Dir einen einzigen Mann als Geisel übergäben. Das wird niemals geschehen.«

2106 »Wir müssen ja doch sterben«, sagte da Giselher. »Niemand wird uns von unseren ritterlichen Waffen trennen. Wen es mit uns zu kämpfen gelüstet, der findet uns hier. Denn ich habe noch niemals einem Freunde die Treue gebrochen.«

2107 Da sagte der tapfere Dankwart (es hätte sich für ihn nicht geziemt zu schweigen): »Wahrhaftig, mein Bruder Hagen steht nicht allein. Denen, die uns hier einen Frieden versprechen, denen kann es noch sehr schlimm ergehen. Wir werden es Euch zeigen. Das wollen wir Euch in aller Deutlichkeit sagen.«

2108 Da sagte die Königin: »Ihr stolzen Helden, nun geht näher an die Treppe heran und rächt, was man mir angetan hat. Ich werde mich allezeit dafür dankbar erweisen, so wie ich es schuldig bin. Ich werde Hagen schon noch für seinen Frevelmut büßen lassen.

2109 Paßt überall auf und laßt keinen aus dem Haus heraus. Dann gebe ich Befehl, den Saal an vier Ecken anzuzünden. So wird alles, was man mir angetan hat, gerächt.« Die Recken Etzels waren sofort dazu bereit.

2110 Die noch hie ûze stuonden,   die tribens in den sal   *2047*
     mit slegen und mit schüzzen: des wart vil grôz der
                                                    schal.   *(2167)*
     doch wolden nie gescheiden   die fürsten und ir man.
     sine kónden von ir triuwen   an ein ander niht verlân.

2111 Den sal den hiez dô zünden   daz Etzelen wîp.   *2048*
     dô quelte man den recken   mit fiuwer dâ den lîp.   *(2168)*
     daz hûs von einem winde   vil báldę állez enbrán.
     ich wæne daz volc deheinez   grœzer angest ie gewan.

2112 Genuoge ruoften drinne: »ôwê dirre nôt!   *2049*
     wir möhten michel gerner   sîn in sturme tôt.   *(2169)*
     ez möhte got erbarmen.   wie sîn wir alle verlorn!
     nu richet ungefuoge   an uns diu küneginnę ir zorn.«

2113 Ir einer sprach dar inne: »wir müezen ligen tôt.   *2050*
     waz hilfet uns daz grüezen,   daz uns der künec enbôt?
     mir tuot von starker hitze   der durst sô rehte wê.   *(2170)*
     des wæn mîn leben schiere   in disen sórgén zergê.«

2114 Dô sprach von Tronege Hagene: »ir edeln ritter guot,
     swén twínge durstes nôt,   der trinke hie daz bluot.   *2051*
     daz ist in solher hitze   noch bezzer danne wîn.   *(2171)*
     ez enmác an disen ziten   et nú niht bézzér gesîn.«

2115 Dô gie der recken einer   da er éinen tôten vant.   *2052*
     er knietę im zuo der wunden,   den helm er ab gebant.
     dô begundę er trinken   daz vlíezénde bluot.   *(2172)*
     swie ungewon ers wære,   ez dûhtę in grœzlíchen guot.

2116 »Nu lônę iu got, her Hagene«,   sprach der müede man,
     »daz ich von iuwer lêre   sô wol getrunken hân.   *2053*
     mir ist noch vil selten   geschenket bezzer wîn.   *(2173)*
     lebę ich deheine wîle,   ich sol iu immer wæge sîn.«

2117 Do die ándern daz gehôrten,   daz ez in dûhte guot,   *2054*
     dô wart ir michel mêre,   die trunken ouch daz bluot.
     dâ von gewan vil krefte   ir eteslîches lîp.   *(2174)*
     des engált an lieben friunden   sît vil mánec wǽtlíchez wîp.

2118 Daz fiuwer viel genôte   ûf si in den sal.   *2055*
     dô leiten siz mit schilden   von in hin zetal.   *(2175)*
     der rouch und ouch diu hitze   in tâten beidiu wê.
     ich wæne der jâmer immer   mêr an héldén ergê.

2110 Alle, die noch außerhalb des Hauses standen, trieben sie mit Schwertschlägen und Speerwürfen in den Saal zurück: Dadurch entstand ein großes Kampfgetöse. Dennoch wollten die Fürsten und ihre Gefolgsleute sich nicht trennen. Sie konnten von ihrer Treue zueinander nicht lassen.

2111 Die Gemahlin Etzels ließ nun den Saal anzünden. Da quälte man die Recken mit Feuer. Das Haus wurde vom Wind schnell in Flammen gesetzt. Ich glaube, niemals ist eine Kriegerschar in schwerere Bedrängnis geraten.

2112 Viele riefen drinnen: »O weh über diese Qual! Lieber wären wir in der Schlacht gefallen. Gott sollte Erbarmen haben. Wir sind alle verloren! Unmäßig rächt die Königin ihren Zorn an uns.«

2113 Einer von ihnen sagte drinnen: »Wir müssen doch alle sterben. Was hilft es uns jetzt, daß uns der König seinen Willkommensgruß entbot. Von der starken Hitze setzt mir der Durst sehr zu. Ich glaube, ich werde in dieser Bedrängnis bald mein Leben verlieren.«

2114 Da sagte Hagen von Tronje: »Ihr edlen, trefflichen Ritter, wer vom Durst gequält wird, der soll hier das Blut trinken. Das ist in solcher Hitze noch besser als Wein. In einer Lage wie dieser läßt es sich leider nicht besser einrichten.«

2115 Da ging einer der Recken zu einem Toten. Er kniete neben dessen Wunde und band den Helm vom Kopf. Da machte er sich daran, das fließende Blut zu trinken. Wenn es ihm auch ungewohnt war, so schien es ihm doch das Richtige zu sein.

2116 »Nun möge Euch Gott lohnen, Herr Hagen«, sagte der müde Mann. »Daß ich auf Eure Belehrung hin so köstlich getrunken habe. Mir ist noch niemals ein besserer Wein kredenzt worden. Wenn ich noch eine Zeitlang am Leben bleibe, dann werde ich mich Euch immer dafür dankbar erweisen.«

2117 Als die anderen hörten, daß es ihm köstlich schien, da wurden es viele, die auch das Blut tranken. Dadurch gewann mancher wieder neue Kräfte. Das bezahlten viele schöne Frauen später mit dem Tod ihrer teuren Freunde.

2118 Das Feuer fiel von allen Seiten im Saal auf sie herab. Da hielten sie es mit Hilfe ihrer Schilde von sich ab und lenkten es zu Boden. Der Rauch und die Hitze bereiteten ihnen große Qualen. Ich glaube, niemals wieder können Helden in so jammervoller Lage sein.

2119 Dô sprach von Tronege Hagene: »stêt zuo des sales want!
     lât niht die brende vallen   ûf iuwer helmbant!   2056
     tret si mit den füezen   tiefer in daz bluot!   (2176)
     ez ist ein übel hôchzît,   die uns diu küneginne tuot.«

2120 In sus getânen leiden   in doch der naht zeran.   2057
     noch stuont vor dem hûse   der küene spileman   (2177)
     und Hagene sîn geselle,   geleinet über rant.
     si warten schaden mêre   von den ûz Étzélen lant.

2121 Dô sprach der videlære: »nu gê wir in den sal!   2058
     sô wænent des die Hiunen,   daz wir sîn über al   (2179)
     tôt von dirre quâle,   diu an uns ist getân.
     si sehent uns noch begegene   in strîtę ir etelîchen stân.«

2122 Dô sprach von Burgonden   Gîselher daz kint: 2059
     »ich wænę ez tagen welle;   sich hebt ein küeler wint.
     nu lâzę uns got von himele   noch lieber zît geleben.   (2180)
     uns hât mîn swester Kriemhilt   ein arge hôchzît gegeben.«

2123 Dô sprach aber einer: »ich kiuse nu den tac.   2060
     sît daz es uns nu bezzer   wesen niht enmac,   (2181)
     sô wâfent ir iuch, helde,   gedenket an den lîp!
     jâ kumt uns aber schiere   des künec Étzélen wîp.«

2124 Der wirt wolde wænen,   die geste wæren tôt   2061
     von ir arbeite   und von des fiuwers nôt.   (2182)
     dô lebtę ir noch dar inne   sehs hundert küener man,
     daz nie künec deheiner   bezzer degene gewan.

2125 Der éllénden huote   hete wol ersehen   2062
     daz noch die geste lebten,   swie vil in was geschehen (2183)
     ze schaden unt ze leide,   den herren undę ir man.
     man sach si in dem gademe   noch vil wol gesunde stân.

2126 Man sagete Kriemhilde,   ir wære vil genesen.   2063
     dô sprach diu küneginne,   daz kunde nimmer wesen,   (2184)
     daz ir deheiner lebte   von des fiuwers nôt:
     »ich wil des baz getrûwen,   daz si alle ligen tôt.«

2127 Noch genæsen gerne   die fürsten und ir man,   2064
     ob noch iemen wolde   genâdę an in begân.   (2185)
     dine kúnden si niht vinden   an den von Hiunen lant.
     dô râchen si ir sterben   mit vil willeger hant.

2128 Des tages wider morgen   grüezen man in bôt   2065
     mit hertem úrlíuge.   des kômen heldę in nôt.   (2186)
     dô wart zuo zin geschozzen   vil manec starker gêr.
     sich werten ritterlîchen   die recken kűenę únde hêr.

2119 Da sagte Hagen von Tronje: »Stellt Euch an die Wand des Saales und laßt die brennenden Scheite nicht auf Eure Helmriemen fallen! Tretet sie mit den Füßen tiefer in das Blut hinein! Es ist ein schlimmes Fest, das uns die Königin ausrichtet.«

2120 Unter solchen Qualen verging schließlich doch die Nacht. Noch immer standen der tapfere Spielmann und sein Waffengefährte Hagen vor dem Haus, auf den Schild gestützt. Sie hielten Ausschau, ob durch die Helden aus dem Lande Etzels neue Verluste drohten.

2121 Da sagte der Fiedler: »Nun laßt uns in den Saal gehen! Dann glauben die Hunnen, daß wir den Qualen, die sie uns bereitet haben, überall erlegen sind. Sie sollen sehen, wir werden noch manchen von ihnen im Kampfe stellen.«

2122 Da sagte der junge Giselher vom Burgundenland: »Ich glaube, es beginnt zu tagen; es erhebt sich ein kühler Wind. Gott im Himmel möge uns noch eine bessere Zeit erleben lassen. Meine Schwester Kriemhild hat uns ein schlimmes Fest bereitet.«

2123 Da sagte wiederum einer: »Ich sehe den Tag heraufziehen. Da es uns heute nicht besser ergehen wird, so waffnet Euch, Ihr Helden, und gebt acht auf Euch! Denn bald kommt die Gemahlin des König Etzel wieder zu uns.«

2124 Der Landesherr war der Meinung, die Gäste wären infolge der Strapazen und der Feuerqualen gestorben. Da lebten aber immer noch sechshundert tapfere Männer im Saal, die tüchtiger waren als alle Helden, die jemals ein König hätte haben können.

2125 Die Wachposten, die die fremden Recken beobachten sollten, hatten sehr genau bemerkt, daß die Gäste noch lebten, obwohl den Herren und ihren Gefolgsleuten unterdessen doch so viel widerfahren war.

2126 Man berichtete Kriemhild, viele von ihnen hätten das Feuer überlebt. Da sagte die Königin, das könne gar nicht sein, daß einer von ihnen den Feuerqualen lebend entronnen sei: »Ich bin der festen Meinung, daß sie jetzt alle tot sind.«

2127 Noch immer hätten die Fürsten und ihre Gefolgsleute den Wunsch gehabt, am Leben zu bleiben, wenn noch irgend jemand ihnen hätte Schonung gewähren wollen. Doch die konnten sie bei den Leuten aus dem Hunnenland nun nicht mehr finden. Da rächten sie ihren Tod mit kampfbereiter Hand.

2128 An diesem Tag begrüßte man sie morgens mit hartem Kampf. Dadurch kamen Helden in schwere Bedrängnis. Da wurden viele feste Speere zu ihnen hineingeschossen. Ritterlich setzten sich die tapferen, auserlesenen Recken zur Wehr.

2129 Dem Etzeln gesinde   erweget was der muot,   2066
     daz si wolden dienen   daz Kriemhilde guot.   (2187)
     dar zuo si wolden leisten   daz in der künec gebôt.
     des muose maneger schiere   von in kíesén den tôt.

2130 Von gehéizę und ouch von gâbe   man mohte wunder
                                                    sagen.   2067
     si hiez golt daz rôte   dar mit schilden tragen.   (2188)
     si gap ez swer sîn ruochte   und ez woldę empfân.
     jane wárt nie grœzer solden   mêr ûf vîendé getân.

2131 Ein michel kraft der recken   dar zuo gewâfent gie.   2068
     dô sprach der küene Volkêr: »wir sîn et aber hie.   (2189)
     ine gesach ûf vehten   nie helde gerner komen,
     die daz golt des küneges   uns ze vâre hânt genomen.«

2132 Dô riefen ir genuoge: »nâher, helde, baz,   2069
     daz wir dâ suln verenden,   und tuon bezîte daz!   (2190)
     hie belibet niemen   wan der doch sterben sol.«
     dô sach man schierę ir schildę   stecken gêrschǘzze vol.

2133 Waz mac ich sagen mêre?   wol zwelf hundert man   2070
     die versúochten ez vil sêre   wider unde dan.   (2191)
     dô kuolten mit den wunden   die geste wol ir muot.
     ez môhte níemen geschéiden: des sach man vlíezén daz
                                                          bluot

2134 Von verchtiefen wunden: der wart dâ vil geslagen.   2071
     ieslîchen nâch sînen friunden   hôrte man dô klagen.   (2192)
     die bíderben stúrben alle   dem rîchen künege hêr.
     des heten holde mâge   nâch in grœzlîchiu sêr.

37. Âventiure
Wie Rüedegêr erslagen wart

2135 Ez héten die éllénden   wider mórgen guot getân.   2072
     wíne der Gótelinde   kom ze hove gegân.   (2193)
     dô sach er beidenthalben   diu grœzlîchen sêr.
     daz weintę inneclîche   der vil getriuwe Rüedegêr.

2136 »Ôwê mir«, sprach der recke,   »daz ich íe den lîp gewan.
     daz disen grôzen jâmer   kan niemen understân!   2073
     swie gernę ichz vrîden wolde,   der künec entuot es niht,
     wandę er der sînen leide   ie mêr und mêré gesiht.«   (2194)

2129 Die Gefolgsleute Etzels waren dadurch aufgereizt, daß sie Kriemhilds Belohnung verdienen wollten. Zudem wollten sie tun, was ihnen der König befohlen hatte. Daher mußten viele von ihnen schon bald ihr Leben lassen.

2130 Über den Befehl Etzels und den Lohn Kriemhilds konnte man Wunderbares berichten. Sie ließ das rote Gold auf Schilden herbeitragen. Sie teilte es an alle aus, die es haben und in Empfang nehmen wollten. Wahrhaftig, niemals hat man größere Summen geboten, um Feinde zu bekämpfen.

2131 Eine riesige Schar von Recken kam gewaffnet einher. Da sagte der tapfere Volker: »Wir stehen hier immer noch. Niemals habe ich Helden mit größerer Kampfbegierde herankommen sehen als diese Männer, die das Gold des Königs genommen haben, um gegen uns zu kämpfen.«

2132 Da riefen viele von ihnen: »Nur näher heran, Ihr Helden, damit wir das, was wir doch zu einem Ende bringen müssen, jetzt auch sofort tun können! Hier werden doch nur die fallen, denen es bestimmt ist zu sterben.« Da sah man ihre Schilde schon bald voller Speere stecken.

2133 Was soll ich Euch noch mehr erzählen? Rund zwölfhundert Männer maßen sich im Gewoge des Kampfes. Da kühlten die Gäste ihren Zorn mit dem Blut der Wunden. Niemand konnte den Kampf jetzt noch schlichten. Daher sah man das Blut fließen

2134 aus tiefen Todeswunden: von denen wurden da unzählige geschlagen. Viele hörte man da um ihre Freunde klagen. Der mächtige, erhabene König verlor alle seine tüchtigen Helden. Daher trauerten liebe Verwandte sehr um sie.

37. Aventiure
Wie Rüdiger erschlagen wurde

2135 Gegen Morgen hatten sich die Fremden tapfer bewährt. Der Gemahl der Gotelind kam zu Hofe. Da sah er auf beiden Seiten das bittere Leid. Der treue Rüdiger weinte von Herzen darüber.

2136 »Weh mir!« sagte der Recke, »daß ich jemals geboren wurde. Daß niemand diesen jammervollen Kampf beenden kann! Wie gerne ich auch den Frieden vermitteln wollte, der König willigt nicht ein, denn er sieht, daß sein Leid nur immer noch größer wird.«

2137 Dô sandę an Dietrîchen   der guote Rüedegêr,   *2074*
      ob siz noch kunden wenden   an den künegen hêr.   *(2195)*
      do ęnbôt im der von Berne: »wer möhtę ez understân?
      ez enwîl der künec Etzel   nîemán schéiden lân.«

2138 Dô sach ein Hiunen recke   Rüedegêren stân   *2075*
      mit wéinénden ougen,   und hetes vil getân.   *(2196)*
      der sprach zer küneginne: »nu seht ir wie er stât,
      der doch gewalt den meisten   hie bî Étzélen hât

2139 Unt dem ez allez dienet,   lîut únde lant.   *2076*
      wie ist sô vil der bürge   an Rüedegêr gewant,   *(2197)*
      der er von dem künege   sô manege haben mac!
      er geslúoc in disen stürmen   noch nie lobelîchen slac.

2140 Mich dunket, er enruoche   wie ez hie umbe gât,   *2077*
      sît daz er den vollen   nâch sînem willen hât.   *(2198)*
      man giht im, er sî küener   dannę iemen müge sîn:
      daz ist in disen sorgen   worden bœslîche schîn.«

2141 Mit trûrégem muote   der vil getriuwe man,   *2078*
      den er daz reden hôrte,   der helt der blihtę in an.   *(2199)*
      er gedâhtę:»du sólt ez arnen.   du gihest, ich sî verzagt.
      du hâst dîniu mære   ze hóve ze lûtę gesagt.«

2142 Die fûst begundę er twingen.   dô lief er in an   *2079*
      und sluoc sô krefteclîche   den híunéschen man,   *(2200)*
      daz er im vor den füezen   lac vil schiere tôt.
      dô was aber gemêret   des künec Étzélen nôt.

2143 »Hin, du zage mære!«   sprach dô Rüedegêr.   *2080*
      »ich hân doch genuoge   léit únde sêr.   *(2201)*
      daz ich hie niht envihte,   zwiu wîzest du mir daz?
      jâ wærę ich den gesten   von grôzen schúldén gehaz,

2144 Und allez daz ich möhte,   daz het ich in getân,   *2081*
      niwan daz ich die recken   her gefüeret hân.   *(2202)*
      jâ was ich ir geleite   in mînes herren lant.
      des ensól mit in niht strîten   mîn vil élléndes hant.«

2145 Dô sprach zem marcgrâven   Étzel der künec hêr: *2082*
      »wie habt ir uns geholfen,   vil edel Rüedegêr!   *(2203)*
      wande wir sô vil der veigen   hie ze lande hân,
      wir bedórften ir niht mêre.   ir habt vil übele getân.«

2146 Dô sprach der ritter edele: »da beswârtę er mir den mùot
      und hât mir gëîtewîzet   êrę unde guot,   *2083*
      des ich von dînen handen   hân sô vil genomen.   *(2204)*
      daz ist dem lügenære   ein teil zę únstáten komen.«

2137 Da schickte der edle Rüdiger zu Dietrich: ob man es für die burgundischen Könige wohl noch zum Besseren wenden könnte? Da ließ ihm der von Bern sagen: »Wer könnte noch dazwischentreten? Der König Etzel läßt nicht zu, daß es jemand schlichtet.«

2138 Da sah ein Recke der Hunnen Rüdiger in Tränen. Er hatte schon viel geweint. Der sagte zur Königin: »Nun seht nur, wie er dasteht, der hier bei Etzel die größte Gewalt innehat

2139 und dem alles, Land und Leute, zu Gebote steht! Wie kommt es, daß so viele Burgen an Rüdiger verteilt sind und er vom König so viele erhalten hat. Er hat in diesem Kampf noch nicht einen rühmlichen Schwertstreich getan.

2140 Mir scheint, was hier vor sich geht, kümmert ihn nicht, da ihm ja alles in Hülle und Fülle zur Verfügung steht. Man sagt von ihm, er sei tapferer als alle anderen. Davon hat er uns in dieser gefährlichen Lage einen schlechten Beweis gegeben!«

2141 Voll Trauer blickte der treue Mann, der Held, den an, den er so reden hörte. Er dachte: »Dafür sollst Du büßen. Du hast gesagt, ich sei ein Feigling. Du hast Deine Ansicht hier bei Hofe etwas zu laut geäußert.«

2142 Er ballte die Faust. Da griff er den Hunnen an und schlug ihn mit solcher Wucht, daß er sogleich tot vor seinen Füßen lag. Da wurde die Not König Etzels noch mehr vergrößert.

2143 »Fahr hin, Du weitbekannter Feigling!« sagte da Rüdiger. »Ich habe schon genug Schmerz und Not. Weshalb wirfst Du mir vor, daß ich hier nicht kämpfe? Wahrhaftig, ich hätte Grund, den Gästen feindlich gesonnen zu sein,

2144 und alles, was in meiner Gewalt steht, hätte ich ihnen angetan, wenn ich die Recken nicht hierhergebracht hätte. Doch ich gab ihnen hierher in das Land meines Herrn das Geleit. Deshalb werde ich, der ich selbst heimatlos bin, keine Hand rühren, mit ihnen zu kämpfen.«

2145 Da sagte der erhabene König Etzel zum Markgrafen: »Heißt das uns helfen, edler Rüdiger? Wir haben doch bereits genug Tote hier im Land, wir brauchen keine weiteren mehr. Ihr handelt nicht recht an mir.«

2146 Da sagte der edle Ritter: »Immerhin hat er mich schwer beleidigt und hat mir mein Ansehen und mein Gut, das ich so reichlich aus Deiner Hand empfangen habe, vorgeworfen. Das ist dem Lügner sehr schlecht bekommen.«

2147 Dô kom diu küneginne   und het ez ouch gesehen   *2084*
     daz von des heldes zorne   dem Hiunen was geschehen.
     si klagetę ez ungefuoge.   ir ougen wurden naz.   *(2205)*
     si sprach ze Rüedegêre: »wie habe wir verdienet daz,

2148 Daz ir mir unt dem künege   mêret unser leit?   *2085*
     nu habt ír uns, edel Rüedegêr,   allez her geseit,   *(2206)*
     ir woldet durch uns wâgen   die êrę und ouch daz leben.
     ich hôrtę iu vil der recken   den prîs vil grœzlîchen geben.

2149 Ich manę iuch der genâden   und ir mir habt gesworn,   *2086*
     do ir mír zuo Etzeln rietet,   ritter ûz erkorn,   *(2207)*
     daz ir mir woldet dienen   an unser eines tôt.
     des wart mir armem wîbe   nie sô grœzlîche nôt.«

2150 »Daz ist âne lougen,   ich swuor iu, edel wîp,   *2087*
     daz ich durch iuch wâgte   êrę und ouch den lîp.   *(2208)*
     daz ich die sêle verliese,   des enhân ich niht gesworn.
     zuo dirre hôchgezîte   brâhtę ich die fürsten wol geborn.«

2151 Si sprach: »gedenke, Rüedegêr,   der grôzen triuwe dîn,
     der stætę und ouch der eide,   daz du den schaden mîn   *2088*
     immer woldest rechen   und elliu mîniu leit.«   *(2209)*
     dô sprach der marcgrâve: »ich hân iu selten iht verseit.«

2152 Étzél der rîche   vlêgen ouch began.   *2089*
     dô buten si sich beide   ze füezen für den man.   *(2210)*
     den edelen marcgrâven   unmuotes man dô sach.
     der vil getriuwe recke   harte jâmerlîchen sprach:

2153 »Owê mir gotes armen,   daz ich dítz gelebet hân.   *2090*
     aller mîner êren   der muoz ich abe stân,   *(2211)*
     triuwen unde zühte,   der got an mir gebôt.
     owê got von himele,   daz michs niht wéndét der tôt!

2154 Swelhez ich nu lâze   unt daz ándér begân,   *2091*
     sô hân ich bœslîche   und vil übele getân.   *(2212)*
     lâzę aber ich si beide,   mich schiltet elliu diet.
     nu ruoche mich bewîsen   der mir ze lebene geriet.«

2155 Dô bâten si genôte,   der künec und ouch sîn wîp.   *2092*
     des muosen sider recken   verlíesén den lîp   *(2213)*
     vor Rüedegêres hende,   dâ ouch der helt erstarp.
     ir muget daz hie wol hœren,   daz er vil jâmerlîchen warp!

2147 Da kam die Königin und hatte auch bemerkt, was dem Hunnen durch den Zorn des Helden widerfahren war. Ihre Klage war maßlos. Ihre Augen wurden naß. Sie sagte zu Rüdiger: »Wie haben wir das verdient,

2148 daß Ihr mir und dem König noch unseren Schmerz vergrößert? Nun habt Ihr, edler Rüdiger, uns bisher immer gesagt, Ihr wolltet uns zuliebe Euer Ansehen und Euer Leben aufs Spiel setzen. Ich hörte, daß viele Recken Euch in den höchsten Tönen rühmen.

2149 Trefflicher Ritter, ich erinnere Euch an die Unterstützung, die Ihr mir geschworen habt, als Ihr mir rietet, Etzel zu heiraten: daß Ihr mir dienen wolltet, bis einer von uns tot ist. Niemals habe ich arme Frau diesen Dienst nötiger gebraucht als jetzt.«

2150 »Das ist nicht zu leugnen, ich schwur Euch, edle Frau, daß ich für Euch mein Ansehen und mein Leben aufs Spiel setzen würde. Ich habe aber nicht geschworen, auch die Seele zu verlieren: ich habe die hochgebornen Fürsten auf dieses Fest gebracht.«

2151 Sie sagte: »Rüdiger, denke an Deine große Treue, an Deine Beständigkeit und an die Eide, daß Du allezeit rächen wolltest, was mir an Schaden zugefügt wird und alles, was man mir zuleide tut.« Da sagte der Markgraf: »Ich habe Euch niemals etwas abgeschlagen.«

2152 Auch der mächtige Etzel begann zu flehen. Da warfen sich die beiden dem Gefolgsmann zu Füßen. Der edle Markgraf, so konnte man sehen, war sehr bedrückt. Voller Schmerz sagte der treue Recke:

2153 »Weh über mich gottverlassenen Menschen, daß ich dies erleben mußte. Alles, was mir durch Gottes Gebot zuteil wurde, mein ganzes Ansehen, meine Treue und meine höfische Zucht, das alles muß ich jetzt aufgeben. O Gott im Himmel, weshalb kann der Tod diese Schmach nicht von mir wenden!

2154 Unterlasse ich jetzt das eine und tue das andere – immer habe ich falsch und ehrlos gehandelt. Lasse ich aber wiederum beides, dann wird mich alle Welt schelten. Nun soll mir der den Ausweg zeigen, der mir das Leben gab.«

2155 Da baten sie gemeinsam, der König und seine Gemahlin. Deshalb mußten dort, wo auch der Held den Tod fand, später viele Recken von Rüdigers Hand das Leben verlieren. Vernehmt jetzt, wie jammervoll er handeln mußte!

2156 Er weste schaden gewinnen   und ungefüegiu leit.   *2093*
     er hête dem künege   vil gérné verseit   *(2214)*
     und ouch der küneginne.   vil sêre vorhtę er daz,
     ob er ir einen slüege,   daz im diu wérlt trǘege haz.

2157 Dô sprach zuo dem künege   der vil küene man: *2094*
     »her künec, nu némt hin widere   al daz ich von iu hân,
     daz lant mit den bürgen!   des sol mir niht bestân.   *(2215)*
     ich wil ûf mînen füezen   in daz éllénde gân.«

2158 Dô sprach der künec Etzel: »wer hülfe danne mir?   *2095*
     daz lant zuo den bürgen   daz gibę ich allez dir,   *(2217)*
     daz du mich rechest, Rüedegêr,   an den vîenden mîn.
     du solt ein künec gewaltec   beneben Étzélen sîn.«

2159 Dô sprach aber Rüedegêr: »wie sol ichz ane vân?   *2096*
     heim ze mînem hûse   ich si geladen hân,   *(2218)*
     trinken unde spîse   ich in gǘetlîchen bôt
     und gap in mîne gâbe.   wie sol ich râten in den tôt?

2160 Die liute wænent lîhte   daz ich sî verzaget.   *2097*
     deheinen mînen dienest   hân ich in widersaget,   *(2219)*
     den vil edeln fürsten   unde den ir man.
     ouch riuwet mich diu friuntschaft,   die ich mit in geworben
                                                            hân.

2161 Gîselher dem degene   gap ich die tochter mîn.   *2098*
     sine kúndę in dirre werlde   niht baz verwendet sîn   *(2220)*
     ûf zuht und ûf êre,   ûf triuwę und ouch ûf guot.
     ine gesách nie künec sô jungen   sô rehte tugentlîch gemuot.«

2162 Dô sprach aber Kriemhilt: »vil edel Rüedegêr,   *2099*
     nu lâ dich erbarmen   unser beider sêr,   *(2221)*
     mîn und ouch des küneges.   gedenke wol dar an,
     daz nie wirt deheiner   sô leide gésté gewan.«

2163 Dô sprach der marcgrâve   wider daz edel wîp: *2100*
     »ez muoz hiute gelten   der Rüedegêres lîp   *(2222)*
     swaz ir und ouch mîn herre   mir liebes habt getân.
     dar umbe muoz ich sterben.   daz mac niht lángér gestân.

2164 Ich weiz wol daz noch hiute   mîne bürgę und mîniu lant
     iu müezen ledec werden   von ir ételîches hant.   *2101*
     ich bevílhę iu ûf genâde   mîn wîp und mîniu kint   *(2223)*
     und ouch die víl ellénden,   die dâ ze Bechelâren sint.«

2165 »Nu lônę dir gót, Rüedegêr«,   sprach der künec dô.   *2102*
     er unt diu küneginne   si wurden beidiu vrô.   *(2224)*
     »uns suln dîne liute   vil wol bevolhen wesen.
     ouch trûwę ich mînem heile   daz du maht selbe wol genesen.«

2156 Er wußte, daß er nur Schaden gewinnen und maßloses Leid ihm widerfahren würde. Mit Freuden hätte er dem König und seiner Gemahlin den Dienst abgeschlagen. Er fürchtete sich davor, daß alle Welt ihm feind werden könnte, wenn er einen von den Burgunden erschlüge.

2157 Da sagte der tapfere Mann zum König: »Herr König, nehmt alles wieder zurück, was ich von Euch erhalten habe, mein Land und meine Burgen! Nichts davon soll mir bleiben. Zu Fuß will ich in die Fremde gehen.«

2158 Da sagte der König Etzel: »Wer stünde mir dann bei? Das Land und die Burgen schenke ich Dir, Rüdiger, damit Du mich an meinen Feinden rächst. Du sollst als gewaltiger König neben Etzel herrschen.«

2159 Da sagte wiederum Rüdiger: »Wie fange ich es nur an? Ich habe sie zu mir in mein Haus geladen, habe ihnen Speise und Trank gegeben und gab ihnen meine Geschenke. Wie könnte ich jetzt darüber nachsinnen, wie ich sie töten kann?

2160 Die Leute glauben sicherlich, ich hätte keinen Mut. Ich habe den edlen Fürsten und ihren Gefolgsleuten keinen Dienst abgeschlagen. Mich reut jetzt auch, daß ich verwandtschaftliche Bindungen mit ihnen geschlossen habe.

2161 Giselher, dem Helden, gab ich meine Tochter. Sie hätte es in dieser Welt, was Erziehung und Ansehen, Treue und auch Gut angeht, nicht besser treffen können. Ich habe niemals einen so jungen König gesehen, der schon so höfisch vollkommen war.«

2162 Da sagte wiederum Kriemhild: »Edler Rüdiger, nun habt Erbarmen mit unserem Schmerz, mit meinem und dem des Königs. Denke daran, daß niemals ein Landesherr so schreckliche Gäste hatte.«

2163 Da sagte der Markgraf zu der edlen Frau: »Ich, Rüdiger, muß heute für das einstehen, was Ihr und mein Herr mir Gutes getan habt. Deshalb muß ich sterben. Es kann nicht länger aufgeschoben werden.

2164 Ich weiß genau, daß meine Burgen und meine Länder noch heute durch die Hand irgendeines Burgunden ledig werden. Ich befehle meine Frau und meine Tochter und alle fremden Recken, die dort in Bechelaren sind, Eurer Gnade an.«

2165 »Nun möge es Gott Dir lohnen, Rüdiger!« sagte da der König. Er und die Königin wurden beide froh. »Deine Leute sollen unter unserem Schutz stehen. Auch vertraue ich meinem Heil als König, daß Du selbst am Leben bleiben wirst.«

2166 Dô liez er an die wâge   sêle unde lîp.   *2103*
     dô begunde weinen   daz Etzelen wîp.   *(2225)*
     er sprach: »ich muoz iu leisten   als ich gelobet hân.
     owê der mînen friunde,   die ich vil úngérne bestân.«

2167 Man sach in von dem künege   vil trûreclîchen gên.   *2104*
     dô vant er sîne recken   vil nâhen bî im stên.   *(2226)*
     er sprach: »ir sult iuch wâfen,   alle mîne man.
     die küenen Burgonden   die muoz ich léidér bestân.«

2168 Si hiezen balde springen   da man ír gewæfen vant.   *2105*
     ez der helm wære   oder des schildes rant,   *(2227)*
     von ir ingesinde   wart ez in dar getragen.
     sît hôrten leidiu mære   die stolzen éllénden sagen.

2169 Gewâfent wart dô Rüedegêr   mit fünf hundert man.   *2106*
     dar über zwélf récken   ze helfe er gewan,   *(2228)*
     die wolden prîs erwerben   in des sturmes nôt.
     sine wéssen niht der mære,   daz in sô nâhete der tôt.

2170 Dô sach man Rüedegêren   under helme gân.   *2107*
     ez truogen swert diu scharpfen   die Rüedegêres man,   *(2229)*
     dar zuo vor ir handen   die liehten schilde breit.
     daz sach der videlære: ez was im grœzlîche leit.

2171 Dô sach der junge Gîselher   sînen sweher gên   *2108*
     mit ûf gebundem helme.   wie mohte er dô verstên   *(2230)*
     waz er dâ mit meinte   niwan allez guot?
     des wart der künec edele   sô rehte vrœlîch gemuot.

2172 »Nu wol mich solher friunde«,   sprach Gîselher der degen,
     »die wir hân gewunnen   ûf dísen wegen!   *2109*
     wir suln mînes wîbes   vil wol geniezen hie.   *(2231)*
     mir ist líep ûf mîne triuwe   daz ie der hîrât ergie.«

2173 »Ine wéiz wes ir iuch trœstet«,   sprach dô der spilman.   *2110*
     »wa gesâhet ir íe durch suone   sô manegen helt gân   *(2232)*
     mit ûf gebunden helmen,   die trüegen swert enhant?
     an uns wil dienen Rüedegêr   sîne bürge und sîniu lant.«

2174 Bedaz der videlære   die réde vólsprách,   *2111*
     Rüedegêrn den edelen   man vor dem hûse sach.   *(2233)*
     sînen schilt den guoten   sazte er für den fuoz.
     dô muose er sînen friunden   versagen dienest unde gruoz.

2175 Der edel marcgrâve   ríef ín den sal: *2112*
     »ir küenen Nibelunge,   nu wert iuch über al!   *(2234)*
     ir soldet mîn geniezen,   nu engéltét ir mîn.
     ê do wâren wir fríunde;   der triuwen wil ich ledec sîn.«

2166 Da setzte er Seele und Leben aufs Spiel. Da begann Etzels Gemahlin zu weinen. Er sagte: »Ich muß tun, was ich Euch gelobt habe. Weh über meine Freunde, gegen die ich nur wider meinen Willen kämpfe.«

2167 Traurig sah man ihn vom König fortgehen. Da sah er seine Recken in der Nähe stehen. Er sagte: »Ihr sollt Euch waffnen, alle meine Gefolgsleute. Zu meinem Schmerz sehe ich mich gezwungen, gegen die tapferen Burgunden zu kämpfen.«

2168 Sie gaben Befehl, sofort Waffen zu holen. Ob es nun Helm oder Schild war, alles wurde ihnen von der Dienerschaft gebracht. Kurz darauf sollten die stolzen Fremden eine schmerzliche Nachricht hören.

2169 Da wurde Rüdiger zusammen mit fünfhundert Gefolgsleuten gewaffnet. Außerdem hatte er zu seiner Unterstützung noch zwölf Recken. Die wollten sich im Gewühl der Schlacht Ruhm erwerben. Sie wußten noch nichts davon, daß der Tod sich ihnen so sehr genähert hatte.

2170 Da sah man Rüdiger mit dem Helm auf dem Kopf einherschreiten. Die Gefolgsleute Rüdigers trugen scharfe Schwerter und helle, breite Schilde in den Händen. Das sah der Fiedler. Ein heftiger Schmerz erfüllte ihn.

2171 Da sah der junge Giselher seinen Schwiegervater mit dem Helm auf dem Kopf herankommen. Wie konnte er anders als im Guten verstehen, was das zu bedeuten hatte. Dadurch wurde der edle König so recht fröhlich gestimmt.

2172 »Wie freue ich mich über diese Freunde«, sagte Giselher, der Held, »die wir auf unserer Fahrt gewonnen haben! Meine Braut ist von gutem Nutzen für uns. Bei meiner Treue, wie gut ist es doch, daß diese Vermählung vollzogen wurde.«

2173 »Ich weiß nicht, worauf Ihr Euer Vertrauen setzt«, sagte da der Spielmann. »Wo saht Ihr wohl schon jemals so viele Helden mit dem Helm auf dem Kopf und mit den Schwertern in der Hand herankommen, wenn sie sich für eine Sühne einsetzen wollten? Nein, durch den Kampf mit uns will sich Rüdiger seine Burgen und seine Länder verdienen.«

2174 Bevor noch der Fiedler seine Rede vollendet hatte, sah man den edlen Rüdiger vor dem Hause ankommen. Seinen trefflichen Schild setzte er vor seine Füße. Da mußte er seinen Freunden Dienst und Gruß versagen.

2175 Der edle Markgraf rief in den Saal hinein: »Ihr tapferen Nibelungen, nun setzt Euch überall zur Wehr! Ihr solltet Nutzen von mir haben, nun bringe ich Euch Schaden. Bisher waren wir Freunde; von dieser Verpflichtung möchte ich jetzt frei sein.«

2176 Do erschråhten dirre mære   die nôthaften man,   *2113*
     wandẹ ir deheiner freude   dâ von niht gewan,   *(2235)*
     daz mit in wolde strîten   dem si dâ wâren holt.
     si heten von ir vîenden   michel árbéit gedolt.

2177 »Nune wélle got von himele«,   sprach Gúnthér der degen,
     »daz ir iuch genâden   sült an uns bewegen   *2114*
     unt der vil grôzen triuwe,   der wir doch heten muot.
     ich wil iu des getrûwen,   daz ir ez nímmér getuot.«   *(2236)*

2178 »Jane mác ichs niht gelâzen«,   sprach dô der küene man.
     »ich muoz mit iu strîten,   wandẹ ichz gelobt hân.   *2115*
     nu wert iuch, küenen helde,   sô lieb iu sî der lîp!   *(2237)*
     mich enwóldes niht erlâzen   des künec Étzélen wîp.«

2179 »Ir widerságt uns nu ze spâte«,   sprach dô der künec hêr.
     »nu müezẹ iu got vergelten,   vil edel Rüedegêr,   *2116*
     triuwẹ unde minne,   die ir uns habt getân,   *(2238)*
     ob irz an dem ende   woldet güetlícher lân.

2180 Wir soldenz immer dienen,   daz ir uns habt gegeben,   *2117*
     ich und mîne mâge,   ob ir uns liezet leben.   *(2239)*
     der hêrlíchen gâbe,   dô ir uns brâhtet her
     in Etzeln lant mit triuwen,   des gedénket, edel Rüedegêr.«

2181 »Wie wol ich iu des gunde«,   sprach Rüedegêr der degen,
     »daz ich iu mîne gâbe   mit vollen solde wegen   *2118*
     alsô willeclîchen   als ich des hete wân!   *(2240)*
     sone wúrde mir dar umbe   nimmer schéltén getân.«

2182 »Erwindet, edel Rüedegêr«,   sprach dô Gêrnôt.   *2119*
     »wandẹ ez wirt deheiner   gesten nie erbôt   *(2241)*
     sô rehte minneclichen   als ir uns habt getân.
     des sult ir wol geniezen,   ob wir bî lebene bestân.«

2183 »Daz wolde got«, sprach Rüedegêr,   »vil edel Gêrnôt,   *2120*
     daz ir ze Rîne wæret   undẹ ích wære tôt   *(2242)*
     mit etelîchen êren,   sît ich iuch sol bestân!
     ez enwárt noch nie an helden   wirs von fríundén getân.«

2184 »Nu lônẹ iu got, her Rüedegêr«,   sprach aber Gêrnôt.   *2121*
     »der vil rîchen gâbe.   mich riuwet iuwer tôt,   *(2243)*
     sol an iu verderben   sô tugentlîcher muot.
     hie tragẹ ich iuwer wâfen,   daz ir mir gâbet, helt guot.

2185 Daz ist mir nie geswichen   in aller dirre nôt.   *2122*
     under sînen ecken   lît manec ritter tôt.   *(2244)*
     ez ist lûter unde stæte,   hêrlîch unde guot.
     ich wæne sô rîche gâbe   ein recke nimmer mêr getuot.

2176 Da erschraken die bedrängten Männer über diese Worte. Denn keiner von ihnen war darüber erfreut, daß der mit ihnen kämpfen wollte, dem sie zugetan waren. Von ihren Feinden hatten sie im Kampf bereits genug erlitten.

2177 »Gott im Himmel möge es verhüten«, sagte Gunther, der Held, »daß Ihr Eure Zuneigung und Eure große Treue, auf die wir gebaut haben, uns gegenüber aufgebt. Ich verlasse mich darauf, daß Ihr es niemals tut.«

2178 »Ich kann nicht anders«, sagte da der tapfere Mann. »Ich muß mit Euch kämpfen, denn ich habe es gelobt. Nun setzt Euch zur Wehr, Ihr kühnen Helden, wenn Euch das Leben lieb ist! Die Gemahlin des Königs Etzel wollte mir es nicht erlassen.«

2179 »Ihr sagt uns den Kampf zu spät an«, sagte da der erhabene König. »Edler Rüdiger, Gott möge Euch die Treue und Zuneigung, die Ihr uns erwiesen habt, vergelten, wenn Ihr Euch jetzt etwas freundlicher verhaltet.

2180 Wenn Ihr uns das Leben laßt, werden ich und meine Verwandten Euch allezeit für das belohnen, was Ihr uns gegeben habt. An die herrlichen Geschenke, die Ihr uns machtet, als Ihr uns in Treue hierher in das Land Etzels brachtet, daran sollt Ihr denken, edler Rüdiger!«

2181 »Wie würde ich es Euch wünschen«, sagte Rüdiger, der Held, »daß ich Euch meine Gaben, wie ich es gerne möchte, in reicher Fülle schenken könnte! Dann würde ich für mein Handeln auch nicht gescholten werden.«

2182 »Laßt ab, edler Rüdiger!« sagte da Gernot, »denn niemals hat ein Hausherr seine Gäste so freundlich behandelt wie Ihr. Dafür sollt Ihr Euren Lohn empfangen, wenn wir am Leben bleiben.«

2183 »Wollte Gott, edler Gernot«, sagte Rüdiger, »Ihr wärt am Rhein und ich wäre bereits ehrenvoll verschieden; denn ich soll jetzt gegen Euch kämpfen! Noch niemals wurde Helden von ihren Freunden etwas Schlimmeres angetan.«

2184 »Dann möge Gott Euch die kostbaren Gaben lohnen, Herr Rüdiger«, sagte wiederum Gernot. »Mich schmerzt Euer Tod, daß mit Euch ein so vollkommener Ritter dahinsinkt. Hier trage ich Euer Schwert in der Hand, das Ihr, trefflicher Held, mir schenktet.

2185 Das hat mich in aller Kampfesnot niemals im Stich gelassen. Durch seine Schärfe fanden viele Ritter den Tod. Es ist rein und beständig, herrlich und tüchtig. Ich glaube, niemals wieder wird ein Recke eine so kostbare Gabe verschenken.

2186 Und welt ir niht erwinden   irn wellet zuo uns gân,   *2123*
     slaht ir mir iht der friunde,   die ich noch hinne hân,   *(2245)*
     mit iuwer selbes swerte   nim ich iu den lîp:
     sô riuwet ir mich, Rüedegêr,   und iuwer hêrlîchez wîp.«

2187 »Daz wolde got, her Gêrnôt,   und möhte daz ergân,   *2124*
     daz aller iuwer wille   wære hie getân   *(2246)*
     unt daz genesen wære   iuwer friunde lîp!
     jâ sol iu wol getrûwen   béide mîn tóchter und mîn wîp.«

2188 Dô sprach von Burgonden   der schœnen Uoten kint:
     »wie tuot ir sô, her Rüedegêr?   die mit mir komen
                                        sint,   *2125*
     die sint iu alle wæge.   ir grîfet übel zuo.   *(2247)*
     die iuwern schœnen tochter   welt ir verwítwén ze fruo.

2189 Swennę ir und iuwer recken   mit strîte mich bestât,   *2126*
     wie rehtę unvríuntlîche   ir daz schînen lât,   *(2248)*
     daz ich iu wol getrûwe   für alle ander man,
     dâ von ich zę einem wîbe   iuwer tochter mir gewan.«

2190 »Gedenket iuwer triuwe,   vil edel künec hêr,   *2127*
     gesendę iuch got von hinnen.«   sô sprach Rüedegêr.   *(2249)*
     »lât die juncfrouwen   niht engelten mîn.
     durch iuwer selbes tugende   sô ruochet ir genædec sîn.«

2191 »Daz tætę ich billîchen«,   sprach Gîselher daz kint.   *2128*
     »die hôhen mîne mâge,   die noch hie inne sint,   *(2250)*
     suln die von iu ersterben,   sô muoz gescheiden sîn
     diu vil stæte friuntschaft   zuo dir und ouch der tochter dîn.«

2192 »Nu müezę uns got genâden«,   sprach der küene man.
     dô huoben si die schilde,   alsô si wolden dan   *2129*
     strîten zuo den gesten   in Kriemhilde sal.   *(2251)*
     dô rief vil lûte Hagene   von der stiegen hin zetal:

2193 »Belîbet eine wîle,   vil edel Rüedegêr!«   *2130*
     alsô sprach dô Hagene.   »wir wolden reden mêr,   *(2252)*
     ich und mîne herren,   als uns des twinget nôt.
     waz mac gehelfen Etzeln   unser éllénden tôt?«

2194 »Ich stên in grôzen sorgen«,   sprach aber Hagene.   *2131*
     »den schilt den mir frou Gotelint   gap ze tragene,   *(2253)*
     den habent mir die Hiunen   zerhouwen vor der hant.
     ich fuortę in friuntlîche   in daz Étzélen lant.

2195 Daz des got von himele   ruochen wolde,   *2132*
     daz ich schilt sô guoten   noch tragen solde   *(2254)*
     sô den du hâst vor hende,   vil edel Rüedegêr!
     so bedórftę ich in den stürmen   deheiner hálspérge mêr.«

2186 Wenn Ihr jedoch nicht davon ablassen wollt, uns anzugreifen, und wenn Ihr Freunde von mir, die ich hier im Saal noch habe, erschlagt, dann werde ich Euch mit Eurem eigenen Schwert das Leben nehmen. Ihr und Eure edle Gemahlin, Rüdiger, Ihr dauert mich!«

2187 »Wollte Gott, Herr Gernot, daß es so kommt und Euer Wunsch in Erfüllung geht und daß alle Eure Freunde am Leben bleiben. Meine Tochter und meine Frau könnten sich Euch wohl anvertrauen.«

2188 Da sagte der Sohn der schönen Ute, der Held aus dem Burgundenland: »Warum verhaltet Ihr Euch so, Herr Rüdiger? Alle, die mit mir hierhergekommen sind, die sind Euch sehr gewogen. Ihr packt es schlimm an! Eure schöne Tochter wollt Ihr schon sehr früh zur Witwe machen.

2189 Wenn Ihr und Eure Recken zum Kampf gegen mich antretet, dann erweist Ihr Euch als ein schlechter Verwandter und rechtfertigt nicht, daß ich Euch vor allen anderen Menschen vertraue und deswegen auch Eure Tochter zur Frau erwählte.«

2190 »Denkt an Eure Treue, erhabener König, wenn Euch Gott wieder von hier fortläßt«, sagte Rüdiger. »Laßt die Jungfrau nicht büßen, was ich hier tat. Bei Eurer eigenen Treue, verhaltet Euch gnädig zu ihr.«

2191 »Das täte ich mit Recht!« sagte der junge Giselher. »Wenn jedoch meine hohen Verwandten, die noch hier im Saal sind, von Eurer Hand fallen, dann muß auch die feste freundschaftliche Bindung an Dich und Deine Tochter zerschnitten sein.«

2192 »Möge Gott uns gnädig sein!« sagte der tapfere Mann. Da erhoben sie die Schilde. So wollten sie in den Saal Kriemhilds stürmen und mit den Gästen kämpfen. Da rief Hagen mit lauter Stimme von der Treppe herab:

2193 »Bleibt noch einen Augenblick, edler Rüdiger!« So sagte da Hagen. »Ich und meine Herren, wir wollen noch etwas länger mit Euch reden; die Lage zwingt uns dazu. Was kann Etzel an unserem Tod, am Tod von uns Fremden, gelegen sein?

2194 Ich stehe in großer Sorge«, sagte wiederum Hagen. »Den Schild, den mir die Herrin Gotlind gegeben hat, den haben mir die Hunnen in der Hand zerhauen. Ich brachte ihn in freundschaftlicher Absicht in das Land Etzels.

2195 Daß doch Gott im Himmel dafür sorgen möchte, daß ich noch einmal einen so trefflichen Schild tragen könnte, wie Du ihn vor Deinen Händen hast, edler Rüdiger. Dann bräuchte ich in der Schlacht keine Halsberge mehr.«

2196 »Vil gernę ich dir wære guot   mit mînem schilde,   2133
     torstę ich dir in bieten   vor Kriemhilde.   *(2255)*
     doch nim du in hin, Hágene,   unt tragę in an der hant.
     hei soldest du in füeren   ín der Búrgónden lant!«

2197 Do er ím sô willeclîchen   den schilt ze gebene bôt,   2134
     dô wart genuoger ougen   von heizen trähen rôt.   *(2256)*
     ez was diu leste gâbe,   die sider immer mêr
     gebôt deheinem degene   von Bechelâren Rüedegêr.

2198 Swie grimme Hagene wære   und swie hérté gemuot,
     ja erbármtę ín diu gâbe,   die der helt guot   2135
     bî sînen lesten zîten   sô nâhen het getân.   *(2257)*
     vil manec ritter edele   mit im trûrén began.

2199 »Nu lônę iu got von himele,   vil edel Rüedegêr!   2136
     ez wirt íuwer gelîche   deheiner nimmer mêr,   *(2258)*
     der éllénden recken   sô hêrlîche gebe.
     got sol daz gebieten   daz iuwer tugent immer lebe.«

2200 »Sô wê mir dirre mære«,   sprach aber Hagene.   2137
     »wir heten ander swære   sô vil ze tragene.
     sul wir mit friunden strîten,   daz sî got gekleit.«
     dô sprach der marcgrâve: »daz ist mir inneclîchen leit.«

2201 »Nu lônę ich iu der gâbe,   vil edel Rüedegêr,   2138
     swie halt gein iu gebâren   dise recken hêr,   *(2259)*
     daz nimmer iuch gerüeret   in strîte hie mîn hant,
     ob ir si alle slüeget   die von Búrgónden lant.«

2202 Des neic im mit zühten   der guote Rüedegêr.   2139
     si weinten allenthalben,   daz disiu herzen sêr   *(2260)*
     níemen geschéiden kunde.   daz was ein michel nôt.
     vater aller tugende   lac an Rüedegêre tôt.

2203 Dô sprach von dem hûse   Vólkêr der spilman: 2140
     »sît mîn geselle Hagene   den fride hât getân,   *(2261)*
     den sult ouch ir stæte   haben von mîner hant.
     daz habt ir wol verdienet,   dô wir kômen in daz lant.

2204 Vil edel marcgrâve,   ir sult mîn bote sîn.   2141
     dise rôten bouge   gap mir diu marcgrâvîn,   *(2262)*
     daz ich si tragen solde   hie zer hôchgezît.
     die muget ir selbe schouwen,   daz ir mîn geziuc des sît.«

2205 »Daz wolde got von himele«,   sprach dô Rüedegêr,   2142
     »daz iu diu marcgrâvinne   noch solde geben mêr!   *(2263)*
     diu mære sagę ich gerne   der triutinne mîn,
     gesihę ich si gesunde,   des sult ir âne zwîvel sîn.«

2196 »Mit Freuden wollte ich Dir mit meinem Schild aushelfen, wagte ich nur, ihn Dir vor Kriemhilds Augen zu geben. Doch nimm ihn nur, Hagen, und trage ihn in Deiner Hand. Könntest Du ihn doch ins Land der Burgunden heimbringen!«

2197 Als er ihm so bereitwillig den Schild als Gabe darbot, da wurden viele Augen von heißen Tränen rot. Es war das letzte Geschenk, das Rüdiger von Bechelaren seitdem jemals einem Helden machte.

2198 Wie grimmig und wie trutzig Hagen auch war, das Geschenk, das ihm der treffliche Held so kurz vor seinem Tod gemacht hatte, ging ihm zu Herzen. Viele edle Ritter trauerten mit ihm.

2199 »Nun möge Gott im Himmel Euch lohnen, edler Rüdiger! Niemals wieder wird es jemanden geben, der fremden Recken solche herrlichen Geschenke macht. Möge Gott es fügen, daß solche Mannestugend, wie Ihr sie geübt habt, allezeit erhalten bleibt.«

2200 »Weh mir, daß mir dies widerfuhr!« sagte wiederum Hagen. »Wir hatten ohnehin schon genug Schweres zu tragen. Wenn wir auch noch mit Freunden kämpfen sollen, dann sei das Gott geklagt.« Da sagte der Markgraf: »Das schmerzt auch mich von Herzen.«

2201 »Dadurch werde ich Euch dieses Geschenk lohnen, edler Rüdiger, daß ich im Kampf keine Hand gegen Euch rühre, wie sich diese Recken Euch gegenüber auch verhalten, und wenn Ihr auch alle Helden aus dem Burgundenland erschlüget.«

2202 Dafür dankte ihm der edle Rüdiger in aller Form. Überall weinte man darüber, daß es niemanden mehr gab, der diesen tiefen Schmerz aus der Welt schaffen konnte. Das war eine große Not. Der Vater aller höfischer Vorbildlichkeit sank mit Rüdiger dahin.

2203 Da sagte Volker, der Spielmann, vom Haus herab: »Da mein Waffengefährte Hagen Dir Frieden gewährt hat, so sollt Ihr den auch von mir zugesichert erhalten. Als wir in das Land kamen, habt Ihr Euch das verdient.

2204 Edler Markgraf, Ihr sollt mein Bote sein. Diese roten Armreife schenkte mir die Markgräfin, damit ich sie hier auf dem Fest trüge. Die könnt Ihr hier selbst sehen, so daß Ihr mein Zeuge seid.«

2205 »Wollte Gott im Himmel«, sagte da Rüdiger, »daß die Markgräfin Euch noch mehr schenken könnte. Die Botschaft künde ich meiner lieben Frau mit Freuden, wenn ich sie gesund wiedersehe. Habt daran keinen Zweifel.«

2206 Als er im daz gelobte,   den schilt huop Rüedegêr.   *2143*
    des muotes er ertobete,   done béit er dâ niht mêr,   *(2264)*
    dô lief er zuo den gesten   einem degen gelîch.
    manegen slac vil swinden   sluoc der márcgrâve rîch.

2207 Die zwêne stuonden hôher,   Vólkêr und Hagene,   *2144*
    wandę ez im ê gelobten   die küenen degene.   *(2265)*
    noch vant er alsô küenen   bî den türn stân,
    daz Rüedegêr des strîtes   mit grôzen sórgén began.

2208 Durch mortræchen willen   sô liezen in dar in   *2145*
    Gunther unde Gêrnôt,   si heten helde sin.   *(2266)*
    dô stuont ûf hôher Gîselher.   zwârę ez was im leit.
    er versâch sich noch des lebenes,   dar umb er Rüedegêren
                                                        meit.

2209 Dô sprungen zuo den vîenden   des marcgrâven man.
    man sach si nâch ir herren   vil degenlîche gân.   *2146*
    diu snîdénden wâfen   si truogen an der hant,   *(2267)*
    des brast dâ vil der helme   und manec hérlícher rant.

2210 Dô sluogen die vil müeden   manegen herten slac   *2147*
    den von Bechelâren,   der ében und tíefe wac,   *(2268)*
    durch die liehten ringe   vastę unz ûf daz verch.
    si tâten in dem sturme   diu vil hérlîchen werch.

2211 Daz edel ingesinde   was nu kómen gar dar in.   *2148*
    Volkêr uǹde Hagene,   die sprungen balde hin,   *(2269)*
    sine gâben vride niemen   wan dem einem man.
    von ir beider handen   daz bluot durch helme nider ran.

2212 Wie rehte grimmeclîche   vil swertę darinnę erklanc!
    vil der schildes spangen   ûz den slegen spranc.   *2149*
    des reis ir schiltgesteine   verhouwen in daz bluot.   *(2270)*
    si vâhten alsô grimme   daz man ez nimmer mêr getuot.

2213 Der vogt von Bechelâren   gie wider unde dan,   *2150*
    alsô der mit ellen   in sturme werben kan.   *(2271)*
    dem tet des tages Rüedegêr   harte wol gelîch,
    daz er ein recke wære,   vil küenę unt ouch vil lobelîch.

2214 Hie stuonden dise recken,   Gúnther und Gêrnôt.   *2151*
    si sluogen in dem strîte   vil manegen helt tôt.   *(2272)*
    Gîselher unt Dancwart,   die zwênę ez ringe wac.
    des frumten si vil manegen   unz ûf ir júngésten tac.

2215 Vil wol zeigte Rüedegêr   daz er was starc genuoc,   *2152*
    küenę und wol gewâfent.   hei waz er helde sluoc!   *(2273)*
    daz sach ein Burgonde.   zornes gie im nôt.
    dâ von begunde nâhen   des edeln Rüedegêres tôt.

2206 Als er ihm das versprochen hatte, hob Rüdiger seinen Schild. Vor Kampfeszorn begann er zu rasen. Da wartete er nicht länger und stürmte wie ein wahrer Held gegen die Gäste. Viele schnelle Hiebe teilte der mächtige Markgraf aus.

2207 Die beiden, Volker und Hagen, zogen sich zurück, denn die beiden tapferen Helden hatten es ihm versprochen. Doch er fand genauso tapfere Männer an der Tür stehen, so daß Rüdiger den Kampf unter großer Gefahr begann.

2208 Gunther und Gernot ließen ihn in den Saal, begierig ihn zu fällen. Sie waren wirkliche Helden. Da zog sich Giselher zurück. Wahrhaftig, es schmerzte ihn sehr. Er war immer noch der Hoffnung, er könne mit dem Leben davonkommen. Deshalb ging er Rüdiger aus dem Weg.

2209 Da sprangen die Gefolgsleute des Markgrafen auf die Feinde los. Heldenhaft sah man sie ihrem Herrn folgen. Sie trugen scharf schneidende Schwerter in den Händen. Unter deren Schlag zerbarsten viele Helme und herrliche Schilde.

2210 Da schlugen die ermatteten Männer den Helden aus Bechelaren manchen harten Schlag, der sicher und tief durch die schimmernden Ringpanzer hindurch bis aufs Mark drang. Sie vollbrachten in der Schlacht die größten Heldentaten.

2211 Das ganze edle Gefolge Rüdigers war nun in den Saal gekommen. Volker und Hagen stürmten schnell vor. Nur einem Mann gaben sie Frieden. Von ihren Schlägen strömte das Blut durch die Helme herab.

2212 Wie grimmig erklangen da die vielen Schwerter! Manche Schildspange sprang aus ihrer Befestigung. Die Edelsteine auf ihren Schilden fielen zerschlagen in die Blutlachen. Sie kämpften so grimmig, wie man niemals wieder kämpfen wird.

2213 Der Vogt von Bechelaren schritt hin und her und kämpfte wie einer, der seinen Mann zu stehen weiß. Rüdiger verhielt sich an diesem Tage so, daß man sah, daß er ein wahrer Recke war: tapfer und ruhmvoll.

2214 Auf der anderen Seite standen diese Recken: Gunther und Gernot. Sie erschlugen in der Schlacht viele Helden. Auch Giselher und Dankwart blieben unerschütterlich und bereiteten vielen ihre letzte Stunde.

2215 Rüdiger bewies, daß er stark, tapfer und gut bewaffnet war. Eine Unmenge von Helden erschlug er. Das bemerkte ein Burgunde. Er hatte Grund zum Zorn. Da nahte der Tod dem edlen Rüdiger.

2216 Gêrnôt der starke,   den helt ruoftę er an.   2153
     er sprach zem marcgrâven: »ir welt mir mîner man
     niht genesen lâzen,   vil edel Rüedegêr.   (2274)
     daz müet mich âne mâze: ichn kans niht an gesehen mêr.

2217 Nu mac iu iuwer gâbe   wol ze schaden komen,   2154
     sît ir mir mîner friunde   habt sô vil genomen.   (2275)
     nu wendet iuch her umbe,   vil edel küene man.
     iuwer gâbe wirt verdienet   so ich áller hôhéste kan.«

2218 Ê daz der marcgrâve   zuo im vol kœme dar,   2155
     des muosen liehte ringe   werden missevar.   (2276)
     dô sprungen zuo ein ander   die êre gernde man.
     ir ietweder schermen   für starke wúndén began.

2219 Ir swert sô scherpfe wâren,   ez enkúnde niht gewegen.
     dô sluoc Gêrnôten   Rüedegêr der degen   2156
     durch hélm vlínshérten,   daz nider vlôz daz bluot.   (2277)
     daz vergalt im schiere   der ritter kűenę únde guot.

2220 Die Rüedegêres gâbe   an hendę er hôhę erwac.   2157
     swie wúnt er zem tôde wære,   er sluoc im einen slac
     durch den schilt vil guoten   unz ûf diu helmgespan.   (2278)
     dâvon sô muosę ersterben   der schœnen Gotelinde man.

2221 Jane wárt nie wirs gelônet   sô rîcher gâbe mêr.   2158
     dô vielen beidę erslagene,   Gêrnôt und Rüedegêr,   (2279)
     gelîch in dem sturme   von ir selber hant.
     alrêrst erzurnde Hagene   dô er den grôzen schaden vant.

2222 Dô sprach der helt von Tronege: »ez ist uns übel
                                                   komen.   2159
     wir haben an in beiden   sô grôzen schaden genomen,
     den nimmer überwindent   ir liutę und ouch ir lant.   (2280)
     die Rüedegêres helde   sint unser éllénden pfant.«

2223 »Owê mînes bruoder,   der tôt ist hie gefrumt.   2160
     waz mir der leiden mære   zę allen zîten kumt!   (2282)
     ouch muoz mich immer riuwen   der edel Rüedegêr.
     der schadę ist beidenthalben   unt diu vil grœzlîchen sêr.«

2224 Dô Gîselher der herre   sach sînen bruoder tôt,   2161
     die dô dar inne wâren,   die muosen lîden nôt.   (2283)
     der tôt der suochte sêre   dâ sîn gesinde was.
     der von Bechelâren   dô langer einer niht genas.

2225 Gunther unde Gîselher   und ouch Hagene,   2162
     Dancwart unde Vólkêr,   die guoten degene,   (2284)
     die giengen dâ si funden   ligen die zwêne man.
     dô wart dâ von den helden   mit jâmer wéinén getân.

2216 Der starke Gernot rief den Helden an. Er sagte zum Markgrafen: »Edler Rüdiger, Ihr wollt mir keinen von meinen Gefolgsleuten am Leben lassen. Das ärgert mich über die Maßen. Ich kann es nicht länger mit ansehen.

2217 Nun werdet Ihr für Eure Gabe teuer bezahlen, da Ihr mir so viele meiner Freunde geraubt habt. Kehrt Euch zu mir, edler tapferer Mann. Für Eure Gabe zahle ich den höchsten Preis, den ich zahlen kann.«

2218 Bevor der Markgraf ganz zu ihm hinkam, mußten noch schimmernde Ringpanzer ihren Glanz verlieren. Da stürmten die ehrbegierigen Männer aufeinander los. Jeder schirmte sich gegen schwere Wunden ab.

2219 Ihre Schwerter waren so scharf, daß nichts gegen sie schützte. Da schlug Rüdiger, der Held, Gernot durch seinen steinharten Helm, daß das Blut herabfloß. Sogleich zahlte ihm der tapfere, treffliche Ritter den Schlag heim.

2220 Rüdigers Geschenk schwang er hoch empor. Wie lebensgefährlich er auch verwundet war, er schlug ihm einen Hieb durch den festen Schild hindurch bis auf den Kinnriemen hinab. Von diesem Schlag mußte der Gemahl der schönen Gotelind sterben.

2221 Wahrhaftig, niemals wurde eine kostbare Gabe schlechter vergolten. Gernot und Rüdiger, beide im gleichen Kampf und jeder von der Hand des anderen erschlagen, sanken zu Boden. Als er diesen Verlust erkannte, geriet Hagen in den rechten Kampfzorn.

2222 Da sagte der Held von Tronje: »Es ist schlimm für uns ausgegangen. Wir haben durch den Tod der beiden einen so großen Verlust erlitten, daß ihre Leute und ihre Länder ihn niemals verwinden werden. Wir fremden Recken fordern jetzt Rüdigers Helden als Pfand.«

2223 »Weh mir, mein Bruder ist erschlagen! Immer wieder dringen neue Schreckensnachrichten auf mich ein. Auch der Tod des edlen Rüdiger wird mir allezeit schmerzvoll sein. Dieser Verlust und dieser bittere Schmerz treffen beide Seiten gleichermaßen.«

2224 Als der Herr Giselher sah, daß sein Bruder tot war, da bekamen es alle, die im Saal waren, bitter zu spüren. Der Tod suchte sich sein Gefolge zusammen. Nicht einer von den Bechelaren blieb da länger am Leben.

2225 Gunther und Giselher und auch Hagen, Dankwart und Volker, die trefflichen Helden, die gingen dahin, wo die beiden Männer lagen: Da weinten die Helden und jammerten.

2226 »Der tôt uns sêre roubet«,   sprach Gîselher daz kint.   *2163*
      »nu lâzet iuwer weinen,   und gê wir an den wint,   *(2285)*
      daz uns die ringę erkuolen   uns sturmmüeden man.
      jâ wænę uns got niht langer   hie ze lebenę engan.«

2227 Den sitzen, disen leinen   sach man manegen degen.   *2164*
      si wâren aber müezec: dâ wâren tôt gelegen   *(2286)*
      die Rüedegêres helde.   vergangen was der dôz.
      sô lange wertę diu stille   daz sîn Étzéln verdrôz.

2228 »Owê dirre dienste«,   sprach des küneges wîp.   *2165*
      »dine sint niht sô stæte,   daz unser vîende lîp   *(2287)*
      müge des engelten   von Rüedegêres hant.
      er wil si wider bringen   in der Búrgónden lant.

2229 Waz hilfet, künec Etzel,   daz wir geteilet hân   *2166*
      mit im swaz er wolde?   der helt hât missetân.   *(2288)*
      der uns dâ solde rechen,   der wil der suone pflegen.«
      des antwurte Volkêr,   der vil zíerlîche degen:

2230 »Der rédę enist sô niht leider,   vil edel küneges wîp.   *2167*
      getörstę ich heizen liegen   alsus edeln lîp,   *(2289)*
      sô het ir tiuvellîchen   an Rüedegêren gelogen.
      er unt die sînen degene   sint an der suone gar betrogen.

2231 Er tet sô willeclîche   daz im der künec gebôt,   *2168*
      daz er und sîn gesinde   ist hie gelegen tôt.   *(2290)*
      nu séhet al úmbe, Kriemhilt,   wem ir nú gebieten welt.
      iu hât unz an den ende   gedienet Rüedegêr der helt.

2232 Welt ir des niht gelouben,   man solz iuch sehen lân.«   *2169*
      durch ir herzen leide   sô wart dô daz getân: *(2291)*
      man truoc den helt verhouwen   dâ in der künec sach.
      den Étzélen degenen   sô rehte leide nie geschach.

2233 Dô si den marcgrâven   sâhen tôten tragen,   *2170*
      ez enkundę ein schrîber   gebrieven noch gesagen   *(2292)*
      die manegen ungebære   von wîbę und ouch von man,
      diu sich von herzen jâmer   áldâ zéigén began.

2234 Der Étzélen jâmer   der wart alsô grôz,   *2171*
      als eines lewen stimme.   der rîche künec erdôz   *(2293)*
      mit herzen leidem wuofe;   alsam tet ouch sîn wîp.
      si klageten ungefuoge   des guoten Rüedegêres lîp.

2226 »Der Tod beraubt uns sehr!« sagte der junge Giselher. »Doch laßt nun ab zu weinen! Gehen wir lieber in einen Windzug, damit uns kampfmatten Männern die Ringpanzer abkühlen! Wahrhaftig, ich glaube, Gott wird uns nicht mehr lange das Leben lassen!«

2227 Viele Helden sah man sitzen, andere sich anlehnen. Sie hatten jetzt wieder eine Kampfpause. Da lagen die Helden Rüdigers alle erschlagen. Das Kampfgetöse war verstummt. So lange dauerte die Stille, daß Etzel darüber ärgerlich wurde.

2228 »Schande über einen solchen Dienst!« sagte die Gemahlin des Königs. »Die Leute Rüdigers sind nicht so verläßlich, daß unsere Feinde durch ihn ihren Lohn bekämen. Er will sie wieder in das Land der Burgunden zurückbringen.

2229 Was nützt es nun, König Etzel, daß wir alles, was er wollte, mit ihm geteilt haben? Der Held hat sich schwer vergangen. Er, der uns rächen sollte, will sich jetzt mit den Burgunden aussöhnen.« Darauf antwortete Volker, der stattliche Held:

2230 »Zu unserem eigenen Schmerz kann davon keine Rede sein, edle Königin. Wenn ich es wagen dürfte, eine so edle Frau einer Lüge zu bezichtigen, dann würde ich sagen, daß Ihr Rüdiger teuflisch verleumdet habt. Er und seine Helden haben von dieser Sühne am allerwenigsten gehabt.

2231 Was der König ihm anbefohlen hatte, hat er so bereitwillig erfüllt, daß er und alle seine Gefolgsleute hier im Saal erschlagen worden sind. Nun schaut Euch um, Kriemhild, wem Ihr nun Befehle geben wollt. Bis an seinen Tod hat Euch Rüdiger, der Held, treu gedient.

2232 Wenn Ihr es nicht glauben wollt, dann soll man es Euch zeigen.« Um sie im Innersten zu treffen, tat man es: man trug den erschlagenen Helden an eine Stelle, wo ihn der König sehen konnte. Niemals hatten die Recken Etzels einen bittereren Schmerz erlitten.

2233 Als sie die Leiche des Markgrafen erblickten, da hätte kein Schreiber niederschreiben oder davon erzählen können, wie sich die klagenden Männer und Frauen da vor Jammer gebärdeten.

2234 Etzels Klage nahm ein solches Ausmaß an, daß die Stimme des Königs vor tiefem Schmerz wie das Brüllen eines Löwen erscholl. Ebenso jammerte seine Gemahlin. Sie klagten ohne Maßen um den edlen Rüdiger.

38. Âventiure
Wie herrn Dietrîches recken alle erslagen wurden

2235 Dô hôrte man allenthalben   jâmer alsô grôz,   2172
     daz palas unde türne   von dem wuofę erdôz.   (2294)
     dô hortę ez ouch von Berne   ein Dietrîches man.
     durch disiu starken mære   wie baldę er gâhén began!

2236 Dô sprach er zuo dem fürsten: »hœrt, mîn her
                                 Dietrîch!   2173
     swaz ich noch her gelebt hân,   sô rehtę unmügelîch   (2295)
     gehôrtę ich klage nie mêre   als ich nû hân vernomen.
     ich wæn der künec Etzel   ist selbe zuo dem schaden komen.

2237 Wie möhtens anders alle   haben solhe nôt?   2174
     der künec oder Kriemhilt,   ir einez daz ist tôt   (2296)
     von den küenen gesten   durch ir nît gelegen.
     ez weinet ungefuoge   vil manec zíerlîcher degen.«

2238 Dô sprach der helt von Berne: »mîne vil líeben man,
     nu gâhet niht ze sêre!   swaz hie hânt getân   2175
     die éllénden recken,   des gât in michel nôt.   (2297)
     und lât si des geniezen,   daz ich in mînen fride bôt.«

2239 Dô sprach der küene Wolfhart: »ich wil dar gân   2176
     und wil der mære vrâgen,   waz si haben getân,   (2298)
     und wilz iu sagen danne,   vil lieber herre mîn,
     als ich ez dort ervinde,   waz diu klage müge sîn.«

2240 Dô sprach der herre Dietrîch: »swa man zórnes sich versiht,
     ob ungefüegiu vrâge   danne dâ geschiht,   2177
     daz betrüebet lihte   réckén ir muot.   (2299)
     jane wíl ich níht, Wólfhart,   daz ir die vrâge gein in tuot.«

2241 Dô bat er Helpfrîchen   vil balde dar gân   2178
     und hiez in daz ervinden   an Etzelen man   (2300)
     oder án den gesten selben,   waz wære dâ geschehen.
     done hét mán von liuten   sô grôzen jâmer nie gesehen.

2242 Der bote begunde vrâgen: »waz ist hie getân?«   2179
     dô sprach einer drunder: »dâ ist vil gar zergân   (2301)
     swaz wir freuden hêten   in der Hiunen lant:
     hie lît erslagen Rüedegêr   vón der Búrgónden hant.

2243 Die mit im dar in kômen,   der ist éiner niht genesen.«
     done kúnde Helpfrîche   nimmer leider wesen.   2180
     jane gesagetę er mære   sô rehtę ungerne nie.   (2302)
     der bote ze Dietrîche   vil sêre wéinénde gie.

38. Aventiure
Wie Herrn Dietrichs Recken alle erschlagen wurden

2235 Da hörte man überall so schreckliches Klagen, daß Palas und Türme vom Geschrei widerhallten. Da hörte es auch ein Gefolgsmann Dietrichs von Bern. Schnell eilte er, diese unerhörte Nachricht zu überbringen.

2236 Da sagte er zu dem Fürsten: »Hört, Herr Dietrich! Was ich bisher auch alles erlebt habe, so ungewöhnlich, wie ich es jetzt gerade vernahm, habe ich noch nie klagen hören. Ich glaube, der König Etzel selbst ist zu Schaden gekommen.

2237 Könnten wohl sonst alle in solcher Not sein? Einer von beiden, Etzel oder Kriemhild, ist von den tapferen Gästen aus Feindschaft erschlagen worden. Viele stattliche Helden weinen über die Maßen um sie.«

2238 Da sagte der Held von Bern: »Meine lieben Gefolgsleute, nun geht nicht gleich zu weit! Was die fremden Recken hier getan haben, das brachte auch sie in große Not. Laßt ihnen die Schonung zugute kommen, die ich ihnen gewährt habe.«

2239 Da sagte der tapfere Wolfhart: »Ich will hingehen und will fragen, was sie getan haben und will Euch, teurer Herr, dann berichten, wie ich es dort antreffe und was es mit der Klage auf sich hat.«

2240 Da sagte der Herr Dietrich: »Wo man ohnehin schon vom Kampfe zornig ist, da werden Recken, wenn eine ungehörige Frage gestellt wird, sicher ärgerlich. Wolfhart, ich will nicht, daß Ihr ihnen die Frage stellt.«

2241 Da gab er Helferich den Auftrag, sogleich dorthin zu gehen und bei den Gefolgsleuten Etzels oder bei den Gästen selbst zu erkunden, was vorgefallen sei. Niemals zuvor hatte man Leute so jammern sehen.

2242 Der Bote fragte: »Was hat sich hier zugetragen?« Da sagte einer von ihnen: »Alles Glück, das wir hier im Hunnenland hatten, ist dahin: Rüdiger liegt hier, erschlagen von der Hand der Burgunden.

2243 Von denen, die mit ihm zum Saal kamen, ist nicht einer am Leben geblieben!« Nichts hätte für Helferich jemals schmerzlicher sein können. Wahrhaftig, niemals überbrachte er mit größerem Widerstreben eine Botschaft. Der Bote ging weinend zu Dietrich.

2244 »Waz habt ir uns erfunden?« sprach dô Dietrîch. 2181
»wie weinet ir sô sêre, degen Helpfrîch?« (2303)
dô sprach der edele recke: »ich mac wol balde klagen:
den guoten Rüedegêren hânt die Búrgónden erslagen.«

2245 Dô sprach der helt von Berne: »daz ensól niht wellen got.
daz wære ein starkiu râche und ouch des tiuvels spot. 2182
wâ mit hete Rüedegêr an in daz versolt? (2304)
jâ ist mir daz wol künde, er ist den éllénden holt.«

2246 Des antwurte Wolfhart: »und heten siz getân, 2183
sô soltę ez in allen an ir leben gân. (2305)
ob wirz in vertrüegen, des wære wir geschant.
jâ hât uns vil gedienet des guoten Rüedegêres hant.«

2247 Der vogt der Amelunge hiez ez ervinden baz. 2184
vil harte seneclîche er in ein venster saz. (2306)
dô bat er Hildebranden zuo den gesten gân,
daz er an in erfünde waz dâ wære getân.

2248 Der sturmküene recke, meister Hildebrant, 2185
weder schilt noch wâfen truoc er an der hant. (2307)
er woldę in sînen zühten zuo den gesten gân.
von sîner swester kinde wart im ein strâfén getân.

2249 Dô sprach der grimme Wolfhart: »welt ir dar blôzer gân?
sô mac ez ânę ein schelten nimmer wol gestân, 2186
sô müezet ir lásterlîchen tuon die widervart: (2308)
komt ir dar gewâfent, daz etelîcher wol bewart.«

2250 Dô garte sich der wîse durch des tumben rât. 2187
ê daz ers innen wurde, dô wâren in ir wât (2309)
alle Díetrîches recken unt truogen swert enhant.
dem helde was ez leide, vil gerne hét érz erwant.

2251 Er vrâgte war si wolden. »wir wellen mit iu dar. 2188
waz ob von Tronege Hagene deste wirs getar (2310)
gein iu mit spotte sprechen, des er wol kan gepflegen.«
dô er daz gehôrte, dâ von gestattes in der degen.

2252 Dô sach der küene Volkêr wol gewâfent gân 2189
die réckén von Berne, die Dietrîches man, (2311)
begürtet mit den swerten; si truogen schilt enhant.
er sagetę ez sînem herren ûzer Búrgónden lant.

2253 Dô sprach der videlære: »ich sihe dort her gân 2190
sô rehte vîentlîche die Dietrîches man (2312)
gewâfent under helme: si wellent uns bestân.
ich wænę ez an daz übele uns éllénden welle gân.«

236

2244 »Was habt Ihr uns erkundet?« sagte da Dietrich. »Weshalb weint Ihr so heftig, Held Helfrich?« Da sagte der edle Recke: »Ich habe wohl Grund, so heftig zu klagen: Den edlen Rüdiger haben die Burgunden erschlagen.«

2245 Da sagte der Held von Bern: »Das darf Gott nicht zulassen! Das wäre eine schreckliche Vergeltung und ein teuflischer Hohn. Womit hatte Rüdiger das an ihnen verdient? Ich weiß genau, daß er den Fremden wohlgesonnen war.«

2246 Darauf antwortete Wolfhart: »Wenn sie es getan hätten, dann sollte es ihnen allen ans Leben gehen. Wenn wir es ihnen durchgehen ließen, dann wäre das für uns eine Schande. Der edle Rüdiger hat uns allezeit gute Dienste erwiesen.«

2247 Der Vogt von Amelungen gab den Befehl, es genauer zu erkunden. Traurig setzte er sich in ein Fenster. Da forderte er Hildebrand auf, zu den Gästen zu gehen, um bei ihnen zu erkunden, was sich abgespielt hätte.

2248 Der kampferprobte Recke Meister Hildebrand trug weder Schild noch Waffen in seiner Hand. So, wie es die Gebote der höfischen Zucht von ihm verlangten, wollte er zu den Gästen gehen. Da schalt ihn aber der Sohn seiner Schwester.

2249 Da sagte der grimmige Wolfhart: »Wollt Ihr unbewaffnet dorthin gehen? Dann kann es niemals ohne Scheltreden abgehen, und Ihr werdet mit Schande bedeckt wieder umkehren: Wenn Ihr aber in Waffen dorthin kommt, dann wird wohl mancher etwas vorsichtiger sein.«

2250 Da rüstete sich der Erfahrene auf den Rat des Unerfahrenen hin. Bevor er es noch wahrnahm, waren alle Recken Dietrichs bereits in ihren Rüstungen und trugen das Schwert in der Hand. Das war dem Helden gar nicht recht. Wie gerne hätte er es verhindert!

2251 Er fragte, wohin sie wollten. »Wir wollen mit Euch zum Saal. Vielleicht wird Hagen von Tronje dann nicht wagen, Euch zu verhöhnen, worauf er sich doch so gut versteht.« Als er das vernahm, da erlaubte es ihnen der Held.

2252 Da sah der tapfere Volker die Recken von Bern, die Gefolgsleute Dietrichs, in voller Bewaffnung, mit den Schwertern gegürtet, herankommen. Sie trugen die Schilde in der Hand. Er sagte es seinem Herrn aus dem Burgundenland.

2253 Da sagte der Fiedler: »Ich sehe die Gefolgsleute Dietrichs feindlich nahen, in Waffen und unter Helmen. Sie wollen gegen uns kämpfen. Ich glaube, es wird uns Fremden jetzt schlimm ergehen.«

2254 In den selben zîten   kom ouch Hildebrant.   2191
     dô saztę er für die füeze   sînes schildes rant.   (2313)
     er begunde vrâgen   die Guntheres man:
     »owê ir guoten helde,   waz het iu Rüedegêr getân?

2255 Mich hât mîn herre Dietrîch   her zuo iu gesant,   2192
     ob erslagen hête   iuwer deheines hant   (2314)
     den edeln marcgrâven,   als uns daz ist geseit.
     wirn kunden überwinden   niht diu grœzlîchen leit.«

2256 Dô sprach von Tronege Hagene: »daz mærę ist ungelogen.
     wie wol ich iu des gunde,   het iuch der bote betrogen,
     durch Rüedegêres liebe,   daz lebte noch sîn lîp,   2193
     den immer mugen weinen   beide mán únde wîp!«   (2315)

2257 Dô si daz rehtę erhôrten   daz er wære tôt,   2194
     dô klageten in die recken,   ir triuwę in daz gebôt.   (2316)
     den Dietrîches recken   sach man trähene gân
     über bértę und über kinne: in was vil léidé getân.

2258 Der hérzógę ûz Berne   Sigestap dô sprach: 2195
     »nu hât gar ein ende   genomen der gemach,   (2317)
     den uns ie fuogte Rüedegêr   nâch unser leide tagen.
     freudę ellender diete   lît von iu héldén erslagen.«

2259 Dô sprach von Amelungen   der degen Wolfwîn: 2196
     »und ob ich hiute sæhe   tôt den vater mîn,   (2318)
     mir enwúrde nimmer leider   dennę umbe sînen lîp.
     owê wer sol nu trœsten   des guoten márcgráven wîp?«

2260 Dô sprach in zornes muote   der degen Wolfhart: 2197
     »wer wîset nu die recken   sô manege hervart,   (2319)
     alsô der marcgrâve   vil dicke hât getân?
     owê, vil edel Rüedegêr,   daz wir dich sus verlorn hân!«

2261 Wolfprant und Helpfrîch   und ouch Helmnôt,   2198
     mit állén ir friunden   si weinten sînen tôt.   (2320)
     vor siuften mohte vrâgen   niht mêre Hildebrant.
     er sprach: »nu tuot, ir degene,   dar nâch mîn herre hât gesant!

2262 Gebt uns Rüedegêren   also tôten ûz dem sal,   2199
     an dem gar mit jâmer   lît unser freuden val,   (2321)
     und lât uns an im dienen   daz er ie hât begân
     an uns vil grôze triuwe   und an manegem andern man.

2263 Wir sîn ouch ellende   als Rüedegêr der degen.   2200
     wes lâzet ir uns bîten?   lât in uns after wegen   (2322)
     tragen, daz wir nâch tôde   lônen noch dem man.
     wir hetenz billîcher   bî sîme lebene getân.«

238

2254 In der Zwischenzeit war Hildebrand vor dem Saal angekommen. Da setzte er seinen Schild vor seine Füße. Er fragte die Gefolgsleute Gunthers:»Ach, Ihr trefflichen Helden, was hatte Rüdiger Euch getan?

2255 Mich hat mein Herr Dietrich zu Euch hergeschickt, um zu erkunden, ob einer von Euch, wie es uns berichtet wurde, den edlen Markgrafen erschlagen hat. Solch einen tiefen Schmerz könnten wir niemals verwinden.«

2256 Da sagte Hagen von Tronje:»Die Botschaft ist wahr. Wie sehr wünschte ich doch aus Liebe zu ihm, der Bote hätte Euch die Unwahrheit gesagt und Rüdiger, um den Männer und Frauen allezeit weinen werden, wäre noch am Leben!«

2257 Als sie nun genau erfahren hatten, daß er tot sei, da klagten die Recken um ihn, wie es die Treue von ihnen verlangte. Man sah, wie den Recken Dietrichs die Tränen über Bart und Kinn rannen. Sie hatten einen schweren Verlust erlitten.

2258 Da sagte Sigestab, der Herzog von Bern:»Nun hat es ein Ende mit dem angenehmen Leben, das uns Rüdiger nach unseren schweren Zeiten allezeit bereitete. Der Heimatlosen Trost und Glück liegt von Euch, Ihr Helden, erschlagen.«

2259 Da sagte der Held Wolfwin von Amelungen:»Und wenn ich heute meinen eigenen Vater tot sähe, ich könnte keinen größeren Schmerz empfinden als um Rüdiger. O weh, wer wird nun die Gemahlin des edlen Markgrafen trösten?«

2260 Da sagte der Held Wolfhart in großem Zorn:»Wer führt nun die Recken auf die vielen Heerfahrten, wie es der Markgraf so oft getan hat? O weh, edler Rüdiger, daß wir Dich auf diese Weise verlieren mußten!«

2261 Wolfbrand und Helfrich und auch Helmnot beweinten mit allen ihren Freunden seinen Tod. Vor Seufzen konnte Hildebrand nicht weiterfragen. Er sagte:»Helden, gebt uns, wonach mein Herr mich ausgesendet hat!

2262 Gebt uns den toten Rüdiger aus dem Saal, mit dem unser ganzes Glück dahingesunken ist, und laßt uns ihm dafür, daß er uns und so vielen anderen Männern allezeit treu gewesen ist, den letzten Dienst erweisen.

2263 So wie Rüdiger, der Held, sind auch wir Heimatlose. Warum laßt Ihr uns noch warten? Laßt ihn uns forttragen, daß wir dem Helden wenigstens nach seinem Tode unseren Dank erweisen. Besser wäre es gewesen, wir hätten es zu seinen Lebzeiten getan.«

2264 Dô sprach der künec Gunther: »nie dienest wart sô guot
sô den ein friunt friunde   nâch dem tôde tuot.   *2201*
daz heize ich stæte triuwe,   swer die kan begân.   *(2323)*
ir lônet im von schulden.   er hât iu líebé getân.«

2265 »Wie lange suln wir vlêgen?«   sprach Wolfhart der degen.
»sît unser trôst der beste   von iu ist tôt gelegen,   *2202*
und wir sîn leider mêre   mugen niht gehaben,   *(2324)*
lât in uns tragen hinnen   daz wir den réckén begraben.«

2266 Des antwurte Volkêr: »niemen in iu gît.   *2203*
nemt in in dem hûse   dâ der degen lît   *(2325)*
mit starken verchwunden   gevallen in daz bluot,
so ist éz ein voller dienest,   den ir Rüedegêren tuot.«

2267 Dô sprach der küene Wolfhart: »got weiz, her spilman,
ir endúrfet uns niht reizen.   ir habt uns leit getân.   *2204*
törste ich vor mînem herren,   sô kœmet irs in nôt.   *(2326)*
des müezen wirz lâzen,   wande er uns strîten hie verbôt.«

2268 Dô sprach der videlære: »der vorhte ist gar ze vil,   *2205*
swaz man im verbiutet,   derz allez lâzen wil.   *(2327)*
daz kan ich niht geheizen   rehten heldes muot.«
diu rede dûhte Hagenen   von sînem hergesellen guot.

2269 »Des enlât iuch niht gelangen«,   sprach aber Wolfhart.
»ich entríhte iu sô die seiten,   swenne ir die widervart   *2206*
rítét gein Rîne,   daz irz wol muget sagen.   *(2328)*
iuwer übermüeten   mac ich mit êren niht vertragen.«

2270 Dô sprach der videlære: »swenne ir die seiten mîn   *2207*
verirret guoter dœne,   der iuwer helmschîn   *(2329)*
der muoz vil trüebe werden   von der mînen hant,
swie halt ich gerîte   in der Búrgónden lant.«

2271 Dô wolde er zuo ze im springen,   wan daz in niht enlie
Hildebrant sîn œheim   in vaste ze im gevie.   *2208*
»ich wæne du wóldest wüeten   durch dînen tumben zorn.
mînes herren hulde   du hetes immer mêr verlorn.«   *(2330)*

2272 »Lât abe den lewen, meister!   er ist sô grimme gemuot.   *2209*
kumt aber er mir zen handen«,   sprach Vólkêr der dégen guot,
»het er die werlt alle   mit sîner hant erslagen,   *(2331)*
ich slahe in daz erz widerspel   nimmer mêre darf gesagen.«

2264 Da sagte der König Gunther: »Kein Dienst ist besser als der, den ein Freund seinem Freund nach dessen Tod erweist. Das nenne ich beständige Treue, wenn einer sich so verhält. Mit Recht wollt Ihr ihm danken. Denn er hat Euch Gutes getan.«

2265 »Wie lange sollen wir noch betteln?« sagte Wolfhart, der Held. »Da der Mann, auf den wir uns am meisten verlassen konnten, von Euch erschlagen worden ist und wir ihn nun zu unserem Schmerz entbehren müssen, so laßt uns den Recken forttragen und ihn begraben.«

2266 Darauf antwortete Volker: »Niemand gibt ihn Euch. Nehmt ihn Euch im Saal, dort, wo der Held mit seinen Todeswunden in seinem Blute liegt. Dann erst ist der Dienst, den Ihr Rüdiger erweist, vollkommen.«

2267 Da sagte der tapfere Wolfhart: »Weiß Gott, Herr Spielmann, Ihr dürft uns nicht reizen. Ihr habt uns beleidigt. Wenn ich es vor meinem Herrn wagte, dann ginge es Euch jetzt schlecht. Nun müssen wir es jedoch lassen, denn er hat uns verboten zu kämpfen.«

2268 Da sagte der Fiedler: »Wenn einer alles lassen will, was man ihm verbietet, dann zeigt er zuviel Angst. Wahren Heldensinn kann ich das nicht nennen.« Diese Rede seines Waffengefährten schien Hagen sehr richtig.

2269 »Nehmt Euch nicht zuviel heraus!« sagte wiederum Wolfhart. »Sonst bringe ich Eure Saiten in eine solche Verwirrung, daß Ihr noch davon berichten könnt, wenn Ihr wieder an den Rhein zurückreitet. Meine Ehre läßt es nicht länger zu, Eure Überheblichkeit zu ertragen.«

2270 Da sagte der Fiedler: »Wenn Ihr auf meinen Saiten die gut gestimmten Töne in Unordnung bringt, dann werde ich dafür den Glanz Eures Helmes etwas trüben, wie immer ich dann auch in das Land der Burgunden zurückreite.«

2271 Da wollte er auf ihn losspringen. Nur daß Hildebrand, sein Oheim, ihn fest an sich riß. »Ich glaube, Du willst hier in sinnlosem Zorn wüten. Die Huld meines Herrn hättest Du Dir dadurch auf immer verscherzt.«

2272 »Laßt doch den Löwen los, Meister! Er ist doch so schön grimmig! Wenn er mir in die Hände fällt«, sagte Volker, der treffliche Held, »dann schlage ich ihn so, daß er überhaupt nicht mehr davon erzählen kann, und hätte er auch die ganze Welt mit eigner Hand erschlagen.«

2273 Des wart vil hartę erzürnet   der Bernære muot.   *2210*
     den schilt gezuhte Wolfhart,   ein sneller degen guot.   *(2332)*
     alsam ein lewe wilder   lief er vor in dan.
     im wart ein gæhez volgen   von sînen fríundén getân.

2274 Swie wîter sprungę er pflæge   für des sales want,   *2211*
     doch ergåhtę in vor der stiege   der alte Hildebrant.   *(2333)*
     er enwóldę in vor im lâzen   niht komen in den strît.
     si funden daz si suochten   an den éllénden sît.

2275 Dô gespranc zuo Hagenen   meister Hildebrant.   *2212*
     diu swert man hôrtę erklingen   an ir beider hant.   *(2334)*
     si wâren sêrę erzürnet,   daz mohte man kiesen sint.
     von ir zweier swerten   gie der fiuwerrôte wint.

2276 Die wurden dô gescheiden   in des sturmes nôt.   *2213*
     daz tâten die von Berne,   als in ir kraft gebôt.   *(2335)*
     zehant dô wande Hildebrant   von Hagenen wider dan.
     dô lief der starke Wolfhart   den küenen Vólkêren an.

2277 Er sluoc den videlære   ûf den helm guot,   *2214*
     daz des swertes ecke   unz an die spangen wuot.   *(2336)*
     daz vergalt mit ellen   der küene spilman.
     dô sluoc er Wolfharten,   daz er stíebén began.

2278 Des fiuwers ûz den ringen   hiuwen si genuoc.   *2215*
     haz ir ieslîcher   dem ándéren truoc.   *(2337)*
     die schiet dô von Berne   der degen Wolfwîn.
     ob ez ein helt niht wære,   des enkunde niht gesîn.

2279 Gúnthér der recke   mit vil wílléger hant   *2216*
     empfie die helde mære   von Amelunge lant.   *(2338)*
     Gîselher der herre,   diu liehten helmvaz,
     der frumtę er dâ vil manegez   von bluote rôt únde naz.

2280 Dancwart, Hagenen bruoder,   was ein grimmec man.   *2217*
     swaz er dâ vor hête   in strîté getân   *(2339)*
     den Étzélen recken,   daz was gạr ein wint.
     nu vaht vil tobelîche   des küenen Aldrîanes kint.

2281 Ritschart unde Gêrbart,   Hélpfrîch und Wíchart,   *2218*
     die heten in manegen stürmen   vil selten sich gespart.
     des brâhten si wol innen   die Guntheres man.   *(2340)*
     dô sach man Wolfpranden   in strîte hérlîche gân.

2282 Dô vaht alsam er wuote   der alte Hildebrant.   *2219*
     vil der guoten recken   vor Wolfhartes hant   *(2341)*
     mit tôde muosen vallen   von swerten in daz bluot.
     sus râchen Rüedegêren   die recken kűenę únde guot.

2273 Dadurch wurden die Berner in großen Zorn versetzt. Wolfhart, der tapfere, treffliche Held, riß den Schild hoch. Wie ein wilder Löwe jagte er ihnen voraus. Seine Freunde folgten ihm schnell.

2274 Wie weit die Sprünge auch waren, mit denen er auf die Wand des Saales zustürmte, dennoch holte ihn der alte Hildebrand vor der Treppe ein. Er wollte ihn nicht vor sich in den Kampf lassen. Bei den Fremden fanden sie, was sie in ihrer Kampfeswut ersehnten.

2275 Da sprang Meister Hildebrand zu Hagen. Die Schwerter hörte man in ihren Händen erklingen. Sie waren von heftigem Zorn erfüllt. Das konnte man sogleich sehen. Von ihren Schwertschlägen stoben die feuerroten Funken.

2276 Sie wurden im Gewühl des Kampfes voneinander getrennt. Das taten die Berner durch ihren gewaltigen Ansturm. Sofort wendete sich Hildebrand von Hagen ab. Da stürmte der starke Wolfhart auf den tapferen Volker los.

2277 Er versetzte dem Fiedler einen solchen Schlag auf den festen Helm, daß die Schwertschneide bis zu den Helmbändern drang. Das vergalt ihm der tapfere Spielmann mit kraftvoller Hand. Da schlug er Wolfhart, daß er vor Funken sprühte.

2278 Sie schlugen das Feuer nur so aus den Ringpanzern. Jeder war dem anderen todfeind. Der Held Wolfwin von Bern brachte beide auseinander. Wenn er kein Held gewesen wäre, so hätte er es nicht gewagt.

2279 Gunther, der Held, empfing die berühmten Helden aus dem Amelungenland mit offenen Armen. Der Herr Giselher schlug manchen strahlenden Helm rot und blutig.

2280 Dankwart, der Bruder Hagens, war ein grimmiger Mann. Was er zuvor unter den Recken Etzels im Kampf angerichtet hatte, das war noch gar nichts gewesen. Nun erst kämpfte der Sohn des tapferen Aldrian in wilder Raserei.

2281 Ritschart und Gerbart, Helfrich und Wichart hatten sich noch niemals in den vielen Schlachten geschont. Das ließen sie Gunthers Gefolgsleute spüren. Da sah man Wolfbrand herrlich im Kampf einherschreiten.

2282 Da kämpfte der alte Hildebrand wie ein Rasender. Viele treffliche Recken mußten von Wolfbrands Schwerthieben tot in das Blut fallen. So nahmen die tapferen, trefflichen Recken für Rüdiger Rache.

2283 Dô vaht der herre Sigestap   als im sîn ellen riet.   *2220*
    hei waz er in dem strîte   guoter helme verschriet   *(2342)*
    den sînen víánden,   Díetrîches swéster sun!
    er enkúndẹ ín dem sturme   nimmer bezzers niht getuon.

2284 Vólkếr der starke,   dô er daz ersach,   *2221*
    daz Sigestap der küene   den blúotégen bach   *(2343)*
    hiu ûz herten ringen,   daz was dem helde zorn.
    er spranc im hin engegene.   dô het Sigestap verlorn

2285 Von dem videlære   vil schiere dâ daz leben.   *2222*
    er begúndẹ im sîner künste   alsolhen teil dâ geben   *(2344)*
    daz er von sînem swerte   muose ligen tôt.
    daz rach der alte Hildebrant,   als im sîn ellen daz gebôt.

2286 »Owê liebes herren«,   sprach meister Hildebrant,   *2223*
    »der hie lît erstorben   von Vólkéres hant.   *(2345)*
    nu sol der videlære   langer niht genesen.«
    Hildebrant der küene,   wie kundẹ er grímmér gewesen?

2287 Dô sluoc er Vólkéren   daz im diu helmbant   *2224*
    stuben allenthalben   zuo des sales want   *(2346)*
    von helmẹ und ouch von schilde,   dem küenen spileman.
    dâ von der starke Volkêr   dô den ende dâ gewan.

2288 Dô drungen zuo dem strîte   die Dietrîches man.   *2225*
    si sluogen daz die ringe   vil verre dræten dan,   *(2347)*
    unt daz man ort der swerte   vil hôhe vliegen sach.
    si holten ûz den helmen   den heize vlíezénden bach.

2289 Dô sach von Tronege Hagene   Vólkéren tôt.   *2226*
    daz was zer hôchgezîte   sîn allér meistiu nôt,   *(2348)*
    die er dâ hete gewunnen   an mâgen und óuch an man.
    owê wie harte Hagene   den helt dô réchén began!

2290 »Nune sól es niht geniezen   der alte Hildebrant.   *2227*
    mîn helfe lît erslagen   von des heldes hant,   *(2349)*
    der beste hergeselle,   den ich ie gewan.«
    den schilt ruhtẹ er hôher.   dô gie er hóuwénde dan.

2291 Helpfrich der starke   Dancwarten sluoc.   *2228*
    Gunther unde Gîselher,   den was ez leit genuoc,   *(2350)*
    dô si in sâhen vallen   in der starken nôt.
    er hete mit sînen handen   wol vergolten sînen tôt.

2292 Die wîle gie dô Wolfhart   beide wíder unde dan,   *2229*
    allez hóuwéndẹ   die Guntheres man.   *(2352)*
    er was die dritten kêre   komen durch daz wal,
    dâ viel von sînen handen   vil manec récké zetal.

2283 Da kämpfte der Herr Sigestab, wie seine Tapferkeit es von ihm verlangte. Der Sohn der Schwester Dietrichs zerhieb seinen Feinden in diesem Streit eine Unzahl trefflicher Helme. Er hätte sich in dem Kampf nicht besser bewähren können.

2284 Als der starke Volker bemerkte, daß der tapfere Sigestab Bäche von Blut aus den festen Ringpanzern heraushieb, da wurde er von Zorn ergriffen. Er stürmte ihm entgegen. Da sollte Sigestab

2285 durch den Fiedler schon bald sein Leben verlieren. Er zeigte ihm seine Künste in einem solchen Maße, daß Sigestab von seinem Schwert tot zu Boden fiel. Das rächte der alte Hildebrand, wie es seine Tapferkeit von ihm verlangte.

2286 »O weh des teuren Herren«, sagte Meister Hildebrand, »der hier von Volkers Hand erschlagen liegt! Nun darf der Fiedler nicht länger am Leben bleiben.« Wer hätte da grimmiger sein können als der tapfere Hildebrand?

2287 Da versetzte er Volker einen solchen Hieb, daß dem tapferen Spielmann die Riemen an Helm und Schild nach allen Seiten bis an die Wand des Saales flogen. So fand der starke Volker sein Ende.

2288 Da drangen Dietrichs Gefolgsleute im Kampf vor. Sie schlugen so heftig zu, daß man die Panzerringe weithin durch die Luft wirbeln und die Schwertspitzen hoch in die Luft fliegen sah. Sie zerschlugen die Helme und brachten dadurch das heiße Blut zum Fließen.

2289 Da sah Hagen von Tronje, daß Volker tot war. Das war der bitterste Verlust, den er auf diesem Fest an Verwandten und auch an Gefolgsleuten erlitten hatte. Weh, wie schrecklich Hagen den Helden rächte!

2290 »Der alte Hildebrand soll es mir büßen! Mein Helfer, der beste Waffengefährte, den ich jemals hatte, liegt von seiner Hand erschlagen.« Den Schild schob er höher. Da schlug er sich eine Bahn.

2291 Der starke Helfrich erschlug Dankwart. Gunther und Giselher wurden von Schmerz ergriffen, als sie ihn mitten im härtesten Kampf zu Boden sinken sahen. Er hatte seinen Tod an seinem Gegner gerächt.

2292 Währenddessen schritt Wolfhart hin und her und mähte die Gefolgsleute Gunthers nieder. Er hatte nun schon das dritte Mal auf dem Kampffeld die Kehre gemacht. Von seiner Hand fielen zahllose Recken.

2293 Dô rief der herre Gîselher   Wolfharten an: 2230
»owê daz ich sô grimmen   vîent ie gewan.   (2353)
edel ritter küene,   nu wendet gegen mîn.
ich wilz helfen enden.   ez enmác niht léngér gesîn.«

2294 Zuo Gîselhere kêrte   Wolfhart in den strît.   2231
dô slúoc ir íetwédere   vil manege wunden wît.   (2354)
sô rehte krefteclîchen   er zuo dem künege dranc
daz imez bluot under füezen   ál ûber daz houbet spranc.

2295 Mit swinden slegen grimme   der schœnen Uoten kint 2232
empfíe Wólfhárten,   den küenen helt, sint.   (2355)
swie starc der degen wære,   ern kunde niht genesen.
ez endórfte künec sô junger   nimmer kűenér gewesen.

2296 Dô sluoc er Wolfharten   durch eine brünne guot,   2233
daz im von der wunden   nider vlôz daz bluot.   (2356)
er wunte zuo dem tôde   den Dietrîches man.
ez enhét âne einen recken   zwâre níemén getân.

2297 Alsô der küene Wolfhart   der wúndén empfant,   2234
den schilt den liez er vallen.   hôher an der hant   (2357)
huob er ein starkez wâfen,   daz was scharpf genuoc.
durch helm unt durch ringe   der helt dô Gîselheren sluoc.

2298 Si heten beide ein ander   den grimmen tôt getân.   2235
done lébtę ouch nu niht mêre   der Dietrîches man.   (2358)
Hildebrant der alte   Wólfharten vállen sach;
im wæne vor sînem tôde   sô rehte leide nie geschach.

2299 Dô wâren gar erstorben   die Guntheres man   2236
und ouch die Dietrîches.   Híldebrant wás gegân   (2359)
dâ Wolfhart was gevallen   nider in daz bluot.
er beslôz mit armen   den recken kűenę únde guot.

2300 Er woldę in ûzem hûse   mit im tragen dan;   2237
er was ein teil ze swære;   er muosę in ligen lân.   (2360)
dô blihtę ouch ûz dem bluote   der rěwénde man.
er sach wol daz im gerne   sîn neve het geholfen dan.

2301 Dô sprach der tôtwunde: »vil lieber œheim mîn,   2238
ir muget an disen zîten   mir niht frum gesîn.   (2361)
nu hüetet iuch vor Hagenen!   jâ dunket ez mich guot.
er treit in sînem herzen   einen grímmégen muot.

2302 Undę ob mich mîne mâge   nâch tôde wellen klagen,   2239
den næchsten unt den besten   den sult ir von mir sagen,
daz si nâch mir niht weinen.   daz ist âne nôt.   (2362)
vor eines küneges handen   ligę ích hie hěrlíchen tôt.

2293 Da rief der Herr Giselher Wolfhart entgegen: »Weh, daß ich jemals einen so grimmigen Feind hatte. Edler, tapferer Ritter, nun kehrt Euch zu mir! Ich will dem nun ein Ende machen. Es kann so nicht länger weitergehen.«

2294 Wolfhart wendete sich zum Kampf gegen Giselher. Da schlugen beide viele klaffende Wunden. In heftigem Ansturm drang er zu dem König, so daß ihm das Blut unter seinen Füßen bis über seinen Kopf spritzte.

2295 Mit schnellen, grimmigen Schlägen empfing der Sohn der schönen Ute Wolfhart, den tapferen Helden. Wie stark der Held auch war, er konnte sein Leben nicht behalten. Niemals hätte ein so junger König tapferer sein können.

2296 Da schlug er Wolfhart durch seinen trefflichen Brustpanzer, daß das Blut aus seiner Wunde herabströmte. Er verwundete den Gefolgsmann Dietrichs lebensgefährlich. Nur ein Recke konnte einen solchen Schwertschlag ausführen.

2297 Als nun der tapfere Wolfhart die Wunde fühlte, da ließ er den Schild fallen und schwang sein starkes Schwert hoch in die Luft. Es war wirklich scharf. Der Held schlug Giselher durch den Helm und durch den Ringpanzer.

2298 Voller Grimm hatten die beiden einander gefällt. Da lebte von den Gefolgsleuten Dietrichs nicht einer mehr. Der alte Hildebrand sah Wolfhart fallen. Ich glaube, niemals vor seinem Tod hatte er einen solchen Schmerz erfahren.

2299 Da waren alle Gefolgsleute Gunthers und auch die Mannen Dietrichs tot. Hildebrand war dorthin gegangen, wo Wolfhart in seinem Blute lag. Er umschloß den tapferen, trefflichen Recken mit seinen Armen.

2300 Er wollte ihn mit sich aus dem Hause tragen; doch Wolfhart war viel zu schwer; so mußte er ihn liegen lassen. Da blickte der Sterbende aus dem Blut, in dem er lag, empor. Er erkannte, wie gerne ihm sein Oheim fortgeholfen hätte.

2301 Da sagte der Todwunde: »Mein lieber Oheim, Ihr könnt mir jetzt nichts mehr nützen. Hütet Ihr Euch lieber vor Hagen! Das scheint mir wirklich besser. Sein Herz ist erfüllt von grimmigem Zorn.

2302 Und wenn mich meine Verwandten nach meinem Tode beklagen wollen, dann sollt Ihr den besten und nächsten unter ihnen von mir sagen, daß sie um mich nicht weinen sollen. Dazu besteht kein Grund. Von der Hand eines Königs fand ich einen herrlichen Tod.

2303 Ich hân ouch sô vergolten   hie inne mînen lîp,   2240
daz ez wol mugen beweinen   der guoten ritter wîp.   *(2363)*
ob iuch des iemen vrâge,   sô muget ir balde sagen:
vor mîn eines handen   lît wol húndért erslagen.«

2304 Dô gedâhtẹ ouch Hagene   an den spileman,   2241
dem der küene Hildebrant   sîn leben an gewan.   *(2364)*
dô sprach er zuo dem degene: »ir geltet mîniu leit.
ir habt uns hinnẹ erbunnen   vil maneges réckén gemeit.«

2305 Er sluoc ûf Hildebranden,   daz man wol vernam   2242
Bálmúngen diezen,   den Sîfride nam   *(2365)*
Hagene der küene,   dâ er den helt sluoc.
dô werte sich der alte: jâ was er kūené genuoc.

2306 Der recke Dietrîches   sluoc ein wâfen breit   2243
ûf den helt von Tronege,   daz ouch vil sêre sneit.   *(2366)*
done kúndẹ er niht verwunden   den Guntheres man.
dô sluoc áber in Hágene   durch eine brünne wol getân.

2307 Dô der alte Hildebrant   der wúndén empfant,   2244
dô vorhtẹ er schaden mêre   von der Hagenen hant.   *(2367)*
den schilt warf über rucke   der Dietrîches man.
mit der starken wunden   der helt dô Hagenen entran.

2308 Dâ was niemen lebende   al der degene,   2245
niwan die einen zwêne,   Gúnther und Hagene.   *(2368)*
mit bluote gie berunnen   der alte Hildebrant.
er brâhte leidiu mære   dâ er Díetrîchen vant.

2309 Dô sach er trûreclîche   sitzen hie den man.   2246
der leide michel mêre   der fürstẹ dô gewan.   *(2369)*
er sach ouch Hildebranden   in sîner brünne rôt.
dô vrâgetẹ er in der mære,   als im diu sórgẹ gebôt:

2310 »Nu sagt mir, meister Hildebrant,   wie sît ir sô naz   2247
von dem verchbluote?   oder wér tét iu daz?   *(2370)*
ich wænẹ ir mit den gesten   zem hûse habt gestriten.
ich verbôt ez iu sô sêre,   ir hetez bíllích vermiten.«

2311 Dô sagtẹ er sînem herren: »ez tet Hagene.   2248
der sluoc mir dise wunden   in dem gademe,   *(2371)*
dô ich von dem recken   wolde wenden dan.
mit dem mînem lebene   ich dem tiuvel kûmẹ entran.«

2312 Dô sprach der Bernære: »vil rehte ist iu geschehen,   2249
dô ir mich friuntschefte   den recken hôrtet jehen,   *(2372)*
daz ir den fride brâchet,   den ich in hete gegeben.
het ichs niht immer schande,   ir soldet verlíesén daz leben.«

2303 Auch habe ich mich hier im Saal so bitter gerächt, daß die Frauen trefflicher Ritter darüber weinen werden. Wenn Euch jemand danach fragt, so dürft Ihr stolz bekennen: wohl hundert Männer sind allein von meiner Hand gefallen.«

2304 Da dachte Hagen an den Spielmann, dem der tapfere Hildebrand sein Leben genommen hatte. Da sagte er zu dem Helden: »Für das, was Ihr mir angetan habt, müßt Ihr mir büßen! Viele stolze Recken haben wir durch Euch verloren.«

2305 Er versetzte Hildebrand einen solchen Schlag, daß man Balmung erklingen hörte; dort, wo der tapfere Hagen Siegfried erschlug, hatte er dem Helden dieses Schwert geraubt. Da setzte sich der Alte zur Wehr. Er war auch tapfer genug.

2306 Der Recke Dietrichs schlug den Helden von Tronje mit einem breiten Schwert, das auch sehr scharf schnitt. Doch er konnte den Gefolgsmann Gunthers nicht verwunden. Da schlug ihm wiederum Hagen einen Hieb durch seinen schönen Brustpanzer.

2307 Als der alte Hildebrand die Wunde fühlte, da fürchtete er, Schlimmeres von Hagen zu erleiden. Der Gefolgsmann Dietrichs warf den Schild über seinen Rücken. Mit der schweren Wunde entkam der Held dem Angriff Hagens.

2308 Da war von allen Helden niemand mehr am Leben als nur die beiden, Gunther und Hagen. Blutüberströmt zog sich der alte Hildebrand zurück. Er brachte eine schmerzliche Botschaft zu Dietrich.

2309 Da sah er den Helden traurig sitzen. Noch größeres Leid sollte der Fürst da erfahren. Er sah Hildebrand in seinem roten Brustpanzer. Wie es die Sorge um seine Leute ihm gebot, fragte er ihn, was vorgefallen sei.

2310 »Nun sagt mir, Meister Hildebrand, wie kommt es, daß Ihr von Herzblut so naß seid? Und wer hat Euch das angetan? Ich glaube, Ihr habt im Saal mit den Gästen gekämpft. Ich hatte es Euch doch so streng verboten. Ihr hättet es besser unterlassen!«

2311 Da sagte er seinem Herrn: »Hagen hat es getan. Der schlug mir diese Wunde im Saal, als ich mich von dem Recken wieder zurückziehen wollte. Nur unter Mühen bin ich vor dem Teufelskerl mit dem Leben davongekommen.«

2312 Da sagte der Berner: »Euch ist recht geschehen. Wo Ihr doch hörtet, daß ich den Recken meine Freundschaft zusicherte, habt Ihr den Frieden gebrochen, den ich ihnen gewährt hatte. Wenn es nicht allezeit für mich eine Schande wäre, dann solltet Ihr jetzt zur Strafe das Leben verlieren.«

2313 »Nu zürnet niht sô sêre,   mîn herre Dietrîch.   2250
     an mir und mînen friunden   der schadę ist alze rîch.   (2373)
     wir wolden Rüedegêren   hân getragen dan,
     des enwólden uns niht gunnen   des künec Gúnthéres man.«

2314 »Sô wê mir dirre leide!   ist Rüedegêr doch tôt?   2251
     daz muoz mir sîn ein jâmer   vor aller mîner nôt: (2374)
     Gotelint diu edele   ist mîner basen kint.
     ach wê der armen weisen,   die dâ ze Bechelâren sint.«

2315 Triuwen unde leides   mantę in dô sîn tôt.   2252
     er begúnde starke weinen,   des gie dem helde nôt: (2375)
     »owê getriuwer helfe,   die ich verlorn hân!
     janę überwindę ich nimmer   des künec Étzélen man.

2316 »Muget ír mir, meíster Hildebrant,   diu rehten mære sagen,
     wer der recke wære,   der in dâ hât erslagen?«   2253
     er sprach: »daz tet mit kreften   der starke Gêrnôt.   (2376)
     vor Rüedegêres handen   ist ouch der helt gelegen tôt.«

2317 Er sprach ze Hildebrande: »nu sagt mînen man,   2254
     daz si sich balde wâfen!   wandę ich wil dar gân.   (2377)
     und heizet mir gewinnen   mîn liehtez wîcgewant.
     ich wil selbe vrâgen   die hêldę ûz Búrgónden lant.«

2318 Dô sprach meister Hildebrant: »wer sol zuo iu gên?
     swaz ir habt der lebenden,   die seht ir bî iu stên.
     daz bin ich alterseine: die andern die sint tôt.«   2255
     do erschrâhtę er dirre mære.   des gie im wærlîche nôt,   (2378)

2319 Wandę er leit sô grôzez   zer werlde nie gewan.   2256
     er sprach: »und sint erstorben   alle mîne man,   (2379)
     sô hât mîn got vergezzen,   ich armer Dietrîch.
     ich was ein künec hêre,   vil gewaltec unde rîch.«

2320 »Wie kundę ez sich gefüegen«,   sprach aber Dietrîch,
     »daz sį álle sint erstorben,   die helde lobelîch,
     von den strîtmüeden,   die doch heten nôt?   2257
     wan durch mîn ungelücke,   in wære vremde noch der tôt.   (2380)

2321 Sît daz es mîn unsælde   niht langer woldę entwesen,
     sô sagt mir, ist der geste   noch íemén genesen?«   2258
     dô sprach meister Hildebrant: »daz weiz got, niemen mêr
     niwan Hagenę aleine   und Gúnthér der künec hêr.«

2313 »Nun seid nicht so zornig, mein Herr Dietrich! Die Schmach, die über mich und meine Freunde gekommen ist, ist auch so schon groß genug. Wir wollten Rüdiger mit uns forttragen. Das wollten die Gefolgsleute des König Gunther uns nicht gestatten.«

2314 »Weh mir, welch Schmerz! Ist Rüdiger doch tot? Dieser Schmerz ist noch schlimmer als meine eigene Not. Die edle Gotelind ist die Tochter meiner Tante. O weh, die armen Waisen, die da jetzt schutzlos in Bechelaren sein müssen.«

2315 An Treue und an gemeinsam überstandenes Leid erinnerte ihn Rüdigers Tod. Er fing heftig an zu weinen. Dazu hatte der Held allen Grund. »Ach, welch einen treuen Helfer habe ich verloren! Wahrhaftig, niemals werde ich den Gefolgsmann König Etzels verschmerzen.

2316 Meister Hildebrand, könnt Ihr mir genau sagen, welcher Recke es war, der ihn erschlagen hat?« Er sagte: »Der starke Gernot hat es mit kraftvoller Hand getan. Durch Rüdiger fand auch der Held den Tod.«

2317 Er sagte zu Hildebrand: »Nun sagt meinen Leuten, sie sollen sich sogleich waffnen! Denn ich will dorthin gehen. Und laßt mir meine strahlende Rüstung bringen! Ich selbst will die Helden aus dem Burgundenland fragen.«

2318 Da sagte Meister Hildebrand: »Wer sonst soll zu Euch kommen? Alle Lebenden, die Ihr habt, die seht Ihr hier vor Euch stehen. Das bin ich ganz allein. Die andern sind alle tot.« Bei dieser Nachricht erschrak er sehr. Dazu hatte er allen Grund,

2319 denn er hatte niemals in seinem Leben einen so großen Schmerz erfahren. Er sagte: »Wenn alle meine Gefolgsleute gefallen sind, dann hat mich Gott vergessen, mich armen Dietrich: Bis jetzt war ich ein erhabener König, war gewaltig und mächtig.«

2320 »Wie konnte es kommen«, sagte wiederum Dietrich, »daß von Recken, die doch vom Kampf ermattet und bereits am Ende ihrer Kräfte waren, alle diese ruhmbedeckten Helden erschlagen worden sind? Wenn ich nicht vom Unglück verfolgt würde, dann wären auch sie sicherlich noch nicht tot.

2321 Da sich nun mein Unheil nicht länger aufhalten läßt, so sagt mir, ob noch irgendeiner der Gäste lebt?« Da sagte Meister Hildebrand: »Weiß Gott, niemand außer Hagen und dem erhabenen König Gunther.«

2322 »Owê, lieber Wolfhart,   sol ich dich hân verlorn,   2259
      sô mac mich balde riuwen   daz ich ie wart geborn!   (2381)
      Sigestap und Wolfwîn   und ouch Wolfprant!
      wer sol mir danne helfen   in der Amelunge lant?

2323 Helpfrich der vil küene,   und ist mir der erslagen,   2260
      Gêrbárt und Wîchart,   wie soldę ich die verklagen?   (2382)
      daz ist an mînen freuden   mir der leste tac.
      owê daz vor leide   niemen stérbén nemac!«

39. Âventiure
Wie her Dietrich mit Gunther und mit Hagene streit

2324 Dô suochtę der herre Dietrich   selbe sîn gewant.   2261
      im half, daz er sich wâfent,   meister Hildebrant.   (2383)
      dô klagetę alsô sêre   der kréftége man,
      daz daz hûs erdiezen   von sîner stímmé began.

2325 Dô gewan er widere   rehten heldes muot.   2262
      in grimme wart gewâfent   dô der helt guot.   (2384)
      einen schilt vil vesten   nam er an die hant.
      si giengen balde dannen,   er unde meister Hildebrant.

2326 Dô sprach von Tronege Hagene: »ich sihe dort her gân
      den herren Dietrîchen,   der wil uns bestân   2263
      nâch sînem starken leide,   daz im ist hie geschehen.   (2385)
      man sol daz hiute kiesen,   wem man des besten müge jehen.

2327 Jane dúnket sich von Berne   der herre Dietrîch   2264
      nie sô starc des lîbes   und ouch sô gremelîch,   (2386)
      und wil erz an uns rechen,   daz im ist getân«,
      alsô redete Hagene,   »ich tar in eine wol bestân.«

2328 Dise rede hôrte   Dietrich und Hildebrant.   2265
      er kom dâ er die recken   beide stênde vant   (2387)
      ûzen vor dem hûse,   geleinet an den sal.
      sînen schilt den guoten   den sazte Dietrîch zetal.

2329 In leitlîchen sorgen   sprach dô Dietrîch: 2266
      »wie habt ir sô geworben,   Gunther, künec rîch,   (2388)
      wíder mich éllénden?   waz het ich iu getân?
      alles mînes trôstes   des bin ich éiné bestân.

2330 Iuch endûhte niht der volle   an der grôzen nôt,   2267
      dô ir uns Rüedegêren   den helt sluoget tôt.   (2389)
      nu habet ir mir erbunnen   aller mîner man.
      jane hét ích iu helden   solher leide niht getân.

2322 »O weh, lieber Wolfhart, soll ich Dich verloren haben, dann ist es mir leid, überhaupt geboren zu sein. Sigestab und Wolfwin und auch Wolfbrand! Wer wird mir denn beistehen im Land der Amelungen?

2323 Wenn der tapfere Helferich erschlagen ist und Gerbart und Wichart – wie könnte ich aufhören, die zu beklagen? Dies ist der letzte Tag, an dem ich glücklich war. O weh, daß niemand vor Schmerz sterben kann!«

39. Aventiure
Wie Herr Dietrich mit Gunther und Hagen kämpfte

2324 Da suchte sich der Herr Dietrich selbst seine Rüstung. Ihm half Meister Hildebrand, sich zu waffnen. Da klagte der kraftvolle Mann so sehr, daß das Haus von seiner Stimme erbebte.

2325 Da gewann er seinen wahren Heldensinn wieder. Zorn erfaßte den trefflichen Helden, während er gewaffnet wurde. Seinen festen Schild nahm er in die Hand. Schnell gingen er und Meister Hildebrand fort.

2326 Da sagte Hagen von Tronje: »Ich sehe dort den Herrn Dietrich herankommen. Nach dem tiefen Leid, das ihm hier widerfahren ist, wird er sicherlich gegen uns kämpfen. Heute wird man sehen, wem man den Kampfpreis zuerkennen muß.

2327 Wahrhaftig, so stark und so grimmig kann sich der Herr Dietrich gar nicht vorkommen«, sagte Hagen, »als daß ich nicht wagte, ganz allein gegen ihn zu kämpfen: wo er doch jetzt Rache nehmen will für das, was wir ihm zuleide getan haben.«

2328 Diese Worte hörten Dietrich und Hildebrand. Der Berner kam an die Stelle, wo sich die beiden Recken außen an die Wand des Saales lehnten. Seinen trefflichen Schild setzte Dietrich zu Boden.

2329 In Leid und Sorge sagte da Dietrich: »Gunther, mächtiger König, wie konntet Ihr Euch so gegen mich verhalten, gegen einen Verbannten? Was hatte ich Euch denn getan? Ich stehe jetzt ganz allein und habe niemanden mehr, auf den ich mich verlassen kann.

2330 Als Ihr uns Rüdiger erschlugt, da genügte Euch das Leid offenbar noch nicht. Nun habt Ihr mir auch noch alle meine Gefolgsleute genommen. Wahrhaftig, ich hatte Euch Helden nichts getan.

2331 Gedenket an iuch selben   undę an iuwer leit,   2268
     tôt der iuwern friunde   und ouch diu arbeit,   (2390)
     ob ez iu guoten recken   beswæret iht den muot.
     owê wie rehtę unsanfte   mir tôt der Rüedegêres tuot!

2332 Ez geschách ze dirre werlde   nie leider manne mêr.   2269
     ir gedâhtet übele   an mîn und iuwer sêr.   (2391)
     swaz ich freuden hête,   diu lît von iu erslagen.
     jane kán ich nimmer mêre   die mîne mãgé verklagen.«

2333 »Jane sîn wir niht sô schuldec«,   sprach dô Hagene.   2270
     »ez giengen zuo disem hûse   iuwer degene,   (2392)
     gewâfent wol ze vlîze,   mit einer schar sô breit.
     mich dunket daz diu mære   iu niht rehte sîn geseit.«

2334 »Waz sol ich gelouben mêre?   mir seitez Hildebrant.
     dô mîne recken gerten   vòn Amelunge lant   2271
     daz ir in Rüedegêren   gæbet ûz dem sal,   (2393)
     dô bütet ir niwan spotten   den küenen helden her zetal.«

2335 Dô sprach der künec von Rîne: »si jâhen wolden tragen
     Rüedegêren hinnen,   den hiez ich in versagen   2272
     Etzeln ze leide,   und niht den dînen man,   (2394)
     únz dáz dô Wolfhart   dar umbe schéltén began.«

2336 Dô sprach der helt von Berne: »ez muosę et alsô sîn.   2273
     Gunther, künec edele,   durch die zühte dîn   (2395)
     ergetze mich der leide,   die mir vón dir sínt geschehen,
     und süenę ez, ritter küene,   daz ich des künne dir gejehen.

2337 Ergip dich mir ze gîsel,   du und ouch dîn man!   2274
     sô wil ich behüeten,   so ịch áller beste kan,   (2396)
     daz dir hie zen Hiunen   niemen niht entuot.
     dune sólt an mir niht vinden   niwan triuwę unde guot.«

2338 »Daz enwélle got von himele«,   sprach dô Hagene,   2275
     »daz sich dir ergæben   zwêne degene,   (2397)
     die noch sô werlîche   gewâfent gegen dir stânt
     und noch sô ledeclîche   vor ir vîánden gânt.«

2339 »Ir ensúlt ez niht versprechen«,   sô redete Dietrich,   2276
     »Gunther unde Hagene.   ir habt beide mich   (2398)
     sô sếré beswæret,   daz herzę und ouch den muot,
     welt ir mich ergetzen,   daz irz vil billîchen tuot.

2331 Denkt doch an Euch selbst und an Eure eigene Not, an den Tod Eurer Freunde und an die Anstrengungen des Kampfes! Ist denn nicht auch Euch trefflichen Recken das Herz schwer geworden? Ach, wie bitter mich der Tod Rüdigers quält!

2332 Niemals ist auf dieser Welt einem Menschen ein schlimmeres Leid widerfahren. Ihr habt Euch zu Unrecht über mein und Euer Leid hinweggesetzt! Mein ganzes Glück habt Ihr durch Eure Schwerthiebe zerstört. Wahrhaftig, niemals mehr kann ich den Tod meiner Verwandten verwinden.«

2333 »Wahrhaftig, wir sind nicht so schuldig!« sagte da Hagen. »Eure Helden kamen in voller Bewaffnung in riesiger Schar hierher zu diesem Haus. Mir scheint, daß die Geschichte Euch nicht richtig erzählt worden ist.«

2334 »Was soll ich denn nun glauben? Mir hat es Hildebrand erzählt. Als meine Recken aus dem Amelungenland den Wunsch aussprachen, Ihr möchtet ihnen Rüdiger aus dem Saal herausgeben, da hättet Ihr nur Euren Hohn und Spott auf die tapferen Helden herabgeschüttet.«

2335 Da sagte der König vom Rhein: »Sie sagten, sie wollten Rüdiger forttragen. Um Etzel, nicht um Deine Leute zu treffen, gab ich den Befehl, ihnen den Leichnam zu versagen, bis dann Wolfhart deswegen zu schimpfen begann.«

2336 Da sagte der Held von Bern: »Es mußte wohl so kommen! Gunther, edler König, Deiner höfischen Vollkommenheit wegen sollst Du mir für das, was Du mir zuleide getan hast, einen Ersatz bieten und es auf eine Weise sühnen, tapferer Ritter, die ich anerkennen kann.

2337 Ergib Dich mir als Geisel, Du und auch Dein Gefolgsmann! Dann will ich Dich, so gut ich nur kann, beschützen, daß Dir niemand hier bei den Hunnen ein Härchen krümmt. Du wirst sehen, daß ich es nur treu und gut mit Euch meine.«

2338 »Gott im Himmel möge verhüten«, sagte da Hagen, »daß sich Dir zwei Helden ergeben, die noch so kampfkräftig und in Waffen vor Dir stehen und noch frei vor ihren Feinden einhergehen.«

2339 »Ihr solltet es nicht zurückweisen«, so sagte Dietrich; »Gunther und Hagen, Ihr beide habt mir Herz und Sinn so schwer betrübt, daß es nur recht wäre, Ihr würdet mir dafür Genugtuung verschaffen.

2340 Ich gibę iu mîne triuwe   und sicherlîche hant,   2277
    daz ich mit iu rîte   heim in iuwer lant.   (2399)
    ich leitę iuch nâch den êren   oder ich gelige tôt,
    und wil durch iuch vergezzen   der mînen grǽzlîchen nôt.«

2341 »Nune múotet sîn niht mêre«,   sprach aber Hagene.   2278
    »von uns enzimt daz mære   niht wol ze sagene,   (2400)
    daz sich iu ergæben   zwênę álsô küene man.
    nu siht man bî iu niemen   wan eine Hildebranden stân.«

2342 Dô sprach meister Hildebrant: »got weiz, her
                                                Hagene,   2279
    der iu den fride biutet   mit iu ze tragene,   (2401)
    ez kumt noch an die stunde   daz ir in möhtet nemen.
    die suone mînes herren   möht ir iu lâzén gezemen.«

2343 »Jâ næmę ich ê die suone«,   sprach aber Hagene,   2280
    »ê ich sô lasterlîche   ûz einem gademe   (2402)
    flühe, meister Hildebrant,   als ir hie habt getân.
    ich wânde daz ir kundet   baz gein vîánden stân.«

2344 Des antwurte Hildebrant: »zwiu verwîzet ir mir daz?
    nu wer wás der ûf einem schilde   vor dem Wáskensteine saz,
    dô im von Spânje Walther   sô vil der friunde sluoc?   2281
    ouch habt ir noch ze zeigen   an iu sélbén genuoc.«   (2403)

2345 Dô sprach der herre Dietrich: »daz enzímt niht helde lîp,
    dáz sí suln schelten   sam diu alten wîp.   2282
    ich verbiutę iu, Hildebrant,   daz ir iht sprechet mêr.
    mich ellenden recken   twingent grǽzlíchiu sêr.   (2404)

2346 Lât hǿrén«, sprach Díetrich,   »recke Hagene,   2283
    waz ir beide sprâchet,   snelle degene,   (2405)
    dô ir mich gewâfent   zuo iu sâhet gân?
    ir jâhet daz ir eine   mit strîte woldet mich bestân.«

2347 »Jane lóugent iu des niemen«,   sprach Hagene der degen,
    »ine wéllez hie versuochen   mit den starken slegen,   2284
    ez ensî daz mir zebreste   daz Nibelunges swert.   (2406)
    mir ist zórn daz unser beider   hie ze gîsel ist gegert.«

2348 Dô Dietrîch gehôrte   den grimmen Hagenen muot,   2285
    den schilt vil balde zuhte   der snelle degen guot.   (2407)
    wie balde gein im Hagene   von der stiege spranc!
    Níbelunges swért daz guote   vil lûtę ûf Dietrîche erklanc.

2349 Dô wesse wol her Dietrich   daz der küene man   2286
    vil grimmes muotes wære.   schermen im began   (2408)
    der hérré von Berne   vor angestlîchen slegen.
    wol erkandę er Hagenen,   den vil zíerlíchen degen.

2340 Ich gebe Euch mein Wort und sichere es Euch durch Hand-
schlag zu, daß ich mit Euch zusammen in Euer Land heimreite.
Wie Eure Ehre es verlangt, so werde ich Euch geleiten, oder
ich will selbst sterben. Euch zuliebe will ich nicht mehr an
meinen eigenen schweren Kummer denken.«

2341 »Nun dringt nicht mehr weiter darauf!« sagte wiederum Hagen.
»Es wäre gegen unsere Ehre, wenn man über uns erzählte, zwei
so tapfere Männer hätten sich Euch ergeben. Zumal man an
Eurer Seite niemand anders sieht als Hildebrand allein.«

2342 Da sagte Meister Hildebrand: »Weiß Gott, Herr Hagen. Es
kommt sicherlich noch die Stunde, daß Ihr den Frieden, den
Euch einer zu gewähren bereit ist, gerne annehmt. Die Sühne,
die mein Herr Euch vorschlägt, sollte eigentlich Eure Billigung
finden.«

2343 »Wahrhaftig, Meister Hildebrand«, sagte wiederum Hagen,
»ich nähme eher die Sühne an, als daß ich so schmachvoll aus
einem Saal hinausliefe, wie Ihr es hier getan habt. Ich hatte ge-
glaubt, Ihr könntet Euren Feinden tapferer standhalten.«

2344 Darauf antwortete Hildebrand: »Weshalb werft gerade Ihr mir
das vor? Wer war es denn, der am Waskenstein auf seinem
Schild saß, als Walther von Spanien ihm so viele Freunde er-
schlug? Ihr habt Euch selbst genug vorzuwerfen.«

2345 Da sagte der Herr Dietrich: »Es ziemt sich nicht für Helden,
wie die alten Weiber zu keifen. Ich verbiete Euch, Hildebrand,
noch weiterzureden. Mich verbannten Helden quälen schwe-
rere Sorgen.

2346 Hagen, Du Recke«, sagte Dietrich, »laß doch hören, was Ihr
tapferen Helden sagtet, als Ihr mich in Waffen nahen sahet?
Du sagtest, daß Du ganz allein gegen mich kämpfen wolltest.«

2347 »Wahrhaftig, das streitet niemand ab«, sagte Hagen, der Held.
»Mit harten Schwertschlägen will ich es versuchen, es sei denn,
das Schwert Nibelungs zerbirst. Ich bin darüber sehr zornig,
daß Ihr uns beide hier als Geiseln gefordert habt.«

2348 Als Dietrich hörte, wie wütend der grimmige Hagen war, da
riß der tapfere, treffliche Held sogleich den Schild hoch. Wie
schnell sprang Hagen von der Treppe heran ihm entgegen!
Das treffliche Schwert Nibelungs klang hell auf Dietrichs
Rüstung.

2349 Da wußte Herr Dietrich genau, daß der tapfere Mann von
grimmigem Zorn erfüllt war. Der Herr von Bern schirmte
sich gegen die gefährlichen Schwertschläge ab. Hagen, den
herrlichen Helden, kannte er nur zu gut.

2350 Ouch vorhtę er Balmungen, ein wâfen starc genuoc.
     underwîlen Dietrich   mit listen wider sluoc,   2287
     únz dáz er Hagenen   mit strîte doch betwanc.   (2409)
     er sluoc im eine wunden,   diu was tíef únde lanc.

2351 Dô dâhtę der herre Dietrich : »du bist in nôt erwigen.
     ich hâns lützel êre,   soltu tôt vor mir geligen.   2288
     ich wil ez sus versuochen,   ob ich ertwingen kan   (2410)
     dich mir zę einem gîsel.«   daz wart mit sórgén getân.

2352 Den schilt liez er vallen.   sîn sterke diu was grôz.   2289
     Hagenen von Tronege   mit armen er beslôz.   (2411)
     des wart dô betwungen   von im der küene man.
     Gúnthér der edele   dar umbe trŭrén began.

2353 Hagenen bant dô Dietrich   und fuortę in, dâ er vant   2290
     die edeln küneginne,   und gap ir bî der hant   (2412)
     den kŭenésten recken   der ie swert getruoc.
     nâch ir vil starkem leide   dô wart si vrœlîch genuoc.

2354 Vor liebe neic dem degene   daz Etzelen wîp :   2291
     »immer sî dir sælec   dîn herzę und ouch dîn lîp.   (2413)
     du hâst mich wol ergetzet   aller mîner nôt.
     daz sol ich immer dienen,   mich ensŭmés der tôt.«

2355 Dô sprach der herre Dietrich : »ir sult in lân genesen,
     edeliu küneginne.   und mac daz noch gewesen,   2292
     wie wol er iuch ergetzet   daz er iu hât getân!   (2414)
     er ensól des niht engelten,   daz ir in seht gebunden stân.«

2356 Dô hiez si Hagenen füeren   an sîn ungemach,   2293
     dâ er lac beslozzen   unt dâ in niemen sach.   (2415)
     Gúnther der kŭnec edele   rüefen dô began :
     »war kom der helt von Berne?   der hât mir léidé getân.«

2357 Dô gie im hin engegene   der herre Dietrîch.   2294
     daz Guntheres ellen   daz was vil lobelîch.   (2416)
     done béit ouch er niht mêre,   er lief her fŭr den sal.
     von ir beider swerten   huop sich ein grœzlîcher schal.

2358 Swie vil der herre Dietrich   lange was gelobt,   2295
     Gunther was sô sêre   erzürnet und ertobt,   (2417)
     wandę er nâch starkem leide   sîn herzevîent was.
     man sagt ez noch ze wunder,   daz dô her Díetrích genas.

2350 Auch hatte er Angst vor Balmung, dem starken Schwert. Dann und wann schlug Dietrich mit kluger Berechnung zurück, bis er Hagen doch noch im Kampf überwand. Er schlug ihm eine tiefe, lange Wunde.

2351 Da dachte der Herr Dietrich: »Du bist durch den langen Kampf erschöpft. Ich habe davon wenig Ehre, wenn Du tot vor mir liegst. Ich will versuchen, ob ich Dich ohne Kampf zwingen kann, meine Geisel zu werden.« Dietrich war sich über die Gefährlichkeit seines Tuns im klaren.

2352 Den Schild ließ er zu Boden fallen. Seine Stärke war riesig. Er umschloß Hagen von Tronje mit seinen Armen. Dadurch wurde der tapfere Mann von ihm überwältigt. Darüber wurde der edle Gunther sehr traurig.

2353 Dietrich fesselte Hagen, führte ihn zur edlen Königin und lieferte ihr den tapfersten Helden aus, der jemals ein Schwert trug. Nach all ihrem Leid wurde sie sehr fröhlich.

2354 Vor Freude verneigte sich Etzels Gemahlin vor dem Helden: »Möge Dir Herz und Sinn immer von Glück erfüllt sein! Du hast mir Genugtuung geleistet für alles, was ich jemals erlitten habe. Dafür werde ich mich allezeit erkenntlich zeigen, es sei denn der Tod hindert mich daran.«

2355 Da sagte der Herr Dietrich: »Edle Königin, Ihr sollt ihm das Leben lassen! Wenn das geschieht, so wird er Euch Genugtuung leisten für alles, was er Euch angetan hat. Dafür, daß Ihr ihn jetzt gefesselt vor Euch seht, soll er nicht mit dem Leben bezahlen.«

2356 Da ließ sie Hagen in einen Kerker führen, wo er gefangen lag und wo ihn niemand sehen konnte. Der edle König Gunther aber rief: »Wo ist der Held von Bern geblieben? Der hat mir bitteres Leid getan.«

2357 Da ging ihm der Herr Dietrich entgegen. Gunthers Tapferkeit war hoch zu rühmen. Da wartete auch er nicht länger und lief vor den Saal. Von den Schwertern der beiden erhob sich ein großer Kampflärm.

2358 Wie groß auch der Ruhm war, den Herr Dietrich schon lange erworben hatte, Gunther war in einem unbändigen Kampfeszorn, denn er war nach aller bisherigen Not jetzt auf seinen stärksten Feind gestoßen. Man hält es jetzt noch für ein Wunder, daß Herr Dietrich da am Leben blieb.

2359 Ir ellen und ir sterke   beide wâren grôz.   2296
      palas unde türne   von den slegen dôz,   (2418)
      dô si mit swerten hiuwen   ûf die helme guot.
      ez het der künec Gunther   einen hérlíchen muot.

2360 Sît twanc in der von Berne,   sam Hagenen ê geschach.   2297
      daz bluot man durch die ringe   dem helde vliezen sach (2419)
      von einem scharpfen swerte,   daz truoc Dietrich.
      dô het gewert her Gunther   nâch müede lobelîche sich.

2361 Der herre wart gebunden   von Dietrîches hant,   2298
      swie künege niene solden   lîden solhiu bant.   (2420)
      er dâhte ob er si lieze,   den künec und sînen man,
      alle die si fünden,   die müesen tôt von in bestân.

2362 Dietrîch von Berne   der nam in bî der hant.   2299
      dô fuorte er in gebunden   da er Kríemhílde vant.   (2421)
      dô was mit sînem leide   ir sorgen vil erwant.
      si sprach: »wíllekomen Gunther   ûzer Búrgónden lant!«

2363 Er sprach: »ich solte iu nîgen,   vil liebiu swester mîn,   2300
      ob iuwer grüezen möhte   genædeclîcher sîn.   (2422)
      ich weiz iuch, küneginne,   sô zórnéc gemuot,
      daz ir mir unde Hagenen   vil swachez grüezén getuot.«

2364 Dô sprach der helt von Berne: »vil edeles küneges wîp,
      ez enwárt nie gîsel mêre   sô guoter ritter lîp,   2301
      als ich iu, frouwe hêre,   an in gegeben hân.   (2423)
      nu sult ír die éllénden   mîn vil wol geniezen lân.«

2365 Si jach si tæte ez gerne.   dô gie her Dietrîch   2302
      mit wéinénden ougen   von den hélden lobelîch.   (2424)
      sît rach sich grimmeclîchen   daz Étzélen wîp.
      den ûz erwelten degenen   nam si béidén den lip.

2366 Si lie si ligen sunder   durch ir ungemach,   2303
      daz ir sît dewedere   den andern nie gesach,   (2425)
      unz si ir bruoder houbet   hin für Hagenen truoc.
      der Kriemhilde râche   wart an in béidén genuoc.

2367 Dô gie diu küneginne   dâ si Hagenen sach.   2304
      wie rehte fîentlîche   si zuo dem helde sprach: (2426)
      »welt ir mir geben widere   daz ir mir habt genomen,
      sô muget ir noch wol lebende   héim zen Búrgónden komen.«

2368 Dô sprach der grimme Hagene: »diu rede ist gar verlorn,
      vil edeliu küneginne.   jâ hân ich des gesworn,   2305
      daz ich den hort iht zeige   die wîle daz si leben,   (2427)
      deheiner mîner herren,   sô sól ich in níeméne geben.«

2359 Ihre Tapferkeit und ihre Stärke waren groß. Als sie nun mit den Schwertern auf die festen Helme schlugen, hallten Palas und Türme von den Schwertschlägen wider. Der König Gunther zeigte, wie mutig er war.

2360 Gleich darauf bezwang ihn der Berner, so wie es vorher mit Hagen geschehen war. Man sah, wie dem Helden unter den scharfen Schwertschlägen das Blut aus dem Ringpanzer lief. Das kam von Dietrichs scharfem Schwert. Da hatte sich Gunther trotz seiner Erschöpfung ruhmvoll geschlagen.

2361 Der Herr wurde von Dietrich gefesselt, wiewohl Königen niemals solche schmachvollen Bande angelegt werden sollten. Dietrich dachte sich aber, wenn er den König und seinen Gefolgsmann ohne Fesseln ließe, würden sie alle erschlagen, die sie sähen.

2362 Dietrich von Bern nahm Gunther bei der Hand. Da führte er ihn gebunden zu Kriemhild. Da war ihre Not durch die Schmach Gunthers beendet. Sie sagte: »Willkommen Gunther aus dem Burgundenland!«

2363 Er sagte: »Ich sollte mich vor Euch verneigen, teure Schwester, wenn Euer Gruß etwas freundlicher gemeint wäre. Ich weiß aber, Königin, Ihr seid so zornig, daß Ihr mir und Hagen nur einen kühlen Gruß gewährt.«

2364 Da sagte der Held von Bern: »Gemahlin des edlen Königs, so treffliche Ritter, wie ich sie Euch, erhabene Frau, übergeben habe, wurden niemals vorher zu Geiseln gemacht. Nun sollt Ihr die heimatlosen Männer um meinetwillen schonen.«

2365 Sie sagte, sie täte es gerne. Da ging Herr Dietrich mit Tränen in den Augen von den ruhmvollen Helden fort. Schon kurze Zeit danach nahm die Gemahlin Etzels blutige Rache. Den beiden erlesenen Helden nahm sie das Leben.

2366 Um ihnen auch nicht die geringste Freude zu gewähren, ließ sie jeden für sich einkerkern, so daß keiner von ihnen den anderen später wiedersah, bis sie den Kopf ihres Bruders vor Hagen brachte. An ihnen beiden nahm Kriemhild blutige Rache.

2367 Da ging die Königin zu Hagen. Mit welchem Haß sagte sie zu dem Helden: »Wenn Ihr mir wiedergebt, was Ihr mir genommen habt, dann könnt Ihr unversehrt ins Burgundenland zurückkehren.«

2368 Da sagte der grimmige Hagen: »Spart Euer Reden, edle Königin. Wahrhaftig, ich habe geschworen, daß ich den Hort nicht zeige, solange einer meiner Herren am Leben ist: solange werde ich ihn niemandem geben.«

2369 »Ich bringez an ein ende«,   sô sprach daz edel wîp.   *2306*
   dô hiez si ir bruoder   némen dén lîp.   *(2429)*
   man sluoc im ab daz houbet.   bî dem hâre si ez truoc
   für den helt von Tronege.   dô wart im léidé genuoc.

2370 Alsô der ungemuote   sînes hérren houbet sach,   *2307*
   wider Kriemhilde   dô der recke sprach: *(2430)*
   »du hâst ez nâch dînem willen   zę einem ende brâht,
   und ist ouch rehtę ergangen   als ich mir hếté gedâht.

2371 Nu ist von Burgonden   der edel künec tôt,   *2308*
   Gîselher der junge,   und ouch her Gêrnôt.   *(2431)*
   den schaz den weiz nu niemen   wan got unde mîn:
   der sol dich, vâlandinne,   immer wol verholn sîn!«

2372 Si sprach: »sô habt ir übele   geltes mich gewert.   *2309*
   sô wil ich doch behalten   daz Sîfrides swert.   *(2432)*
   daz truoc mîn holder vriedel,   dô ich in jungest sach,
   an dem mir herzeleide   von iuwern schúldén geschach.«

2373 Si zôch ez von der scheiden,   daz kundę er niht erwern.
   dô dâhte sie den recken   des lîbes wol behern.   *2310*
   si huop ez mit ir handen,   daz houpt si im ab sluoc.   *(2433)*
   daz sach der künec Etzel.   dô was im léidé genuoc.

2374 »Wâfen«, sprach der fürste,   »wie ist nu tôt gelegen   *2311*
   von eines wîbes handen   der aller beste degen,   *(2434)*
   der ie kom ze sturme   oder ie schilt getruoc!
   swie vîent ich im wære,   ez ist mir léidé genuoc.«

2375 Dô sprach der alte Hildebrand: »ja geníuzet si es niht,
   daz si in slahen torste,   swaz halt mir geschiht.   *2312*
   swie er mich selben bræhte   in angestlîche nôt,   *(2435)*
   iedoch sô wil ich rechen   des küenen Tronegæres tôt.«

2376 Hildebrant mit zorne   zuo Kriemhilde spranc,   *2313*
   er sluoc der küneginne   einen swæren swertes swanc. *(2436)*
   jâ tet ir diu sorge   von Hildebrande wê.
   waz mohte si gehelfen   daz si sô grœzlîchen schrê?

2377 Dô was gelegen aller   dâ der veigen lîp.   *2314*
   ze stücken was gehouwen   dô daz edele wîp.   *(2437)*
   Dietrich und Etzel   weinen dô began,
   si klagten inneclîche   beide mâgę únde man.

2369 »Ich erreiche jetzt endlich mein Ziel«, sagte die edle Frau. Da ließ sie ihrem Bruder das Leben nehmen. Man schlug ihm den Kopf ab. An den Haaren trug sie ihn vor den Helden von Tronje. Da ergriff ihn wilder Schmerz.

2370 Als der schmerzerfüllte Mann das Haupt seines Herrn erkannte, da sagte der Recke zu Kriemhild: »Wie Du es wolltest, hast Du jetzt Dein Ziel erreicht, und es ist auch alles genauso gekommen, wie ich es mir gedacht habe.

2371 Nun sind der edle König von Burgundenland, der junge Giselher und auch Herr Gernot tot. Jetzt weiß niemand außer Gott und mir, wo der Schatz liegt. Der wird Dir, Du Teufelin, für immer verborgen bleiben!«

2372 Sie sagte: »Dann habt Ihr mir schlecht vergolten, was Ihr mir schuldig wart. So bleibt mir denn nichts mehr als Siegfrieds Schwert. Das trug mein geliebter Mann, als ich ihn zum letzten Male sah, den ich zu meinem tiefen Schmerz durch Eure Schuld verloren habe.«

2373 Sie zog das Schwert aus der Scheide. Er konnte sich dem nicht widersetzen. Da wollte sie dem Recken das Leben nehmen. Sie hob es mit ihren Händen. Den Kopf schlug sie ihm ab. Das sah der König Etzel. Es ging ihm sehr zu Herzen.

2374 »Weh«, sagte der Fürst, »wie darf es sein, daß der tapferste Held, der jemals in einer Schlacht stand oder einen Schild trug, jetzt hier von der Hand einer Frau erschlagen liegt. Wie sehr ich ihm auch feind war, das geht mir doch sehr zu Herzen.«

2375 Da sagte der alte Hildebrand: »Was mir auch geschieht, es soll ihr nicht durchgehen, daß sie es wagte, den Helden zu erschlagen. Wenn er mich selbst auch in Lebensgefahr brachte, dennoch will ich den Tod des tapferen Tronjers rächen.«

2376 In großem Zorn sprang Hildebrand zu Kriemhild. Er versetzte der Königin einen schweren Schlag mit dem Schwert. Sie hatte furchtbare Angst vor Hildebrand. Aber was konnte es ihr helfen, daß sie so gellend schrie?

2377 Da lagen nun alle, denen bestimmt war zu sterben, tot am Boden. Die edle Frau war in Stücke gehauen. Dietrich und Etzel weinten. Sie klagten von Herzen um Verwandte und Gefolgsleute.

2378 Diu vil michel êre   was dâ gelegen tôt.   *2315*
      die liute heten alle   jâmer unde nôt.   *(2438)*
      mit leide was verendet   des küneges hôchgezît,
      als ie diu liebe leide   zę aller júngéste gît.

2379 Ine kán iu niht bescheiden,   waz sider dâ geschach,   *2316*
      wan ritter unde frouwen   weinen man dâ sach,   *(2439)*
      dar zuo die edeln knehte,   ir lieben friunde tôt.
      hie hât daz mærę ein ende: daz ist der Nibelunge nôt.

2378 Alle, auf die ihre Ehre sich gegründet hatte, lagen erschlagen. Die Leute klagten und weinten. Unter großem Jammer fand das Fest des Königs seinen Abschluß, wie ja immer Freude am Ende mit Leid bezahlt wird.

2379 Ich kann Euch nicht sagen, was danach geschah, nur soviel kann ich sagen, daß man sah, wie Ritter, Frauen und edle Knappen den Tod ihrer teuren Freunde beweinten. Hier findet die Geschichte ihr Ende. Das ist »Der Nibelunge Not«.

Nachwort *

Man hat wiederholt versucht, den Aufbau des Nibelungenliedes in ein Schema zu fassen, aber keiner der vielen Gliederungsversuche vermag dem kritischeren Blick zu genügen. Gliederungskriterien, mit deren Hilfe eine geschlossene Komposition des Werkes überzeugend nachgewiesen werden könnte, gibt es offenbar nicht. Die Einheit des Nibelungenliedes – und das hat genetische Gründe – ist keine Einheit der Komposition, sondern die einer epischen, gradlinig verlaufenden Handlung. Einteilungsversuche besagen letztlich nur, daß man eine mehrteilige Erzählung, die an verschiedenen Stellen und zu verschiedenen Zeitpunkten spielt, eben auch in Abschnitte einteilen kann.

Für den zweiten Teil des Nibelungenliedes sähe eine mögliche Einteilung, die von den Stationen der Handlung ausgeht, etwa so aus:

    I. Etzels Werbung um Kriemhild   (Av. 20)
    II. Kriemhilds Reise zu Etzel   (Av. 21–22)
    III. Einladung Etzels an die Burgunden (Av. 23–24)
    IV. Reise der Burgunden an den Etzelhof (Av. 25–28)
    V. Am Etzelhof im Hunnenland   (Av. 29–39)
       a) Vor dem Saalkampf (Av. 29–32)
       b) Der Saalkampf (Av. 33–39)

Die ersten vier Teile bringen je zwei gegenläufige, in wesentlichen Punkten gleich strukturierte Bewegungsabläufe:

I. Vom Etzelhof nach Worms
   Beratung am Etzelhof; Etzel schickt Rüdiger nach Worms; Botschaft und Beratung

II. Von Worms an den Etzelhof
   Reisevorbereitungen; Reise über Passau und Bechelaren ins Hunnenland; Empfang durch Etzel

III. Vom Etzelhof nach Worms
   Beratung: Kriemhild/Etzel; Etzel lädt die Burgunden zum Fest ein; die Boten reiten über Bechelaren und Passau nach Worms; in Worms überbringen sie die Botschaft; Beratung der Burgunden

IV. Von Worms an den Etzelhof
   Vorbereitungen zur Reise und Aufbruch; Donauübergang; Kampf in Bayern; Passau; Bechelaren; Ankunft und Empfang (Erste Konfrontation Kriemhild/Hagen)

Damit ist die erste Phase der Rachevorbereitung abgeschlossen. Es folgt eine zweite: Kriemhild leitet feindselige Akte gegen die Bur-

* Vgl. auch das Nachwort zum ersten Teil des Nibelungenliedes (Fischer Bücherei, Band 6038, Seite 252).

gunden ein, die indessen fehlschlagen und ihr zeigen, daß sie Etzel auf ihre Seite bringen, d. h. mit irgendeinem Mittel zum Kampf zwingen muß:

V. a) Vor dem Palas: erste erfolglose Aktion (Av. 29)
    Nächtliche Schildwacht: zweite erfolglose Aktion (Av. 30)
    Kirchgang und Turnier: dritte erfolglose Aktion (Av. 31)
    Überfall Blödels auf die Knappen in der *herberge*:
    vierte (diesmal erfolgreiche) Aktion (Av. 32)

Das Erscheinen des blutbespritzten Dankwart, des einzigen Überlebenden aus dem Kampf in der *herberge*, löst die Saalschlacht aus, die wirkungsvoll gegliedert ist: verschiedenartige und verschieden gewichtige Kampfphasen (die gewichtigsten stehen am Schluß) wechseln mit Kampfpausen:

V. b) Allgemeiner Saalkampf (Av. 33)
    Erste Unterbrechung des Kampfes (Av. 34)
    Zweikampf Iring/Hagen (Av. 35)
    Zweite Unterbrechung des Kampfes und Saalbrand (Av. 36)
    Rüdigers Konflikt und Kampf (Av. 37)
    Kampf der Gefolgsleute Dietrichs (Av. 38)
    Kampf Dietrichs; Tod Gunters, Hagens und
    Kriemhilds (Av. 39)

Die episch breite Darstellung ist an manchen Stellen stärker gerafft, Strophen oder ganze Szenen schließen anschaulich, oft mit fast dramatischer Zuspitzung, wesentliche Bedeutungsschichten zu einer symbolischen Geste oder einem Schaubild zusammen. Solch eine Verdichtung stellt etwa Hagens Zerschlagung der Schiffe nach dem Übergang über die Donau dar: hier ist die Haltung des Helden, des heroischen Menschen, der sich so trotzig und souverän wie undifferenziert dem unausweichlichen Schicksal stellt, in eine einzige große Geste gefaßt. Ähnliches ließe sich, worauf im einzelnen in den Anmerkungen hingewiesen ist, von der Szene sagen, in der Hagen und Kriemhild am Etzelhof zusammentreffen: Kriemhild, die Einladende, begrüßt nur Giselher und nicht, wie es ihre Pflicht gewesen wäre, Gunther und Gernot, worauf Hagen, der diese Art des Willkommens sofort als Zeichen einer zwar noch verhüllten, aber um so bedrohlicheren Feindschaft begreift, mit einer symbolischen Geste antwortet: er schnallt den Helm fester. Ähnliches gilt auch für die Szene, in der Hagen und Volker sich in heroischem Selbstbewußtsein nicht vor der Königin erheben und Hagen der offenen Feindseligkeit Kriemhilds mit der gleichen schonungslosen Direktheit begegnet: er legt Siegfrieds Schwert, allen sichtbar, über seine Beine und bekennt sich dadurch zum ersten Mal offen als der Mörder Siegfrieds.

Ähnliche Gesten finden sich in der Rüdiger-Szene. Wapnewski hat auf die vielen Termini technici aus dem Bereich des Lehnsrechts hingewiesen. Freilich, die Problematik der Szene – das hat auch er zugegeben – läßt sich durch eine rein lehnsrechtliche Argumen-

tation nicht auflösen. Denn der Konflikt Rüdigers, der lehnsrecht-
liche Ursachen und Konsequenzen hat, spielt an vielen wichtigen
Stellen in einen Bereich hinüber, der mit rein lehnsrechtlichen Be-
griffen nicht voll zu erfassen ist.

Zu Etzel wie zu den Burgunden bestehen Bindungen, die über die
rechtlichen Bindungen hinausreichen. Daß Rüdiger diese Verpflich-
tungen – wie immer er sich auch entscheidet – nicht einlösen kann,
bringt ihn in seinen Konflikt; daß dieser Konflikt für ihn so qualvoll
wird, ist nicht allein in einem objektiven Sachverhalt begründet,
sondern liegt auch daran, daß eben dieser Mann, Rüdiger, der *vater
aller tugende* mit eben dieser objektiven Lage konfrontiert wird.
Die *tugende*, so sagt Rüdiger in einer wichtigen Strophe (2153)
seien ihm von Gott verliehen und aufgetragen; wir dürfen er-
gänzen: wenn er sie nicht üben kann, verfehlt er die von Gott
gesetzte Aufgabe. Daß er sie hier nicht üben kann, liegt an den
objektiven Verhältnissen und nicht in einer moralischen Schwäche
Rüdigers begründet.

Die Lage ist aussichtslos; der Konflikt läßt sich nicht aus der Welt
schaffen: weder durch eine Entscheidung für die Burgunden oder
für Etzel noch durch einen Verzicht auf den Kampf. Rüdiger
wählt eine von mehreren Entscheidungsmöglichkeiten, deren keine
für ihn eine Lösung bringt. Das wird in seinem Gespräch mit den
Burgunden noch einmal von einer anderen Seite her gespiegelt:
Rüdiger vertritt jetzt die Position Etzels und Kriemhilds, ohne daß
durch die grundsätzliche Entscheidung seine Qual geringer ge-
worden ist.

In diesem Augenblick nun, in dem die Burgunden dem Mark-
grafen die *triuwe* aufkündigen und der Kampf unvermeidbar ge-
worden ist, bittet Hagen Rüdiger um dessen Schild und macht
dadurch »das Unmögliche möglich: den Feindeskampf zu akzep-
tieren und die Freundestreue zu halten, im Feindeskampf die Freun-
destreue zu bestätigen« (Wapnewski). Als er den Schild Rüdigers
erhalten hat, erklärt er, daß er Rüdiger nicht anrühren wolle im
Kampf. Dieser Rollentausch ist nach Wapnewskis Auffassung »ein
wunderbares und großartiges Symbol der Aussöhnbarkeit des im
Leben begründeten Widerspruchs . . . Da Rüdiger die Freunde um
der Lehnstreue willen bekämpfen muß, so muß Hagen die Lehns-
herren um der Freundestreue willen allein lassen. Die Zeit ist wieder
in den Fugen.«

Die globale Ausdeutung, die der letzte Satz formuliert, scheint mir
allerdings weit über das hinauszugehen, was sich von der Szene her
halten läßt. Die spiegelnde Gestik der Szene kann den Rüdiger-
Konflikt zwar mildern, aufheben kann sie ihn nicht. Wenn es zu
Beginn des Kampfes heißt: *des muotes er ertobete*, so entspricht das
dem Bild des germanischen Kämpfers, doch es heißt nicht, daß
Rüdiger zum germanischen Kämpfer wird, weil der Konflikt über-
wunden ist. Es handelt sich vielmehr um eine neue, dem Kampf

und der Weiterführung des Geschehens angemessene Rolle, die Rüdiger hier übernimmt, nachdem sich ergeben hat, daß die andere Rolle innerhalb des vorgegebenen Verlaufs von Geschehnissen nicht zu Ende gespielt werden konnte.

Ein Wort noch zur Schlußszene, auf die hin der ganze zweite Teil des Nibelungenliedes ausgerichtet ist. Hier endlich kann Kriemhild ihre Rache erfüllen; denn Hagen steht, durch Dietrich von Bern im Zweikampf überwunden, wehrlos und gebunden vor ihr. Hort-erfragung und Hortverweigerung verlaufen im Nibelungenlied fast genauso wie im »Älteren Atliilied«. Dennoch besteht bei struktureller Gleichheit der Szenen ein wichtiger Unterschied, auf den Wachin-ger aufmerksam gemacht hat: In der »Atlaqviđa« verweigert Gun-nar einen Hort, der ihm rechtmäßig gehört. Im Nibelungenlied dagegen verweigert Hagen einen Hort, den er unter Mißachtung des Rechtes geraubt hat. Die Struktur der Szene aber bedingt, daß die Sympathie von Dichter und Publikum auf seiten des Unter-liegenden ist, dessen also, der den Hort verweigert. Auch hier im Nibelungenlied.

Damit kulminiert eine lange vorbereitete Entwicklung, in der Ha-gen vom Siegfried-Töter des ersten Teils zur alles beherrschenden Gestalt, zum *trôst der Nibelunge*, Kriemhild dagegen mehr und mehr zur gnadenlosen Rächerin wird, deren Herz so versteint ist, daß sie, ohne zu zögern, den Bruder der eigenen Rache opfert. Oder ist es bereits nicht mehr Rache, ist es Habgier? Wie die Antwort auch sein mag, es bedarf der Klärung, weshalb die entscheidende Begeg-nung Hagen/Kriemhild um die Horterfragung kreist.

Dreierlei scheint mir hier wichtig: zum einen erlaubte es dieser Schluß, alle Handlungsfäden auf einmal abzuschneiden; zum ande-ren setzte dieser letzte Strophenblock, archaisch wie er in das Lied hineinragt, der Szene ein Ende, das dem grauenhaften Gemetzel des Burgundenunterganges angemessen ist. Und schließlich könnte ein drittes hinzukommen: es bleibt eigenartig, daß Kriemhild ihrem Todfeind selbst in dieser Lage noch eine Überlebenschance ein-räumt: er brauche nur zu sagen, wo der Hort sei und ihn ihr wie-dergeben. Man hat mehrere Erklärungen versucht; sie sind jedoch, wie mir scheint, alle unbefriedigend: Kriemhild sei schon so ent-menscht, daß sie nur noch den Hort wolle und nicht mehr wisse, worum es eigentlich geht; oder: die Herausgabe des Hortes sei für sie die Wiedergewinnung ihrer Ehre oder die Einsetzung in ihre alten Rechte. Ich meine, es steckt mehr hinter dieser Frage. Kriem-hild will Hagen offenbar in Versuchung führen, sein Leben zu retten, um auf diese Weise zu erreichen, was ihr bisher noch nicht gelungen, für die Vollendung ihrer Rache jedoch entscheidend ist: die Demüti-gung des Gegners, einen Triumph über den Todfeind. Sie will ihn einmal in ihrer Gewalt haben, nicht nur wie hier äußerlich, sondern den ganzen Hagen. Deshalb mißversteht sie seine Worte *die wîle daz si leben, / deheiner mîner herren, / sô sol ich in niemene geben* (2368) als ein Angebot; deshalb ist sie sogleich bereit, Gunther aus dem Wege zu schaffen, und deshalb kommt sie selbst mit Gunthers Haupt zu Hagen – aber sie hat sich verrechnet. Wo sie schon zu triumphieren meint, spielt er den höchsten Trumpf aus, über den nun nichts mehr geht. Den sie nicht beugen konnte, sie kann ihn nur erschlagen. Freilich, dies muß man sehen: der überlieferte karge Text läßt diese Deutung zu, aber er macht sie nicht notwendig. So bleibt der Rückgriff auf die Tradition denn doch wohl die einzig sichere Erklärung.

Im »Älteren Atlilied« hat diese Horterfragung ihre Funktion, ist alles auf sie abgestimmt. Atli will herausbringen, wo der Hort liegt. Högni und Gunnar wissen es. Als seine Gefangene kann er sie töten, aber er darf es erst tun, wenn er das Geheimnis weiß. Deshalb wird erst Hjalli, dem Feigen, das Herz herausgeschnitten: eine List, die den Mitwisser lebend erhalten soll, solange Atli noch nichts weiß. Deshalb wird später Gunnar in den Schlangenhof geworfen: er könnte sich retten, wenn er Atli sagt, wo der Hort ist. Alles ist hier verständlich aus der skrupellosen, rohen Goldgier des Hunnen. Aber im Nibelungenlied ist das anders, sollte es anders sein. Kriemhild ist nicht der Etzel des Atliliedes. Wenn sie auch haßverzerrt ist, so ist ihre Rache doch begründet aus einem verständlichen Motiv: Liebe zu Siegfried, Rache für ein zerstörtes Glück. Doch das scheint hier gar keine Rolle mehr zu spielen. An die Stelle dieser Motivation schiebt sich die Hortforderung, die als alter Block in das neue Lied des 13. Jahrhunderts ragt, übernommen, bewahrt, weil sie dieser Geschichte ein so grandioses wie furchtbares Ende setzt.

Damit ist eine grundsätzliche Problematik angedeutet, die an einer neueren Deutung der Rüdigergestalt noch einmal etwas ausführlicher gezeigt werden muß. Gottfried Weber hat die provozierende These aufgestellt, Rüdiger trete im Nibelungenlied als ehrgeiziger Ritter auf, unübertrefflich in der Formwahrung höfischen Daseinsstiles, es gebreche ihm aber an seelischem Tiefgang; an ihm habe der Nibelungendichter die Krise des Rittertums darstellen wollen.

Wer die älteren Arbeiten über Rüdiger, den *vater aller tugende* kennt, versteht, weshalb Hans Kuhn in seiner Rezension des Weberschen Buches schreibt: »Als ich das las, sah ich mich um, ob da wirklich das Nibelungenlied gemeint war. Ja, das war es tatsächlich. Ich versuchte mir dann auszumalen, wie die Handlung des Epos verlaufen wäre, wenn seine Helden solche frommen Tugendbolde und hellen Köpfe gewesen wären, wie es Weber von seinen staufischen Rittern fordert.«

Weber, so könnte man überspitzt sagen, hat das Nibelungenlied einfach auf den Kopf gestellt. Gerade darin liegt die Schwierigkeit einer Kritik seiner Position. Eine alte, schon immer tragisch endende Sage ist in hochhöfisch-ritterlicher Zeit in ein ritterliches Gewand gekleidet worden. Doch diese, dem Stoff nicht adäquate Aktualisierung muß notwendigerweise äußerlich bleiben; denn nur wenn man christliche Entsagung und Edelmut, Verzeihen und gütige Humanität nicht zu den tragenden Ideen machte, ließ sich dieses Epos, so wie es angelegt war, auch noch in einer Zeit erzählen, da die herrschenden literarischen Formen das Rittertum zum Ideal verklärten: eine relative Äußerlichkeit des Ritterbegriffs war geradezu die Voraussetzung für die Beibehaltung des alten Schlußteils. Die vom Stoff, von der Tradition vorgegebenen Geschehnisse bestimmten auch die Grenzen der Möglichkeiten, wie christlich-ritterlich der Markgraf dargestellt werden konnte. Weber aber schließt umgekehrt: weil dieses Rittertum so äußerlich ist, muß es untergehn.

In der neuesten Gesamtdeutung, in Karl Heinz Ihlenburgs 1969 erschienenem Buch, wird auf der Grundlage einer marxistischen Literaturtheorie ganz ähnlich geschlossen. Nur sieht Ihlenburg die Gestalt Rüdigers unter einer anderen Perspektive: ›Mag man bei einer isolierten Betrachtung der Rüdiger-Gestalt noch im Zweifel sein, ob der Dichter nicht letztlich doch das unbedingte Befolgen feudaler Bindungen einseitig verherrlichen wollte; im Zusammenhang mit der Gestalt Dietrichs von Bern wird offenbar, daß Rüdigers Untergang die historische Fragwürdigkeit der Feudalgesellschaft demonstrieren sollte.‹ Dietrich steht nach dieser Deutung schon auf der Stufe einer neuen, den anderen Gestalten des Nibelungenliedes noch nicht möglichen Humanität: ›Dietrich von Bern als Symbol der Humanität inmitten einer Welt, die der Selbstzerstörung verfallen ist, das bedeutet mehr als nur ein gestalterisches Mittel zur Milderung des grausigen Ausganges. Darin liegt eine Aussage des Dichters über seine Zeit. Nicht den Gestalten wie Hagen, Volker oder Wolfhart gibt der Dichter die Chance des Überlebens, sondern Dietrich von Bern. Seine Gestalt weist in die Zukunft. Nicht das ehrgeizige Bild des heroischen Kriegers sammelt am Ende das Licht auf sich, sondern das zuchtvoll beherrschte, den Frieden erstrebende des humanen Ritters.‹

Die Problematik solcher, von ihrer theoretischen Ausgangslage her grundverschiedener, in ihren Ergebnissen wiederum sehr ähnlicher Auffassungen liegt nicht in der Entschiedenheit, mit der sich die Verfasser zu ihrer Position bekennen; sie liegt vielmehr darin, daß, aus welchem Grunde auch immer, eine gründlichere selbst- und ideologiekritische Reflexion des eigenen Standpunktes unterblieb. Sie hätte unmittelbar auf das Dilemma geführt, in die eine jede Deutung, die das hier dargestellte Geschehen mit der gesellschaftlich-historischen Situation um 1200 in Beziehung setzt, beim gegenwärtigen Stand unseres Wissens geraten muß: Wird hier der alte, unhöfische Stoff in Verbindung mit einer kritischen Darstellung feudaler Verhältnisse und ihrer Konsequenzen im Hinblick auf neue geschichtliche Möglichkeiten ausgespielt? Oder liegt umgekehrt der – in vielen Punkten notwendigerweise mißlungene – Versuch vor, einen traditionsmächtigen Stoff für die höfisch-ritterliche Zeit zu aktualisieren? Nimmt man das erstere an, dann stellt sich die grundsätzliche Frage, weshalb die bezeichnete Intention nicht deutlicher erkennbar wird, weshalb an Stellen, an denen es im Interesse einer solchen Intention dringend notwendig gewesen wäre, keine Veränderungen vorgenommen wurden. Nimmt man dagegen das letztere an, dann ergibt sich wiederum die Frage, ob denn die Intention einer, für ein Publikum der Zeit um 1200 bestimmten Neufassung eines alten, im Kern un-höfischen Stoffes eine andere gewesen sein konnte als eine kritische.

Damit, daß man nach einer Periode der einseitigen Konzentration auf die diachronische Rekonstruktion von Vorstufen nur einfach eine Wendung macht, in die entgegengesetzte Richtung blickt und nur noch synchronische Betrachtung gelten läßt, wird man dem Nibelungenlied nicht gerecht. Denn nur durch die Einbeziehung der diachronischen Perspektive kann man die sozial bedingten Entwicklungsgesetze und den – auch und besonders gesellschaftlichen – Sinn von Veränderungen eines immer auch historisch bedingten Materials feststellen (ausführlicher im Anhang zu Schirmunski; vgl. S. 279 f.). Die Frage wird sein, ob man, in dem hier gemeinten Sinne, klarer als bisher die einzelnen Schichten und ihre historischen Bedingtheiten scheiden kann und so eine genauere Analyse der letzten, im Nibelungenlied vorliegenden Schichtung und deren historischen Sinn ermöglicht wird.

Das Nibelungenlied, so sagt es die erste Zeile des Werkes, erzählt von *alten mæren*. Wollen wir uns ihnen nähern, müssen wir ihre Voraussetzungen mitdenken. Darin liegt die Schwierigkeit, darin liegt aber auch die Erweiterung unseres Denkhorizontes. Was einmal als epische Wahrheit aufgenommen werden konnte, eröffnet uns heute nur noch einen historischen Zugang. Nur wenn wir uns die alten Vorstellungen als historische und das heißt auch immer: als fremde vergegenwärtigen, ist uns ein Weg zu ihnen möglich. Dieser Weg führt auf eine Distanz, die uns beides erlaubt: Reflexion der Historizität des Gegenstandes und Reflexion der eigenen historischen Situation. Nur wenn wir auf jede Art von unkritischer Aktualisierung verzichten, nur wenn wir die *alten mære* von uns entfernen und diese Ferne auf den Begriff zu bringen versuchen, bringen wir sie uns näher und geben einer Beschäftigung mit ihnen neuen Sinn.

Anhang

Die nordische Überlieferung in der »Edda« und in der »Vǫlsunga-saga«, einem Heldenroman in Prosa, hat – gegenüber dem Nibe-lungenlied – ältere Fassungen des Nibelungenstoffes bewahrt. Um die ursprünglichen Liedfassungen, wie sie in oder kurz nach der Völkerwanderungszeit (5./6. Jahrhundert) entstanden sein werden, wird es sich bei ihnen zwar nicht handeln, dennoch können sie uns die ältesten Versionen, die in Deutschland verlorengingen, in ihren wesentlichen Linien verdeutlichen.

Die Jugend Sigurds (wie Siegfried im Norden heißt) oder genauer Episoden aus Sigurds Jugend werden, allerdings abweichend vom Nibelungenlied, am ausführlichsten in zwei eddischen Gedichten geschildert: ›Reginsmál‹ und ›Fafnismál‹. Läßt man die hier un-wesentliche Vorgeschichte des Hortes aus, so haben sie etwa fol-genden Inhalt: Regin möchte den Schatz haben, den sein Bruder Fafnir bewahrt. Sigurd, von Regin zur Tat angereizt, tötet Fafnir, den Drachen, auf der Gnitaheide. Der sterbende Fafnir warnt Si-gurd vor dem Fluch des Hortes und vor Regins Tücke. Auf Regins Geheiß brät Sigurd Fafnirs Herz an einem Spieß. Er verbrennt sich an dem heißen Blut den Finger, steckt ihn in den Mund und ver-steht daraufhin die Sprache der Vögel, die ihm den Rat geben, den verräterischen Regin zu töten. Er befolgt den Rat. Die Vögel pro-phezeien ihm: Gjukis Tochter (in der »Vǫlsungasaga« Brynhild), die ehemalige Schlachtenjungfrau, die von Odin zur Strafe für die Übertretung seines Gebotes mit einem Dorn gestochen und in einen Schlaf versetzt worden war, sei ihm vom Schicksal zur Frau bestimmt.

An die »Fafnismál« schließen sich eng die »Sigrdrifamál« an: Si-gurd erweckt die Walküre Sigrdrifa, die auf einem Berg hinter einem glänzenden Schildwall im Schlaf lag und verlobt sich mit ihr. (Inwieweit diese Sigrdrifa mit Brynhild identifiziert werden darf, bleibt allerdings fraglich.)

Die älteste und wichtigste nordische Version des Siegfried-Teiles ist das sogenannte »Brot af Sigurđarqviđo« (Bruchstück eines Si-gurdliedes; wohl um 1100 entstanden). Es hat folgenden Inhalt (wo-bei der verlorene Anfang nach der Vǫlsungasaga rekonstruiert wer-den muß): Der junge Sigurd kommt an den Hof des Königs Gjuki und wird freundlich aufgenommen. Er schließt mit den Söhnen des Königs, Gunnar und Högni, Blutsbrüderschaft und heiratet die Königstochter Gudrun. Mit Gunnar zieht er aus, um ihm zu helfen, Brynhild zur Frau zu gewinnen, die in einer von Feuer umloderten Burg allein allen Freiern trotzt. Sigurd tauscht, da Gunnar den

Flammenwall nicht zu durchreiten vermag, mit diesem die Gestalt, und ihm gelingt es, die Waberlohe zu durchreiten. Auf Brynhilds Frage nennt er sich Gunnar. Er sagt, sie sei ihm zur Frau bestimmt, und erinnert sie an ihr Gelübde, den zum Mann zu nehmen, der die Waberlohe durchreitet. Drei Nächte teilt er nun mit ihr das Lager, legt aber das bloße Schwert zwischen sie und sich. Nachdem er einen Ring von ihr genommen hat, reitet er fort zu den Pferden und tauscht mit Gunnar wieder die Gestalt.

Eines Tages gingen die beiden Königinnen zum Fluß, um zu baden. Da watet Brynhild weiter hinaus in den Fluß. Gudrun fragt, was das zu bedeuten habe. Brynhild nennt mehrere Gründe: ihr Vater sei mächtiger gewesen als Gudruns, ihr Mann habe die Waberlohe durchritten, Gudruns Mann sei nur der Knecht König Hjalpreks. Gudrun wird zornig; es wäre weiser, wenn Brynhild schwiege; denn Sigurd sei Brynhilds erster Gatte, er habe Fafnir erschlagen und die Waberlohe durchritten. Als Beweis zeigt sie den Ring Brynhilds. Diese geht heim und spricht an diesem Abend kein Wort.

Gunnar fragt sie, weshalb sie bekümmert sei. Sie sagt, sie wolle nicht mehr zwei Männer haben in derselben Halle, einer von ihnen müsse sterben; denn Sigurd habe Gudrun alles erzählt. Gunnar ist bereit, Sigurd zu töten. Högni rät ab. Sie lassen ihn durch ihren Bruder Guttorm, der nicht durch Blutsbrüderschaft an Sigurd gebunden ist, südlich des Rheines erschlagen. Högni sagt Gudrun, was geschehen sei. Brynhild aber lacht. Gudrun verflucht den Mörder Gunnar. Brynhild bekennt nun, daß Sigurd den Eid hielt. Am Ende des Liedes steht ein phantastisches Traumbild: Brynhild sieht Gunnar, wie er von lähmendem Schrecken erfaßt, blindlings in das Heer der Feinde hineinreitet. »So wird Euer ganzes Nibelungengeschlecht der Kraft beraubt sein – Ihr seid eidbrüchig.«

Die älteste und wichtigste nordische Version des Burgundenuntergangs (zweiter Teil des Nibelungenlieds) liegt in der »Atlaqviða« (Altes Atlilied, entstanden wohl im 9. Jahrhundert) vor. Ihr Inhalt ist folgender:

Gunnar und Högni, die Söhne Gjukis, werden von Atli eingeladen. Atli verspricht, sie reich zu beschenken. Gunnar sagt zu Högni, er sei selbst Besitzer eines großen Schatzes und brauche die Gabe Atlis nicht. Högni weist auf den mit Wolfshaar umwickelten Ring, den Gudrun, die Gemahlin Atlis, dem Boten mitgegeben hat. Er sieht darin eine Warnung. Gunnar, »wie ein König soll, der herrlichste im Methaus«, will sich der Gefahr stellen. Sie reiten zu Atli. Als sie die Halle Atlis betreten, tritt ihnen Gudrun mit einer neuen Warnung entgegen. Da sagt Gunnar: »Es ist jetzt zu spät, die Nibelungen zu versammeln.« Der Kampf beginnt. Alle Männer Gunnars fallen, der König und Högni werden gefangen. Atlis Leute fragen Gunnar, ob er sein Leben mit Gold erkaufen wolle. Er antwortet, erst müsse ihm das Herz Högnis, aus der Brust geschnitten, in der Hand liegen. Sie bringen ihm das Herz Hjallis, des Feigen; doch Gunnar weist es zurück. »Es lachte da Högni, als sie ihm das Herz ausschnitten.« Sie tragen es vor Gunnar, Gunnar erkennt es und sagt: »Bei mir allein ist nun verborgen der ganze Schatz der Nibelungen ... Der Rhein soll walten des Kampferzes der Helden.« Gunnar wird nun in den Schlangenhof geworfen. Sterbend noch schlägt er die Harfe. Es folgt ein Gelage der Hunnen. Gudrun rächt den Tod ihrer Brüder an Atli, indem sie Atli das Herz seiner Söhne zu essen gibt. Dann tötet sie Atli und zündet die Halle an. »Diese Vergeltung übte sie für die Brüder. Dem Feuer gab sie alle, die drinnen waren. Die alten Balken fielen, die Schatzkammern rauchten, es verbrannte das Gehöft der Budlungen.« Darauf folgte wohl ursprünglich noch eine Strophe, die erzählte, daß Gudrun selbst in den Flammen den Tod suchte.

Auch für eine Reihe weiterer Lieder aus dem Nibelungenumkreis, auf deren wichtigste ich hier nur verweisen kann (»Sigurðarqviða in scamma«, »Atlaqviða in groenlenzca«, »Atlamál«), gilt, was sich am »Sigurdlied« und am »Atlilied« zeigt: Die nordischen Lieder umfassen nicht das Ganze des Nibelungenepos, sie behandeln entweder nur Siegfrieds Tod oder den Burgundenuntergang oder kleinere Episoden. Die Geschehnisse von Sigurds Tod und der Untergang der Nibelungen sind noch nicht aufeinander bezogen, geschweige denn zu einem Ganzen zusammengefügt. Das wäre bei der – im »Sigurdlied« und im »Atlilied« – vorliegenden Konzeption auch nicht ohne weiteres möglich gewesen. Im »Sigurdlied« konzentriert sich das Interesse sehr stark auf Brynhild; Gunnar und Högni sind noch keine gleichwertigen Akteure. Im »Atlilied« dagegen haben die heldischen Könige in ihrer unbeugsamen, todesmutigen, heroischen Haltung viel mehr Eigengewicht, sind nicht nur wie im »Sigurdlied« bloße Gegenspieler. Auch von der Gestalt der Gudrun her, die in beiden Liedern vorkommt, ergibt sich keine Klammer: Im »Sigurdlied« wird ihr Mann von ihren Brüdern getötet; im »Atlilied« warnt sie die Brüder und rächt ihren Tod an Atli.

Die erste erhaltene Fassung, in der die beiden Teile miteinander verbunden sind, ist das Nibelungenlied selbst. Verbunden sind sie vor allem durch das Motiv der Rache; weiter durch Vorausdeutungen, die im Siegfriedteil bereits auf den Burgundenuntergang verweisen; durch eine quantitative Angleichung der beiden Teile; durch Querverbindungen wie das (nicht immer einheitlich behandelte) Hortmotiv; durch den Versuch einer durchgehenden Höfisierung (die gegen den heroischen Schluß hin immer problematischer wird). Dennoch konnte, worauf immer wieder mit Recht hingewiesen worden ist, solche Verbindung infolge der Mehrschichtigkeit des verwendeten Materials nicht zu einer völligen Harmonisierung führen. Sie war wohl auch niemals intendiert. So blieb manches Unvereinbare unvermittelt nebeneinander stehen; alte Schichten stoßen auf neue, Fugen klaffen und Risse.

Andreas Heusler hat in seinem Buch »Nibelungensage und Nibe-
lungenlied« den eindrucksvollen Versuch unternommen, die Stufen
zu erschließen, über die eine solche Verbindung zustande kam. An
den Anfang der Entwicklung stellt Heusler zwei sogenannte Ur-
lieder, ein fränkisches »Brynhilden«- (oder »Siegfried«-)Lied des
5./6. Jahrhunderts und ein fränkisches »Burgundenlied«, das etwas
älter sein wird. Für das «Brynhildenlied« setzt Heusler als einzige
Zwischenstufe zwischen dem Urlied und dem Nibelungenlied ein
»Brynhildenlied« des 12. Jahrhunderts an. Für das »Burgundenlied«
erschließt Heusler zwei Zwischenstufen: eine bayrische Fassung
aus dem 8./9. Jahrhundert und die sogenannte »Ältere Not«, in der
zum ersten Mal der Schritt vom Heldenlied zum Versepos getan
wird, der bevorzugten Dichtungsform der jungen kulturtragenden
Schicht der Ministerialen des 12. Jahrhunderts. Die »Ältere Not«
soll um 1160/70 in Österreich entstanden sein und der letzten Fas-
sung für den zweiten Teil des Werkes als Vorlage gedient haben.
Dem bayrischen »Burgundenlied« des 9. Jahrhunderts kommt in
dieser Entwicklungsreihe eine besondere Bedeutung zu: Heusler
nimmt an, daß auf dieser Stufe der Burgundenstoff zum ersten Mal
sachlich mit dem Siegfriedstoff verbunden wurde, daß also hier
zum ersten Mal Kriemhild in ihrer doppelten Rolle auftritt, als
Etzels Frau und als Siegfrieds Witwe, die an den Brüdern durch
eine trügerische Einladung grausam Rache übt.

Stammbaum des Nibelungenlieds (nach Heusler)

Brünhildsage	Burgundensage
1. Stufe:	1. Stufe:
fränkisches »Brünhildenlied«	fränkisches »Burgundenlied«
des 5./6. Jahrhunderts	des 5. Jahrhunderts
2. Stufe:	2. Stufe:
jüngeres »Brünhildenlied«	österreichisches »Burgundenepos«
Ende des 12. Jahrhunderts	(die »Ältere Nibelungennot«)
	1160er Jahre
3. Stufe:	3. Stufe:
Nibelungenlied Teil I	Nibelungenlied Teil II
(Kriemhilds erste Ehe)	(Kriemhilds zweite Ehe)

Nibelungenlied
österreichisch, 1200–1205

Der wesentliche Unterschied zwischen Lied und Epos liegt nach
Heusler in der Erzählweise: Während das Lied knapp erzählt, malt
das Epos breit aus; während das Lied mündlich überliefert wird,
wird das Epos als literarische Großform schriftlich tradiert. Die Ge-
nesis des Nibelungenstoffes bis zum Nibelungenlied hin wäre dem-
nach zu begreifen als eine zunehmende Aufschwellung zweier ur-

sprünglich selbständiger Lieder. An dieser Genese läßt Heusler, und hier liegt ein Haupteinwand gegen seine Theorie, nur wenige (im ganzen fünf) Dichterpersönlichkeiten beteiligt sein, da er weder mit Episodenliedern oder Parallelversionen noch mit der Möglichkeit von »Heldensage vor und außerhalb der Heldendichtung« rechnete. Daß diese spezielle Voraussetzung falsch war, haben neuere Arbeiten (vor allem Hans Kuhns) gezeigt. »Es ist ganz unwahrscheinlich, daß die ältesten Heldenlieder Kompendien ihrer Sagen waren. Die Aufnahme des gesamten Stoffes scheint mir nur als Grenzfall denkbar ... Hier und da kann es mehrere Lieder zur selben Sage gegeben haben, mit verschieden gewählten Themen und dann auch anderer Auswahl aus dem Stoff und mit anderen Neuerungen ... So traten neben einen Teil der Heldensagen Liedfabeln, die nicht allen Stoff der Sage aufzunehmen pflegten und auf der anderen Seite dadurch, daß sie diesen besser durchformten und vertieften, über die alten Sagen hinausführten.« (Kuhn.)

Die Nibelungenüberlieferung, so zeigt sich, ist bunter, vielfältiger als Heuslers Idealkonstruktion uns glauben machen möchte. So ist der von Heusler entworfene Stammbaum in der Folgezeit immer weiter differenziert worden: Droege und Hempel wiesen auf Spuren einer rheinischen Vorstufe des Nibelungenliedes hin; Panzer machte auf Seiteneinflüsse von Märchen (z. B. faßt er die Erzählung von Brynhilds Werbung als deutsche Ausformung eines auch in Rußland erzählten Brautwerbermärchens auf; auch die Gestalt Siegfrieds verknüpft er, wie übrigens auch Schirmunski, weniger mit der Sage als dem Märchen, z. B. vom starken Hans und vom Bärensohn) und andere literarische Quellen aufmerksam (so bringt er z. B. Kriemhilds Falkentraum mit einem provenzalischen Lied des Guiraut de Bornelh, das Minnegespräch zwischen Ute und Kriemhild mit Veldekes »Eneit«, den Sachsenkrieg mit dem altfranzösischen »Renaus« und dem »Rolandslied«, den Mord auf der Jagd, wie vor ihm schon Singer, mit dem altfranzösischen »Daurel et Beton« in Verbindung); Dietrich von Kralik entwickelte die Theorie, daß das Nibelungenlied nicht durch Addition von Einzelliedern (wie Lachmann) noch durch Aufschwellung je eines Liedes (wie Heusler meinte), sondern durch Verschmelzung von Parallelliedern entstanden sei (so schält er aus dem ersten Teil drei Parallellieder heraus: ein »Brynhildlied«, ein »Kriemhildlied« und ein »Hochzeitslied«, d. h. eine groteske Kontrafraktur zu den beiden Tragödien). In ähnlicher Weise hat Hermann Schneider 1947 mehrere Parallellieder in die Heuslersche Abfolge der Vorstufen eingebaut; Otto Höfler rechnet neuerdings sogar mit einem »Arminiuslied«, in dem der Sieg der Germanen über Varus durch einen Drachenkampf symbolisiert und zugleich von der Ermordung des Arminius berichtet worden sei.

Die zunehmende Differenzierung des Heuslerschen Modells hat dazu geführt, daß sich, wie man am besten an der Kompliziertheit des Stammbaums von Kurt Wais sehen kann, die Linien immer mehr verwirrten: Wais bezieht außer den nordischen Versionen auch außerdeutsche Märchen, ungarische, angelsächsische, spanische, kymrische, französische Fassungen mit ein. Wolfgang Mohr hat diesen Stammbaum geistreich ad absurdum geführt und damit, wie mir scheint, sehr grundsätzliche Zweifel an der Möglichkeit einer stemmatologisch erfaßbaren Scheidung des Sagengutes ausgesprochen: »Was Wais den Liedern zuschreibt, gilt zuvörderst von der Sage: unzählige Male mußten ihre Wege sich kreuzen . . . Umsetzer, Übersetzer, Fortsetzer, Zersinger sind dauernd am Werk. Sagen sind konservativ und neuerungssüchtig zugleich, sie sind vielschichtig, Varianten kommen einander ins Gehege . . . Immer stellt sich Wais aber die Vorstellung Lied und Liedstammbaum in die Quere. Gibt man die Vielschichtigkeit und die Variantenmischung zu (und man muß sie zugeben), dann schwindet die Aussicht, zu glatten Stammbäumen zu kommen. Gerade daß bei Wais alles so gut zusammenpaßt und keine Lücken und Unstimmigkeiten bleiben, macht mir die Sache verdächtig.« (Mohr.)

Ein weiterer Einwand kommt hinzu. Wie neuerdings Schirmunski gezeigt hat, unterscheiden die Stammbaumtheoretiker bei ihren Rekonstruktionen meist nicht zwischen dem historisch-typologischen und dem genetischen Vergleich. »Der in der bisherigen Literatur unzureichend dargestellte typologische Vergleich ist von außerordentlicher Bedeutung, weil man in den sich wiederholenden sujetmäßigen und stilistischen Erscheinungen des Epos ihre sozialbedingten Entwicklungsgesetze feststellen kann. Die Abgrenzung der typologischen Übereinstimmungen im Epos von Entlehnungen hat historischen Charakter. Das eigentliche Epos ist entsprechend seinem lokal-nationalen und historischen Inhalt internationalen Einflüssen von außen nur wenig zugänglich. Die übereinstimmenden Merkmale der Heldenepen verschiedener Völker haben fast immer typologischen Charakter. In solchen Fällen werden Gegenüberstellungen, die jede Ähnlichkeit oder Andeutung einer Ähnlichkeit als Entlehnung auffassen, leicht durch den Hinweis auf den typologischen Charakter dieser Ähnlichkeit und ihre weitere Verbreitung widerlegt.« (Schirmunski.) Für den genetischen Vergleich, so betont Schirmunski im Rückgriff auf Veselovskij, darf man überhaupt nur Motivreihen verwenden, denn nur sie werfen die Frage nach einer Entlehnung auf; eine Ähnlichkeit oder Gleichartigkeit von Einzelmotiven dagegen kann auch darauf zurückgehen, daß »die gesellschaftliche Wirklichkeit und ihre Widerspiegelung im Bereich der Ideologie gleichartig« (Schirmunski) waren.

Es ist ein Verdienst des Buches von Schirmunski, das Gewirr der vielfältigen Beziehungen, hinter denen die Werke selbst oft zu verschwinden drohen, etwas beiseite geräumt und den Blick wieder auf die Epen und ihre Voraussetzungen gelenkt zu haben. Die

Möglichkeit kultureller und literarischer Wechselwirkungen kann und braucht nach seiner Auffassung nicht geleugnet zu werden; dennoch gilt ihm dies als unumstößliche Voraussetzung: »Das Epos entsteht in der lebendigen Tradition des mündlichen Volksliedschaffens und nicht in der Studierstube am Schreibtisch. Es wird von der Erinnerung des Volkes an seine eigene Vergangenheit und nicht durch literarische Vorbilder aus dem Ausland angeregt. Darum wird es, mögen auch buchmäßige und entlegene Elemente in ihm vorhanden sein, niemals von diesen allein bestimmt und ausgefüllt.« (Schirmunski.)

Über die geschichtlichen Grundlagen des Nibelungenstoffes habe ich bereits im ersten Band dieser Ausgabe (S. 272) das Nötigste gesagt und die Forschungsergebnisse problematisiert. In den letzten Jahren haben sich die Arbeiten gemehrt, in denen versucht wird, nicht die Geschichte als die wesentlichste Quelle der Heldensage zu erweisen, sondern den Mythos, mehr noch die hinter dem Mythos stehende kultische Wirklichkeit, die im Kult erlebte Religion. So verkörpert etwa nach Franz Rolf Schröders Auffassung Siegfried den Archetypus des Göttersohnes und Heilbringers; Karl Hauck sieht in den Heldensagen den Niederschlag kultischer Totenpreislieder, einer im übrigen nirgendwo überlieferten, rein erschlossenen Gattung (v. See); für Otto Höfler wird Siegfrieds Drachenkampf zum mythisch-kultischen Symbol der Schlacht im Teutoburger Wald. Alle diese stark spekulativen, quasi neu-romantischen Ansätze leben stärker aus der Kraft ihrer Imagination als aus ihren sachlich begründbaren Argumenten (vgl. dazu ausführlich v. See). Einer ihrer Impulse wird die zwar unausgesprochene, aber doch spürbare Angriffshaltung gegenüber der Heuslerschen Position sein.

Eine solche Angriffshaltung, die z. B. bei Gottfried Weber recht freimütig-aggressiv formuliert wird, teilen diese Ansätze mit einer anderen, heute in der Nibelungenliedforschung wichtigen Forschungsrichtung, die gegen die Heuslersche Position mit Recht einwendet, das einzelne, tatsächlich vorhandene Werk gerate gegenüber den Rekonstruktionsversuchen erschlossener Vorstufen ins Hintertreffen. Hier wären die Arbeiten von Bodo Mergell, Gottfried Weber, Bert Nagel u. a. zu nennen. Im Grundsätzlichen wird man ihnen zustimmen; man wird sich jedoch verwahren gegen eine rigorose Abkehr von der genetischen Fragestellung und vor allem gegen die Anwendung eines völlig unhistorischen Begriffs vom »Kunstwerk«. Die ästhetischen Kategorien des 19. Jahrhunderts treffen auf dieses Epos noch weniger zu als auf andere Werke der Zeit um 1200, in denen nicht, wie hier, sehr disparates Material zeitlich verschiedener Schichten zusammengeschlossen worden ist.

LESARTEN ZU EINZELNEN STELLEN:
Eine kurze zusammenfassende Darstellung der Überlieferungslage und Handschriftenkritik, sowie Bemerkungen zur Textgestalt der

Ausgabe und zur Übersetzung finden sich im Anhang des ersten Bandes.

Die Interpunktion ist am Ende dieses Abschnittes behandelt. Erklärung der Abkürzungen: ABCDEIOS sind die Siglen der (meist frühen) Pergament-, abdh die Siglen der (meist späteren) Papierhandschriften bzw. -fragmente. In Klammern stehende Siglen beziehen sich auf Ausgaben: (Ba) = Bartsch, (deB) = Bartsch-de Boor, (La) = Lachmann. – rell. = alle übrigen Handschriften. – str. = Strophe oder Strophen. – v. = Vers

1143,3 *in der* BDbDd (deB), *in* ACIh (Ba La)

1145,3 *von so* Bbd (deB)

1146,2 *den* fehlt AIh

1147,4 *kunige* A, *chünege* B, *kuniginne* CD (deB Ba), *kungin* Ih

1148,4 *noch her daz selbe* Bd (deB), *noch daz selbe her* A (La), *noch daz selbe* Db, *al daz selbe* C, *daz selbe her* Ih, *her daz selbe* (Ba)

1152,1 *uz der* D, *uzzer* BC, *uz* AIh, *uzer* (deB)

    2 *vroliche mugt* C, *vrolichen mugen* Aa, *muget (immer) vroliche* B Db, *vrœliche m.* (deB Ba)

1154,1 *nu* fehlt DIabh

1157,2 *si was dem besten manne* ADb (La), *in edelen minnen* B, *daz si ir minne e waer* Ih, *ir edelen minne* C

1162,2 *unt ouch* ACDb

    3 *ze der* Aa, *in der* DIdh, *zer* BC (deB)

1164,4 *si fuoren* DIbdh

1165,3 *minnecliche* Bd (deB)

1169,2 *verdorben* Bd (deB)

1170,1 ff. Ba setzt Komma nach 1b, Punkt nach 2b, Doppelpunkt nach 3b.

1181,3 *vol gesprach* BDIh

1184,1 So liest Bartsch nach Hs. C: *man si sach*. Das Apo Koinou, das de Boor nach den übrigen Hss. in den Text setzt, gibt kaum einen Sinn. Denn *des küneges mage* gehen zu den Gästen, nicht zu Ortwin von Metz. Das *s* in *mans* auszulassen, lag durch das folgende *s* in *sach* nahe.

1202,3 alle außer BIdh lesen *und ob*

1203,2 *dem* BCbd, *dem kuonen* AD, *dem werden* Iah.

    4 *sis auch* d, *sis iu* B, *sis halt* Ih, *sis* ADb

1204,3 *wan si* Abd

1207,3 *neme solde* C, *solde nemen* Aab, *solde minnen* BIdh (deB)

1221,1 *vil edel* Bd (deB)

1224,4 *der* AC (Ba La), *do* Bd (deB), *man* DIh. Ich setze nach 2b einen Punkt (deB setzt 2b in Klammern). v. 3 ziehe ich nicht zu v. 1/2 (wie deB), sondern zu v. 4. Daher setze ich nach 3b ein Komma.

1226,2 *den edelen* AB

    4 *in*] *ir* B, *irn* C

1227,1 *und* BCd, *und die* AD, *und ouch* Ibh, *unde* (deB Ba)

1228,3 *von* ABIh, *der* CD (deB Ba)
1242,4 *anderes* B (deB), *anders furbaz* Ih, *anders* ACDabd
1244,2 *von dem* DIah, *vonme* C, *vome* B, *von* Ad
1245,1 *vil lieber* Bd (deB)
1256,3 *minen* ACabd, *miner* Bg (deB)
1293,3 So lesen CIh. In Bbd fehlt die Anzeile. ADHg lesen: *von rue-*
        digeres friunden des marcgraven man AD, *von Ruedigeres des*
        margraven man Bbd
1296,2 *die berge* ABbg
1297,4 *den gesten* B, *den edeln* g. CD, *da den* g. b, *den gesten allen* A,
        den lieben g. HI adh
1299,1 *het des* ADHab
1302,2 *si* fehlt ADIbh
1322,4 *in daz lant* A, *in diz lant* B, *in daz Etzelen* CHIh, *in daz Rue-*
        digeres bg, *ze bechelaren in daz* D. – 1323,3 *kleinem* BCg (deB)
1324,4 *vil* fehlt ADIbh
1330,4 *da zen* BCHg
1332,3 Auf eine Lesung *Treisenmûre* führen nur die Hss. CDa
        4 *waerlich* Bad
1342,3 *tiwer unde her* BHd, *edel unde her* Ih, *rich u. h.* AC
1352,4 *riteres* B, *cuenen ritters* Ih, *werden ritters* D, *küenen recken* C
1363,4 *bi dem Criemhilde* B, *bi dem kunige kriemhilde* A, *bi frowen*
        Criemhilde CIh, *Etzeln bi Crimhilden* D
1373,3 *gar* Idh, *da* BCD
1383,3 *der* CId, *die* ABDb. – *gruoztes* CId, *gruoztens* AB, *gruozte* Db
1389,4 *groziu* BCM, *grozlich* Ah, *grozlichiu* I
1398,3 das zweite *der* fehlt Aad
1401,3 *liezet sehen* B, *liezet schouwen* DIbh
1417,3 in B fehlt *her*. AMb lesen *her*, D *vil schir*, C *mit im.*
1424,4 *liebez* fehlt in ADMb
1437,2 *und* Bd, *und die* ADIbh
1440,1 *dem* BIbh, *do dem* ADNd. Ih liest *do nigen si*
1461,4 *ia ist* BIh (deB)
1474,2 *allen geben* ABbd, *al gebn allen* D, *geben allen* CIh (deB)
1480,3 *siben tagen* BDb, *tagen siben* a, *siben nahten* AIdh (deB), *tagen*
        sibenen (Ba)
1511,3 *hohzit* ADIabdh, *hochgezit* B (deB)
1512,2 *mit ungefuegen worten* BC, *mit ungefuoge* Abd, *mit grozzer un-*
        gefuoge D
1521,4 *nieman* ADabd, *niemen* B, *niene* C
1540,2 *wan* ADbd
1554,1 *muolich* A, *niulich* Bd. – *gehit* B, *geschiht* d, *gesit* AD
1560,2 *ez* fehlt ABb
1561,4 *da gewan* BCIh
1564,4 *erz* A, *erz da* B, *er daz* DHbd
1572,4 *zieren* AHd, *richen* BD, *küenen* C
1609,4 *des* ADHd, *do* BC (deB)

281

1628,3 *der* fehlt ABNb (deB)
1717,1 *vrouden* A, *vreunde* Db, *vreuden* B, *friunde* Ih, *vreude* und *vriunde*
 gehen in den Hss. wiederholt durcheinander: Vgl. 1402.
 2332 u. ö. Vgl. auch 2172,1 *Nu wol mich solcher friunde* …
1754,4 *ir* fehlt Bad (deB)
1777,2 *ob wellent mit mir* Bbd (deB)
1784,2 *daz was* BCIh
1785,2 *vil m.* Bd (deB). – 3 *vil sch.* Bd. (deB)
1805,2 *di gesch.* Bd
1807,2 *und ouch* BCd
1882,4 *hochverten* A, *hochvertegen* Bd, *hezlichen* D, *herlichen* b, *freis-*
 lichen Ih, *hochfertlichen* C
1883,4 *niemere* (Ba), *nimmer* Ih, *ninder* B, *ninder in* A, *ymmer* d, *nim-*
 mer anders D
1891,4 vgl. 1882,4
1897,4 *aller erste* ADIbhd (deB)
1981,1 *Berne* Ca, *Rine* ABDIbh
 3 *künec von* AIh, *künec der* BCD (deB)
2009,1 *sazen* BIh (deB)
2083,4 *si muosen* Bd (deB)
2106,4 *an den* B, *an rehten* Ih, *noch an* d
2146,4 *unstaetelichen* BC, *ze unstaten* ADIbh
2212,2 *schilde* (*schildes* C) *spangen* BC, *schiltspange* AIh
2292,3 alle außer ADb lesen *den sal* statt dem altertümlichen *daz wal*
2327,4 *eine* (nur in Ih) muß es hier heißen, da eine spätere Stelle diese
 zitiert: vgl. 2346,4. Die anderen Hss. lesen: *rechte* BCD,
 harte A

An den folgenden Stellen habe ich gegenüber der heute gebräuch-
lichen Ausgabe von Bartsch-de Boor die Interpunktion geändert
(in der Zusammenstellung bleiben fort: Ersatz von Semikolon durch
Punkt, von Punkt durch Ausrufezeichen, von Doppelpunkt durch
Punkt):
Komma ist ersetzt durch a) Punkt: 1152,2. 1458,1. 1489,4. 1494,2.
1518,1. 1521,4. 1527,4. 1530,4. 1542,3. 1553,1. 1561,3 1608,3.4.
1848,3. 1851,1. 1870,1. 1886,3. 1896,2. 1925,3.1932,2. 1945,3. 1956,3.
1966,1. 1968,1. 2054,3. 2065,4. 2080,1. 2110,2. 2113,3. 2118,1. 2144,3.
2214,1. 2255,3. 2276,1. 2281,2. 2306,3. 2318,4. 2325,2. 2334,1.
2362,1. b) Semikolon: 1188,1.3. 1203,1. 1219,2. 1225,3. 1318,1.
1434,1. 1534,1. 1603,4. 1664,2. 2069,1. 2134,1. c) Doppelpunkt:
1275,4. 1373,3. 1471,3. 1528,3. 1870,1. – Punkt ist a) ersetzt durch
Komma: 1152,3. 1224,3. 2255,1. b) ausgelassen: 1383,2. 1766,1. –
Punkt ist eingeführt: 1224,2. 1560,1. 1766,2. – Komma ist ersetzt
durch Doppelpunkt: 1275,4. 1373,3. 1471,3. 1528,3. Eingeführt
sind a) Doppelpunkt: 1383,3. b) Komma: 1576,4. c) Fragezeichen:
2314 (statt Ausrufezeichen).

ANMERKUNGEN

1144	Zunächst indirekte (V. 1), dann direkte Rede. Dieser Übergang, eine alte germanische Stilform, ist oft völlig unvermittelt. Vgl. etwa 1399. 2126.
1145	Das Argument, daß Etzel kein Christ ist und Kriemhild ihn deshalb nicht zum Gatten nehmen könne, wird später von Kriemhild wieder aufgenommen (vgl. 1248), doch bezeichnenderweise nicht von den Königen (1200 ff.), die nur danach fragen, ob eine Zusage politisch klug wäre.
1147,4	Die metrisch härtere Lesart scheint mir die bessere, da es hier zunächst um die Vorstellung der Könige (nicht Kriemhilds) geht. Vgl. Etzels Frage in 1147,1–2.
1148,3	wörtlich: was der besten Ehren und Tugenden er üben kann. –
1148,4	Die Berufung auf das Vorbild der Alten ist in dieser, auf Tradition gründenden Dichtung wichtig, um das Bestehende als richtig zu konstituieren.
1151,3	Das gesellschaftliche System beruht darauf, daß Dienste des Lehnsträgers vom Dienstherrn belohnt werden. Dabei kann Rüdiger, der selbst ein mächtiger Vasall ist, von Etzel Gaben akzeptieren, dürfte aber in Worms als Bote nichts annehmen, da er dort im Auftrag Etzels fungiert.
1153	Daß Rüdiger Etzels Angebot zurückweist, ist ein Beweis seiner eigenen Macht (*rîch* 1153,1), seiner Generosität und seines Strebens nach *lop*, das im Rahmen dieser Wertwelt noch völlig positiv zu werten ist. Als Ehrgeiz ist Rüdigers Haltung so wenig zu interpretieren wie die der anderen Helden. *êre*, *lop* sind nicht Tugenden im bürgerlichen Sinne, werden nicht als moralische Qualitäten verinnerlicht, sondern bleiben an objektive gesellschaftliche Gegebenheiten gebunden, werden von ihnen her definiert.
1156	Rüdiger tritt in Worms als Etzels Bote auf; die *êre* seines Auftretens ist daher Etzels *êre*. Dabei gilt: umso ehrenvoller, je prächtiger (*baz*) und je zahlreicher (*manege*).
1157,1 f.	wörtlich: und wenn Du es, mächtiger König, nicht aus diesem Grunde lassen willst. Sie war ... – 3 In der Sagenwelt kennt jeder jeden. Von einer speziellen Bekanntschaft Etzel–Siegfried wissen wir sonst nichts.
1158	Nimmt 1157,2 wieder auf. Gerade weil sie des edlen Siegfrieds Frau war, ist auch sie selbst *tiure*.
1161,3	Die lockere Anknüpfung des *ob*-Satzes macht es nötig, ein Zwischenstück einzufügen: als sie sich fragte.
1164,4	Hier wie auch später beim Zug Kriemhilds und der Burgunden wird immer wieder auf die unsicheren Straßenverhältnisse hingewiesen. Besonders in Bayern scheint, nach Darstellung des Nibelungenliedes, der Straßenraub sehr verbreitet gewesen zu sein. Vgl. 1174,3 f. 1429. 1493 f. 1546. Die Schilderung entspricht, was die allgemeine Unsicherheit betrifft, den tatsächlichen historischen Verhältnissen.
1166,2	wörtlich: der (= Gotelind) hätte sein Kommen niemals lieber sein können.
1167,4	Der Vers leitet zum Folgenden über. Obwohl bereits 1161,1 ff. davon die Rede ist, daß Gotelind die Botschaft erfuhr, wird hier – und das entspricht epischer Technik – wiederum imaginiert, sie wisse von nichts. Vgl. 1168 ff.
1171,4	Das, was wir vornehmlich als innere Gestimmtheit denken, ist noch unmittelbare Folge eines Äußeren, durch das es konstituiert wird. Dabei ist *hôhe gemüot* mehr als unser »hochgemut«. Es meint die Übereinstimmung von äußerer Präsentation, gesellschaftlicher Repräsentation und personaler Existenz, die sich in der Gestimmtheit des einzelnen Funktionsträgers niederschlägt.

1172   wörtlich: Es ist keiner, der es gerne von mir nimmt, daß ich nicht jedem von ihnen geben will, was ihm zusteht.

1173,2   *der* = Genitiv Pluralis, bezogen auf *phellel*, abhängig von *genuoc*

1174,3 f.   Vgl. oben zu 1164

1176,1a   bezieht sich auf das Vorhergehende und auf das Folgende: 1175,4b – 1176,1a – 1176,1b.

1177,4   Wie bei der Ankunft Siegfrieds gilt auch hier Hagen als der Kundige.

1180,2   Vgl. 1755 ff. 2344. Hagen war mit Walther von Aquitanien zusammen als Geisel am Hof Etzels. Hagen war freigelassen worden, Walther war mit Hildegunde vom Etzel-Hof geflohen. Auf der Rückreise werden sie in burgundischem Gebiet von Gunther überfallen. Hagen, von Gunther gekränkt, setzt sich abseits auf seinen Schild und greift erst ganz zum Schluß in den Kampf ein. Wenn auch Rüdiger in der Walther-Dichtung nicht vorkommt, setzt das Nibelungenlied offenbar voraus, daß sich Rüdiger und Hagen aus der gemeinsamen Zeit am Etzel-Hof kennen. Vgl. noch 1189,3. 1201,4. 1419,4. 1657,3 f. 1755 f. 1797,1. 2344.

1181,4   Jetzt erkennt Hagen Rüdiger.

1182,1   d. h. sie liefen Rüdiger entgegen. – 3/4 Die Pracht des Empfanges und der prächtige Aufzug der Boten entsprechen einander.

1184,1 f.   wörtlich: gingen dorthin, wo man sie (= die Ankömmlinge) sah. De Boor faßt *Ortwin von Metze* als Apo koinou auf. Vgl. dazu die textkritischen Anmerkungen.

1185,4   Rüdiger wird ehrenvoll empfangen. Die Gesten des Königs entsprechen der Würde dessen, der empfangen wird. Vgl. zum Unterschied den Empfang von Werbel und Swämmel 1436 ff.

1189,3   Vgl. die Anmerkung zu 1180.

1191,1   Das Folgende spricht Rüdiger als Bote seines Lehensherrn. Dem entspricht auch der äußere Gestus. – 4a steht Apo koinou, d. h. bezieht sich aufs Vorhergehende wie aufs Folgende.

1193,1   wörtlich: Euch entbietet seinen getreuen Dienst = seine Dienstbereitschaft.

1198,4   de Boor: »Da seine Lage nach Helches Tod so tief bedrückend für ihn ist.«

1200,2   Gunther stellt es so dar, als sei Kriemhilds Entscheidung primär, sein eigener, durch den gemeinsamen Rat seiner Gefolgsleute gestützter Beschluß dagegen nur zweitrangig. In Wahrheit könnte er natürlich eine Verbindung Etzel/Kriemhild verhindern. Vgl. 1203.

1201,4   Vgl. oben zu 1180.

1202,2   Es ist *wîslîch*, daß sich der Herrscher mit seinen Hauptratgebern berät und so, nach dem Ratschluß aller, das jeweils beste Verhalten ermittelt wird. Die Strophenfolge könnte die Erklärung nahelegen, Gunther habe sich zunächst mit seinen Ratgebern allgemein beraten, dann mit Hagen allein, dann wieder mit seinen anderen Vertrauten. Doch greift 1203,1 nur vor auf das Folgende: 1b (*niwan Hagene*) = Strophen 1203,2 bis 1206,4 und 1a (*al gemeine*) = 1207 ff.

1210   Wie an Strophe 1211 zu sehen ist, spricht hier Hagen und macht erneut seinen Einwand von 1203 ff. geltend.

1211,4   und 1212,2 ff. werden die höfische Argumentation Gernots und die realpolitische Hagens scharf gegeneinandergestellt, wobei ersichtlich ist, daß Gernot hier, Giselher später (1213) und Gunther früher (1206) höfisch argumentieren, weil sie sich über die Konsequenzen noch nicht im klaren sind: sie leisten sich, ehrenvoll zu handeln, weil sie meinen, sie würden niemals mit Etzel in Berührung kommen.

1219,3   zu ordnen ist: *die bâten sie minneclîche trœsten si ir muot.*

1221,1 ff.　von *versprechen* ist abhängig: *ich ensehe* ... Den positiven Sinn des gesamten Gefüges bestätigt *gerne*, das wiederum durch 3a erläutert wird.

1222,3　*den mînen willen* bezieht sich auf *hæren* (2b) wie *sagen* (3b).

1223,4　Konsekutivsatz, abhängig von 3a. Zu ordnen ist: *daz sie müese lân den recken* (= sie) *überreden.*

1224,4　wörtlich: von denen (Gen. Pl.) sah man ...

1226,3　Aus Rücksicht auf Kriemhild kommt Rüdiger nur mit wenigen Begleitern. Vgl. 1227,4.

1228,4b　zu ordnen: *sach daz wol an Kriemhild.*

1230,4　Höfische Form und personale Intention sind im Widerstreit.

1232,1　wörtlich: Er entbietet Euch liebevoll Minne ohne Leid. Zu einer beständigen Zuneigung sei er Euch bereit, wie er es Frau Helche gegenüber gehalten hat, die er ... Hier klingt das Motiv an, das früher am Beginn (Strophe 17) und später am Schluß des Nibelungenliedes (2378) erscheint. Vgl. auch 1333,2.

1233,3　= *der bæte mich nicht noch deheinen man triuten.* – 4 *ein* oft = demonstr. dieser, jener.

1234,2　*fr. liebe* ist als Akkusativ aus dem Nebensatz *swer d. k. b.* herausgestellt und in ihm durch *die* wieder aufgenommen. Zwei Sätze sind ineinandergeschoben: 1. *Waz m. erg. leides w. fr. liebe?* 2. *Swer friuntlîche liebe kan b. und der dan* ... (zu ergänzen: *der kan ergetzen leides*).

1243,3　*und* = wenn. – 4 bezieht sich auf Hagens Abraten.

1245,4　Vgl. Kriemhilds Antwort auf Utes Traumdeutung (15,3).

1247　Diese Strophe bereitet die spätere Zustimmung vor, während die folgende (1248) wieder ein Gegenargument bringt: Etzel ist ein Heide. Vgl. oben zu 1145.

1252,1　Die hunnischen Helden drängen vor allem darauf, Gunthers Einstellung zu erfahren.

1255,4　de Boor übersetzt *ein teil* mit »ein wenig«. Es ist aber wohl gemeint, daß der Königin hier klar wird, daß sie am Hof Etzels getreue Männer – an ihrer Spitze Rüdiger – finden wird, mit deren Hilfe sie für Siegfrieds Tod Rache nehmen kann. Es fallen die Stichworte: *ergetzen, engelten*; in der Strophe 1257, in der Kriemhild Rüdiger den Eid abnimmt, dann außerdem noch: *büezen.*

1257 f.　Kriemhild wählt eine sehr allgemeine und daher auch nicht ganz eindeutige Formulierung. Rüdiger versteht unter *leit* offenbar nur zukünftiges *leit.* Mit Recht; so sind die Eidworte auch gefaßt (*getuot*). Keineswegs darf man beim späteren Rüdiger-Konflikt (37. Aventiure) von der Voraussetzung ausgehen, der Markgraf habe wissentlich die Verpflichtung übernommen, Siegfrieds Ermordung zu rächen. Zwar sagt Rüdiger der Königin unter vier Augen, *er wolde si ergetzen | swaz ir ie geschach* (1255,3). Doch schließt diese Formulierung ein Racheversprechen nicht ein. Kriemhild dagegen wird klar, daß unter *leit* auch alles das verstanden werden kann, was sich künftighin beim Verfolgen des Racheplans aus dem alten *leit*, dem Verlust ihres Mannes, ergibt.

1259,4　Kriemhild, die hier bezeichnenderweise *diu getriuwe* genannt wird (Vers 1), sieht in Rüdigers Eid den ersten Teil ihres Racheplans. Jetzt endlich hat sie eine, wenn auch zunächst noch vage, aber doch begründete Hoffnung auf künftiges Gelingen.

1260　und 1261 nehmen 1247/1248 wieder auf. Kriemhild denkt an Etzels Heerscharen und seine Machtmittel. Doch kommt sie noch einmal darauf zurück, daß Etzel ein Heide ist (vgl. zu 1145), ein Argument, das sich an dieser Stelle, nachdem Rüdiger geschworen hat und Kriemhild bereits entschlossen scheint, etwas seltsam ausnimmt.

1263,4 Dadurch wird die Zusage rechtsverbindlich. Kriemhild hat in Gegenwart von Zeugen ihre Zustimmung gegeben. 1264,4 sichert sie Rüdiger durch Handschlag zu, mit ins Hunnenland zu kommen.

1264,3 Auch im ersten Teil (vgl. Kriemhilds und Siegfrieds Aufbruch nach Xanten) ist es für Kriemhild wichtig, daß Verwandte, Freunde, Gefolgsleute sie in das fremde Land begleiten.

1265,4 Rüdiger drängt der fortgeschrittenen Zeit wegen auf Eile; denn er weiß, daß Etzel wartet.

1266,3 f. wörtlich: immer, wenn Ihr mich an diese Abmachungen erinnert, werde auch ich Euch so dienen, daß ich niemals dadurch Schande erlange.

1269,3 Der Ruhm Etzels fordert von Kriemhild ein (diesem Ruhm entsprechendes) königliches Auftreten.

1274,3 Auch der zweite Raub, eine Reprise des ersten, wird von den Königen mißbilligt, ohne daß sie dagegen einschreiten. Vgl. die Anmerkungen im ersten Band zu 1128. 1132.

1277,1 ff. Erst nachträglich wird gegen Hagens Eigenmächtigkeit eingeschritten und der Raub verschenkt; der Zweck ist erfüllt: nicht Kriemhild, sondern Gernot verschenkt das Gold.

1278,4 Rüdiger spricht hier wie auch später stellvertretend für die Königin bzw. nimmt ihre Rechte wahr (vgl. noch 1348; 1358,4).

1284,2 *der* = Gen. Pl.

1287 Gernot und Giselher werden auch hier von Gunther abgehoben. Sie handeln, wie es die *zuht* (Vers 2) und ihre *triuwe* (1290,4) von ihnen verlangt. Gunther dagegen gibt ihnen nur kurze Zeit das Geleit (1288,4).

1295,2 f. Der erste *dâ*-Satz ist der Inhalt der Botschaft, der zweite *dâ*-Satz nennt den Ort, wohin die Botschaft gebracht wurde.

1302 vgl. oben zu 1164. –

1302 f. *Genuoge ûz B.l* ist aus dem Konditionalsatz herausgestellt und wird durch *si* wieder aufgenommen.

1306 vgl. dazu die Anmerkung zu Strophe 602 im ersten Band.

1314,2 *Botelunges kint* = Etzel.

1315,4 *maneger* = Gen. Pl.

1318,1 f. Zugleich ein Bild für die Offenherzigkeit und Großzügigkeit Rüdigers.

1320,1 *sie* sind entweder Kriemhild und die junge Markgräfin (und, ihnen folgend die übrigen) oder aber, wie de Boor kommentiert, Ritter und Damen.

1322,4 wörtlich: daß sie nichts (des Besseren) Besseres = kein besseres Kleid.

1325,1 zu ergänzen ist: und es nun Zeit war, daß sie aufbrechen sollten. – 2 f. *bieten an* steht mit doppeltem Akkusativ, z. B. *den dienest daz Etzelen wîp anbieten*. Im Passiv wird der erste Akkusativ zum Nominativ, der zweite bleibt Akkusativ. – 4 = die junge Gotelind.

1326 Kriemhild, so war schon 1236 gesagt, wird Helches Aufgabe weiterführen, Fürstentöchter an ihrem Hofe zu erziehen. Vgl. 1380,4; 1389.

1331 An der Traisen ist die Grenze von Rüdigers Gebiet, hier werden die Leute des Markgrafen beim Geleitschutz für Kriemhild durch Etzels Leute abgelöst. – 4 An diesem Vers wird sehr genau deutlich, was *êre* meint: noch nicht die innere moralische Qualität, sondern Ansehen, das sich auf Besitz und äußere Machtstellung gründet.

1332,3 Die meisten Handschriften schreiben *Zeisenmure* statt *Treisenmure*, wie es richtig heißen müßte. Vgl. die Lesarten und 1336,1.

1333,2 Vgl. Anm. zu 1233.

1334 und 1335 bestätigen, was Rüdiger 1262 über Etzels Hof sagt. Die beiden Strophen heben Etzels *êre* hervor und geben dadurch 1331,4 ihren Inhalt: Etzels *êre* ist jetzt auch Kriemhilds *êre*. 1335 wird Etzel zu einer Art Artus stilisiert: Er läßt jeden gewähren, übt großzügige Toleranz, sein Hof ist bekannt für Freigebigkeit (*milte*). Vgl. 1386,4.

1336,2f. wörtlich: der Staub ... lag die ganze Zeit nie, daß er nicht aufstob als wenn ...

1337,2 wörtlich: wodurch ihm infolge der Gedanken (an Kriemhilds Kommen) seine (frühere) Betrübnis schwand.

1338,1f. zu ordnen ist *m. küenen degene von vil m. sprache sach man* ...

1339,2 wörtlich: man sah, daß den P. und W. ihre edlen Pferde schnell liefen.

1340,4 Sie zogen die Pfeile so weit aus, wie es nur ging, »bis zur äußerst möglichen Spannung des Bogens« (de Boor).

1345,2 wörtlich: vor jeder Falschheit bewahrt = gefeit gegen ...

1348 vgl. Anmerkung zu 1278,4.

1350,3 wörtlich: dort, wo der König Etzel ...

1353,3 *puneiz* bleibt als unübersetzbarer Terminus stehen. Zum Lemma S. 301.

1354,4 *tiuschen gesten* bezieht sich wohl auf *Dietrîches man*, die hier abgehoben werden von den Hunnen. Vgl. auch 1355,2f. *die recken von dem lande – des küneges geste*, d. h. die Hunnen – die, die als Gäste an Etzels Hof leben.

1358,3f. wörtlich: sie saßen *minneclîche* dort, wo Rüdiger, der Held, den König nicht mit Kriemhild intimen Umgang haben lassen wollte. Vgl. oben zu 1278,4.

1365,1 Pfingsten ist die Zeit der höfischen Feste. Vgl. den Beginn des Iwein Hartmanns von Aue.

1371 Hier taucht zum erstenmal das wichtige Motiv auf, daß Kriemhild ihren Schmerz (um Siegfried) von nun an verbergen muß, weil ihr durch die Heirat mit Etzel *sô vil der êren geschehen* sind. Das Motiv wird später wichtig bei der Einladung der Burgunden in das Etzelreich. Vgl. 1415f.

1380 vgl. Anmerkung zu 1326.

1383,3 d. h. sie konnte sie um so besser grüßen, als sie genau wußte, *wer ieslîchiu wære* (= welche Stellung jede einnahm).

1385,4 wörtlich: daß die Herrin Helche niemals so gewaltig herrschte, wie sie (= die in 1385,1f. Genannten) nun bis zu Kriemhilds Tod dienen mußten (= wie Kriemhild nun herrschte, da ihr alle bis zu ihrem Tod dienen mußten).

1386 vgl. Anmerkung zu 1334f. – 4 *und durch der küneginne guot*, bezieht sich zurück auf 1384,2ff.

1389 vgl. Anmerkung zu 1326.

1392 von *gedâhte* ist zunächst ein Gen. Pl. (*maneger êren*) abhängig, auf den sich die Relativsätze (*der si dâ was gew. unt die ir ...*) beziehen; sodann ein durch *ob* eingeleiteter Nebensatz (*ob im daz ...*).

1394,2 de Boor kommentiert: »Die Freundschaft aufsagte.« Ich fasse 1394,1–3 als Einheit: Es kann nur auf teuflische Einflüsterung zurückgeführt werden, daß sich Kriemhild mit Gunther ausgesöhnt hat und freundschaftlich aus Worms geschieden ist (1114ff.). Vgl. auch 1460,2, wo sich Gunther selbst auf diese Aussöhnung bezieht. Teuflische Einflüsterung deshalb, weil diese Aussöhnung verstanden wird als Teil des Rachepланes: Dadurch schafft Kriemhild die Voraussetzung dafür, daß die Burgunden überhaupt zu Etzel aufbrechen.

1395 de Boor sieht in dieser Strophe »eine törichte Einflickung des geistlichen Motivs«. Es scheint mir eher so, daß in dieser Folge von Strophen (von 1391,4 an), in der vieles unvermittelt nebeneinandersteht, noch einmal alle Motivationen zusammengestellt werden, weshalb Kriemhild sich an Hagen und Gunther rächen muß bzw. weshalb sie wünscht, daß die Burgunden an den Etzelhof kommen. In diesem Zusammenhang darf auch das geistliche Motiv nicht fehlen.

1399   vgl. zu 1144.

1403,4 *ellende* meint hier sowohl die Fremdheit wie die Verwandtenlosigkeit
        Kriemhilds. Vgl. 1416,3.

1409,4 Hier, wie auch sonst öfter, nimmt der vierte Vers einer Strophe bereits
        vorweg, was erst später folgt.

1410ff. werden zunächst 1410,1–3 entfaltet, 1413,2ff. der Inhalt von 1409,4 kon-
        kretisiert.

1416,4 selten kommentieren die Frauen in der älteren Dichtung ihre spezifische
        Lage, wie sie sich aus dem Gegensatz der weiblichen und männlichen Rol-
        lenverteilung in der Gesellschaft ergibt. Vgl. noch 1455,3.

1419,2 vgl. zu 1180.

1422   Während die Boten nach Worms ziehen, werden bereits die Gäste für das
        Fest besendet.

1429   vgl. zu 1164.

1431,3 f. vgl. zu 1177,4. – 4 *H. v. Tronege* ist Subjekt des vorhergehenden (*sach*) wie
        folgenden Satzes (*sprach*).

1441,3 de Boor kommentiert: »In der feierlichen Audienz fragt Gunther natürlich
        auch nach dem Ergehen seiner Schwester« und setzt Gunther dadurch mit
        Hagen gleich, der 1432,4 und 1437,2 Kriemhild übergangen hatte. Das scheint
        mir nicht ganz richtig zu sein. Kriemhild und Gunther sind ausgesöhnt von-
        einander geschieden. Darauf beruht die folgende Konstruktion, die Hagen
        gerade in den Gegensatz zum Wormser Hof bringt. Vgl. 1460ff.

1448,2 *Etzel der rîche* bezieht sich auf *gebôt* (V. 1) wie *enbôt* (V. 2).

1460   vgl. zu 1394.

1462,2ff. de Boor gliedert (und interpungiert entsprechend): 4b – 3b – 4a – 2 – 3a.

1465,1 Bei *kuchenmeister* ist nicht an eine Art Oberkoch, sondern an einen Mann
        zu denken, der ein Hofamt versieht (vgl. dazu die Anfangsaventiure Stro-
        phe 10). Rumolt wird später zum Landesverweser. Dazu die Anmerkung
        zu Strophe 1517ff.

1471,4 Zu einem Hoffest reitet man nicht *gewerlîche*, d. h. so wie man in einen
        Kampf zieht.

1474,4 Zu ordnen ist: *der künec vil manegen der* (= derer) *mit guotem willen* (= die
        guten Willen hatten) *gewan*.

1475,2 *recken* ist als Gen. Plur. von *ahzec* abhängig.

1477   vgl. zu 1584.

1478,1ff. die Konstruktion ist etwas unübersichtlich. Direkt auf *tûsent* bezieht sich
        1b; 2a–3a wird aufgenommen durch 3b (*des*).

1480,1ff. Hagens Plan ist es, nicht viel später am Etzelhof anzukommen als die Bo-
        ten, um seiner Feindin die Möglichkeit zu nehmen, sich allzu gründlich
        vorzubereiten. Vgl. 1481,1ff.

1483,4 In der Emphase haben auch wir heute noch diese syntaktische Ausdrucks-
        weise; z. B. »Daß Ihr Euch das nur ja merkt!«

1485,1ff. Brünhild wird, ohne daß diese Nennung motiviert erscheint, noch einmal
        genannt. – 1488,3 zu ordnen: *si buten an die b. also v. g.*

1491,1ff. nimmt 1456,1 wieder auf.

1489,2ff. Die Boten reisen im Auftrag des Königs. Der Sinn des Verbots dürfte
        sein, daß sie verläßlich bleiben, d. h. nicht gekauft werden können.

1493,4 und 1494,2f. Vgl. zu 1164,4.

1500,2 *lützel* hier = kein.

1502,1ff. Die Boten hatten sich 1420,1f. gewundert, weshalb Kriemhild gerade auf
        Hagens Kommen so großen Wert legt. Hier nun lenkt die Königin ab, in-
        dem sie die beiden Boten durch die Gegenüberstellung Volker-Hagen auf
        eine völlig falsche Fährte leitet.

1503,4 und 1504,1 geben Kriemhild und Etzel dem *wille* einen völlig verschiedenen
        Inhalt. Etzel interpretiert Kriemhilds Äußerung anders als sie sie meint.

1509,2ff. Immer wieder gehen unheilvolle Träume unheilvollen Begebenheiten vor-
        an: Am Anfang der Falkentraum (Str. 13ff.); dann Kriemhilds Träume vor
        Siegfrieds Ermordung (921ff.).

1510,1ff. Hagen nimmt hier eine Position ein, die sich mit der früheren nicht deckt.
        Diese frühere Position wird in Str. 1512 noch einmal rekapituliert (vgl.
        den Streit mit Gernot 1461f.), und zwar so, daß die zeitliche Differenz
        zwischen damals (Beratung der Burgunden) und jetzt (Aufbruch der Bur-
        gunden) einfach übersprungen wird und durch ein *dô sprach* an die frühere
        Situation angeknüpft wird (1513,1ff.).

1517,1 Rumold wird noch einmal eingeführt, und zwar so, als wäre er dem Hörer
        noch nicht bekannt. Möglicherweise gehören die beiden Stellen (1465ff.
        und 1517f.) zwei verschiedenen zeitlichen Schichten an. Denn vom *kuchen-
        meister* und seiner materiellen Argumentation ist an der zweiten Stelle nichts
        zu spüren.

1521,4 wörtlich: ist dem Herzen niemals angenehm.

1523,1 Hier sind mit *die Nibelunges helde* zum ersten Male die Burgunden gemeint.

1528,2 und 4, sowie 1530,3f. wird deutlich, daß Hagen von der Unabwendbarkeit
        des schlimmen Ausgangs der Reise schon jetzt überzeugt ist. Da er ohnehin
        sterben wird, will er als Held sterben.

1536,2 Er traut ihnen magische Kräfte zu, da sie sich so wundersam bewegen.

1546,2 vgl. zu 1164.

1551,1ff. Das Folgende ist etwas unklar. Zwar handelt es sich bei dem Fährmann
        offenbar nicht um einen einfachen Schiffer, sondern um einen *dienestman*
        des Markherren, der die Furt bewachen soll (vgl. 1558,2f.). Er ist so *rîche,
        daz im niht dienen zam.* Anderseits wird er durch den Armreif verlockt, den
        Helden doch überzusetzen. Wie paßt 1554,2 zu 1551,1?

1570,1f. Die Troßknechte sollen den Pferden das Zaumzeug abnehmen, so daß sie
        über den Strom schwimmen können.

1584   Zu 1477 merkt de Boor an: »Erst hier wird Volker unter Betonung seiner
        ritterlichen Herkunft neu eingeführt.« Daran knüpft er Betrachtungen
        über die Entwicklungsgeschichte des Stoffes, die durch eine Strophe wie
        1584 doch sehr relativiert werden. Auch hier wird – mit de Boor zu reden –
        Volker neu eingeführt. Diese neue Einführung indessen scheint mir eher
        in der Vortragspraxis begründet zu sein als in der Verschiedenartigkeit der
        Sagenformationen: beim mündlichen Vortrag wurden immer nur Teile,
        nicht das Ganze auf einmal vorgetragen.

1597,3 Ich fasse wie de Boor *vil ungefüegiu sêr* als erläuternden Zusatz zu *schaden* auf,
        wenn ich auch gegen die im Nibelungenlied sonst ungebräuchliche Kon-
        struktion Bedenken habe.

1600,3 d. h. sie waren auf Überraschungsangriffe gefaßt, hatten die Schilde griff-
        bereit am Arm.

1626,4 *in* Dat. Plur., abhängig von *beliben*, entspricht dem Dat. Plur. *uns* vor *viere.*

1631,3ff. Es wird nicht ganz deutlich, ob (wofür vieles spricht) dieser Eckewart mit
        dem Gefolgsmann Kriemhilds identisch ist (vgl. 700,4). Seine Funktion
        wird nicht ganz ersichtlich: ist er den Burgunden von Kriemhild, die auf
        einer früheren Sagenstufe ihre Brüder warnen wollte, zur Warnung ent-
        gegengesandt oder ist es der treue Eckart (Panzer) oder soll er tatsächlich
        (als einzelner!) die Grenze bewachen?

1633,1ff. Die Gedankenführung ist etwas unklar, da nicht deutlich wird, in wel-
        chen Beziehungen dieser Eckewart zu Siegfried/Kriemhild, zu Rüdiger
        und zu den Burgunden steht. 1642,3 bezeichnet ihn als *Kriemhilde man.*

Weshalb warnt er die Burgunden in Str. 1635? Bezeichnenderweise bricht Hagen den Disput schnell ab, da er über den Inhalt der Warnungen keine Illusionen hat (vgl. 1636) und lenkt ab auf eine sehr materielle Frage.

1638,1 Das Verhältnis ist konsekutiv: einen solchen Landesherrn, daß Ihr ... – 4 wörtlich: wenn Ihr tapferen Helden Rüdiger aufsucht.

1646 ff. Rüdigers Reaktion zeigt seine Arglosigkeit. Anders als der schlafende Eckewart und später Dietrich von Bern kommt ihm gar nicht der Gedanke, daß Kriemhild etwas Böses im Schilde führt. Darüber wundert sich Dietrich später (1723,4).

1651 f. Rüdiger gibt sogleich genaue Anweisungen über das Empfangszeremoniell. Vgl. beim späteren Ablauf (1665 ff.) die genaue Beachtung der Rangverhältnisse.

1657,3 f. Vgl. oben zu 1180.

1683 Vgl. dazu Kriemhilds Verlobung Str. 611 ff.

1695,3 Als reicher, mächtiger König nimmt Gunther eigentlich keine Geschenke, sondern schenkt nur selbst. Daß er hier eine Ausnahme macht, ist ein besonderer Gunstbeweis. Gotelind weist 1697,2 darauf hin, daß selbst der König die Gabe angenommen habe.

1698 ff. Hagen wird nicht nur wie die anderen beschenkt, er erbittet sich sein Geschenk. Darin liegt ein sehr hoher Anspruch an Rüdigers Gastfreundschaft. Durch diesen Wunsch ehrt er seine Gastgeber, indem er voraussetzt, daß er sie um alles bitten darf. Die Forderung Hagens sowie Rüdigers und Gotelinds Bereitschaft, den so teuren Schild wegzugeben, zeigen, wie stark das Band der *triuwe* zwischen ihnen ist.

1699 Daß Nudung von Witege erschlagen worden ist, wissen wir aus der Dietrich-Sage. Näheres über das Verwandtschaftsverhältnis wird uns weder dort noch hier mitgeteilt.

1702,4 zu *mark* vgl. die Anmerkung zu 317,3.

1707,2 zu ordnen ist: *daz man mir, swenne ir w. w., müge sagen ...* – 3 Gotelind faßt Volkers Auftritt als Minnedienst auf, für den sie ihm ihren Lohn gibt (1706).

1708,2 *leiten* – Rüdiger gibt ihnen das Geleit, d. h. übernimmt es, sie bis an Etzels Hof zu schützen. Auf dieses Geleit, d. h. auf einen, eine persönliche Bindung herstellenden rechtlichen Sachverhalt, bezieht er sich später, wenn er begründet, weshalb er gegen die Burgunden nicht kämpfen will. Vgl. 2150,4.

1709,4 *der einer* = einer von denen (= derer).

1713,4 Zu ordnen ist: *nie hat d. k. E. im so liebez.*

1715,3 f. Der Bote meldet Etzel die bevorstehende Ankunft; der sagt es dann Kriemhild.

1717 de Boor liest (wie alle anderen Herausgeber) *mîner vreuden* und kommentiert: »Kriemhilds Freude über die Bewaffnung der Brüder fällt aus dem Zusammenhang. Hier könnte ein uraltes Wort Kriemhilds aus dem Urlied bewahrt sein, da sie noch auf seiten der Brüder stand: ›Gottlob, sie kommen wenigstens gewaffnet.‹« Dieser Kommentar berücksichtigt m. E. den zweiten Teil der Strophe nicht. Wie paßt zu diesem Eingang der Schluß der Strophe? Man könnte auch daran denken, daß Kriemhild sich darüber freut, daß es zur kriegerischen Auseinandersetzung kommen wird. Doch damit stimmt das Folgende nicht überein: vgl. 1745 und 1747 sowie 1764. Das Argument für die Heirat mit Etzel war doch, daß Kriemhild von nun an damit rechnen konnte, *friunde* (Vertraute, die sie in ihren Racheplan einsetzen konnte) zu gewinnen. Kriemhild sagt also: Beim Anblick meiner bewaffneten burgundischen Verwandten freue ich mich, daß ich hier *friunde* habe, Leute, die bereit sind, für mich zu kämpfen. Diese ruft sie nun auf: *swer nemen welle golt* ... Vgl. die Lesarten und 1259,1 f.

1718,3 *im* = Dietrich.

1720 Auch hier ist Hagen wieder der Kundige.

1723,4 vgl. zu 1646.

1735,2 Ritter- und Troßknechte werden auf Kriemhilds Befehl getrennt unter-
gebracht. – 3 *im* = Hagen. – 4 d. h. ohne Aufsehen zu erregen.

1736,1 *marschalk*, d. h. er hatte die Oberaufsicht über die Troßknechte.

1737,3 f. Zwei Symbolgebärden, die einander entsprechen: Kriemhild begrüßt nicht,
wie es der Rangfolge nach nötig wäre, zuerst Gunther, sondern allein
Giselher und zeigt damit an, daß sie unversöhnt ist; Hagen bindet den
Helm fester und zeigt damit an, daß er die Symbolgebärde verstanden hat.
Str. 1738 gibt eine Interpretation von 1737.

1739,1 Ist ein Dativ zu ergänzen: *Nu sît dem* oder *im willekomen, swer* ... – 3 f. Die
Horterfragung schiebt sich hier so unverhüllt wie unvermittelt in den Vor-
dergrund. Vgl. zum Hortraub die Anmerkung zu 1107. 1128. 1132.

1740 Hagens Antwort ist von verletzendem Hohn, weil sie die in der Frage ent-
haltene Anklage überhört und der Königin unterstellt, sie erwarte von
ihm, einem Vasallen, ein Geschenk, und weil sie zugleich den Vorwurf
enthält, daß nicht die üblichen Gastgeschenke an die Gäste verteilt, son-
dern im Gegenteil welche von ihnen gefordert werden. Dennoch tut Hagen
so, als ob der Nibelungenhort noch in seiner Hand wäre (*ich wære wol sô
rîche* ...).

1741 Jetzt muß Kriemhild direkter fragen und den unerreichbaren Mann daran
erinnern, daß der Hort ihr gehörte (*daz ist iu wol bekant*).

1742 Hagens Entgegnung ist von genialer Unverfrorenheit. Er weiß, daß Kriem-
hild an nichts anderes als an Rache denkt; er tut so, als ob man über diese
alten Geschehnisse schon lange hinweg wäre, und er weiß, daß diese ge-
spielte Gleichgültigkeit die Feindin am empfindlichsten trifft.

1744,4 *daz swert* ist Siegfrieds Schwert.

1746 Hagen spricht ironisch, indem er am höfischen Sinn der Geste, die hier
feindlich gemeint ist, festhält und Kriemhild scheinbar unterstellt, sie wolle
ihn besonders ehren.

1748,4 de Boor kommentiert: »*geniezen* hier entgelten«. Mir scheint jedoch, daß
Dietrich direkt auf Kriemhilds Rede (1747,4) antwortet. Darauf weist auch
die Aufforderung *nu zuo*.

1755 und 1756 vgl. dazu die Anmerkung zu 1180,2.

1758 ff. Hagen und Dietrich trennen sich. Warum? Hagen sucht nach Volker.
Warum? Sie gehen miteinander fort. Warum? Die erste Erklärung gibt
1760,4. Hagen und Volker gehen so weit fort, weil – ihre Tapferkeit und
Furchtlosigkeit so am besten gezeigt werden kann. Erzählformen, so zeigt
sich, sind geschichtliche Formen: wo wir vorwiegend kausal denken, kann
der mhd. Autor noch final denken. Wie Schauspieler vor dem Auftritt an
den Platz sich stellen, an dem sie stehen sollen, wenn der Vorhang sich
hebt, so wird hier ein Szenenraum aufgebaut, der einen wirkungsvollen
Auftritt zu inszenieren gestattet.

1764 vgl. zu 1717.

1769,3 *in* = den Burgunden

1770,4 *under krône*, d. h. sie tritt als Königin auf.

1774,1 Diese Frage sowie 1775,4 bleiben nach allem, was vorhergegangen ist, et-
was unverständlich. Sie zeigen, daß man den logischen Zusammenhang
zwischen verschiedenen Szenen und Auftritten nicht zu eng fassen darf.
Es kommt mehr auf die momentane Wirkung der Einzelszene an und nicht

so sehr darauf, daß alles zueinander paßt. Wichtig ist hier offenbar, daß Hagen noch einmal sagen soll: *ich weiz wol daz allez ist ûf mich getân* (1776,2).

1780 ff. In Volkers Aufforderung und Hagens Weigerung tritt die Spannung klar zutage, die das Nibelungenlied beherrscht: das Gesetz höfischer Sitte stößt mit dem Gesetz heldischer Gesinnung zusammen. Zugleich ist dies eine Gegenstrophe zu 1738. Kriemhild grüßt nur Giselher, nicht die Könige Gunther und Gernot.

1783,1 ff. Hier zum ersten Male gibt sich Hagen als Mörder Siegfrieds offen zu erkennen. 1790 folgt dann das Bekenntnis.

1792,1 Die Erklärung dieses Verses bringt 1794,1 ff.

1797,1 Vgl. zu 1180.

1801 de Boor faßt die Verse 1–3 zusammen, setzt nach *tuot* einen Punkt. – 3 der Vers bezieht sich auf Vers 1 der Strophe.

1818,4 Hagen bespricht es mit Gunther. Der König (1819) sagt es dann Etzel.

1819,4 *er* = Etzel.

1820 zu ordnen ist: *dô sach man all. die g. dringen.*

1824,4 Die Bequemlichkeit, die Kriemhild ihnen bereitet, wird als Teil ihres Racheplanes verstanden (vgl. 1827).

1827,3 Es ist interessant, daß hier keine kausale, sondern eine konzessive Konjunktion steht. Wir würden *sît* erwarten, der mittelhochdeutsche Text lautet *swie*. Einem späteren Autor wäre es gerade darum gegangen, die in der Freundlichkeit und Fürsorge verborgene Feindseligkeit, d. h. den Kontrast zu zeigen. Der epische Bericht des mittelalterlichen Textes indessen kann nicht abstrahieren von dem, was er beschreibt. Auch wenn dieser Aufwand der Vorbereitung der Rache dient (vgl. 1824,4), ist er selbst in dieser verdunkelten Form zugleich Ehrung, und zwar kraft einer der Sache selbst innewohnenden Aussage (1826,4). Offenbar ließ sich ein solcher zeremonieller Ablauf noch nicht völlig in den Racheplan auflösen, er blieb daneben auch immer noch er selbst.

1833 ff. Meines Erachtens geht es nicht nur darum, daß Volker den Einschlafenden eine Freude bereiten will (de Boor). Offenbar zeigt sich an solchem Singen im Angesicht der Gefahr auch heldische Gesinnung (vgl. die Wortwahl: 1833,4. 1834,2. 1835,2 u. ö.); man vergleiche Gunnars Selbstbeherrschung im Schlangenhof (Älteres Atlilied): während die giftigen Bestien ihn schon umringeln, schlägt er, an den Händen gefesselt, mit dem Fuße die Harfe.

1849,4 Das erste *der* = Gen. Pl., ist abhängig von *manegen*. Auf *manegen* bezieht sich dann der Relativsatz.

1855 f. Die Aufforderung, Gott die Sünden aufrichtig zu bekennen und zu beichten, nimmt sich im Mund Hagens etwas eigenartig aus. Doch muß man bedenken, daß es hier nicht um die Konsistenz eines Charakters geht, sondern Hagen an dieser Stelle als der maßgebliche Ratgeber der Burgunden spricht. Mit anderen Worten: seine Rolle trägt seine Handlung. Vorstellungen wie »Ausdruck innerer Überzeugung« oder »innere Wandlung« sollte man auf jeden Fall fernhalten. Sie würden am wesentlichen Punkt dieser Figurendarstellung gerade vorbeisehen.

1869,1 Gedacht ist an die tiefen Fensternischen. Vgl. 1893,4.

1870 ff. Der folgende *bûhurt* unterscheidet sich von den anderen Turnierschilderungen durch seine schwere, lastende Atmosphäre. Die Aggressivität, die von Anfang an spürbar ist (vgl. nur etwa 1881,1), führt zwangsläufig zu einer Entladung: Jenem momentanen absurden Einfall Volkers und den daraus folgenden feindseligen Akten (1885 ff.).

1874,4 Dietrich wie später Rüdiger (1875,2 f.) ziehen ihre Leute vom Turnierplatz ab, weil sie Verwicklungen befürchten.

1887,4   Das Geschehen entfaltet sich, und zunächst ist Etzel nur Zuschauer. Dann aber entwickeln sich die Handlungen parallel. In die Ereignisse auf dem Turnierplatz greift der König ein: 1890,4 – 1893,4 – 1894,4 – 1895.

1890 f.   Nachdem Volker den Hunnen erschlagen hat, versuchen Hagen und die Seinen ihn abzudecken. Sie reiten *kunstlîch* = nach allen Regeln der Turnierkunst gegen die Hunnen an.

1893,4   Vgl. zu 1869,1.

1895,1   *Ein des Hiunen mâge* = »Einer der Verwandten des Hunnen« ist Nominativ, der aus dem Hauptsatz herausgestellt ist und eigentlich ein Dativ sein müßte (= wieder aufgenommen durch *im* 1895,2).

1895 f.   Etzel wird hier, ohne daß er es weiß, zum Gegenspieler Kriemhilds. Er will den Frieden. So muß Kriemhild versuchen, ihn gegen die Gäste aufzubringen. Dies geschah in der früheren Konzeption durch den Tod des Etzel-Sohns (vgl. 1912). Im Nibelungenlied ist diese Konzeption noch erkennbar, aber verdunkelt. Hier wendet die Königin sich an Blödel, der Dankwart in der *herberge* überfällt. Erst dieses Ereignis führt dann, durch das Auftauchen des blutbespritzten Dankwart bei der Tafel, zur Tötung des jungen Ortlieb.

1899,2 f.   de Boor bezieht *si* (2b) auf *herren* und übersetzt: die Sorge vor Kriemhilds Anschlägen. Beides ist grammatisch möglich. Es ist eine Frage der Anknüpfung von v. 2. – Das Kriemhild sich an Dietrich wendet, erscheint von Strophe 1748 f. her eigenartig.

1903   An Blödel tritt Kriemhild sogleich mit einer materiellen Offerte heran, bittet ihn nicht wie Dietrich um *helfe* und *genâde* (1899,4).

1906,3   *maget* ist die unverheiratete, *wîp* die verheiratete Frau. Ich folge der Boors Vorschlag: *wîp* hier = Verlobte.

1908,2   ›er sah‹ ist als Zwischenglied ergänzt.

1912   Die Strophe ist im Kontext des Nibelungenliedes nicht mehr voll verständlich. Sie bezieht den Etzel-Sohn in den Racheplan Kriemhilds ein. Im Nibelungenlied wird Ortlieb aber erst erschlagen, als Dankwart erscheint (vgl. 1960 ff.). In einer früheren Konzeption brachte Kriemhild das Kind dazu, Hagen ins Gesicht zu schlagen, worauf dieser ihm den Kopf abschlug. (Vgl. 1918,3; sowie 1895 f.).

1914,3   Ortlieb ist Etzels *einec sun*, d. h. sein Erbe. Eine Aussöhnung mit den Burgunden ist nach seiner Ermordung nicht mehr möglich. (Vgl. 2090,3 f.)

1918,1   Diese Worte sind, wie mir scheint, nicht in erster Linie gegen Etzel gerichtet (so verstehen sie die meisten Interpreten), sondern gegen Kriemhild: es ist Kriemhilds Plan, Etzel auf ihre Seite zu bringen, ihn durch den Tod des Sohnes zum Eingreifen zu zwingen. Hagen sagt seiner Feindin hier, daß er ihren Plan durchschaut hat. Also nicht nur grausam-spöttische Rede, sondern auch Bekenntnis zur späteren Tat (1919,4). – 3 f. Auch diese Strophe ist nur in der früheren Konzeption voll verständlich. Hagen zeigt seiner Feindin dadurch an, daß er ihren grausamen Plan durchschaut hat und gibt zugleich zu erkennen, daß er auf ihn eingehen wird. Alle anderen – Etzel wie die Burgunden – sind über Hagens Worte entsetzt, weil sie Kriemhilds Absicht nicht begriffen haben.

1924,3   Diese Selbstaussage steht im Widerspruch zum ersten Teil; denn Dankwart war einer der vier *Islant*-Fahrer (vgl. Str. 342).

1927,3 f.   Woher soll Dankwart dies wissen? Und wenn er es wußte, wie 1928,3 f. behauptet: weshalb haben die Burgunden nichts zur Gegenwehr vorbereitet? Strophe 1927 und 1928 stehen, so wie sie sind, etwas eigenartig in diesem Kontext.

1932,3   *ir* = von den bewaffneten Hunnen (vgl. 1932,2).

1934,1 f.   *die Hiunen* ist herausgestellt, obwohl es syntaktisch Genitiv sein müßte; es wird durch *der* wieder aufgenommen (1934,2).

1938,3   d. h. dadurch, daß er den Schild griff, den man entsprechend den jeweiligen Bedürfnissen im Kampf verstellen konnte: wenn man ihn tiefer setzte, kam der Schild mehr in die Höhe, ohne daß der Kämpfer durch eine unbequeme Haltung des Armes ermüdete.

1940,2   Neue Schwerter d. h. neue, frische Kämpfer.

1944,2 ff.   Da sie den Nahkampf nicht wagten, wendeten sie eine in Vers 3 f. geschilderte, übliche Taktik des Fernkampfes an.

1950,1 f.   *swelcher ..., der* (Gen. Pl.) *eteslîchen ...*

1956,3   *der* = Gen. Pl. bezogen auf *manne* (V. 2).

1960,3   *minne trinken* ist eine alte Formel. Sie bezeichnet den Gedächtnistrunk für einen bereits Gestorbenen, und zwar bei Antritt des Erbes. Ich beziehe die Formel (nicht wie de Boor auf Ortlieb oder wie Wapnewski auf die Knappen, sondern wie Heusler) auf Siegfried, auf den Hagen in den ersten beiden Versen anspielt. Hagen bekennt sich mit diesem packenden Trutzwort (de Boor) zu allen Folgen, die die Ermordung Siegfrieds für die Burgunden haben wird. Vers 4 beziehe ich nicht wie de Boor auf das *minne trinken*, sondern auf Vers 3b; allerdings verstehe ich *gelten* nicht als »opfern« (de Boor), vielmehr als »Bescheid tun« mit dem Doppelsinn von »vergelten, Vergeltung üben«. Dem Trunk des Königs (= Erschlagung der burgundischen Knappen) wird Bescheid getan (= vergolten) durch den ersten Trunk (= Tod Ortliebs)!

1983,2 f.   Zu ordnen ist: *nu hilf mir, ritter edele ûz Amelunge lant, durch aller f. t. mit dem l. dan.*

1998,3   Die Genitive *friunt* und *man* stehen parallel zum Gen. Pl. *der*.

2002 ff.   Aus Volkers Spielmann-Status wird hier und auch sonst öfters eine spezielle Kampfmetaphorik entwickelt.

2009,4   Die *rede vil spæhe*, die hier angekündigt wird, folgt 2019 ff. Zunächst folgt Giselhers Rat, die Toten aus dem Saal zu werfen.

2013,2   *siben tûsent tôten* ist Objekt zu *truogen* und *wurfen*.

2014,2   wörtlich: der (wenn einer) ihn behutsamer gepflegt hätte, er wäre noch am Leben geblieben.

2020,3   zu ordnen: *ieslîcher der mînen herren*

2038   zuerst kommt der Kampf mit dem Speer, dann folgt der Schwertkampf (2038,4).

2080,2   Die mittelalterliche Haltung der Trauer drückt sich in stärkeren Gebärden aus als die moderne.

2090,3 f.   Vgl. zu 1914.

2097,2   *gesunder* = Gen. Pl., von *vil* abhängig

2105,2 f.   zu ordnen ist: *ob unser, der sippen dîner mâge, tûsent wæren ...*

2109   Kriemhild läßt den Saal anzünden, und währenddessen sollen die Hunnen darüber wachen, daß niemand aus dem brennenden Haus entflieht.

2110,3 f.   *triuwe*, das wird an dieser Stelle ganz deutlich, ist wechselseitige Bindung.

2113,2   Durch seinen freundlichen Empfang hat sich Etzel seinen Gästen gegenüber verpflichtet. Von dieser Verpflichtung kann aber keine Rede mehr sein, nachdem die Burgunden seinen Sohn erschlagen haben. Deshalb würden auch Rüdigers und Dietrichs Vermittlungsversuche scheitern (vgl. 2136 ff.).

2118,4   *immer* hier = nimmer.

2119   Da die brennenden Balken von der Decke herabstürzen, ist an der Wand der sicherste Platz. Hagen fordert die Burgunden auf, die brennenden Scheite in das Blut hineinzutreten, damit sie gelöscht werden und der Fußboden kein Feuer fängt.

2120,1   *der naht* = Gen. Sing.

2124,4   Locker angefügter Konsekutivsatz: (Sie hatten auch dies überlebt), so daß niemals ein König ...

2126   vgl. zu 1144.

2127   Es ist darauf hinzuweisen, daß immer wieder der Lebenswille bei den Nibelungen durchbricht (schon 2088 ff.). Es handelt sich nicht, wie man es unter dem Nationalsozialismus aus ideologischen Gründen dargestellt hat, um fatalistische Todesbereitschaft; so verkündet Hermann Göring 1943, kurz vor dem Fall von Stalingrad, in einer Rede im Berliner Sportpalast: »Aus all diesen gigantischen Kämpfen ragt nun gleich einem gewaltigen, monumentalen Bau Stalingrad, der Kampf um Stalingrad heraus. Es wird dies einmal der größte Heroenkampf gewesen sein, der sich in unserer Geschichte abgespielt hat. Wir kennen ein gewaltiges, heroisches Lied, von einem Kampf ohnegleichen: es heißt der Kampf der Nibelungen. Auch sie standen in einer Halle von Feuer und Brand und löschten den Durst mit eigenem Blut, aber kämpften und kämpften bis zum Letzten. Ein solcher Kampf tobt heute dort, und jeder Deutsche noch in tausend Jahren wird mit heiligen Schaudern das Wort Stalingrad aussprechen und sich erinnern, daß da Deutschland letzten Endes den Stempel zum Endsieg gesetzt hat. Denn ein Volk, das so kämpfen kann, muß siegen.«

2130,3   Dem *swer* ist ein Dativ zu entnehmen: Sie gab es jedem, der ...

2135,2   Es wäre falsch, hier zu fragen, wo Rüdiger denn bisher gewesen sei und warum er sich nicht bereits am Kampf beteiligt habe. Solche Fragen würden verkennen, daß im Nibelungenlied die szenische Komposition noch weitgehend final ist. Gewiß, als Etzels Vasall wäre Rüdiger entweder sogleich zum Kampf verpflichtet gewesen oder nie; aber erst jetzt paßt seine Aristie in den szenischen Ablauf, erst jetzt treibt sie vor dem Ende einen Höhepunkt heraus, der an früherer Stelle auf keinen Fall so wirkungsvoll gewesen wäre.

2136 ff.   Vgl. zu 2113.

2141,2   der von *in* abhängige Relativsatz (*der er* ...) ist vorangestellt.

2142   Diese Strophe paßt nicht recht zum Erscheinungsbild des *vater aller tugende*. Dennoch wäre es verfehlt, hier von Entgleisung oder Kurzschluß zu sprechen. Solche Formulierungen setzen bereits voraus, was erst noch zu beweisen wäre (sich jedoch nicht beweisen läßt): daß hier nicht die Rolle die Handlung prägt, sondern die Vorstellung eines einheitlichen Charakters zugrunde gelegt und auf irgendeine Weise die Abweichung erklärt werden müsse. Hier geht es darum, Rüdigers starke Erregung über den ungerechtfertigten Vorwurf zu zeigen und den Markgrafen von dem Tadel der Feigheit zu befreien.

2143 f.   Vgl. zu 1708.

2144 ff.   Rüdiger beruft sich auf einen rechtlichen Sachverhalt: auf die *triuwe*-Bindung, die dadurch entstanden ist, daß er den Burgunden das *geleite* gegeben hat. Dem stellt Etzel die lehnsrechtliche Verpflichtung des Vasallen gegenüber   Lehnsherrn entgegen (Str. 2145). Rüdiger steht also zwischen zwei nicht zu vermittelnden Ansprüchen. – Die ganze Aventiure ist stärker als andere von der rechtlichen Argumentation bestimmt, die den Rüdiger-Konflikt deutlich werden läßt; eine formaljuristische Lösung ist indessen nicht möglich, da immer wieder Bindungen mit ins Spiel kommen, die rein rechtlich nicht voll zu fassen sind. Darin liegt eine Hauptschwierigkeit der Deutung dieser Szene.

2145,4   *der* = Gen. Pl., abhängig von *mêre*.

2148 ff.   Kriemhild erinnert Rüdiger an den Eid, den er ihr in Worms geschworen hat (vgl. oben zu 1257f.). Auf ihre Vorhaltung, er habe für sie *êre* und *leben* einsetzen wollen, antwortet er (Str. 2150) durch den Hinweis, sein Schwur habe nicht gemeint, daß er auch die *sêle verliese*. Solche Berufung auf das Heil der Seele dient auch sonst oft dazu, einem als unrechtmäßig erkannten Befehl Widerstand entgegenzusetzen (Splett). Doch dieses Argument wird von Kriemhild nicht aufgenommen. Sie verlangt auch weiterhin die Einlösung der Eidverpflichtung (2151ff.).

2152,2 Umkehrung des Lehensvorganges, bei dem der Lehensmann, um sein Lehen zu empfangen, vor dem Lehnsherrn kniet.

2156,4 *ir* = Gen. Pl. (= einen von den Burgunden).

2157,2ff. Rüdiger sucht als letzten Ausweg, sein Lehen aufzukündigen (*diffidatio*). Dagegen gäbe es formaljuristisch kein Mittel, wenn das Verhältnis zwischen beiden ein rein lehnsrechtliches wäre. Allerdings scheint es fraglich, ob solche *diffidatio* jederzeit möglich war, d. h. ob der Lehnsmann das Recht hatte, dem Lehnsherrn in dem Augenblick einen Eid aufzukündigen, in dem dieser auf Unterstützung angewiesen war (Splett). – 3 *des* = Gen. Sing., abhängig von *niht* (nichts davon).

2162ff. Gegen Kriemhilds Bitte, mit ihrem und Etzels Schmerz Erbarmen zu haben, verfängt ein weiteres Beharren auf der rein rechtlichen Position nicht mehr. Deshalb weiß Rüdiger jetzt, daß er kämpfen muß. Er weiß auch, daß er aus diesem Kampf, der wegen der notwendigen Verletzung der einen oder der anderen Verpflichtung ein unrechtmäßiger ist, nicht als Sieger hervorgehen kann. Denn Kampf ist, worauf de Boor hinweist, Rechtsentscheid. Wapnewskis Deutung, Rüdiger entscheide sich nach anfänglichem Zweifel für das eindeutige Recht, scheint mir daher der Szene nicht angemessen. Dem widerspricht schon die Formulierung von Strophe 2166,1 (so auch Splett), da sie sich auf die Opposition von Strophe 2150,2f. bezieht, die durch die wechselseitige Darlegung der Standpunkte nicht aus der Welt geschafft ist.

2163,2 *der Rüdigêres lîp* = Rüdiger. – 3 *liebes* = Gen. Sing., abhängig von *swaz.*

2164,4 *ellenden* nennt Rüdiger seine Gefolgsleute, die mit ihm an Etzels Hof geflüchtet waren.

2172,3f. Das Verlöbnis von Bechelaren erscheint in den Worten Giselhers als tatsächlich vollzogene Ehe (*wîp, hîrât*), wohl um der verwandtschaftlichen Bindung starke rechtliche Kraft und emotionalen Gehalt zu geben.

2179ff. In der Auseinandersetzung zwischen Rüdiger und den Burgunden wiederholt sich der frühere Auftritt (Rüdiger-Kriemhild/Etzel), nur nimmt Rüdiger jetzt die Position des Lehnsmannes, damit die Position Etzels und Kriemhilds ein. Hier wie dort wird Rüdiger nicht aus der *triuwe*-Bindung entlassen und dadurch noch einmal die Ausweglosigkeit seiner Lage unterstrichen. Die Burgunden erinnern ihn an das Geleit (2180), an die Bewirtung (2182), an seine Geschenke (2184), an die Verlobung seiner Tochter (2188f.).

2183,2f. wörtlich: und ich wäre tot »unter einigermaßener Wahrung meiner Ehre« (de Boor).

2186,2 *der friunde* = Gen. Plur., abhängig von *iht.*

2188,1 *der schœnen Uoten kint* = Giselher.

2191 Daß gerade Giselher die *triuwe* aufkündigt, scheint mir nicht so sehr in seiner »jugendlichen Impulsivität« (Wapnewski) begründet als vielmehr darin, daß er unter den Burgunden am engsten an Rüdiger gebunden ist, daß er diese enge Bindung zugunsten der Blutsverwandten aufgibt und durch diese Aufkündigung die stärkste Emotion auslösen kann.

2194　Hagen knüpft hier an die frühere Schildbitte an (vgl. 1698 ff.). Er gibt Rüdiger die Gelegenheit, die freundschaftliche *triuwe*, die der Markgraf jetzt nicht mehr zeigen darf, noch einmal zu beweisen. Er läßt dadurch erkennen, daß er Rüdigers Entscheidung versteht und billigt. Das findet seine Entsprechung in Hagens (und dann auch Volkers) Verhalten: Hagen, zwischen Lehenspflicht und Freundestreue gestellt, entscheidet sich für die letztere und damit, Rüdiger zu Ehren, für die Alternative, die jenem versagt blieb. Das ist umso beachtlicher, als er seinen Entschluß, der ein Entschluß zur *untriuwe* gegenüber seinem Herrn ist, ganz strikt faßt: *ob ir si alle slüeget . . .* (2201,4); *alle*: darin wären selbst seine Herren eingeschlossen.

2208,4　Giselher hofft noch, mit dem Leben davonzukommen, und daher hütet er sich davor, Rüdiger, seinem Schwiegervater, im Kampf zu begegnen.

2217,4　Ein Wort von grausiger Ironie. Der höchste Preis für das (von Rüdiger erhaltene) Schwert ist Rüdigers Leben.

2230,1　Unsinnig wäre, hier eine Unstimmigkeit zu konstatieren und zu fragen, wie denn wohl Volker Kriemhilds Worte gehört haben kann. Die epische Situation erlaubt es, die Person über eine räumliche Trennung hinweg in eine so direkte Beziehung zu setzen.

2235,2　*palas unde türne*: hier als Einheit aufgefaßt, bei der der Singular steht.

2238　Dietrich muß genau herausfinden, ob die Vermutung von 2236,4 richtig ist. Wenn Etzel wirklich von den Burgunden erschlagen sein sollte, zwingt ihn die Bindung an den Hunnenkönig zum Kampf – trotz der Verpflichtung gegenüber den Burgunden (vgl. 1994: Gunther gewährt Dietrich freien Abzug aus dem Saal).

2239　Wolfhart war schon 1993 als jugendlicher Heißsporn hervorgetreten und von Dietrich scharf angefahren worden. Durch seine jähe Gemütsart wird die Lage später tatsächlich zum Schlimmen entschieden (vgl. 2249, 2265 ff.).

2243,1　*der* = Gen. Pl.

2246,4　Tatsächlich bestehen Verpflichtungen gegenüber Rüdiger, die Dietrich nicht einfach ignorieren kann. Daher Strophe 2247: (*er*) *hiez ez ervinden baz.*

2250,1　Darin liegt ein Tadel. Im Gegensatz zu Dietrich verhält sich der alte, kampferfahrene Mann nach dem Rat des jungen unerfahrenen und unbesonnenen Mannes.

2256,2　Noch aus Hagens Worten spricht Anteilnahme. Trotzdem wird die Herausgabe des Leichnams später mit seiner ausdrücklichen Zustimmung verweigert (2268).

2262,1　Das ist freie Interpretation Hildebrands. Dietrich hatte ihnen einen solchen Auftrag nicht gegeben.

2264　In der Form des allgemeinen Sinnspruches gibt Gunther seine Zustimmung. Doch Wolfhart wird ungeduldig und stört durch seine jähe Art alle Übereinkunft (2265). Es kommt zum Streitgespräch, an dessen Ende der Kampf steht.

2268,2　Zu ordnen ist: *derz* (= *der daz*) *swaz man im verbiutet allez . . .*

2271　*er* = Wolfhart.

2278,1　*des fiuwers* abhängig von *genuoc.*

2285,2　*sîner künste* = Gen. Sing., abhängig von *teil.*

2287,4　*den ende*, da *ende* = mask.

2293,3　*mîn* = Gen. Sing. Die ältere Verbindung *gegen* + Gen. ist im Mhd. schon in der Regel durch die auch heute übliche (*gegen* + Akk.) abgelöst.

2294,2　*ir* = Gen. Plur., abhängig von *ietwedere.*

2296,4　außer diesem einen Recken.

2303,4　*mîn eines* = Gen. Sing., eingeschlossen durch *vor* + Dat. Plur.

2310　Dietrich denkt zunächst nur an die Möglichkeit, daß Hildebrand allein mit den Burgunden gekämpft haben könnte. Auch 2313 f. denkt Dietrich zunächst nur an Rüdigers Tod.

2319,4   *ich was* = ich bin es nun nicht mehr, da alle meine Leute tot sind.

2322,4   Richtungskonstruktion mit Akkusativ: in das Land der Amelungen zurückzukehren.

2325,1   Vgl. die ähnliche Entwicklung bei Rüdiger 2206. So wie bei Rüdiger, so geht mit Dietrich in dem Augenblick eine Verwandlung vor, in dem er sich zum Kampf bereitet. Über ihn kommt die kämpferische Leidenschaft des heroischen Streiters. Es scheint daher nicht richtig zu sein, Dietrich in dieser Hinsicht aus dem Kreis der übrigen Helden auszunehmen.

2335   Die Strophe stimmt nicht ganz mit dem Bericht von Str. 2264 ff. überein.

2336,4   Dietrich muß dafür, daß seine Leute erschlagen sind, eine *suone* fordern.

2337   Dietrich macht ein nobles Angebot, das beiden Seiten gerecht wird. Die Ungewöhnlichkeit dieses Angebots muß erfaßt werden; hier versucht einer der Helden trotz seines tiefen Leides Schluß zu machen mit dem todeswütigen Mechanismus des »wie du mir – so ich dir«. Daß er diese Versicherung hier gibt, erhebt ihn über alle anderen Gestalten dieses Werkes. Indessen sollte man sich hüten, vorschnell christlichen Altruismus oder die Innerlichkeit einer sittlichen Persönlichkeit zu vermuten. Man muß sich ständig vor Augen halten, daß sich dieses Verhalten Dietrichs funktional vom Schluß her ergibt: Hagen und Gunther sollen lebend zu Kriemhild gebracht werden; zum anderen: eine Strophe wie 2351, in der Dietrich Hagen bindet, weil ihm der Sieg über den Wehrlosen keine *êre* brächte, ist auch heldisch interpretierbar.

2344   Vgl. oben zu 1180,2.

2349,2   Dietrich geht zunächst in die Defensive, greift Hagen nicht an.

2350   Mit List gelingt es ihm, Hagen zu verwunden.

2353   Warum übergibt Dietrich Kriemhild seinen Gefangenen? Eine mögliche Antwort wäre: weil er in der letzten Szene des Liedes mit Kriemhild konfrontiert werden soll. Im epischen Gedicht ist dies offenbar eine ausreichende Antwort. Weiter wird nicht gefragt. Im Sinne moderner Interpretation könnte man nun nach Dietrichs Haltung fragen und müßte feststellen: er lädt hier Schuld auf sich. Er liefert die, die unter seinem persönlichen Schutz stehen, in die Hände der Todfeindin, von der er wissen kann, daß sie ihr Wort nicht halten wird. Man muß solch eine (wie mir scheint) unsinnige Deutung einmal durchspielen, um an einem Beispiel zu zeigen, daß es gar nicht möglich ist, von den Gestalten und deren Haltung aus an die Szenen heranzugehen. Dominant ist immer das Geschehen und dessen folgerichtige Entwicklung. Sie läßt den Gestalten keinen großen Spielraum für humanitäres Verhalten.

2355   Die Interpreten, die Dietrich als eine sittliche Person besonderer Art aus dem Kreis der anderen Helden ausnehmen, helfen sich an dieser Stelle mit dem Hinweis, Dietrich dürfe Kriemhild nicht übergehen. Gewiß – nur muß man dann auch zugeben, daß der Gestaltbegriff arg strapaziert wird. Wenn ein Mann, dessen Wesen Selbständigkeit des Handelns, Altruismus, sittliche Unabhängigkeit ausmachen soll, an eben jener Stelle, an der es darauf ankommt sich zu bewähren, eine längst durch die »Unsittlichkeit« Kriemhilds in Frage gestellte Verpflichtung gegenüber der Königin höher stellt als sein moralisches Gewissen, dann liegt darin doch wohl der Beweis, daß es mit der Innerlichkeit der sittlichen Person doch nicht so weit her ist und die Gestalten noch nicht aus ihren objektiven Bindungen heraus können. Dietrich als einen Menschen mit seinem Widerspruch zu verstehen (Nagel), wäre nur eine Umschreibung des Problems.

2357   Gunther ist der letzte der Burgunden, der im Kampf besiegt wird. Eine höfische Rangfolge, die durch das Gunther-Bild des Nibelungenliedes nicht gerechtfertigt wird.

2361,3 f.   Versuch einer Motivation des Verhaltens Dietrichs, das durch den Schluß des Nibelungenliedes notwendig wird.

2365   Vom »Charakter« Dietrichs her verstanden, und nicht von der Handlungsführung her interpretiert, gibt solches Verhalten keinen Sinn. Von dem vielfach unterstellten Charakter sittlicher Unabhängigkeit und Selbständigkeit ist hier nichts zu bemerken. Das Weinen ist kein Ersatz für ein Handeln, das man von Dietrich erwarten würde, wenn er der wäre, als den ihn einige neuere Interpreten vorstellen. Was immer außer acht bleibt, ist die Finalität (statt Kausalität) der Handlungsführung. Mit dem Weinen ist Dietrichs Einstellung hinreichend signalisiert; fortgehen muß er, um das Folgende zu ermöglichen.

2366,4   *der rache* = Gen. Sing., abhängig von *genuoc*; davon wiederum der Genitiv *Kriemhilde* abhängig.

2368,3   *iht* = *niht. si* wird erklärt durch das folgende *deheiner mîner herren.*

2369,2   *ir bruoder* = Dativ.

2376,3   wörtlich: Ja, es tat ihr die Angst vor Hildebrand weh.

2379,4   Die Handschrift C endet: *daz ist der Nibelunge liet.* Diese Lesung hat sich heute als Titel des Ganzen eingebürgert. de Boor merkt an: »*nôt*, der Untergang der Nibelunge. So sollte der Titel lauten.« Nicht ganz zu Recht, denn dieser Vers bezieht sich nur auf den Schluß des Werkes, den Untergang der Burgunden. Die Handschrift C hat wohl eher einen Titel im Auge, die anderen Handschriften fassen das Schlußbild noch einmal wirkungsvoll zusammen: *Daz ist der Nibelunge nôt.*

WÖRTERVERZEICHNIS

Das Vokabular, das dem ersten und zweiten Teil des Nibelungenliedes gemeinsam ist, ist im ersten Band verzeichnet. Folgende Abkürzungen werden verwendet: adj. = Adjektiv; adv. = Adverb; akk. = Akkusativ; gen. = Genitiv; interj. = Interjektion; intr. = intransitiv; komp. = Komparativ; konj. = Konjunktion; refl. = reflexiv; stf. = starkes Femininum; stn. = starkes Neutrum; stv. = starkes Verb; swf. = schwaches Femininum; swm. = schwaches Maskulinum; swv. = schwaches Verb.

ahte = ahtete
altmâc stm. Verwandter, Vorfahr
alterseine adv. ganz allein
anden swv. rächen
anstrich stm. Geigenstrich
armbouge swf. Armreif
arnen swv. entgelten, büßen
bâtens = bâten si, bâten es
bêdaz konj. während
bediuten swv. deutlich machen, erklären
begunnen part. prät. zu *gunnen* gestatten
behern swv. berauben

behuot part. prät. zu *behüeten* vermeiden
beiten swv. warten, zögern
belûhte prät. zu *beliuhten*
benamen adv. mit Namen
bereite adv. bereits, gerade
bereite = beredete
beruochen swv. sorgen für
bescheidenlîche adv. deutlich, verständig
beschutte prät. zu *beschütten*
besorgen swv. sorgen, bedenken
besperren swv. zusperren
bettedach stn. Bettdecke

bewegen part. prät. zu *bewegen* refl. + gen.
   sich einer Sache begeben

birt 2. Pers. pl. zu *bin*; 3. sg. zu *bern* tragen

biule swf. Beule

blihte prät. zu *blicken*

bluotvar adj. blutfarben

bœslîche adv. schlecht (gar nicht)

breben swv. glänzen

brûtmiete stf. Brautlohn, Mitgift

bûhurdieren swv. einen *bûhurt* reiten

buoze stf. Entschädigung

buten prät. zu *biuten*

dâhte prät. zu *decken*

dazz = *daz daz*

declachen Bettdecke

deiswâr = *daz ist wâr*

derz = *der ez*

dewedere pron. einer (im negat. Satz: keiner) von beiden

dûhtes = *dûhte si*

eberswîn stn. Eber

ellende stn. Fremde, Verbannung

ensûmes = *ensûme es*

enthalden stv. aufnehmen, beherbergen. refl. stille halten

entrihten swv. in Unordnung bringen

entslâfen stv. einschlafen

entsweben swv. einschläfern

entwesen stv. ohne etwas sein, mit gen.

erbunnen anom. mißgönnen, berauben (mit gen.); part. prät. = *erbunnen*

ergâhen swv. ereilen, einholen

erhullen prät. zu *erhellen* erklingen

eriteniuwen swv. erneuern

erküelen swv. abkühlen

erkunnen part. prät. zu *erkunnen* kennenlernen

erkuolen swv. kühl werden

erlœsen swv. auslösen

erlûte = *erlûtete* zu *erliuten* erschallen

ern = *er ne*

ernern swv. retten

erniuwen swv. auffrischen

erreizen swv. reizen

ers = *er si*, *er es*

erschrahten prät. zu *erschrecken*

ertoben prät. rasend werden

erwagen swv. sich hin und her bewegen

erwegen stv. empor bewegen

erwegen swv. erregen

erwern swv. abwehren, verhindern

erwîhen stv. erschöpfen

erz = *er ez*

eteswenne, etwenne adv. irgend einmal

gæhe adj. eilig, schnell; *gâhes* adv.

f s. unter *v*

garten prät. zu *garwen* refl. sich rüsten

gämelîch adv. lustig

gebundem = *gebundenem*

gebiuze stn. Schlag

gebrieven swv. aufschreiben

geheiz stm. Versprechung

gehilze stn. Schwertgriff

gehît part. verheiratet

gelangen, mich gelanget swv. (mit gen.) mich verlangt nach

geleite swm. Geleit, Schutz

geleiten swv. führen

gelîchen refl. gleich sein

gelten stv. bezahlen, erstatten, vergelten

gelüsten, mich gelüstet swv. (mit gen.) ich empfinde Lust, Begierde nach

gemahele fem. Verlobte, Frau

genâden swv. gnädig sein, helfen

genædec adj. gnädig

genædeclîch adj. gnädiglich

genæte adj. eifrig

gerouw prät. zu *geriuwen*

gesellen swv. refl. sich paarweise zusammentun

gesihene stn. Aussehen

gesit adj. von Charakter

gesmîde stn. Geschmeide

gespan stn. die Stellen, wo die Panzerringe ineinandergefügt (gespannt) sind

gestatte = *gestattete*

getriuwelîch adj. getreulich

gevâhen stv. geraten, arten

gefügele stn. Gevögel, die Vögel

geware adj. wahrhaft, zuverlässig

gewerlîche adv. vorsichtig

gewis adj. sicher, zuverlässig

gewizzen part. prät. bekannt

gewonlîch adj. üblich

gezît stf. Zeit

geziuc stm. Zeuge

giezen stv. intrans. strömen

glanz adj. glänzend

goltvaz stm. Goldgefäß

goume stf. Aufmerken; *goume nemen* mit Gen., merken auf, sorgen für

grimme stf. Zorn

grîs adj. grau

griulîch adj. grausig, entsetzlich

grunt stm Grund, Boden

gruoztes = *gruozte si*, *gruozte des*

gürten swv. abschnallen (Schwert)

hæle stf., *hæle hân* (+ gen.) geheimhalten

halsperge stf. Kettenpanzer

halten stv. intr. still halten

handeln swv. behandeln, bewirten

harnasch stn. Harnisch

harnaschvar adj. vom Harnisch gefärbt; denn die metallene Rüstung schwärzte die Haut des Trägers

heiden stm. Heide

heidenisch adj. heidnisch

heilectuom stn. Reliquienkästchen

heimüete stf. Heimat

helflîch adj. hilfreich

helmgespan stn. die Stellen, wo der Helm zusammengefügt ist

helmhuot stm. Helm

hergesinde swm. Kriegsmann, Plur. Kriegsvolk

herzeleide, herzenleide adv. herzlich leid

herzevient stm. Herzensfeind

het = hete

hetens = heten si

hetenz = heten ez

hetes = hete des

hinne = hie inne

hîrât stm. Vermählung, Verlobung

hiuw prät. zu *houwen*

hiuwen prät. zu *houwen*

hôchgemuoter auch komp. = *hôchgemuoterer*

ichs = ich es

ichz = ich ez

imez = ime daz

inz = in ez

irn = ir ne

irre adj. vom rechten Weg ab

irs = ir es

itewîze stn. Vorwurf

kappelsoum stm. Gepäck mit den gottesdienstlichen Geräten

kêre stf. Wendung, Umkehr

kintlîche adv. nach Kindes Art, töricht

klaffen swv. tönen, schallen

klagelîch adj. voll Klage

klâr adj. glänzend, schön

klenken swv. klingen machen, tönen lassen

kolter stm. Steppdecke, Bettdecke

komens = komen si

kone swf. Gemahlin

koufen swv. kaufen

kovertiure stf. Roßdecke

krach stm. das Krachen

krefteclîch adj. gewaltig, reichlich

kristen adj. christlich

küener auch komp. = *küenerer*

kunstlîch adv. geschickt

küntlîche adv. bekannt

lade stf. Lade, Kasten

lancræche adj. lange rächend, rachsüchtig

lasterlîche adv. auf schimpfliche Weise

leich stm. Gesang

leidec adj. verhaßt

leit auch = *leget*

leiten = leiteten

leitlîch adj. leidvoll

lest superl. von *laz*, letzt *leste = lezziste*

liezens = liezen si, liezen es

lîste swf. Leiste, Borte

loben swv. flammen

losen swv. horchen, lauschen

lougenlîche adv. lügnerisch, leugnend

lügenære stm. Lügner

lügene stf. Lüge

lûten swv. lauten, klingen

magedîn auch dat. pl. = *magedînen*

mâl stn. Zeichen, Zierat

maz stn. Speise, Essen

mehelen swv. verloben

meinlîchen adv. falsch

merewîp stn. Meerweib

michs = mich es

missebieten stv. übel, unfreundlich behandeln

möhtens = möhten si

môraz stm. Maulbeerwein

mortgrimmec adj. von grimmiger Mordlust erfüllt

mortræche adj. sich mit Mord rächend

mortræze adj. mordgierig

müeden swv. müde werden

müezec adj. unbeschäftigt

muome swf. Mutterschwester

mûre stf. Mauer

næhlîchen adv. beinahe

nîden stv. hassen

niftel swf. Schwestertochter

niuwelîche adv. neulich, kürzlich

nôthaft adj. bedrängt

opfergolt stn. Gold als Opfergabe für einen Verstorbenen

orden stm. Religion

ouwen swv. stromabwärts treiben

pfertkleit stn. Reitzeug

pfî interj. pfui

puneiz stm. Kampfart beim Turnier: Scharweises Gegeneinanderreiten mit eingelegten Lanzen *pusûnen* swv. Posaune blasen

quâle stf. Marter, Qual

queln stv. intr. Qual erleiden

queln swv. martern, plagen

rach prät zu *rechen*

rætlîch adj. *daz ist rætlîch getan*

rechez = reche ez

reis prät. zu *rîsen*

rêwen stv. sterben

rîche adv. prächtig, vornehm, sehr

riechen stv. rauchen, dampfen

rieme swm. Ruder

rigelstein stm. Rinnstein

ringen swv. erleichtern, beruhigen

rîsen stv. fallen

riuwe stf. Trauer, Betrübnis

rüefen swv. rufen

sâhens = sâhen si

salwen swv. trübe werden

schâchen swv. rauben

schale stswf. Schale

schamelîch adv. schimpflich

schedelîch adj. Schaden bringend

scheidære stm. Schiedsrichter

schiltgesteine stn. Edelsteine am Schild

schiltspange swf. versteifendes Mittelband am Schild

schiltwache stf. Wache in voller Rüstung

schôz stf. der Schoß

schrîbære stm. Schreiber

schrôten stv. zerschneiden, zerhauen

schütten swv. schütteln

seite swm. Saite

seneclîche adj. leidvoll

senfte adj. sanft, leise

senfte stf. Bequemlichkeit

sis = si si, si es

siz = si ez

siuften swv. seufzen

snelheit stf. Kraft, Gewandtheit

snelleclîchen adv. schnell

soldes = solde si

solz = sol ez

sorclîch adj. Besorgnis erregend

spæhe adv. kunstreich

spæhelîche adv. klug

spange swf. Band am Helm

spien prät. zu *spannen*

spotten swv. höhnend reden, spotten (+ gen.)

strîtlîchen adv. kampfgerüstet

strîtmüede adj. kampfmüde

strûch stm. das Straucheln

stuolgewæte stn. Stuhldecke

sturmmüede adj. müde vom Kampf

süenen swv. zur Sühne bringen

sumerlanc adj. lang wie im Sommer

sunder adv. besonders, abgesondert, im geheimen

sunderlingen adv. besonders, für sich

sundern swv. absondern, trennen

sundersprâchen swv. sich geheim besprechen

suoches = suoche es

suozlîch adv. lieblich

sûs stm. Sausen

swache adv. schwach, gering

swanc stm. Schwung, Hieb

swære adv. schwer

swære stf. Schwere, Beschwerde, Kummer, Schmerz

sweben swv. sich hin und her bewegen, fließen

swiften swv. beschwichtigen, zur Ruhe bringen

swinden stv. verschwinden, vergehen

swiu instr. von *swaz*

tiure adv. gar sehr

tribens = triben si prät. zu *trîben*

tætlîch adj. todbringend

tret = tretet

trôste = trôstete prät. zu *træsten*

trucken = truckenen swv. trocknen

trûwen = getrûwen

turrens = turren si

überreden swv. durch Reden bestimmen

überwinden stv. bestimmen, dazu bringen, verwinden

umbeslozzen auch dat pl. = *umbeslozzenen*

unangestlîchen adv. ohne *angest*

unbilden, mich unbildet swv. mich dünkt ungemäß

unerrochen adj. nicht geräcnt

unervorchten adj. furchtlos

unerwendet adj. unabwendbar

ungebære stf. übles Gebaren

ungelîch adj. ungleich, unähnlich

ungelogen adj. nicnt gelogen, wahr

ungemeit adj. unfroh, wenig erbaut

ungenâde stf. Ungnade

ungetân adj. ungeschehen

ungetriuwelîche adv. treulos, verräterisch

ungevêhet adj. ungehaßt, unangefeindet

ungewon adj. ungewohnt (+ gen.)

unlobelîch adj. nicht zu loben

unprîsen swv. nicht preisen, tadeln

unsælde stf. Unglück, Unheil

unsenfte, unsänfte adj. nicht sanft, unlieblich

unstate stf. *ze unstaten komen* schlecht zustatten kommen

unstäteliche adv. schlecht zustatten

unträsten swv. entmutigen

unverendet adj. unausgeführt

unvermeldet adj. (+gen.) nicht verraten

unversüenet adj. ohne Sühne

unvriuntliche adj. unfreundlich, nicht in Freundes Weise

unwillec adj. nicht willig

uoben swv. tätig sein

veiclîch adv. zum Tode bestimmt

veile adj. käuflich, feil

velschen swv. fälschen, verfälschen

verch stn. Sitz des Lebens

verchpluot stn. Lebensblut, Herzblut

verchgrimme adj. wütend, ans Leben gehend

verchtief adj. tief ans Leben gehend

verchwunde swf. tödliche Wunde

verdecken swv. zudecken

verdeit = *verdaget* zu *verdagen* verschweigen

verdenken swv. (refl.) sich bedenken, sich vorsehen

verdiezen stv. verhallen

vergelten stv. (+ Dat. der Pers., Akk. der Sache) zurückzahlen, vergelten

vergîseln swv. in die Gewalt des Feindes (als Geisel) geben

verirren swv. irre machen (+Gen.) abbringen von

verleiten swv. verführen

verre adj. fern, entfernt

verrihten swv. stören

verrucken swv. von der Stelle rücken

verschranken swv. durch Schranken sperren

verschriet prät. zu *verschrôten* zerschneiden

versmâhen swv. geringschätzen, verschmähen

versparn swv. aufsparen, unterlassen

versperren swv. versperren

verwenden swv. anwenden, anbringen

verwîzen stv. verweisen, zum Vorwurf machen

vezzel stm. Schildriemen

videlboge swm. Fiedelbogen

videle swf. Fiedel

vîentlîche, fîentlîche adv. feindlich

vinster stf. Finsternis

vlinsherte adj. steinhart

floite swf. Flöte

floitieren swv. Flöte spielen

volsprechen stv. zu Ende sprechen

vorhtlîch adj. furchtbar, fürchterlich

freutes = *freute si*

vrîthof stm. der umfriedete Kirchplatz

vrône adj. heilig

frümekeit stf. Tapferkeit, Tüchtigkeit

wâc stm. bewegtes Wasser

wac prät. zu *wegen* sich neigen

wâfen auch inf. zu *wâfenen* waffnen

wâfenlîch adj. zur Rüstung gehörig

wal stn. Kampfplatz

warte = *wartete*

waten stv. dringen

wende stf. Wendepunkt

wîc stm. Kampf

wîcgewant stn. Kriegskleidung, -rüstung

wîde swf. Weide

widerreite = *widerredete*

widerspel stn. Wiedererzählung

widerstân stv. Widerstand leisten (+ Dat.)

widervarn stv. zuteil werden, widerfahren

widervart stf. Rückkehr, Rückreise

wilz = *wil ez*

wirs = *wir es*

wirser (komp.) *wirsest* (superl.) schlimmer, schlimmste

wirz = *wir ez*

wîslîche adv. in erfahrener, kluger Weise

wîte stf. Weite, freies Feld

woldens = *wolden si*

wolt = *woldet*

wünnen swv. (+ akk.) erfreuen, (intr.) in Freude sein

wunte = *wundete*

wuote = *wuotete*

zagelîch, zägelîch adj. unentschlossen, mutlos

zagelîche(n) adv. unentschlossen, mutlos

zeinen = *ze einen*

zen = *ze den*

zergeben stv. völlig verteilen

zerteilen swv. völlig verteilen

zese adj. recht

zesewe swf. die Rechte

ziuc stm. Zeuge

zuc stm. Zug, vom Ruderschlag, vom Streich des Fiedelbogens

zünden swv. zünden, anzünden

Aus der fast unübersehbaren Sekundärliteratur zum Nibelungenlied kann hier nur eine Auswahl getroffen werden. Eine relativ vollständige Bibliographie (bis 1965) bieten W. Krogmann und U. Pretzel, Bibliographie zum Nibelungenlied und zur Klage. ⁴1966. – Wichtige Aufsätze sind gesammelt in: Zur germanisch-deutschen Heldensage. Darmstadt 1961, sowie: Nibelungenlied und Kudrun. Darmstadt 1976.

Verwendete Abkürzungen: AfdA = Anzeiger für das deutsche Altertum; Beitr = Beiträge zur Geschichte der deutschen Sprache und Literatur; Euph = Euphorion; GRM = Germanisch-Romanische Monatsschrift; WW = Wirkendes Wort; ZfdA = Zeitschrift für das deutsche Altertum; ZfrPh = Zeitschrift für romanische Philologie. Für die eddischen Gedichte verweise ich auf die Übersetzung von F. Genzmer (Edda. Erster Band/Heldendichtung. Thule I, 1934).

I. Editionen

LACHMANN, Karl: Der Nibelungen Not mit der Klage. Berlin 1826. Später wiederholt abgedruckt. 6. Ausgabe = Unveränderter Nachdruck der 5. Ausgabe von 1878, Berlin 1960. (Nach Hs. A).

ZARNCKE, Friedrich: Das Nibelungenlied. Leipzig 1856. – 6. Auflage Leipzig 1887. (Nach Hs. C).

BARTSCH, Karl: Das Nibelungenlied (Deutsche Klassiker des Mittelalters. Mit Wort- und Sacherklärungen. Bd. 3). Leipzig 1866. 13. neu bearb. Auflage von H. de BOOR. Wiesbaden 1956. Mehrfach nachgedruckt. (Nach Hs. B).

BARTSCH, Karl: Der Nibelunge nôt, mit den Abweichungen von der Nibelunge liet, den Lesarten sämmtlicher Handschriften und einem Wörterbuche herausgegeben. Erster Theil. Text. Leipzig 1870. Zweiter Theil. Erste Hälfte. Lesarten. Leipzig 1876. Zweiter Theil. Zweite Hälfte. Wörterbuch. Leipzig 1880. (Nach Hs. B).

II. Übersetzungen

de BOOR, Helmut: Das Nibelungenlied. Zweisprachige Ausgabe (Sammlung Dieterich Bd. 250). 1959.

HATTO, A. T.: The Nibelungenlied. A new translation (The Penguin Classics 137). Harmondsworth 1965.

III. Untersuchungen

ANDERSSON, Theodore M.: The epic source of Niflunga saga and the Nibelungenlied, in: Arkiv för Nordisk filologi 88, 1973, S. 1–54.

–: Why does Siegfried die? in: Germanic studies in honor of Otto Springer. 1978, S. 29–39.

BÄUML, Franz H.; BRUNO, Agnes M.: Weiteres zur mündl. Überlieferung des Nibelungenliedes, in: DtVjs. 46, 1972, S. 479–93.

BARTELS, Hildegard: »Epos« – die Gattung in ihrer Geschichte. Eine Begriffsbestimmung vor dem Hintergrund der Hegelschen Ästhetik. Heidelberg 1982.

BARTSCH, Karl: Untersuchungen über das Nibelungenlied. Wien 1865.

BEKKER, Hugo: The Nibelungenlied. A literary analysis. Toronto 1971.

BIRKHAN, Helmut: Zur Entstehung und Absicht des Nibelungenliedes, in: Österr. Lit. zur Zeit der Babenberger. 1977, S. 1–24.

BEYSCHLAG, Siegfried: Das Nibelungenlied in gegenwärtiger Sicht, in WW 3 (1952/53) S. 193–200. Auch in: Zur german.-deutschen Heldensage (1961) S. 214–47 (Neufassung).

–: Das Motiv der Macht bei Siegfrieds Tod, in: GRM 33 (1951/52) S. 95–108.

BISCHOFF, Karl: Die 14. Aventiure des Nibelungenlieds. Zur Frage des Dichters und der dichterischen Gestaltung 1971 (= Abh. d. Mainzer Akad. d. Wiss. und Lit. Geistes- und sozialwiss. Kl. 70,8).

BORGHART, Kees H. R.: Das Nibelungenlied. Die Spuren mündl. Ursprungs in schriftlicher Überlieferung. Amsterdam 1977.

BRACKERT, Helmut: Beiträge zur Handschriftenkritik des Nibelungenliedes. Berlin 1963.

–: Nibelungenlied und Nationalgedanke. Zur Geschichte einer deutschen Ideologie, in: Mediaevalia litteraria 1971, S. 343–64.

–: Heldische Treue, heldische Tapferkeit, heldisches Schicksal. Die Rezeptionsgeschichte des Nibelungenliedes im Deutschunterricht, in: Literatur in der Schule. Mittelalterliche Texte im Unterricht. Hrsg. von H. B. u. a. München 1973, S. 71–111.

BRAUNE, Wilhelm: Die Handschriftenverhältnisse des Nibelungenliedes, in: Beitr. 25 (1900) S. 1–222. Auch selbständig: Halle 1900.

BUMKE, Joachim: Die Quellen der Brünhildfabel im Nibelungenlied, in: Euph. 54 (1960) S. 1–38.

CURSCHMANN, Michael: Nibelungenlied und Nibelungenklage. Über Mündlichkeit und Schriftlichkeit im Prozeß der Episierung, in: Dtsche Literatur im Mittelalter. Stuttgart 1979, S. 85–119.

CZERWINSKI, Peter: Das Nibelungenlied. Widersprüche höfischer Gewaltreglementierung, in: W. Frey u. a. Einführung in die dt. Lit. des 12. bis 16. Jhs. Bd. 1, Adel und Hof. Opladen 1979, S. 49–87.

EHRISMANN, Otfrid: Siegfrieds Ankunft in Worms. Zur Bedeutung der 3. Aventiure des Nibelungenliedes, in: Festschrift f. Karl Bischoff. 1975, S. 328–56.

–: Das Nibelungenlied in Deutschland. Studien zur Rezeption des Nibelungenliedes von der Mitte des 18. Jhs. bis zum Ersten Weltkrieg. München 1975.

ESSER, Karl-Heinz; PARITSCHKE, Werner: Das Nibelungenlied. Zeit und Bedeutung. Worms 1981.

FALK, Walter: Das Nibelungenlied in seiner Epoche. Revision eines romantischen Mythos. Heidelberg 1974.

FINCH, Ronald George: Rüdiger und Dietrich, in: Trivium 12, 1977, S. 39–57.

GENTRY, Francis G.: Triuwe and Vriunt in the Nibelungenlied. Amsterdam 1975.

GOUCHET, Oliver: Hagen von Tronje. Étude du personnage à l'aide des différents textes du Moyen Âge. Göppingen 1981.

HAUG, Walter: Höfische Idealität und heroische Tradition im

Nibelungenlied, in: Colloquio italo-germanico sul terma: I Nibelunghi. Rom 1974, S. 35–50.

HAYMES, Edward R.: Chevalerie und alte maeren. Zum Gattungshorizont des Nibelungenliedes, in: GRM 34, 1984, S. 369–384.

HEMPEL, Heinrich: Nibelungenstudien I. Nibelungenlied, Thidrekssaga und Balladen (Germ. Bibl. 2. Abt. Untersuchungen und Texte Bd. 22). Heidelberg 1926.

–: Sächsische Nibelungendichtung und sächsischer Ursprung der Thidrekssaga, in: Edda, Skalden, Saga. Festschrf. f. Felix Genzmer. Heidelberg 1952, S. 138 bis 156.

HEUSLER, Andreas: Nibelungensage und Nibelungenlied. Die Stoffgeschichte des deutschen Heldenepos dargestellt. Dortmund 1921. 3. Aufl. 1929. – Nachdrucke, hg. v. Helga Reuschel, seit 1955.

HÖFLER, Otto: Siegfried, Arminius und die Symbolik, in: Festschr. f. Franz Rolf Schröder (1959) S. 11–121. Auch gesondert: Mit einem historischen Anhang über die Varusschlacht. Heidelberg 1961.

HOFFMANN, Werner: Zur Situation der gegenwärtigen Nibelungenforschung. Probleme, Ergebnisse, Aufgaben. in: WW 12 (1962) S. 79–91.

–: Das Nibelungenlied. Kudrun. Text, Nacherzählung, Wort- und Begriffserklärungen. Darmstadt 1972.

–: Das Siegfriedbild in der Forschung. Darmstadt 1979.

–: Das Nibelungenlied. Stuttgart ⁵1982.

IHLENBURG, Karl Heinz: Das Nibelungenlied. Problem und Gehalt. Berlin 1969.

KÖRNER, Josef: Das Nibelungenlied (Aus Natur und Geisteswelt 591). Leipzig und Berlin 1921.

KONECNY, Sylvia: Das Sozialgefüge am Burgundenhof, in: Öst. Lit. zur Zt. d. Babenb. 1977, S. 97–116.

KOSKE, Marga: Soest und die Niflungensage, in: Soester Zeitschrift 94, 1982, S. 85–92.

KRALIK, Dietrich v.: Die Sigridtrilogie im Nibelungenlied und in der Thidrekssaga. Erster Teil. Halle a. d. S. 1941.

KUHN, Hans: Kriemhilds Hort und Rache, in: Festschr. für Paul Kluckhohn und Hermann Schneider z. 60. Geb. Tübingen 1948, S. 84–100.

–: Heldensage vor und außerhalb der Dichtung, in: Edda,

Skalden, Sage. Festschr. zum 70. Geb. von Felix Genzmer, Heidelberg 1952, S. 262–278.

–: Besprechung von »Gottfried Weber, Das Nibelungenlied«, in: AfdA 76 (1965) S. 1–18.

KUHN, Hugo: Tristan, Nibelungenlied, Artusstruktur, in: Colloquio italo-germanico sul tema: I Nibelunghi. 1974, S. 7–17.

KUNSTMANN, Heinrich: Wer war Rüdiger von Bechelaren?, in: ZfdA 112, 1983, S. 233–252.

MACKENSEN, Lutz: Die Nibelungen-Sage, Geschichte, ihr Lied und sein Dichter. Stuttgart 1984.

MAHLENDORF, Ursula; TOBIN, Frank j.: Hagen. A reappraisal, in: Monatshefte 63, 1971, S. 125–40.

–: Legality and formality in the Nibelungenlied, in: Monatshefte 66, 1974, S. 225–39.

MERGELL, Bodo: Nibelungenlied und höfischer Roman, in: Euph. 45 (1950) S. 305–336.

MOHR, Wolfgang: Besprechung von »Kurt Wais, Frühe Epik Westeuropas und die Vorgeschichte des Nibelungenliedes. I. Bd.«, in: AfdA 68 (1955/56) S. 7–20.

MÜLLER, Gernot: Symbolisches im Nibelungenlied. Beobachtungen z. sinnbildlichen Darstellen des hochmittelalterlichen Epos. Heidelberg (Diss.) 1969.

MÜLLER, Jan-Dirk; Sivrit: künec-man – eigenholt. Zur sozialen Problematik des Nibelungenliedes, in: Amsterd. Beiträge z. älteren Germanistik 7, 1974, S. 85–124.

NAGEL, Bert: Das Nibelungenlied. Stoff, Form, Ethos. Frankfurt a. M. 1965.

NEUMANN, Friedrich: »Nibelungenlied« und »Klage«, in: die deutsche Literatur des Mittelalters. Verfasserlexikon Bd. 3. Berlin u. Leipzig 1943, S. 513–60. Dazu: Nachtrag Bd. 5. Berlin 1955, S. 705–20.

–: Das Nibelungenlied in seiner Zeit. Göttingen 1967.

PANZER, Friedrich: Nibelungische Ketzereien. 1. Das russische Brautwerbermärchen im Nibelungenlied, in: Beitr. 72 (1950) S. 463–498. – 2. Lectulus Brunihilde, in: Beitr. 73 (1951) S. 95–121. – 3. Thidrekssaga und Nibelungenlied, Irrungen und Wirrungen – 4. Das ›Traumlied‹ in der Volsungasaga, in: Beitr. 75 (1953) S. 248–272. – 1. auch in: Zur germ.-deutschen Heldensage, Darmstadt 1961, S. 138–172.

–: Das Nibelungenlied. Entstehung und Gestalt. Stuttgart 1955.

PERENNEC, René: Sur le Nibelungenlied, in: Études Germaniques 35, 1980, S. 176–79.

RITTER-SCHAUMBURG, Heinz: Die Nibelungen zogen nordwärts. München 1981 (dazu: Germ. Quartal. 56, 1983, S. 636ff, und Studia Neophilolog. 57, 1985, S. 105–116.

RUPP, Heinz (Hrsg.): Nibelungenlied und Kudrun. Darmstadt 1976.

–: Das Nibelungenlied – eine politische Dichtung, in: Wirkendes Wort 35, 1985, S. 166–176.

SAALFELD, Lerke v.: Die ideologische Funktion des Nibelungenliedes in der preußisch-deutschen Geschichte von seiner Wiederentdeckung bis zum Nationalsozialismus. 1977.

SCHIRMUNSKI, Viktor: Vergleichende Epenforschung I. (Veröff. des Inst. f. Dt. Volkskunde Bd. 24) 1961.

SCHMIDT-WIEGAND, Ruth: Kriemhilds Rache. Zu Funktion und Wertung des Rechts im Nibelungenlied, in: Tradition als historische Kraft, hrsg. von N. Kamp und J. Wollasch, Berlin 1982, S. 372–387.

SCHOTTMANN, Hans: Der Streit der Königinnen, in: Sagen mit Sinne 1976, S. 133–55.

SCHRÖDER, Franz Rolf: Mythos und Heldensage, in: GRM 36 (1955) S. 1–21. In Neufassung wiederabgedr. in: Zur germanisch-deutschen Heldensage, Darmstadt 1961, S. 285–315.

–: Sigfrids Tod, in: GRM 41 (1960), S. 111–122.

SCHRÖDER, Werner: Nibelungenlied-Studien. Stuttgart 1968.

–: Die epische Konzeption des Nibelungenlied-Dichters, in: WW 11 (1961) S. 193–201.

–: Die Tragödie Kriemhilts im Nibelungenlied, in: ZdfA 90 (1960/61) S. 41–80, 123–160.

SCHULZE, Ursula: Nibelungen und Kudrun, in: Epische Stoffe des Mittelalters. Hg. v. Volker Mertens und Ulrich Müller. Stuttgart 1984, S. 111–140.

SCHWEIKLE, Günther: Das Nibelungenlied – ein heroischtragischer Liebesroman? in: De poeticis medii aevi quaest. 1981, S. 59–84.

SEE, Klaus von: Germanische Heldensage. Ein Forschungsbericht, in: Göttingische Gelehrte Anzeigen 218 (1966) S. 52–98.

WACHINGER, Burghart: Studien zum Nibelungenlied. Vorausdeutungen. Aufbau. Motivierung. Tübingen 1960.

WAHL-ARMSTRONG, Mariann: Rolle und Charakter. Studien zur Menschendarstellung im Nibelungenlied. Göppingen 1979.

WAIS, Kurt: Frühe Epik Westeuropas und die Vorgeschichte des Nibelungenliedes. Erster Band: Die Lieder um Krimhild, Brünhild, Dietrich und ihre frühen außerdeutschen Beziehungen. Mit einem Beitrag von Hugo Kuhn: Brunhild und das Krimhildlied (Beiheft z. ZfrPh H. 95) Tübingen 1953.

WAPNEWSKI, Peter: Rüdigers Schild. Zur 37. Aventiure des Nibelungenliedes, in: Euph. 54 (1960) S. 380–410.

WEBER, Gottfried; HOFFMANN, Werner: Heldendichtung II: Nibelungenlied. (Samml. Metzler) Stuttgart 1961. – 2. Aufl. 1964.

WEBER, Gottfried: Das Nibelungenlied. Probleme und Idee. Stuttgart 1963.

WISNIEWSKI, Roswitha: Das Versagen des Königs. Zur Interpretation des Nibelungenlieds, in: Beitr. (Tüb.) 95, 1973, Sonderh. S. 170–86.

WUNDERLICH, Werner: Der Schatz des Drachentödters. Materialien zur Wirkungsgeschichte des Nibelungenlieds 1977.

–: Neue Geschichten über Dietrich von Bern und die Nibelungen, in: Études germ. 40, 1985, S. 58–64.

Literaturwissenschaft

Fischer Taschenbuch Verlag

fi 97 / 12 a

Literaturwissenschaft

Fischer Taschenbuch Verlag

fi 97/8b

Fischer Wissenschaft

Eine Auswahl

Michail M. Bachtin
Formen der Zeit
im Roman
Untersuchungen zur
historischen Poetik
Band 7418

Ernst Cassirer
Der Mythus des Staates
Band 7351

Ernst Robert Curtius
Kritische Essays zur
europäischen Literatur
Band 7350

Robert Darnton
Literaten
im Untergrund
Lesen, Schreiben
und Publizieren im
vorrevolutionären
Frankreich
Band 7412

Mary Douglas
Ritual, Tabu und
Körpersymbolik
Sozialanthropologische
Studien in Industrie-
gesellschaft und
Stammeskultur
Band 7365

Heidrun Hesse
Vernunft und
Selbstbehauptung
Band 7343

Max Horkheimer
Zur Kritik der
instrumentellen
Vernunft
Band 7355

Martin Jay
Dialektische Phantasie
Band 6546

Fischer Taschenbuch Verlag

fi 406 / 8 a

Fischer Wissenschaft
Eine Auswahl

Alfred Lorenzer
Das Konzil
der Buchhalter
Die Zerstörung der
Sinnlichkeit
Eine Religionsgeschichte
Band 7340

Bronislaw Malinowski
Magie, Wissenschaft
und Religion /
Und andere Schriften
Band 7335

Das Denken des
Marquis de Sade
Mit Beiträgen von
Roland Barthes, Hubert
Damisch, Pierre Klossowski,
Philippe Sollers,
Michel Tort
Band 7413

Sergio Moravia
Beobachtende Vernunft
Philosophie und
Anthropologie in
der Aufklärung
Band 7410

Herfried Münkler
Machiavelli
Die Begründung des
politischen Denkens
der Neuzeit aus der
Krise der Republik
Florenz
Band 7342

Jean Piaget
Biologie und Erkenntnis
Über die Beziehungen
zwischen organischen
Regulationen und
kognitiven Prozessen
Band 7333

Marthe Robert
Das Alte im Neuen
Von Don Quichotte
zu Franz Kafka
Band 7346

Viktor Šklovskij
Theorie der Prosa
Band 7339

Jean Starobinski
Montaigne
Denken und Existenz
Band 7411

Fischer Taschenbuch Verlag

Fischer Wissenschaft
Eine Auswahl

Philippe Ariès /
André Béjin /
Michel Foucault u.a.
**Die Masken des Begehrens
und die Metamorphosen
der Sinnlichkeit**
Band 7357

Aleida Assmann /
Dietrich Harth (Hg.)
**Mnemosyne. Formen
und Funktionen der
kulturellen Erinnerung**
Band 10724

**Kultur als Lebens-
welt und Monument**
Band 10725

Gaston Bachelard
Poetik des Raumes
Band 7396

Maurice Blanchot
Der Gesang der Sirenen
Band 7402

Umberto Eco
Apokalyptiker und Integrierte
Band 7367

Moses I. Finley
**Quellen und Modelle
in der Alten Geschichte**
Band 7373

Michel Foucault
Die Geburt der Klinik
Band 7400

Schriften zur Literatur
Band 7405

Von der Subversion des Wissens
Band 7398

François Furet / Denis Richet
Die Französische Revolution
Band 7371

Maurice Halbwachs
Das kollektive Gedächtnis
Band 7359

Kultur-Analysen
Beiträge von Hans-Dieter
König, Alfred Lorenzer,
Heinz Lüdde, Søren Nagbøl,
Ulrike Prokop, Gunzelin
Schmid Noerr, Annelind
Eggert
Band 7334

Fischer Taschenbuch Verlag

fi 513 / 6 a

Fischer Wissenschaft
Eine Auswahl

Ralf Konersmann
Lebendige Spiegel
Die Metapher des Subjekts
Band 10726

Dominick LaCapra
Geschichte und Kritik
Band 7395

Dominick LaCapra /
Steven L. Kaplan (Hg.)
Geschichte denken
Band 7403

Charles William Morris
**Grundlagen
der Zeichentheorie
Ästhetik der
Zeichentheorie**
Band 7406

Lionel Trilling
Das Ende der Aufrichtigkeit
Band 7415

Stephen Toulmin /
June Goodfield
Entdeckung der Zeit
Band 7360

Thorstein Veblen
Theorie der feinen Leute
Band 7362

Jean-Pierre Vernant
Tod in den Augen
Band 7401

Paul Veyne
**Die Originalität
des Unbekannten**
Für eine andere
Geschichtsschreibung
Band 7408

**Bildersturm
Die Zerstörung
des Kunstwerks**
Herausgegeben von
Martin Warnke
Band 7407

Lew Semjonowitsch
Wygotski
Denken und Sprechen
Band 7368

Fischer Taschenbuch Verlag

fi 513 / 4 b

Deutschland erzählt

Herausgegeben von Benno von Wiese

Das vierbändige Sammelwerk »Deutschland erzählt« enthält eine Auswahl von etwa 75 deutschsprachigen Erzählungen aus den letzten 150 Jahren. Der Herausgeber, Benno von Wiese, hat nicht die pathetische Absicht, einen für alle Zeiten geltenden Kanon aufzustellen, seine Auswahl lädt vielmehr ein zur Diskussion. Mancher wird Namen vermissen, die ihm lieb geworden sind; oft muß ein Autor mit seiner Darstellungsweise stellvertretend für andere stehen. Andererseits wird wohl jeder Leser in diesen Bänden Gelegenheit zu überraschenden Wiederbegegnungen und beglückenden Entdeckungen finden. Der Herausgeber verfolgt mit seiner Auswahl zwei Absichten: Er will seine Leser unterhalten und möchte ihnen zugleich Zugang verschaffen zu den nicht immer leicht erreichbaren Schätzen der deutschen erzählenden Literatur.

Deutschland erzählt

Von Johann Wolfgang von Goethe bis Ludwig Tieck
Band 10982

Von Georg Büchner bis Gerhart Hauptmann
Band 10983

Von Arthur Schnitzler bis Uwe Johnson
Band 10984

Von Rainer Maria Rilke bis Peter Handke
Band 10985

Fischer Taschenbuch Verlag

fi 374/4